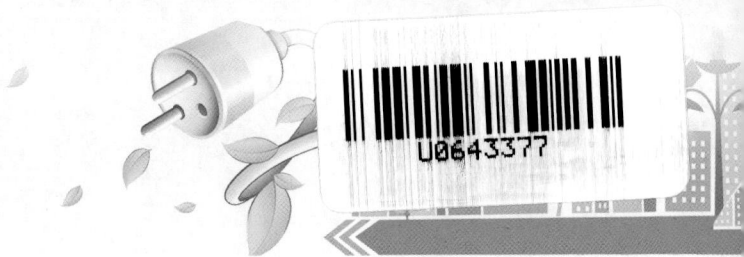

电动汽车车主一本通

前　言

　　为了解决能源短缺、环境污染等社会问题，减少汽车对不可再生的石油资源的依赖，新能源汽车应运而生，并在国家和行业制定的鼓励研发、推广的政策和措施下，进入快速发展的时期。电动汽车，包括以蓄电池为能源的纯电动汽车、混合动力汽车和以燃料电池为能源的燃料电池电动汽车，由于结构新颖、技术先进、车型复杂，目前大部分电动汽车车主还不熟悉其结构与工作原理，更不熟悉其使用与维护方法。为了满足广大车主了解电动汽车知识和维修人员实际工作的需要，特编写本书。

　　本书采用图文对照的形式，简明扼要地介绍了纯电动汽车（含增程式电动汽车）、混合动力汽车（含插电式混合动力）及燃料电池汽车的构造与原理。较全面、系统地介绍了电动汽车安全驾驶的必备知识与驾驶技能。此外，还介绍了电动汽车安全行车与途中突发情况的应急处置，以及电动汽车的使用与维护方法。

　　本书共分为六章，主要内容包括认识电动汽车，电动汽车的基本结构与原理，电动汽车基本驾驶技能，典型路况和环境的驾驶，电动汽车安全行车与应急处置，电动汽车的使用与维护。

　　书后还附有道路交通标志标线，便于读者查阅。

　　本书力求文字精练，通俗易懂，全面、可靠，可供电动汽车驾驶人学习和提高电动汽车知识与驾驶技能、掌握安全驾驶技术阅读使用，也可作为电动汽车驾驶培训班的参考教材。

　　本书由吴文琳编著，为本书提供帮助的人员还有林瑞玉、何木泉、林国强、林志强、吴沈阳、黄志松、林志坚、宋建平、陈山、杨光明、林宇猛、陈谕磊、李剑文等。

　　本书在编写过程中参阅了大量的文献资料，特在此向各位文献资料的作者，以及对本书给予帮助的同事、同行表示衷心的感谢！

　　由于编者水平有限，涉及内容新，书中若有不足之处，还请广大读者批评指正，以便修订和改正，共同促进电动汽车技术的发展。

编　者

DIANDONG QICHE
CHEZHU YIBENTONG

电动汽车
车主一本通

吴文琳　编著

中国电力出版社
CHINA ELECTRIC POWER PRESS

内 容 提 要

本书采用生动的图文对照形式，简明扼要地介绍了电动汽车的构造与原理，安全驾驶的必备知识与驾驶技能，还介绍了电动汽车安全行车与途中突发情况的应急处置，以及电动汽车正确的使用与维护方法。书中的电动汽车包括纯电动汽车（含增程式电动汽车）和混合动力汽车（含插电式混合动力）。

全书分为六章，主要内容包括认识电动汽车，电动汽车的基本结构与原理，电动汽车基本驾驶技能，典型路况和环境的驾驶，电动汽车安全行车与应急处置，电动汽车的使用与维护。还附有道路交通标志标线，便于查阅。

本书通俗易懂、直观易读，可供电动汽车车主及爱好者了解电动汽车知识，掌握安全驾驶技能阅读使用，也可作为汽车驾驶培训班的参考教材。

图书在版编目（CIP）数据

电动汽车车主一本通 / 吴文琳编著 .—北京：中国电力出版社，2021.4
ISBN 978-7-5198-5297-9

Ⅰ.①电⋯ Ⅱ.①吴⋯ Ⅲ.①电动汽车—基本知识 Ⅳ.① U469.72

中国版本图书馆 CIP 数据核字（2021）第 018937 号

出版发行：中国电力出版社
地　　址：北京市东城区北京站西街 19 号（邮政编码 100005）
网　　址：http://www.cepp.sgcc.com.cn
责任编辑：杨扬（y-y@sgcc.com.cn）
责任校对：黄　蓓　于　维
装帧设计：赵珊珊
责任印制：杨晓东

印　　刷：三河市万龙印装有限公司
版　　次：2021 年 4 月第一版
印　　次：2021 年 4 月北京第一次印刷
开　　本：710 毫米 ×1000 毫米　16 开本
印　　张：17.5
字　　数：388 千字
印　　数：0001—3000 册
定　　价：79.00 元

目 录

前言

第一章

汽车用电也能跑——认识电动汽车

第一节　电动汽车的定义、类型与特点

一、什么是电动汽车

电动汽车是主要以电池为能量源，即全部或部分是蓄电池而不是汽油（或柴油）等石油产品，以电力作为驱动系统动力源的汽车，亦即至少有一种动力源为车载电源，全部或部分由电机驱动行驶，符合道路交通、安全法规各项要求的汽车。它是纯电动汽车、混合动力电动车和燃料电池电动汽车的总称，其中混合动力汽车包括普通（油电）混合动力电动汽车和插电式混合动力电动汽车。电动汽车以环保、使用成本低等多项优点著称，图 1-1 所示为电动汽车的外观与驾驶室。

(a) (b)

图 1-1　电动汽车的外观与驾驶室
（a）外观；（b）驾驶室

普通燃油汽车的发动机是通过活塞运动把燃油在气缸里燃烧时产生的能量转变为旋转运动的，其旋转速度是由改变变速器的齿轮组合和控制燃油燃烧的次数来调节的，因而具有振动大、噪声大以及排放污染物较多等问题。而电动汽车的动力源是电能，电机的旋转能直接传递给驱动部分，因而几乎没有噪声和振动，而且运行时无需预热。

🔌 **知识拓展**

什么是车辆识别代码

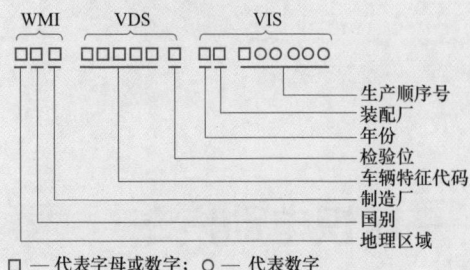

WMI　VDS　VIS

□□□　□□□□□□　□□　○○○○○○

　　　　　　　　　　生产顺序号
　　　　　　　　　　装配厂
　　　　　　　　　　年份
　　　　　　　　　　检验位
　　　　　　　　　　车辆特征代码
　　　　　　　　　　制造厂
　　　　　　　　　　国别
　　　　　　　　　　地理区域

□—代表字母或数字；○—代表数字

图1-2　车辆识别代码的组成

车辆识别代码（VIN），俗称17位码，由数字加字母组成，如图1-2所示。车辆识别代码在世界范围内具有很强的通用性、唯一性，任何车辆在30年内不会重号。车辆识别代码根据国家车辆管理标准确定，包含了车辆的生产厂家、年代、车型、车身型式及代码、发动机代码及组装地点等信息。新的行驶证在"车架号"一栏一般都会打印VIN码。

车辆识别代码世界制造厂识别代码、车辆说明部分和车辆指示部分3部分组成，共有17位字母或阿拉伯数字。第一部分，世界制造厂识别代码（WMI），通常由第1~3位字码（从左到右）组成，其组合能保证制造厂识别标志的唯一性，中国生产的汽车其第1位字码是L；第二部分，车辆说明部分（VDS），由第4~9位字码组成，用来表示车辆主要技术参数和性能特征，提供说明车辆一般特性的资料；第三部分，车辆指示部分（VIS），由第10~17位字码组成，用来表示车辆的生产年份、装配厂和生产序号。具体如下：

（1）1~3位（WMI）：制造厂、品牌和类型，其中第2位为汽车制造商代码，第3位为汽车类型代码。

（2）4~8位（VDS）：车辆特征。

（3）第9位：校验位，按标准加权计算（可参考《世界汽车识别代码（VIN）资料手册》）。

（4）第10位：车型年款，车型年份代码表见表1-1。

表1-1　　　　　　　　　车型年份代码表

年份	代码	年份	代码	年份	代码	年份	代码
2001	1	2011	B	2021	M	2031	1
2002	2	2012	C	2022	N	2032	2
2003	3	2013	D	2023	P	2033	3
2004	4	2014	E	2024	R	2034	4
2005	5	2015	F	2025	S	2035	5
2006	6	2016	G	2026	T	2036	6
2007	7	2017	H	2027	V	2037	7
2008	8	2018	J	2028	W	2038	8
2009	9	2019	K	2029	X	2039	9
2010	A	2020	L	2030	Y	2040	A

（5）第11位：装配厂，若无装配厂，制造厂可规定其他的内容。

（6）12～17位：生产序列号。

正确解读VIN码，对于正确地识别车型，从而进行正确地诊断和维修都是十分重要的。车辆识别代码就是汽车的身份证号，利用车辆识别代码可以简化车辆识别信息系统，方便查找车辆的制造者，并能提高车辆故障信息反馈的准确性和效率。

购买汽车尤其是购买二手车时，可以利用其车辆识别代码来准确确定汽车的生产年份。从左到右第10位字码代表年份，其年份代码按表1-1的规定使用，30年循环一次。

车辆识别代码可以直接打刻在车架上，或打刻在不易拆除或更换的车辆结构件上，还可以打印在标牌上。我国生产的轿车，其车辆识别代码会永久地标示在仪表板上靠近风窗立柱的位置，以便能从车外分辨出车辆识别代码。

特别提醒

驾驶电动汽车需要的驾驶证

《中华人民共和国道路交通安全法》第一百一十九条第三项规定，机动车是指以动力装置驱动或者牵引，上道路行驶的供人员乘用或者用于运送物品以及进行工程专项作业的轮式车辆。因此，电动汽车属于机动车管理范围，电动汽车的驾驶人应先取得相应的机动车驾驶证（A、B证或C证），交强险手续必须齐全有效，经公安交通管理部门注册登记，领取牌证后，方可上路行驶。

国家对道路机动车辆生产企业设定了市场准入的行政许可，汽车生产企业、汽车产品应先进入机动车辆生产企业及产品公告目录，方可生产、上市。未进入产品目录的电动汽车，不能办理上牌，不能上路行驶。

二、电动汽车的分类与特点

按照电动汽车的车辆驱动原理和技术现状，一般将电动汽车划分为纯电动汽车（EV或BEV）、混合动力电动汽车（HEV）和燃料电池电动汽车（FCEV）三大类型，如图1-3所示。其中混合动力电动汽车包括普通（油电），即非插电式混合动力汽车（HEV）和插电式混合动力电动汽车（PHEV）。

电动汽车的标志如图1-4所示。

1. 纯电动汽车（EV或BEV）

纯电动汽车指以车载电源为动力，用

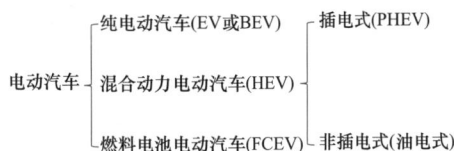

图 1-3　电动汽车的类型

注　EV（Electric Vehicle）：纯电动汽车，蓄电池供电，驱动电动机工作；HEV（Hybrid Electric Vehicle）：电混合动力汽车，以热力与电力双动力源驱动；PHEV（Plug In Hybrid Electric Vehicle）：插电式混合动力汽车，需插电的混合动力汽车；FCEV（Fuel Cell Electric Vehicle）：燃料电池电动汽车，在燃料电池中经电化学反应产生的电能作为主要动力源驱动的汽车。

3

图1-4　电动汽车的标志

电机驱动车轮行驶，符合道路交通，安全法规各项要求的车辆，如图1-5所示。它利用动力电池（如铅酸电池、镍镉电池、镍氢电池或锂离子电池）作为蓄能动力源，通过动力电池向电机供电能，驱动电机运转，从而推动汽车前进。纯电动汽车动力系统示意图如图1-6所示。

图1-5　纯电动汽车

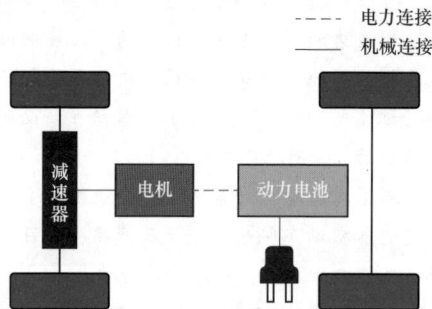

纯电动汽车的驱动系统比起传统汽车要简单得多，总体上由两大部件构成:电动机、动力电池。可以用一个简单的公式对纯电动汽车进行概括，即"电—电—动力"，其实这和小朋友常玩的迷你四驱车的结构原理基本一样。

图1-6　纯电动汽车动力系统示意图

纯电动汽车以电机代替燃油机，由电机驱动而无需自动变速箱。纯电动汽车是纯粹靠电能驱动的车辆，而不需要其他能量，它可以通过家用电源、专业充电桩或特定的充电场所进行充电，以满足日常的行驶需求。

纯电动车的续航里程短是致命的弱点。为了弥补这一弱点，为电动汽车提供更为持续的电力供应，增程式电动车应运而生。与常见的混合动力车型相似，在增程式电动车上同样有发动机、发电机和电机的存在，但其工作原理与传统的混合动力车不同。

2. 混合动力电动汽车

混合动力电动汽车（HEV，以下简称混合动力车）是指驱动系统有两个或多个能同时运转的单个驱动联合组成的车辆，车辆的行驶功率依据实际的车辆行驶状态有单独或多个驱动系共同提供,如图 1-7 所示。目前,混合动力车多半采用传统的内燃机和电机作为动力源,通过混合使用热能和电力两套系统驱动汽车。使用的内燃机既有柴油机又有汽油机,因此可以使用传统汽油或者柴油,也有的发动机经过改造使用其他替代燃料,如压缩天然气,丙烷和乙醇燃料等。使用的电动力系统中包括高强化的电机、发动机和蓄电池。使用的蓄电池包括铅酸电池,镍锰氢电池和锂电池,将来应该还能使用氢燃料电池。

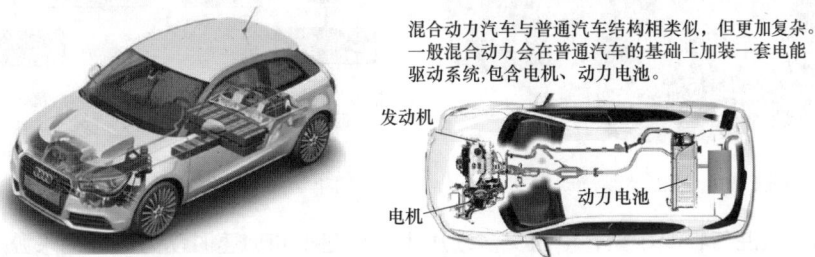

混合动力汽车与普通汽车结构相类似,但更加复杂。一般混合动力会在普通汽车的基础上加装一套电能驱动系统,包含电机、动力电池。

发动机

电机　　　动力电池

图 1-7　混合动力电动汽车(HEV)

因各个组成部件、布置方式和控制策略的不同,混合动力车有多种分类方法。常见的分类方法是按照动力系统的连接方式,将混合动力车型分为串联、并联和混联(普通式)3 种。

(1)串联式混合动力。串联式混合动力车如图 1-8 所示,串联式混合动力系统示意图如图 1-9 所示。在串联形式中,内燃机发动机并不直接提供动力,也不能单独带动车轮,而仅仅用来带动发动机为电池充电,提供电机运行的电能。这种形式通常也被称为增程式。

—— 电力连接
—— 机械连接

VOLT沃蓝达的动力系统为1.5L四缸自然吸气发动机、一台功率为111kW的电机以及一块容量为19kWh的锂电池。

发动机　　发电机

减速器　　电机　　动力电池

串联结构的动力来源于电机,发动机只能驱动发电机发电,并不能直接驱动车辆的行驶。因此,串联结构中电机功率一般要大于发动机功率,才能满足车辆的行驶需求。并且,可以将结构简单的理解为:电机+发动机=串联。

图 1-8　串联式混合动力车　　　图 1-9　串联式混合动力系统示意图

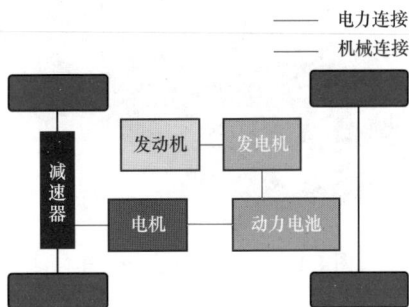

(2)并联式混合动力。并联式混合动力车如图 1-10 所示,并联式混合动力系统示意图如图 1-11 所示。在并联式混合动力系统中,发动机和电机与车轮均有机械连接,都可以单独带动车轮,同时也可以协同工作,共同驱动车辆。目前,并联混动系

—— 电力连接
—— 机械连接

不过在国内能见到的是搭载1.3L直列四缸自然吸气发动机的IMA混合动力系统的上一代飞度混动版车型。

图1-10　并联式混合动力车

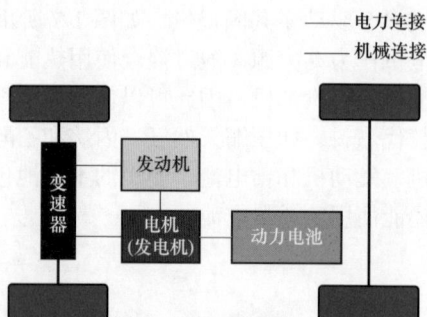

并联汽车靠发动机或者电机，或者二者共同驱动。并联结构保留了变速器,因此可以简单的理解为:普通汽车+电动机=并联。

图1-11　并联式混合动力系统示意图

统多用于微混与轻混车型，电机更多地用于车辆起步和加速时动力的辅助来源。

（3）混联式混合动力。混联式混合动力车如图1-12所示，混联式动力系统示意图如图1-13所示。除了串联和并联的形式，目前用到最多的是混联式（普通式）混合动力系统。混联式混合动力系统综合了串联式和并联式的特点，两种动力单元既可以单独驱动车辆，也可以共同协作。

—— 电力连接
—— 机械连接

图1-12　混联式混合动力车

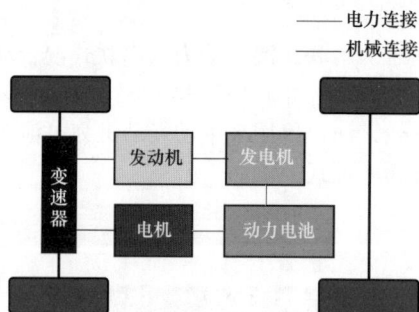

混动汽车在正常行驶过程中，主要依靠发动机驱动。而在电量充足的条件下，车辆启动或者低速行驶时，完全依靠电机驱动，但是续航里程极短。随着车速提高,发动机开始驱动车辆行驶。当遇到坡道或者急加速时,发动机和电机共同驱动车辆行驶。

图1-13　混联式混合动力系统示意图

采用混联式混合动力系统的车型在市场上有很多，比如最常见的第三代普锐斯、雷克萨斯CT200h等。此外，海外版的雅阁PHEV由于搭载了混联式混合动力系统，并加入插电模式，因此在日本JC08模式下取得了百公里3.3L的超低油耗。

（4）插电式混合动力。插电式混合动力（PHEV）车如图1-14所示，它是指可以通过外接电源来对动力电池组进行充电的混合动力车。插电式混合动力系统示意图如图1-15所示。插电混合动力车型由于有着较长的纯电动续航里程，同时可以通过插电为动力电池组充电，因此在燃油经济性方面的表现较为突出，并且可以兼顾甚至增强车辆的动力表现。

—— 电力连接 —— 机械连接

图 1-14　插电式混合动力车

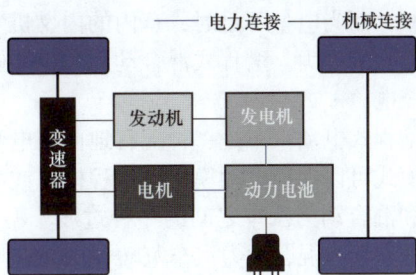

插混比起混动，说简单了就是多个插电口，能够外接充电。电机功率要足够大，确保汽车能够以比较高的速度行驶，一般认为需要大于50kW。电池容量也要比混动大很多，足以在纯电模式下跑几十公里。

图 1-15　插电式混合动力系统示意图

特别提醒

● 插电式混合动力汽车（PHEV）是一种新型的混合动力电动汽车。它与普通混合动力汽车的区别是：普通混合动力车的电池容量很小，仅在起/停、加/减速的时候供应/回收能量，不能外部充电，不能用纯电模式较长距离行驶；插电式混合动力车的电池相对比较大，可以外部充电，可以用纯电模式行驶，电池电量耗尽后再以混合动力模式（以内燃机为主）行驶，并适时向电池充电。

● 插电混动车按照混动方式，分为串联、并联、混联3种型式。并联混动方式的插电混动车，是没有一边行驶一边给动力电池充电的能力的；串联、混联混动方式的车具有这种充电能力。

（5）增程式混合动力。增程式混合动力车如图 1-16 所示，它是用发动机进行发电，用电机进行驱动的车辆。增程式混合动力车型从结构上是属于串联式混合动力车型，增程式混合动力系统示意图如图 1-17 所示。当电池组电量充足时采用纯电动模

—— 电力连接
—— 机械连接

图 1-16　增程式混合动力车

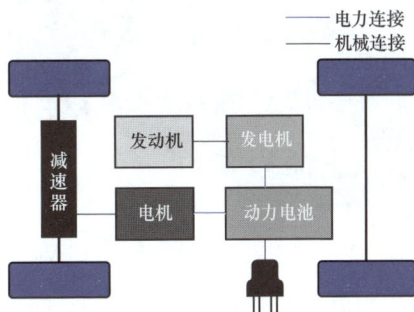

和混动、插混不同的是，增程无论什么情况下，都不能由发动机直接驱动车轮行驶，仅能通过电机驱动。但它也能够像插电式混合动力汽车一样，通过外接电源进行充电。

图 1-17　增程式混合动力系统示意图

式行驶，而当电量不足时，车内的内燃机发动机启动，带动发电机为电池充电，提供电机运行的电力。增程式混合动力车也能够像插电式混合动力车一样，通过外接电源进行充电。

增程式电动汽车是一种配有地面充电和车载供电功能的纯驱动的电动汽车，其运行模式可以在纯电动模式、增程模式或混合动力模式之间进行切换，是介于纯电动汽车和混合动力汽车之间的一种过渡车型，具有纯电动汽车和混合动力汽车的特征，有人把它划为混合动力汽车范畴，认为它是一种插电式串联混合动力汽车。

知识拓展

增程式电动汽车与混合动力电动汽车的区别

在常见的混合动力系统中，都是以发动机为主，电机为辅。而增程式电动车，是以电机为主，发动机为辅。发动机的唯一作用是发电，为电池充电，电机驱动车辆行驶。

3. 燃料电池电动汽车

燃料电池电动汽车（FCEV）如图 1-18 所示，它是利用氢气和空气中的氧气在催化剂的作用下，在燃料电池中经电化学反应产生的电能作为主要动力源驱动的汽车。燃料电池电动汽车实质上是纯电动汽车的一种，主要区别在于动力电池的工作原理不同。一般来说，燃料电池是通过电化学反应将化学能转化为电能，电化学反应所需的还原剂一般采用氢气，氧气剂则采用氧气，因此最早开发的燃料电池电动汽车多是直接采用氢气、压缩氢气或金属氢化物储氢等形式。

燃料电池电动汽车动力系统示意图如图 1-19 所示。

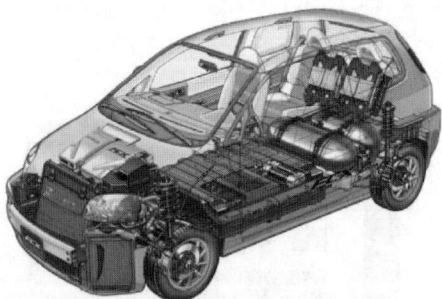

图 1-18 燃料电池电动汽车（FCEV）

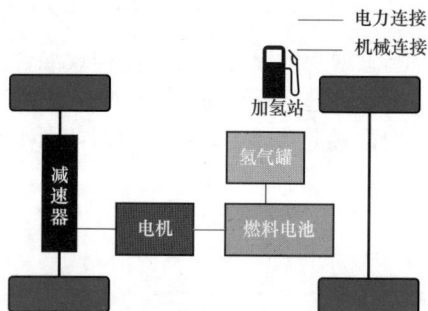

和纯电动汽车"电—电—动力"不同的是，燃料电池汽车是"氢气—电—动力"的形式，只要加氢就可以持续的运行，这点类似于"加油"，续航里程也和普通汽车无异。

图 1-19 燃料电池电动汽车动力系统示意图

燃料电池有别于原电池，它是一种主要通过氧或其他氧化剂进行氧化还原反应，将燃料的化学能转换成电能的电池。燃料电池电动汽车当燃料耗尽后可以迅速补充氢燃料，无需长时间充电。目前，最常见的燃料为氢及一些碳氢化合物，例如天然气、醇和甲烷等有时也会作为燃料使用。

第二节 电动汽车驾驶操作装置与开关操作方法

不同结构类型的电动汽车的同名操纵部件的作用基本相同，但其结构组成及类型会有所不同。纯电动汽车驾驶舱与主要驾驶操纵装置如图 1-20 所示，纯电动公交车驾驶舱与主要驾驶操纵装置如图 1-21 所示。

混合动力自动挡汽车的驾驶舱与主要驾驶操纵装置如图 1-22 所示。电动汽车的主要驾驶操纵件、指示器及信号装置的标志见表 1-2。

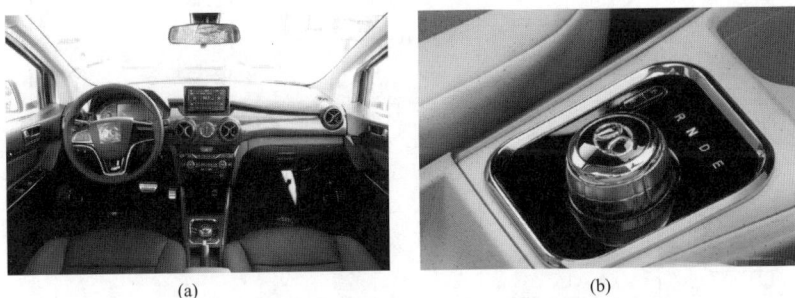

(a)　　　　　　　　　　　　　　　　(b)

图 1-20　纯电动汽车驾驶舱与主要驾驶操纵装置

（a）驾驶舱；（b）主要驾驶操纵装置

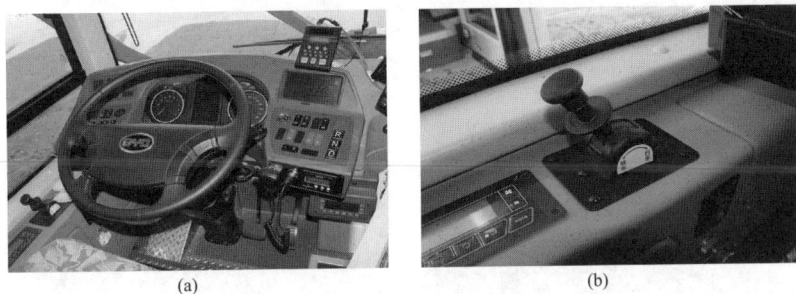

(a)　　　　　　　　　　　　　　　　(b)

图 1-21　比亚迪纯电动公交车驾驶舱与主要驾驶操纵装置

（a）驾驶舱；（b）行驶与驻车操纵杆

表 1-2　　电动汽车的主要驾驶操纵件、指示器及信号装置的标志

序号	标志	装置			表示功能	信号装置颜色
		操纵件	指示器	信号装置		
1			○	○	动力电池充电状态	黄色
2			○	○	动力电池液面高度 注：这个标志也可用在电池液加注盖上	红色

9

续表

序号	标志	装置			表示功能	信号装置颜色
		操纵件	指示器	信号装置		
3				○	动力电池故障	红色
4				○	动力电池切断	黄色
5			○	○	电机及控制器过热	红色
6		○		○	充电线连接	红色
7	READY			○	运行准备就绪	绿色
8				○	系统故障①	红色
9	②	○			动力电路熔断盒入口	
10	②				高压警告电击危险	

① "系统故障"包括漏电故障。

② 该标志的底色为黄色，边框和符号为黑色。

"○"表示设有该装置。

图 1-22　混合动力自动挡汽车的驾驶舱与主要驾驶操纵装置

一、转向盘

转向盘也称方向盘，其作用是通过驾驶人转动转向盘，带动转向器的转向传动装置，然后再通过转向传动机构带动前轮偏转，从而控制汽车的行驶方向。转向盘的位置调节，根据可调方向，可分为上下调节式和前后调节式；根据调节方式，又可分为手动调节式和电动调节式。

目前常见的是上下共两向手动调节或上下前后共四向手动调节转向盘，部分高配车型还配有电动可调转向盘。一些手动调节的车型只能调整转向盘上下的位置，但是胳膊与转向盘的距离只能通过座椅的前后调整了。

1. 转向盘位置的调节方法

（1）手动调节转向盘。手动可调式转向盘的调整手柄位于转向盘下方，如图1-23所示，调整时向下推到底，以松开转向盘管柱，上下移动转向盘调整高度，前后移动转向盘调整倾斜度，符合要求时，向上拉动锁定连杆锁定转向盘位置，并上下移动转向盘，检查转向盘是否锁定到位。

（2）电动调节转向盘。可通过位于转向盘左侧的电动调整杆或调整按钮来实现调整，如图1-24所示。可根据驾驶者的需要电动调整方向盘的垂直距离和前后距离。一般装备在较为高档的车型上。只有带电动调整方向盘的，才可能有记忆功能。有些车型停车后方向盘会自动回收部分距离，可使上下车更方便，启动时恢复正常状态。

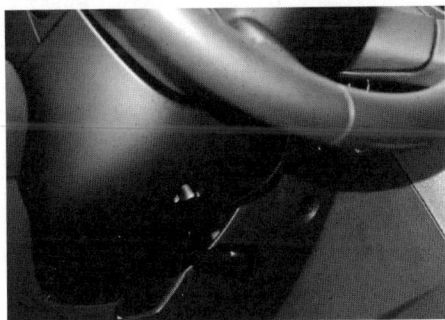

图1-23　手动调整转向盘手柄	图1-24　电动调整转向盘按钮

（3）不可调式转向盘。不可调式转向盘的位置高低是固定的，不可调节。如果驾车人觉得转向盘的位置不适合驾车，只能通过调整座椅，以达到适合驾车的要求。

2. 转向盘的操纵方法

转向盘的操纵方法如图1-25所示，应依靠手腕、肩部、手臂的力量，轻柔协调地操控转向盘，以左手为主右手为辅，两手动作应互相配合，推拉转向盘用力要轻柔，幅度适当，不得随意操作或双手临时离开转向盘。为了避免损坏转向机件，尽量不要原地转动转向盘。

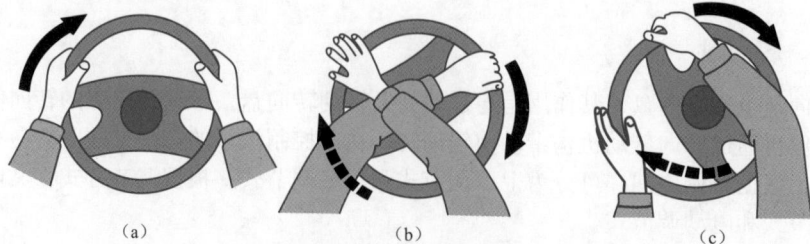

（a）　　　　　　　　（b）　　　　　　　　（c）

图 1-25　转向盘的操纵方法

（a）左手为主、右手为辅开始转动；（b）以左手为主继续转动，右手换把；（c）右手转动转向盘，左手转把

特别提醒

转向盘的操纵注意事项

（1）转动转向盘时要多打多回、少打少回，回转转向盘时速度要快要准确回到位。应避免猛打方向，否则易损坏零件，甚至会导致交通事故。

（2）注意转向盘快要转动到底时不可用力过猛，否则易振坏零件。

（3）尽量避免原地打转向盘，以免损伤转向机构的机件和加速轮胎磨损。

（4）在高低不平的道路上行驶时，应握稳转向盘，以免前轮受地面的冲击而引起转向盘回转，导致方向失控，同时还要防止击伤手指或手腕。

（5）在行驶过程中，当必须用一只手操作或调整其他装置时，允许单手操纵转向盘，但不能长时间单手操纵转向盘，严禁双手同时离开转向盘。

（6）在山区危险地段或不良路面行车时，应双手握紧转向盘以防发生意外。

（7）装有转向助力器的车辆，转向时，不要在左右极限位置停留太久，否则易损坏转向助力器机件。

（8）有些汽车转向盘的位置可以上下手动或电动调整的，但在汽车行驶中不得进行调整操作，以避免发生危险。

二、加速踏板

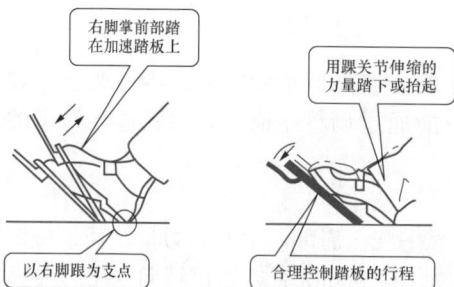

图 1-26　加速踏板的操纵方法

操纵加速踏板时，将右脚脚跟置于地面，前脚掌轻踏在加速踏板上，用踝关节伸屈动作使踏板松抬或踏下，如图 1-26 所示。右脚除必须踏下或松抬制动踏板外，其他时间应轻松地放在加速踏板上。操纵加速踏板要做到"轻踏、缓抬"，切忌忽抬忽踏或连续抖动。加速踏板回位要领：脚跟不动，将脚尖松开。

三、离合器踏板

电动汽车大都使用的是单速变速箱，它不需要离合器（电机输出轴直接连接变速器，而非内燃机用飞轮），电动汽车的换挡结构也比液压更简单可靠。目前纯电动车中，还没有看到多级变速箱的存在。

大部分混合动力车配置自动变速装置，也配置离合器装置（但没有离合器踏板）。混合动力系统构造如图 1-27 所示，其作用是当电机转速过快时，防止达到临界速度会将电力驱动脱离。一般都是配备无极变速箱，有的还是高速或者低速离合器直接驱动连接。混动汽车是自动离合器，由电脑控制，跟自动挡轿车是一样的操作，只控制行车制动和加速踏板。装备有离合器执行电机。离合器是有具体的分离行程的，行程太小离合器分不开，行程太大膜片弹簧会损坏，所以要求电机的转角要对应得上。转过的角度不能大，也不能小，应在一个区间范围内。

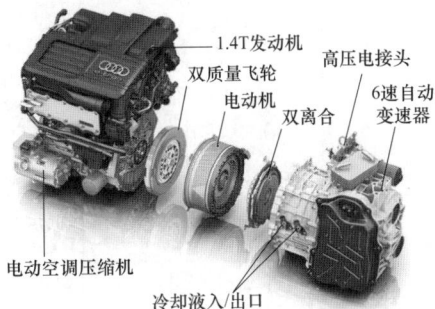

图 1-27 混合动力系统构造

1.4T发动机
双质量飞轮
电动机
双离合
高压电接头
6速自动变速器
电动空调压缩机
冷却液入/出口

四、变速杆或变速旋钮

现在汽车上的配置都在更新，汽车变速杆（也称换挡杆）也正在由最传统的机械式逐步转变为电子式，换挡方式也从一般的排挡杆演化成电子线控、旋钮式、按键式等。电动汽车的车型不同，挡位也不完全一样，变速杆结构也有所不同，其安装位置亦是不同的。

1. 传统自动换挡杆

电动汽车分为低速类和高速类。低速类一般是自动挡，只有行车制动和电门（不叫加速踏板）。高速类有手动挡的，但是价格太贵，基本上停留在一小部分车型。而混合电动汽车设置有离合器，大多数混合电动汽车用的是手动挡。传统式的自动换挡杆通常情况下有两种挂挡方式一种是直排式；另一种是阶梯式，又叫蛇形挡位。传统自动换挡杆的挂挡方式如图 1-28 所示。

(a)　　　　　　　　　　　　　(b)

图 1-28 传统自动换挡杆的挂挡方式
（a）直排式；（b）阶梯式

　　混合动力车型和普通汽车的挡位类似，挡位分别为：P（驻车挡），R（倒车挡），N（空挡），D（前进挡），D1、D2、D3、M+、M-（限制挡），L（低速挡）和S（运动模式）。自动变速器变速操纵杆的操纵方法如图1-29所示。其中的浅色箭头表示直接推拉变速杆，深色箭头表示边按变速杆上端的按钮边操纵变速杆，这样的操作具有防止错误操作的功能。

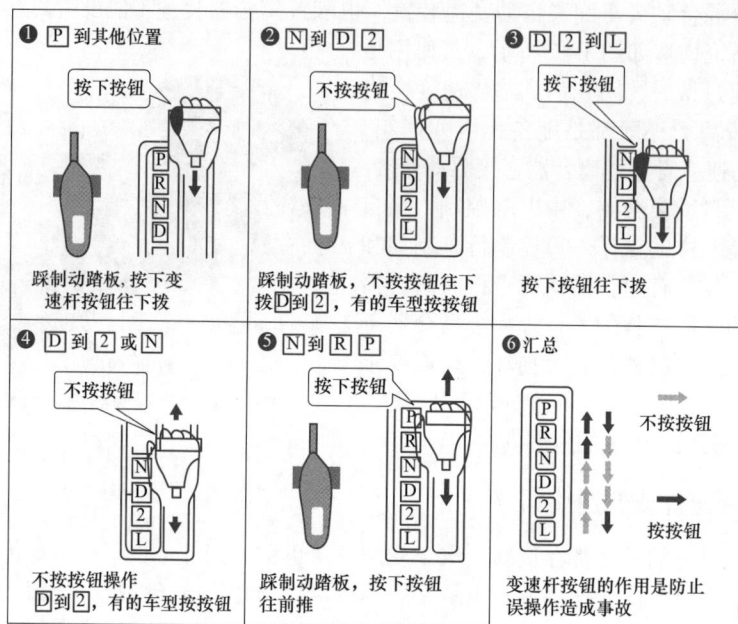

图1-29　自动变速器变速操纵杆的操作方法

　　（1）当操纵手柄处于"P"挡时，自动变速器中的停车锁止机构将变速器输出轴锁止，使车辆驱动轮不能转动，可防止车辆移动。只有在"P"挡位置，才能打开点火启动发动机。发动机熄火后，只有在"P"挡位置才能拔下点下钥匙。

　　（2）汽车巡航开关（O/D）通常置于ON位，需要发动机制动力时，应置于OFF位。

特别提醒

　　（1）汽车停止时，操作变速杆必须保持踩制动踏板。
　　（2）注意有按变速杆按钮换挡操作和不按按钮换挡操作两种方式。
　　（3）前进用D、S（2）、L（1），倒车用R。

2. 旋钮式换挡、按键式换挡和电子换挡旋钮

　　（1）旋钮式换挡（见图1-30）。在启动车辆后，变速箱换挡旋钮会缓缓升起，可以采用旋转方式在 P、R、N、D、S 挡位之间切换，熄火后这个旋钮会降下去，与中控台形成一个平面，不熟悉的话还容易挂错挡。但其实旋钮式挡杆也属于电子挡杆，只是外形和换挡方式不同，但它们的原理是一样的。和电子式换挡杆一样，旋钮式换挡杆在断电或电路故障时，会锁死在当前挡位，无法对挡位进行释放。

图 1-30 旋钮式换挡

知识拓展

为避免驾驶过程中驾驶人的误操作，有些车的换挡控制系统配有主动安全防护措施。当车辆挡位位于 D 挡，且车辆仍处于前进状态时，如果误操作 R 挡按钮，换挡控制系统会自动跳换到 N 挡；而当车辆挡位位于 R 挡，且车辆仍处于倒车状态时，如果误操作 D 挡按钮，换挡控制系统也会自动跳换到 N 挡。

（2）按键式换挡。按键式换挡如图 1-31 所示，挡位按键规整地排在中控台左侧。虽然这个设计有点新潮和反常规，但由于没有传统的排挡杆，因此中控台一直延伸至手套箱的整个平面显得更加流畅和完整，也让整个车厢变得更加简洁。但也有用过的朋友认为这种换挡方式不如挡杆方便，不能盲操作，每次换挡都需要看一下中控面板上的挡位按键，不容易习惯。

图 1-31 按键式换挡

图 1-32 电子换挡旋钮

（3）电子换挡旋钮。电子换挡旋钮如图 1-32 所示，该电子换挡旋钮设置了倒挡（R位）、空挡（N 位）、前进挡（D 位）、经济挡（E 位）4 个挡位。换挡旋钮至某一挡位时，挡位信号会传至整车控制器，整车控制器根据驾驶人意图控制驱动电机正转、反转或进行经济模式等工况。

知识拓展

电子换挡杆

如图 1-33 所示的电子式换挡杆与变速箱的连接并非传统的机械方式，而是采用了更加安全、快捷的电子控制模式，省去了传统机械式的换挡模式，全部采用电子信号进行代替。它的优势就在于驾驶者的换挡错误操作会由电脑判断出是否会对变速器造成损伤，从而更好地保护变速器和纠正驾驶者的不良换挡习惯。电子式换挡杆大多被用于比较高端、豪华的品牌车型上。电子式换挡杆省去了传统机械式的换挡机构，但如果遇到故障或电路短路时，电子式换挡杆的换挡机构是无法对当前挡位进行释放的，只能依靠拖车和救援。

图 1-33 电子式换挡杆

五、行车制动器踏板

行车制动器踏板也叫脚刹或脚行车制动。它的作用是使汽车减速或停车，踏下去车辆减速，直至停车。行车制动器踏板的操作要领如图 1-34 所示。

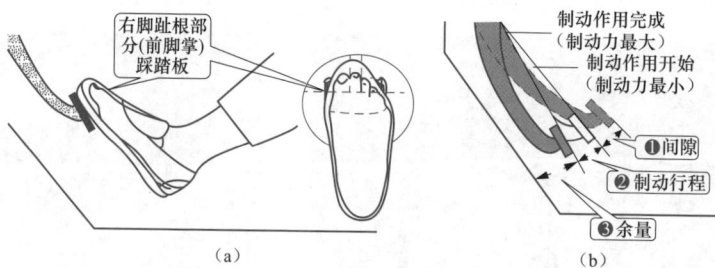

图 1-34 操纵行车制动器踏板的方法及踏板行程
（a）踏板踩法；（b）踏板行程

操纵行车制动器踏板时，应两手握稳方向盘，两眼平视前方，用右脚前脚掌置于制动踏板中央，通过膝关节和踝关节的伸屈动作踏下或放松进行控制，如图 1-35 所示。

（1）液压制动式的行车制动器踏板，应用右脚掌踏制动踏板，以膝关节的伸屈动作踏下或放松。除遇危险情况作紧急制动外，踩踏制动踏板都应先轻后重，缓踏快松，以达到平稳减速、停车的目的。

（2）气压制动式的行车制动器踏板，应用右脚跟靠作驾驶室底板，即以右脚跟着地并作为支点，脚掌用力踏下或松开。与液压制动相比，气压制动的脚感差，操作时，可采用"点刹"，以控制车速。

液压制动踏板操作　　气压制动踏板操作　　错误的操作

正确　偏左　偏右　脚心踏　脚尖踏

√　×　×　×　×

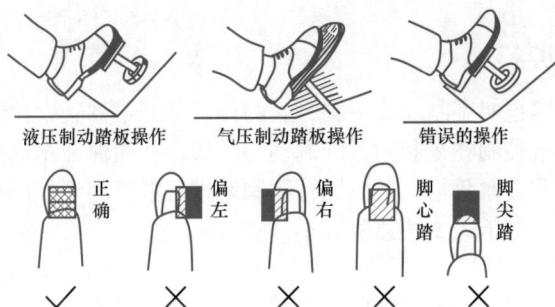

图 1-35　操纵行车制动器踏板

（3）采用 ABS 装置的行车制动器踏板，应用力踩制动踏板，并踩住不放松，即不采用间歇踩（点刹）制动踏板的方法，在踩制动踏板的同时可适度转动转向盘，以避开障碍物。

知识拓展

（1）踩下制动踏板时首先把右脚从加速踏板移至制动踏板，踩制动时开始的一瞬间要最快最用力。随着车速的下降渐渐放松的做法才是正确的。不要过猛。如果听到制动拖胎的声音时，说明制动用力过大，应适量放松制动踏板。

1）需要降低车速时，应先轻后重，缓慢踏下；

2）需要停车时，将按减速要领操作外，在车辆即将停止时放松踏板再缓慢踏下；

3）需要紧急制动时，应迅速有力将踏板踏到底。

（2）气压制动虽"脚感差"，但较液压制动反应迅速、灵敏，因此，气压制动一般用"点刹"。液压制动一般用"一脚制动"，如一脚无效，立即松开踏板再踩第二脚。迅速完全踩下制动踏板的操作方法，一般仅用在紧急情况需立刻停车时。

（3）放松踏板应根据需要操作，可以一次放松，也可以分次逐渐放松。

（4）预见性制动和紧急制动。行驶中，根据道路、交通情况的变化，驾驶人提前做好思想上和技术上的准备，有目的地采取减速或停车措施，称为预见性制动。遇到紧急情况时，应迅速将制动踏板一脚踏到底，使车在最短时间和距离将车停下。

特别提醒

使用行车制动器注意事项

（1）踩踏行车制动器踏板的位置要正确，以防止右脚滑脱或踩空。应用右脚前掌踩踏行车制动器踏板，应避免用右脚脚尖或脚心踩制动踏板。

（2）踏下制动踏板时应紧握方向盘。

（3）禁止用左脚踩踏行车制动器踏板，以避免同时踩下加速踏板或因与右脚卡碰而影响操作。

六、驻车制动器

汽车驻车制动器也叫手制动或手刹，它的作用是通过驾驶人拉紧和松放驻车制动操作杆（或按钮）来控制驻车制动器的制动与释放，从而保证车辆停稳后不溜动、坡道起步时不后溜。并在紧急情况下协助行车制动进行紧急制动。汽车驻车制动器主要有手刹式、脚刹式、电子式 3 种类型。

1. 手刹式

手刹拉杆一般位于右手垂直方向，也有的在左边。原理就是手刹拉杆连着一根弹性钢索，当手刹拉起时，拉动后轮的鼓式制动器（后轮盘式行车制动的有专门的驻车制动鼓），从而达到行车制动的目的。传统的汽车一般都采用手刹式。

手动驻车制动器的操作方法如图 1-36 所示。

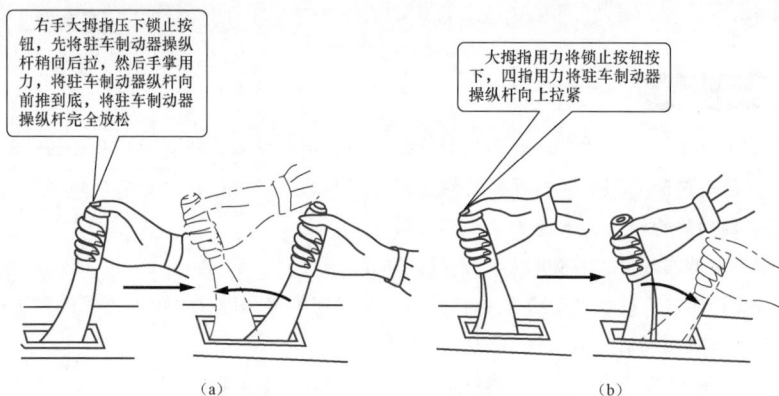

右手大拇指压下锁止按钮，先将驻车制动器操纵杆稍向后拉，然后手掌用力，将驻车制动纵杆向前推到底，将驻车制动器操纵杆完全放松

大拇指用力将锁止按钮按下，四指用力将驻车制动器操纵杆向上拉紧

（a）　　　　　　　　　　（b）

图 1-36　手动驻车制动器的操作方法
（a）放松操纵杆；（b）拉紧操纵杆

（1）放松驻车制动器操纵杆。先将操纵杆向后（上）拉，同时用拇指按下杆头上的按钮，再将杆向前（下）推到底，即解除制动。驻车制动器操纵杆松开，警告灯熄灭。

（2）拉紧驻车制动器操纵杆。四指并拢，大拇指需按在杆顶的按钮上将驻车制动器操纵杆向后（上）拉紧，即起制动作用；拉上驻车制动器操纵杆后警告灯亮。

2. 脚刹式

此种形式多用在丰田、本田等家用日系车中，造型因为在脚下，所以比较单一，一般就是个小踏板，位置靠上，需要抬脚才能踩到，避免了误踩。结构与手刹拉杆式一样，都是一根钢索带动制动器。

3. 电子式

电子驻车制动器（简称 EPB）是由电子控制方式实现停车制动的技术。其工作原理与机械式手刹相同，均是通过行车制动盘与行车制动片产生的摩擦力来达到控制停车制动，只不过控制方式从之前的机械式手刹拉杆变成了电子按钮。

　　常见的电子手刹有拉索式与卡钳式两种，拉索式电子手刹与传统拉索式手刹差别不大，同为制动蹄式，只是把手动的拉索改为电机带动钢索式。另一种是4个车轮上加装了4个电机，利用电脑计算出所需制动力，直接用行车制动盘进行制动。

　　EPB系统去掉了普通机械式驻车制动系统的手柄或是踏板等机械装置，通过一个EPB开关对驻车制动器进行控制，如图1-37所示（图中EPB开关为拨片式）。该系统不仅实现了驻车制动的电子化控制，同时EPB控制单元通过数据总线与ESP系统链接，可以实现车辆的自动停止固定功能和动态的应急制动，即可以防止因驾驶人的疏忽而导致的溜车，在制动踏板失效的情况下，通过拉起手刹按键，车辆会紧急制

图1-37　EPB开关（拨片式）

动，仍可确保汽车可靠地制动。在中高速的情况下，普通机械手刹提供的制动力是根本不够的，而且只对后轮制动，也很容易让车辆失控。

　　现代车辆上装配的电子驻车制动系统常见的有两种形式：①通过驻车制动执行电机驱动制动拉线使驻车制动系统工作的鼓式电子驻车制动系统；②将驻车制动执行电机安装于后轮两侧的制动卡钳上，由驻车制动执行电机控制制动卡钳的活塞。

　　目前较为主流的电子手刹都采用集成式卡钳，即将电机集成在制动卡钳上，取消了拉锁机构，常规行车制动时使用液压制动，驻车制动时使用电机制动。

　　电子驻车制动器的操作方法如下。

　　（1）汽车电子手刹一般是拨片式，只需抬起或者按下拨片即可。当车辆停止时，踩行车制动点火，将挡位挂到D挡或者一挡，按下电子手刹即可启动车辆。

　　（2）中途驻车时踩下制动踏板，车辆停稳后挂到P挡或者N挡（建议挂在N挡，这样能防止因追尾事故而造成变速箱损坏），再抬起电子手刹，松开制动踏板即可驻车，启动时同上一步方法。中途驻车时可根据时间长短选择脚刹或者电子手刹，一般时间较长可选择电子手刹。

　　（3）停车时方法同上一步，但需将挡位挂到P挡再抬起电子手刹，最后拔钥匙熄火。

特别提醒

驻车制动器使用注意事项

　　（1）正常行车情况下，禁止使用驻车制动器减速。

　　（2）车未停止前，不可使用驻车制动器。在非紧急情况下，必须待车辆停稳后方可拉紧驻车制动器操纵杆，否则极易损坏车辆传动部件；在车辆起步后，必须彻底放松驻车制动器操纵杆，否则使车辆速度减慢。制动装置磨损加剧。

　　（3）使用驻车制动器，应将驻车制动器操纵杆拉至最紧；需放松时，应放松彻底，以防驻车制动器在行车中仍起制动作用。

（4）装有自动变速器的车辆，如果点火开关接通且变速器操纵杆不在驻车挡（P）或空挡（N）位置，使用驻车制动器时，警告装置报警。

（5）对于利用后轮进行轮边驻车制动的车辆来说，在行车制动正常的情况下，遇紧急情况，紧急踩下行车制动器踏板的同时，可以快速拉紧驻车制动器操纵杆进行辅助制动。若在行车制动失常的情况下，快速拉紧驻车制动器操纵杆，会使车辆发生漂移。

（6）在有坡度的地点熄火停放车辆时，在拉紧驻车制动器操纵杆的同时，最好利用相应挡进行辅助制动。对手动挡汽车而言，车头朝上时应挂入倒挡，车头朝上时应挂入1挡。对自动挡汽车而言，无论车头朝上还是朝下，都应挂入P位。

（7）在冰雪泥泞的道路上下坡行驶时，可通过缓慢、小幅度拉紧和放松驻车制动器操纵杆与加速踏板、行车制动协调配合来控制车速。

知识拓展

AUTO HOLD（自动驻车）系统

图1-38　AUTO HOLD（自动驻车）按钮

为了提高汽车行驶的安全性和舒适性，在原有EPB系统的基础上，扩展了AUTO HOLD（自动驻车）功能。它的作用就是在车辆走走停停的时候来起到驻车的作用。启动该功能之后，即可使车辆在等红绿灯或上下坡停车时自动启动四轮制动，从而防止了溜车的危险。直到踩下加速踏板时，它又会自动解锁车轮。AUTO HOLD（自动驻车）按钮一般在电子手刹按钮的附近，如图1-38所示。

AUTO HOLD（自动驻车）功能技术的运用，使得驾驶者不论变速器处在D位或N位，都无需用脚一直踩住制动踏板或者使用驻车制动器使汽车静止。可以避免使用手刹或电子手刹，从而简化操作，自动挡车型也不用频繁在D到N、D到P间来回切换了。

当然，在驻车制动超过一定时限后，自动驻车就会打开电子手刹，四轮液压制动也变成了后轮制动。当车辆将前行时，电子系统会检测加速踏板的踩踏力度，以及手动挡车型的离合器踏板的行程，来判定驻车制动是否解除。

大部分车型发动机启动、驾驶人系好安全带、车门关闭时，稍稍深踩加速踏板，车轮扭矩达到一定程度时，电子手刹就会自动释放。

下述两种情况属于正常现象，并非EPB系统存在故障：①在接通和关闭EPB系统时，出现噪声；②如果长时间不使用EPB系统，EPB系统会进行不定期自检，自检时会产生噪声。

激活AUTO HOLD功能必须满足以下条件：①关闭驾驶人侧车门；②系好安全带；③发动机处于运转状态。其中，要求关闭驾驶人侧车门以及系好安全带，是为了保障驾驶人正常地操作AUTO HOLD（自动驻车）按键，而不会被偶然按压开关而启动了该功能；要求发动机运转，则是为了保证该系统具有足够的动力。

七、点火开关（或一键启动按钮）

汽车点火开关大多数安装在转向盘柱的右下方，用于接通或切断汽车电源。点火开关一般有 4 个挡位，分别标注 OFF 或 LOCK（插入或拔出点火钥匙位置，在此位置时，转向盘会被锁住）、I 或 ACC（在此位置时，发动机关闭，音响和附属电器可正常使用）、Ⅱ 或 ON（发动机工作位置）、Ⅲ 或 START（启动机工作位置）。点火开关示意图如图 1-39 所示。

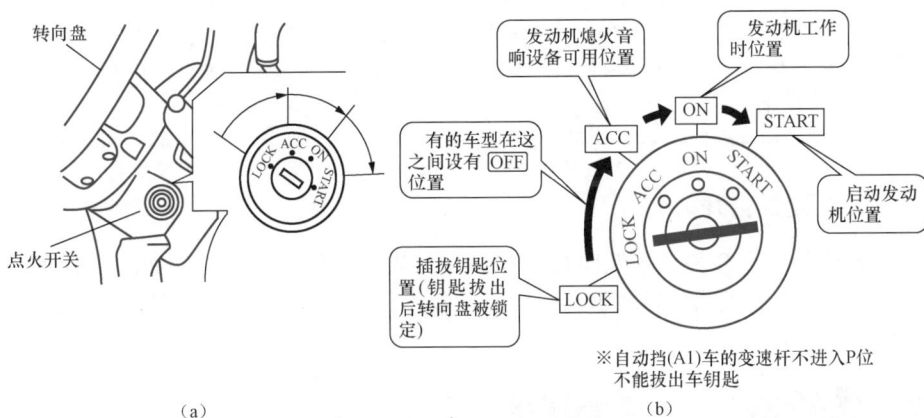

图 1-39　点火开关示意图

（a）点火开关位置；（b）点火开关挡位

另外，现在还有比较流行的一键启动按钮，如图 1-40 所示。上面一般都标有"ENGINE START STOP"字样，即"发动机工作、启动、停止"共 3 个功能：第一次按下为 ACC 模式（琥珀色指示灯）；第二次按下为 ON 模式（绿色指示灯）；第三次按下为点火关闭（指示灯熄灭）。

图 1-40　一键启动按钮

如果指示灯是绿色的，不管选择何种模式，按下开关一次，就可以启动发动机，如果开关上的绿色指示灯闪烁，说明启动系统或转向锁止功能存在故障，应立即关闭发动机。

具有一键启动功能的车辆一般不用插入钥匙，但都有插入钥匙的位置。一键启动的按钮或旋钮必须在感应到智能钥匙的存在时才能启动，这种感应距离一般在50cm左右。一般情况下智能钥匙中也有带锯齿或凹槽的钥匙。它的作用在于当一键启动功能发生故障时，仍可利用机械启动方式进行启动。

特别提醒

（1）如果钥匙在钥匙孔内不易转动或根本不能转动，应将转向盘轻轻地往复转动，以放开锁紧销。对于自动挡汽车，当变速器操纵杆不在P挡位置时，钥匙是拔不出来的。

（2）汽车在行驶期间，不得拔掉点火开关钥匙或将钥匙转到锁止（LOCK）位置，因为这样会锁住转向盘而失去转向控制。因此，行驶中需断开点火时，只需将钥匙转到断开（OFF）位置即可。

八、灯光组合开关

灯光信号组合开关是集照明灯光和信号灯光为一体的操纵机件如图1-41所示。常见的灯光组合开关为旋转式组合开关，大多数安装在转向盘左下方转向柱上，用左手操纵。

图1-41 灯光组合开关

（1）转向灯的操作。将手柄前后推动，可分别使右转向灯或左转向灯点亮。当汽车转弯结束，转向轮回正时，手柄会自动跳回到空挡，同时切断转向灯电路。在转弯、变换车道以及停车时，要提前打开转向灯，给他人以提示。

（2）手柄旋钮拧至Ⅰ挡时。将手柄一端的旋钮由OFF向前拧至Ⅰ挡时，示宽灯、尾灯及仪表板照明灯点亮。

（3）手柄旋钮拧至Ⅱ挡时。将手柄一端的旋钮向前拧到底，即到达Ⅱ挡。此时除Ⅰ挡点亮的灯光外，前照明灯（前照灯）也被点亮。

（4）近光灯与远光灯的变换。不同车型的变光开关位置与样式不完全相同，但功能却是一样的。而灯光组合开关是将开关手柄向上拉，近光灯亮，向下推到底，远光灯亮。交替转换近光灯和远光灯时，可在近光灯亮的位置向上提开关变远光灯，放松开关变近光灯。夜间会车时，需要使用变光开关。将组合开关操纵杆上、下来回运动，可实现远光与近光的转换。把操纵杆从近光位置向上抬，前照灯的远光就一直点亮。

（5）将开关手柄向后转到底，全部照明灯灭。

九、风窗玻璃刮水器开关

风窗玻璃刮水器组合开关是控制刮水器的操作装置，如图 1-42 所示。风窗玻璃刮水器开关在雨天行驶时使用，大多数安装在转向盘右下方转向柱上，用右手将开关手柄向下拉或向上推。刮水器的动作一般分为快、慢、间歇 3 个挡位，可根据雨量的大小进行选择使用。

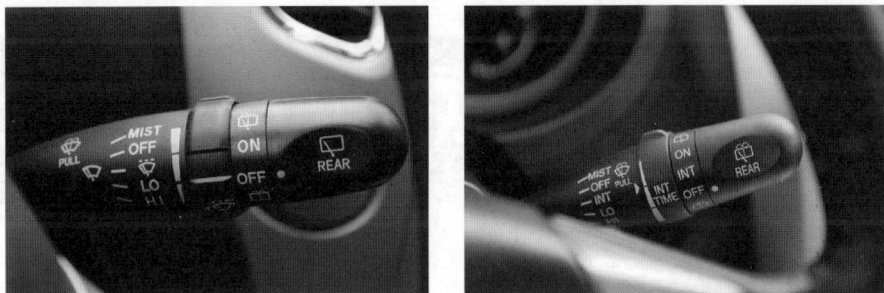

图 1-42 风窗玻璃刮水器组合开关

当向内提拉开关手柄，前风窗玻璃洗涤器开始清洗风窗玻璃，刮水器自动进行刮刷。向前转动手柄，后风窗玻璃洗涤器工作，刮水器间歇摆动；回转手柄，后风窗玻璃洗涤器停止工作。空刮会伤害玻璃，所以在刮洗时一定要先喷出清洁液。

十、其他操作开关

不同的汽车设计，配置有不同的操纵机件，在操纵前应认真阅读使用说明书，以便掌握其操纵方法。常见的其他操纵开关如下。

1. 危险报警闪光灯（俗称"双闪"）开关

危险报警闪光灯开关如图 1-43 所示。按下"双闪"开关时，前后的两侧 4 个转向灯会同时闪烁。一般在汽车发生故障停在路边、发生交通事故、汽车掉头、停车或在交通混乱时，用于警告其他车辆应注意避让。

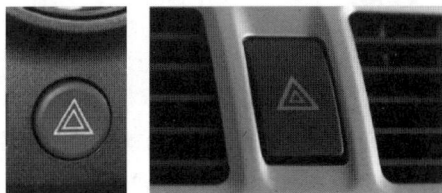

图 1-43 危险报警闪光灯开关

2. 雾灯开关

雾灯开关是控制前后雾灯的操作机件。部分汽车前、后雾灯只有在示宽灯或边灯、近光灯或远光灯亮时才工作。按下前雾灯（或向前旋转）开关，前雾灯指示灯、前雾灯亮，按下后雾灯（或向后旋转）开关，后雾灯指示灯、后雾灯亮。

防雾灯图标可以根据光线方向来判断：光线向下的是前雾灯，光线平射的是后雾灯。关于雾灯开关设置，一般有 3 种方式。

（1）把所有灯光控制集成在多功能手柄，即大灯、转向灯、雾灯都在一个控制手柄上，如图1-44所示。雾灯就是在手柄中间用一个环控制，转动这个环来开和关。

（2）欧洲多使用大灯独立控制开关，和转向灯控制手柄分开，形成独立的大灯、雾灯控制开关。开关除旋转之外，还可以向外拉出两格，第一格是前雾灯，第二格是前雾灯＋后雾灯。

（3）雾灯独立于其他灯光设置，雾灯开关单独放置如图1-45所示。

图1-44　多功能手柄

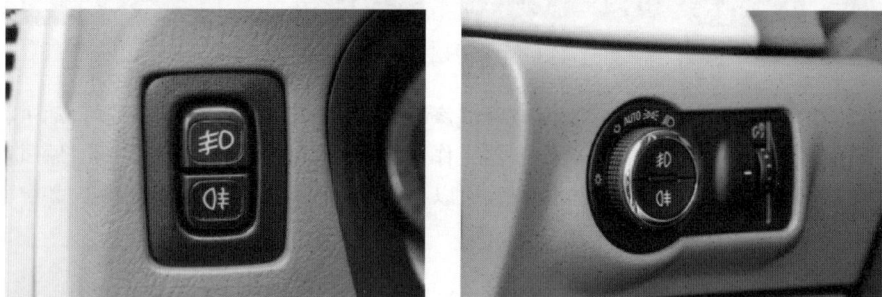

图1-45　雾灯开关单独放置

特别提醒

使用雾灯注意事项

（1）雾灯适用于严重的雨雾雪或尘埃弥漫天气，雾灯的可视能见度为100m左右，能见度低于100m后就必须要开启雾灯，并注意降低车速。

（2）汽车雾灯的最主要用途是让后面的人们知道前方车辆，后雾灯设计成红色是起到警示作用的，前雾灯的照明并不是万能，若能见度低于30m，则开启前雾灯作用也不是太大，这个时候就需要靠边停车，并开启危险警告灯。

（3）对于雨雾雪或尘埃弥漫天气，除了开启雾灯和降低车速，一些司机会习惯开启双闪，实际并没必要，首先雾灯的穿透远大于危险警告灯，其次开启危险警告灯后，车辆就失去了转向的提示，如果遇到转弯或者并线超车比较麻烦，贸然转向或者超车时就容易发生交通事故。

　　根据交通法规定：能见度在100～200m时，必须开启雾灯、近光灯、示宽灯和尾灯，时速不得超过60km/h，与前车保持间距为100m以上；能见度在50～100m时，要开启雾灯、近光灯、示宽灯和尾灯，时速不得超过40km/h，与前车的间距在50m以上。

3. 后视镜操纵按钮

　　车外后视镜用于观察车外两侧行人的位置情况和后面汽车的行驶情况。后视镜操纵按钮是操纵车外后视镜的操纵件。车外后视镜手动位置调整按钮位于汽车前门内侧，如图1-46所示，在车内即可在4个方向上调整车外后视镜；一键收折后视镜开关如图1-47所示。车内后视镜调整时，可扳动扳钮使后视镜上下转动一个角度，扳回扳钮，后视镜恢复原位。

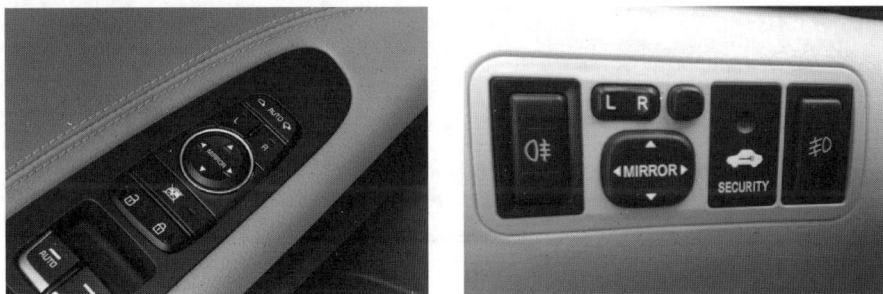

图1-46　车外后视镜手动位置调整按钮

　　车外后视镜调整方法如图1-48所示。

　　（1）调整左后视镜。左后视镜是驾驶人的主后视镜，主要用于超车时观察后方车辆，或直行时观察后方欲超车的车辆。因此，左后视镜应调整到自己车身占镜面垂直面1/4，车外物体占3/4的位置，同时使地平线处于后视镜正中稍偏下的位置，以便于观察近车情况和左后窗情况，扩大观察后方远处车辆的范围。

　　（2）调整右后视镜。由于右侧是驾驶视角容易出现的死角，也是车辆与行人、摩托车等发生刮碰的主要地方，因此，右视镜的重点应放在中低视线上。自己车身占垂直镜1/4；水平镜面中心线约低于远方地平线，以便观察倒车边线情况。扩大外界视野在镜面中的占比，有利于更大范围观察近车情况，提早预防或躲避可能靠近的风险。

　　（3）调整车内后视镜。汽车内后视镜的作用是用来看清汽车正后方道路上跟随的

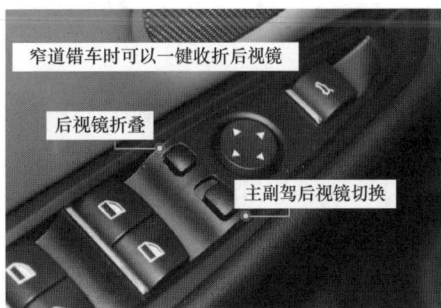

图1-47　一键收折后视镜开关

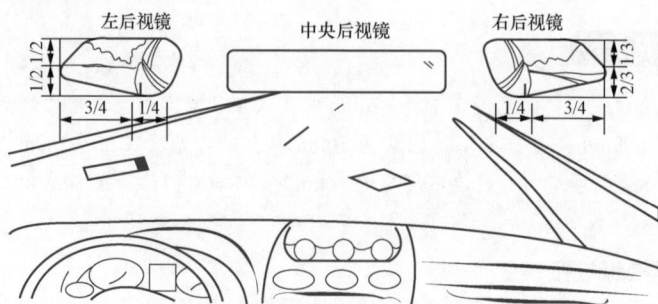

图 1-48　调整车外后视镜

车辆。要将内后视镜调整到只要转动眼睛就可以看到后窗的全部情况。调整时应保持正确驾驶姿势，面向正前方，手握内后视镜边缘进行调整，镜面水平中心线应与远方地平线平行，然后再移动左右，把自己右耳的影像刚好放在镜面的左边缘，如图 1-49 所示。

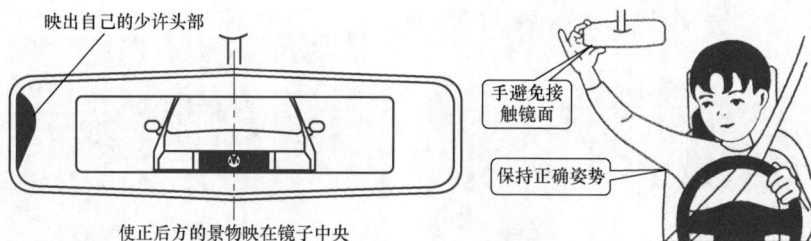

图 1-49　调整车内后视镜

注意：应避免调整到可以观察后坐人员面部，防止在后视观察时被遮挡或受他人影响。

4. 行李箱门手柄（按钮）

行李箱门手柄（按钮）是打开行李箱的操纵件。关闭行李箱门需要从车的外部操作，抓住行李箱门内衬上的把手往下拉，至 3/4 行程，然后可在外部把箱门按到底。

一般行李箱门手柄位于仪表盘左下方或左侧车门下方，拉起手柄或按下按钮则可将行李箱打开。

5. 发动机盖（罩）手柄（按钮）

发动机盖（罩）手柄（按钮）是打开发动机盖（罩）的操纵件，位于仪表盘下方。拉起手柄或按下按钮，发动机舱盖打开；提起发动机罩边缘上的锁舌，即可掀开发动机盖（罩）；关闭时，从外部放下发动机盖（罩），按落到底就位并卡紧即可。

十一、喇叭

为了提醒或警告行人及其他车辆危险，应适时地使用喇叭。按下喇叭按钮，喇叭就会发出鸣叫声，放松喇叭按钮，声音就会停止。

1. 喇叭的使用方法

喇叭按钮应区分场合和对象而有所选择地使用。使用方法如下。

（1）短喇叭。喇叭"嘀"一声，对于这种情况，一般会出现在会车或者两车即将接近的情况下，用来提醒对方，并没有很急促的意思，也可以看作是一种礼貌性的打招呼，这种方式一般很多人都能接受，也不会给对方带来焦虑。然后是"嘀嘀"按两声。这种情况更多的会用在后方车辆想要超车的时候，当然了，即使你按了喇叭，也是要看清楚路面，待到合适的时机才能够进行超车，还有一种就是行人比较多的时候，也是可以用这种方式的。

（2）长喇叭。喇叭响的时间稍长，即一声长鸣，用于提醒行人或车辆，情况比较危险，停止行动或尽快避让；喇叭"嘀嘀嘀嘀嘀嘀"地响个不停，说明情况十分紧急，用于提醒行人或车辆，危险马上就要发生，立即停止行动，避免发生交通事故。

（3）长、短（短、长）结合根据情况发生的变化，采用短长或长短结合的方法，处置交通行为的转化，有一般情况转化为紧急或者有紧急转化为一般情况的处理。

2. 喇叭的使用时机

（1）遇行人时，按鸣时机以行人有足够的时间作出反应，离开行车通道为准。

（2）遇到非机动车时，如自行车、脚踏三轮车等，鸣喇叭的时机以非机动车能够顺利完成避让操作所需的时间为准。

（3）超车时，要在前车可以听到自己车发出的喇叭声的距离范围内（约20m），鸣喇叭，表示要超车，请避让。并等待前车做出让行表示后，方可超车。

（4）超车时，如遇有封闭性能较好的小型汽车或噪声较大的货车、农用三轮、拖拉机等机动车时，应跟近按鸣，距离的远近以前车能够听清为准。

（5）通过视觉盲区时，比如通过弯道、窄巷、有障蔽物的交叉路口、路侧停放的大型客货车等这些无法预测盲区交通情况的路段，应提前进行鸣号，至少连续按两次喇叭，以此告知盲区的汽车和行人，要注意安全。

（6）通过视线模糊不清的路段时，比如通过起雾的路段、扬尘严重的路段、黄昏黎明时分两种光线交替的路段时，要用鸣号引起对方警惕，做出避让准备。

（7）遇到畜力车时，应长鸣提醒赶车人提前把牲口控制住。当汽车靠近畜力车时，不要再鸣喇叭，以免牲畜受惊吓与汽车发生剐碰。

特别提醒

（1）在无信号、无人看管路口建议使用喇叭提示，最多3声即可。

（2）山路、弯道、死角（无辅助镜的路口）建议使用喇叭提示，最多3声即可。

（3）高速超车时配合灯光使用喇叭提示旁边车道车辆。

（4）提示道路上出现问题车辆（轮胎气压不足、严重跑偏、车门未关严等）时，建议先使用灯光对其进行提示，如果无效果再对其进行喇叭提示，最好能在停止状态下告知对方车辆。

汽车儿童安全锁

汽车儿童安全锁是为了防止儿童在车辆上因意外打开车门而造成伤害。一般儿童锁都是在两个后门上，当儿童锁功能打开时，车辆后门在车内是打不开的，但在车外却能打开，当儿童锁功能关闭时，在车内和车外都能打开车门。不同的车辆，儿童安全锁的设计位置不同。

常见的儿童安全锁开关有拨动式和旋钮式两种形式，如图1-50所示。由于旋钮式儿童安全锁需要使用钥匙（或钥匙状物体）插到相应的孔中才能转动旋钮开关进行上锁及解锁操作。对比起来，拨动式儿童安全锁使用起来更加方便。

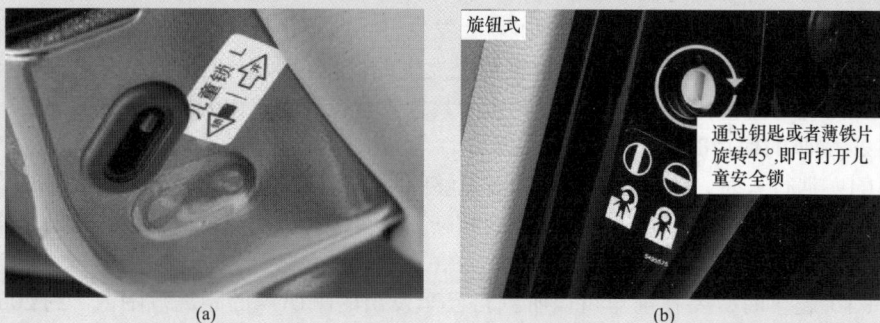

图 1-50　常见的儿童安全锁开关形式
（a）拨动式；（b）旋钮式

第三节　电动汽车高压安全与安全防护

一、电动汽车高压安全

1. 电动汽车高压安全

中华人民共和国国家标准《电动汽车安全要求第3部分：人员触电防护》（GB/T 18384.3—2015）第4条电路的电压分级中明确规定如下。

根据电路的工作电压，将电路分为 A 和 B 两级，见表1-3。

表 1-3　　　　　　　　　电动汽车的工作电压等级划分

电压等级	最大工作电压（V）	
	直流	交流（r/s）
A 级	$0<U\leqslant60$	$0<U\leqslant30$
B 级	$60<U\leqslant1500$	$30<U\leqslant1000$

对于 A 级电压，不需要进行触电防护；对于任何 B 级电压电路的带电部件，都

应为危险接触人员提供防护。直接接触防护应由带电部件的基本绝缘提供或由遮挡、外壳或两者结合来提供。所有的防护及规定都是从安全的角度出发，防止人体及电气设备因触电或短路发生故障、造成事故。因此要遵循车上零部件所附的所有警告标签的要求。

比如，⚠ 警告标记表明：为了减少人员受到伤害或者车辆受到严重损伤，所陈述的步骤必须严格遵循，或者必须仔细考虑所提供的信息。

2. 绝缘电阻检测

绝缘电阻是反映电缆的绝缘性能的一个指标，绝缘电阻越大，电缆的安全性能越高。较高的供电电压对整车的电气安全提出了更高的要求，尤其是对高压系统的绝缘性能提出了更为苛刻的要求。严格按照电动汽车相关国标标准要求设计，确保绝缘电阻能够满足人身安全需求，目的是消除高压电对车辆和驾乘人员人身的潜在威胁，保证电动汽车电气系统的安全。根据相关标准中对人体安全电流的要求（DC 10mA，AC 2mA），《电动汽车安全要求》（GB/T 18384—2015）中规定，绝缘电阻最低要求为直流 $100\,\Omega/V$，交流 $500\,\Omega/V$。

汽车静止停放时，每隔一定时间（20s 或 30s）高压安全管理系统需对高压电网系统进行一次绝缘测量，即判别高压电网系统有无绝缘故障，整个高压回路系统包括动力电池内部、动力线、电驱动系统（电机控制器和电机三相线）及连接高压设备附件的导线。当检测到有绝缘故障且故障一直存在时，仪表便会显示绝缘故障指示，以提示驾驶人。

二、高压安全防护

相对于传统燃油汽车，电动汽车具有高压系统，因此就会存在高压用电危险。考虑到驾驶人和维修人员的安全，防止触电事故的发生，在设计生产电动汽车时采取了一些高压用电安全措施。虽然电动汽车的高压部分有危险，但正常使用是不会有触电的，电动汽车在设计是已经考虑到漏电的问题，所有电动汽车都自带漏电检测装置，一旦检测到漏电，就会自动切断高压电，所以没必要恐惧。

电动汽车的安全防护有：高压警示标识及颜色，高压和低压（12V）不共地，高压互锁，在碰撞时切断高压系统，高压熔断器，维修开关。

1. 高压警示标识及颜色

为防止意外触及高压电，对高压部件均采用特殊的标识及颜色。电动汽车通常采用高压警示标识和高压警示颜色两种形式进行高压标识。

（1）高压警示颜色。电动汽车上高压系统的所有高电压电缆、高电压电缆的插头以及高压安全插头都使用橙色，电缆并用橙色波纹管对其进行防护，以区分于低压系统的黑色线束，如图 1-51 所示。

（2）高压警示标识。所有高压用电设备，比如 PTC（空调加热器）DC/DC、电机控制器、高压控制盒、充电口和车载充电机等上面都贴有高压危险的标识牌，如图 1-52 所示。高压警示识通常采用黄色底色或红色底色，图形设置则根据国家标准，如图 1-53 所示。每辆电动汽车的高压组件壳体上都带有一个标识，均可通过标识直观看出高压电可能带来的危险，所用警示牌基于国家标准危险电压警告标识。

慢充线束
PTC高压线束
动力电池高压电缆
A/C高压线束
UVW线束
快充线束

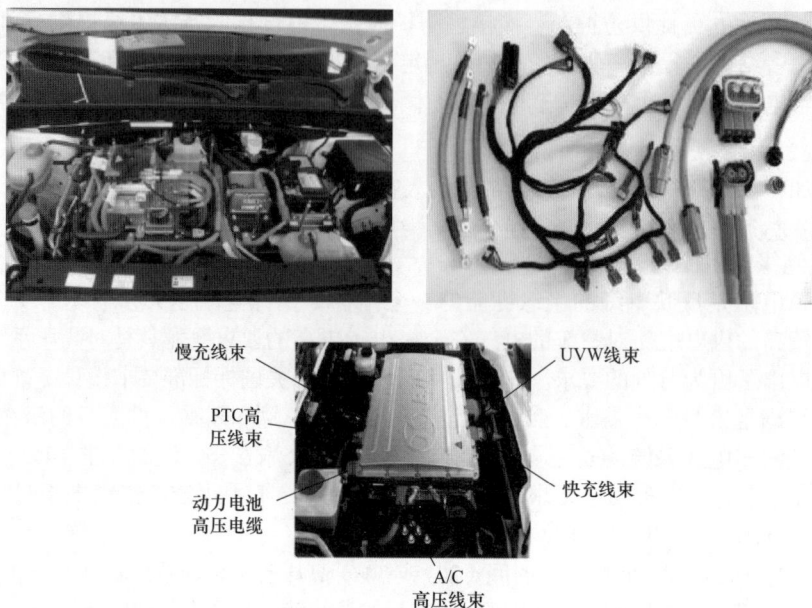

图 1-51　高压橙色电缆线路

图 1-52　贴有高压危险的标识牌

触电危险　　注意

阅读操作说明书　　触电

图 1-53　高压警示标识

特别提醒

高压标记用于标识高压环境中可能触电的部位。贴有这些标记的部位包括高压线缆、高压蓄电池、电子元件、变速箱及空调压缩机等组件。

（1）红色警告标记。说明高压电一直存在，一般位于汽车的高压蓄电池组总成上。

（2）黄色警告标记。标明了高压蓄电池组和低压蓄电池的安装位置。所有高电压组件上都带"闪电"警告提示牌。

（3）手动分离标记。位于高压蓄电池组的盖上，有图说明如何解锁手动分离开关。

（4）橙色警告标记。用于指明可能出现高压电的位置，在执行高压禁用程序前能出现高压电的位置，贴有这些标记的元件可能有高压电。高电压导线使用橙色警告标记。

2. 高压和低压（12V）不共地（接地）

由于电动汽车的动力电池组的电压比较高（高于36V），高电压需要避免漏电，因此，动力电池组及电力驱动系统不能搭铁，高压部分搭铁会造成整个车带电，给接触该电动车的人员带来伤害。

目前，电动汽车的低压电路部分的供电电源一般采用12V/24V的铅酸蓄电池，由于这个电压远低于人体36V的安全电压，故称为低电压。因此，电动汽车中能够搭铁的器件一般是工作电压为12V/24V的器件。图1-54所示为电池负极搭铁。

电源负极通过车架连接，俗称"负极搭铁"

图 1-54 电池负极搭铁

电动汽车虽然由高压动力电池提供动力采源，但由于该高压电局限于汽车内部电池和高压用电器之间，高压与低压及车体之间完全隔开，即使触碰也不会在人和车体或大地之间形成回路，因此不会出现"触电"的问题。

知识拓展

电动汽车和传统汽车一样，车灯、喇叭、音响等使用的12V电源供电，直接触摸没有任何危险。还有就是5V电源，一般为ECU、传感器、车载多媒体、车载USB口供电，同样没有任何危险。除蓄电池极柱外，12V和5V的电线被设计成线束，集成后连接到各个低压用电设备上，一般不容易直接接触到。

由于高于36V的电压对人体可能造成伤害，所以42V电压可能会导致触电。42V电压的导线颜色一般为正极黄色，负极蓝色，为动力电机、转向助力泵、真空泵供电。这种电线需要的电流比较大，导线比较粗，是不能触摸的。

纯电动汽车上的橙色线都是高压线，并且比较粗，外面包裹着同样是橙色的波纹管。不要去拔插这些插头，尤其不能带电去拔，除了有触电的危险外，带电拔还有可能会烧坏控制器。

3. 高压互锁

动力电池高压互锁，动力电池总正、总负、电机总正、总负是4个独立的高压接插件，但是为了安全起见，根据相关国标法规要求，必须对每个高压接插件进行互锁，互锁就是将每个连接器的锁止信号串接起来，确保每个连接器都是完好的且连接正确。

高压接插件连接器如图1-55所示，分为高压端子和低压端子两部分。高压端子用于高压连接供电；低压端子即互锁端子，用于判断高压连接端子是否接到位。

高压互锁回路（HVIL）如图1-56所示。高压互锁通过检查高压系统线束连接情况，识别回路异常来断开动力电池的高压电源，可以避免人员意外电击伤。即通过低压回路来监测高压系统电器、导线、导线连接器及电器护盖等的电气完整性。不可在未断开安全线的情况下就拔下高压插头。如果安全回路线断路，会导致高压系统立即被切断，达到对高压系统进行保护的目的。

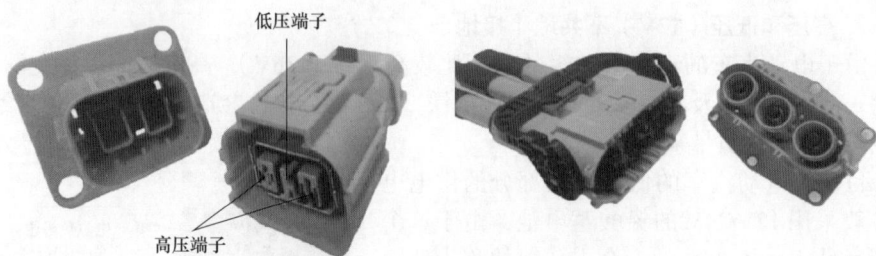

低压端子

高压端子

图 1-55　高压接插件连接器

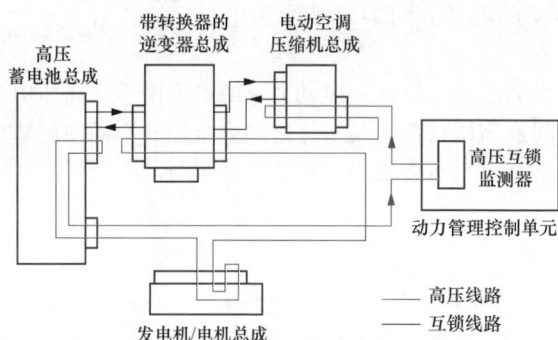

带转换器的
逆变器总成

电动空调
压缩机总成

高压
蓄电池总成

高压互锁
监测器

动力管理控制单元

——　高压线路
——　互锁线路

发电机/电机总成

图 1-56　高压互锁回路（HVIL）

　　在电动汽车高压回路中，要求具备高压互锁回路（HVIL）功能的电气元件主要是高压连接器，手动维修开关（MSD）。

4. 在碰撞时切断高压系统

　　通常，电动汽车采用了高达 400V 左右的大容量动力电池作为驱动汽车的动力源，因而电力未切断的动力电池会对汽车和人员造成不容忽视的威胁和伤害。若汽车在行驶过程中发生碰撞、翻滚或在充电状态中被其他汽车撞击等意外事故，将会使动力电池组、高压用电设备及高压线束等与车身之间发生摩擦或接触，造成潜在的绝缘失效和短路等危险。

　　为避免由于上述状况而引起的汽车安全问题，可通过一些相关的传感器（如碰撞传感器、角度传感器）来检测汽车的状态，当高压管理系统接收到相关传感器发出的信息后，立即关闭高压电，并利用高压系统余电放电电路将汽车高压部件电容端的电压在 1s 内放掉，避免因火灾或漏电事故而导致人员触电。

5. 高压熔断器

　　电动汽车上除了有低压熔断器，还有高压熔断器用来保护电路和高压用电安全。由于高压系统对熔断器要求较高，所以高压熔断器要能够快速熔断，拉弧时间短，其组成与实物如图 1-57 所示。

6. 维修开关

　　电动汽车的动力电池上设有维修开关，如图 1-58 所示，维护车辆时需要将其拔下。拔下维修开关后，动力电池内部的连接就断开了，避免了人接触车身造成电击伤。

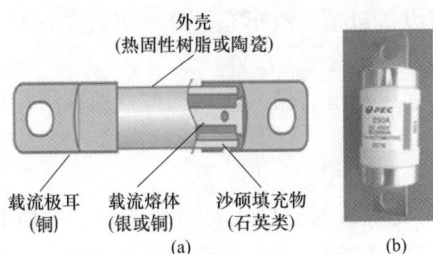

图1-57　高压熔断器结构组成与实物
（a）结构；（b）实物

图1-58　维修开关

维修开关电气部位布置一般有两种：①接于高压电源的正极；②布置于电池组中间。当维修开关接于高压电源的正极时，需要保证高电电源正极和维修开关之间的电路处于人体不能接触的区域。

维修开关的操作因涉及高压安全，故维修开关的规范操作是非常重要的，不规范的操作不仅可能造成汽车故障，还有可能引起高压拉弧等危险。在非特殊情况下不允许对维修开关进行操作。拆下维修开关之后，必须等待至少10min后方能进行检修操作，以确保高压线路的余电已释放，如果条件允许，建议等待时间为30min。

特别提醒

电容器放电防护

由于高压系统的电机控制器和电动空调等功率电子装置高压部件内安装有电容器。当高压主回路断开时，因高压部件电容的存在，高压系统中还存有很高的电压和电能。为避免对人员和汽车造成危害，在切断高压系统后应将电容的高压电通过并联在高压系统中的电阻释放掉。电子装置内的电容器上的残余电压由整车管理系统进行主动放电。在每次切断高压电系统或发生中断控制线时，都会发生这种使电容器主动放电的现象。

在拆卸高压部件之前把残余电压卸掉称为被动放电。为了能可靠地把残余电压清除掉，在拔下维修开关之前，须等待一段时间（最好为30min），才可对高压部件进行拆卸检修工作。

三、健康防护措施

1. 健康的防护

混合动力汽车和纯电动汽车的某些零部件可能有非常强的磁性。如果技术人员身上有植入体内的或便携式医疗电子设备，如心脏起搏器（Pacemaker）或心律转复除颤器（Defibrillator），则必须向该医疗设备的制造商了解可能会有哪些不利影响，确定无危害后再对混合动力汽车和纯电动汽车进行维护。

辐射电磁波（ElectromagneticWaves）也会影响医疗设备的正常工作。如果技术人员携带医疗设备，则在对混合动力车或纯电动汽车进行维护作业时需要与某些零部件保持足够的距离。

可能对医疗设备形成干扰的电动汽车设备包括：汽车充电桩、车载式充电机、远程发射机、钥匙信号天线和永磁电机。

有些混合动力汽车和纯电动汽车厂家建议身上有植入体内的或便捷式医疗设备的技术人员不要参与此类车辆的维修工作。

2. 电击事故急救

在进行维修操作时如果遭受了电击，要及时对受伤人员进行救助。在援救电气事故中受伤人员时，应谨记自身的安全是第一位的，绝对不要去触碰仍然与电压有接触的人员。如果可能，马上将电气系统断电（关闭点火开关或者马上拔出维修开关），用不导电的物体（木板、扫帚等）把事故受害者或者导电体与电源分离。

当受伤人员呼吸和心跳均停止时，应立即按心肺复苏法维持生命，正确进行就地抢救。就地抢救的项目包括通畅气道，口对口（鼻）人工呼吸，胸外按压（人工循环），用除颤仪进行电除颤。

对于触电者在触电同时发生的外伤，应根据不同情况酌情处理。对不危及生命的轻度外伤，可以放在触电急救之后处理；对严重外伤，应与人工呼吸和胸外心脏按压同时处理；对严重出血性外伤，优先处理。具体可参考第五章第二节内容。

第二章

走进电动汽车内部——电动汽车的基本结构与原理

一、电动汽车的组成

传统内燃机汽车主要由发动机、底盘、车身、电气设备等四大部分组成，如图 2-1 所示。发动机把燃料燃烧产生的热能变成机械能，再通过底盘上的传动机构，将动力传给驱动车轮，使汽车行驶。电动汽车与传统汽车相比，取消了发动机，底盘上的传动机构发生了改变，根据驱动方式不同，部分部件已经简化或者取消，增加了"三电"，即电驱系统（电机总成）、电控系统、动力电池系统，如图 2-2 所示。

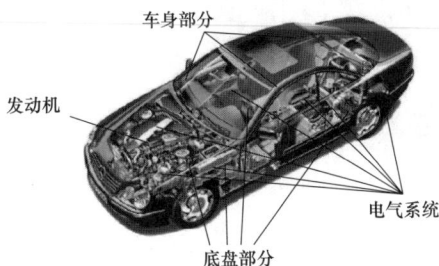

图 2-1　传统汽车的组成

图 2-2　电动汽车增加的"三电"

电动汽车主要由电力驱动控制系统、汽车底盘、车身以及电气等新的四大部分组成，如图 2-3 所示，其主要部件的安装位置如图 2-4 所示。动力电池输出电能，通过电机控制器驱动电机运转产生动力，再通过减速机构，将动力传给驱动车轮，使电动汽车行驶。

电动汽车除了电力驱动控制系统外，其他部分的功能及其结构组成基本与传统汽车类同，只是有些部件根据所选的驱动方式不同，已被简化或省去。纯电动汽车与燃油汽车在外观上看不出区别（除排气管），但纯电动汽车内部结构相对简单，零件比燃油汽车少得多，维护方便。

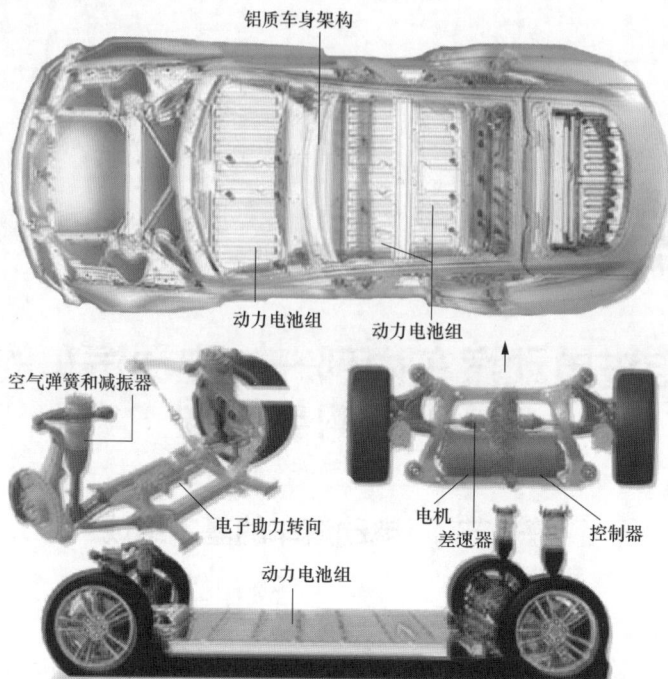

图 2-3　电动汽车的组成

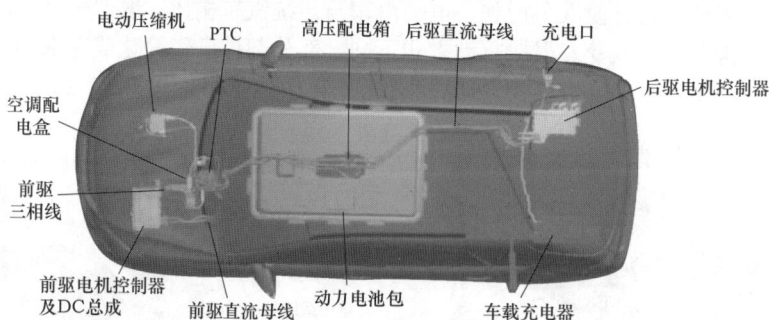

图 2-4　电动汽车主要部件的安装位置

电动汽车与传统燃油车主要配件及功能的对比见表 2-1。

表 2-1　　　　　　　　　电动汽车与燃油汽车主要配件及功能的对比

主要配件对比		主要配件功能的对比	
电动汽车	燃油汽车	电动汽车部件功能	燃油汽车部件功能
动力电池	燃油箱	储存高压电能，输出高压电，为整车通过动力源	储存燃料，为发动机提供燃料
驱动电机及其控制器	发动机	将高压直流电转换为机械转矩，驱动汽车运行	将燃料的化学能通过燃烧转化为电能

主要配件对比		主要配件功能的对比	
电动汽车	燃油汽车	电动汽车部件功能	燃油汽车部件功能
高低压转换器	发电机	将高压电转换为低压电为整车低压部件供电，并为蓄电池充电	通过发动机驱动，将机械能转化为电能
充电机	加油机	将电网电能转化后为动力电池充电	将燃油通过管道加注到燃油箱内
整车控制器	整车控制器	与燃油车相同	收集整车相关信息。向其他控制器发出控制指令
电动动力转向	液压动力转向	将电能转化为机械转矩，为转向提供助力	由发动机驱动，将机械能转化为液压能为转向提供助力
电子真空助力	发动机真空助力	采用电动压缩机，将电能转化为机械能为空调系统建立压力差	利用发动机产生的真空
制冷系统	制冷系统	将电能转化为热能，提供采暖热量	采用发动机驱动压缩机为空调系统建立压力差
采暖系统	采暖系统	将电能转化为热能，提供采暖热量	利用发动机余热，提供采暖热量
换挡器	换挡器	为电子换挡器，仅提供电子信号	为机械变速机构，提供换向和变速

二、电动汽车与传统汽车的区别

1. 电动汽车与传统汽车结构上的区别

电动汽车与传统汽车结构上的最大区别在于动力系统，增加了"三电"，即电驱系统（电机总成）、电控系统、动力电池系统三大组件。电动汽车在结构上与传统汽车的区别如图 2-5 所示。

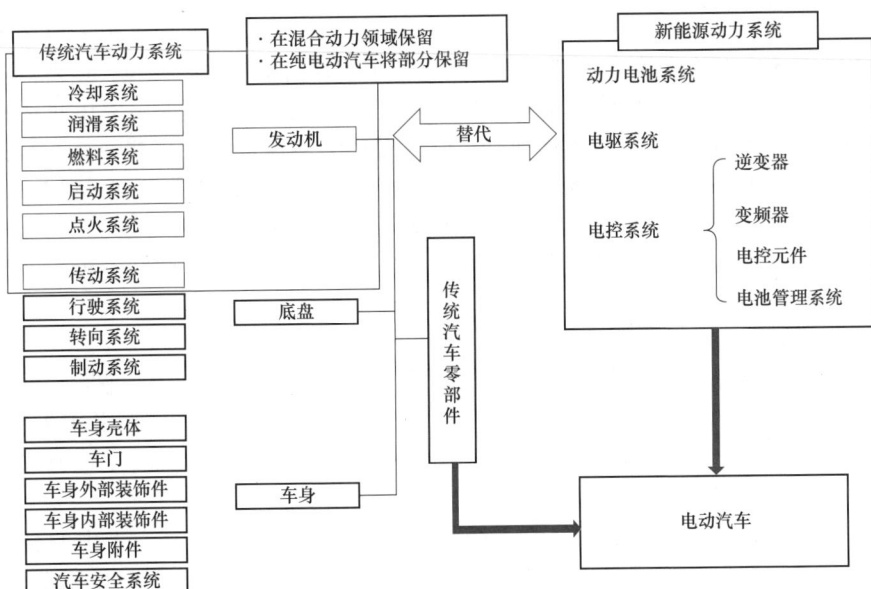

图 2-5　电动汽车在结构上与传统汽车的区别

2. 电动汽车与传统汽车主要部件的区别

电动汽车与传统汽车在动力及动力控制方式、能源及能源补充方式、电压等级、维护项目、高压安全防护、转向系统、自动系统、空调系统、仪表显示、对环境的影响、行驶噪声和振动等方面有很大不同。

（1）动力与能源不同。传统汽车动力来自发动机，能源来自汽油或柴油；电动汽车动力来自驱动电机，能源来自动力电池。燃油汽车（以汽油机为例）通过发电机燃油喷射系统汽油和空气混合后燃烧能量转换为转矩来驱动汽车前进，而电动汽车则是靠直流和交流电机。

（2）动力控制与方式不同。传统汽车油动力系统（包括发动机控制单元、自动变速器控制单元等）控制发动机的动力输出的变速；电动汽车有整车控制器协调整车控制，并由电机控制器控制驱动电机加减速和能量回收。电动汽车使用较多的是交流异步电机和永磁同步电机，工作电压为直流 144～600V，一般驱动电机的电压等级与动力电池的电压相一致，前置前驱的电动汽车，其由电机控制器和驱动电机组成的驱动系统在机舱内，控制器在驱动的上方。

（3）电压等级不同。传统汽车由发动机带动发电机发电，整流后为 12V 蓄电池充电。发动机启动前和启动由 12V 蓄电池供电，发动机运行后，由发电机和蓄电池同时供电。电动汽车除了低压 12V 系统外，还有高压系统。北汽纯电动汽车动力电池额定电压高达 320V，由 DC/DC 转换器将高压转为 12V 电压给低压蓄电池充电。高压动力电池关闭后，12V 蓄电池维持低压系统供电，高压动力电池接入工作后，DC/DC 转换器与蓄电池同时供电。

（4）维护、维修作业时的防护要求不同。由于电动汽车有高压系统，在带电作业时必须穿戴高压防护用具，并使用绝缘工具；传统汽车不需要进行绝缘防护。

（5）能源补充方式不同。传统汽车需要加汽油或柴油；电动汽车需要用家用 16A 电源或充电桩（交流充电桩或直流充电桩）对动力电池进行充电，或者燃料电池补充氢燃料。电动汽车的能量补充可采用两种方式：①通过交流充电桩或车载充电机进行小倍率慢充；②通过直流充电桩对动力电池进行大倍率快充。慢充需要将车载充电机的输入电缆接入家用220V交流电插座或交流充电桩，将220V的交流电转换为与动力电池电压相一致的直流高压电，充电时间一般为6～10h。快充方式的充电电流经充电线缆直接从直流充电桩到动力电池，中间不再经过其他部件。

（6）辅助系统控制方式不同。

1）转向系统。传统汽车多采用液压助力转向（液压助力共由发动机带动）、电液转向助力或者电动助力转向；电动汽车采用电动助力转向系统，12V 直流电驱动助力电机实现转向助力，可以根据车速来控制驱动电流大小，从而随速调节，实现车速高时助力小，车速低时助力大的要求。

2）制动系统。传统汽车 ABS 系统和制动真空助力系统，真空助力的真空源取自发动机运行后进气道内真空度，停车后真空助力作用消失。涡轮增压发动机，缸内直喷发动机带真空泵或辅助真空泵。纯电动汽车 ABS 系统和制动真空助力系统，真空助力的真空源来自 12V 直流电驱动的真空泵，在停车时真空助力也可起作用。

3）空调系统。传统汽车压缩机油发动机通过传动带驱动；热风由发动机冷却水的热量在散热器上散发，由热风电机风扇吹到车内。电动汽车空调压缩机由电动压缩机，由高压直流电驱动，带动压缩机制冷；热风油高压直流电通过 PTC 器件发热产生热量，由热风机风扇吹到车内。

仪表显示系统。与传统汽车一样，电动汽车也具有丰富的仪表指示信息，可随时给驾驶人提供车辆技术参数。传统汽车仪表是显示车速、里程、发动机转速、机油压力、燃油量、冷却液温度、灯光信号、故障信号等。而电动汽车的仪表显示系统是在传统燃油汽车仪表信息显示的基础上，增加了电压、电流、荷电状态、系统准备就绪等专用信号显示，由整车控制器监控。

（7）维护项目不同。电动汽车不需要进行机油、机滤、汽滤、火花塞等的更换，只进行冷却液、制动液等的更换。

（8）电子换挡器。电动汽车使用的驱动电机的转速可调范围宽，且本身具有正反双向旋转功能，可较方便地实现车辆向前、向后行驶，无需再像燃油汽车那样配置一套复杂的变速机构。一般电动汽车使用的是将驾驶人的操作意愿信息转化成电子信号的电子换挡器，电子换挡器将操作意愿信息转换为电子信号后传给整车控制器或电机控制器，以控制驱动电机正反向和调速运转。

3. 电动汽车发动机机舱内结构部件的差别

与传统内燃机汽车相比，电动汽车发动机内的结构部件有很大的差别，并且电动汽车的车型不同，内部安装零部件也有所差别。电动汽车发动机机舱内的结构部件如图 2-6 所示。

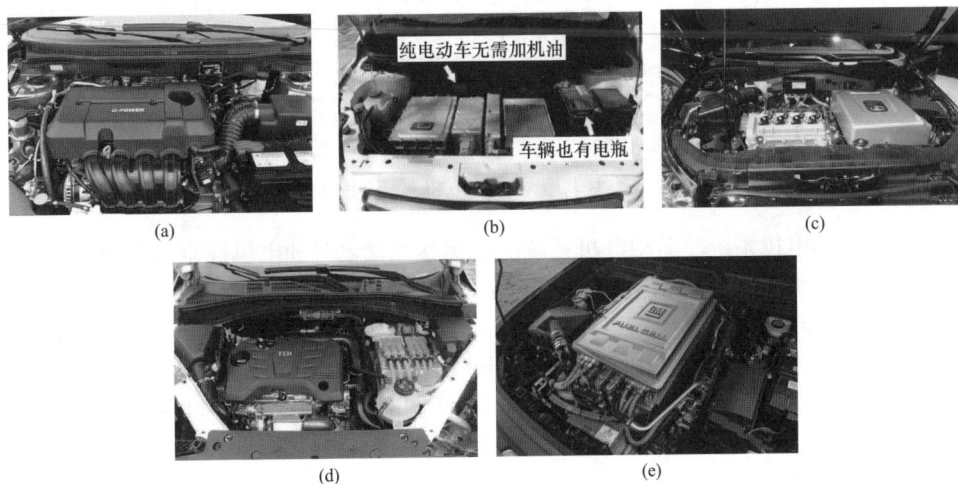

图 2-6　电动汽车发动机机舱内的结构部件

（a）传统燃油发动机机舱；（b）纯电动车机舱；（c）混合动力车机舱；（d）插电混合动力车机舱；
（e）燃料电池电动车机舱

第二节　电力驱动与控制系统

电动汽车电力驱动与控制系统主要由动力电池系统、驱动电机系统和电控系统组成，如图 2-7 所示。动力电池系统与驱动电机系统的组成框图如图 2-8 所示。

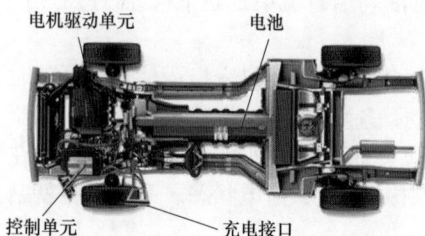

图 2-7　动力电池与驱动电机系统的组成

（1）动力电池系统。动力电池系统包括电源、能量管理系统。它的功用是向电机提供驱动电能、监测电源使用情况以及控制充电机向蓄电池充电。电池管理系统的主要功用是对电动汽车用电池单体及整组进行监控、充放电、巡检、温度监测等。

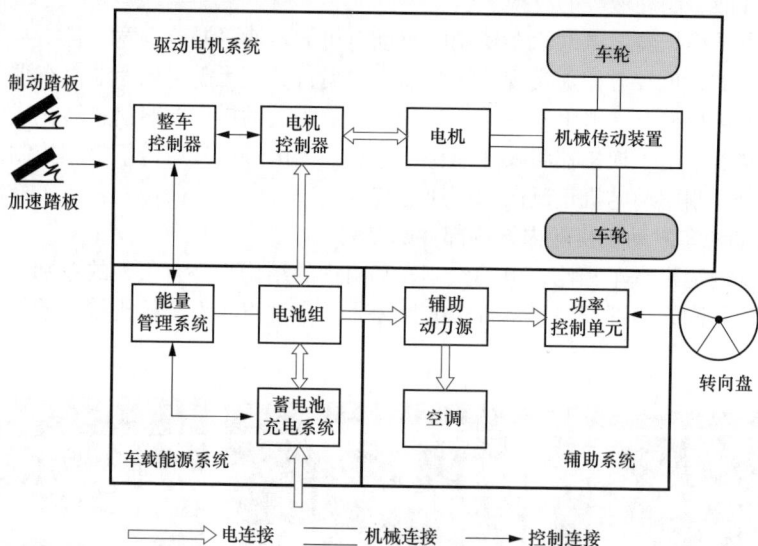

图 2-8　动力电池与驱动电机系统的组成框图

（2）驱动电机系统。驱动电机系统主要包括驱动电机和电机控制器 MCU。其主要功用是将动力电池提供的直流电转化为交流电，然后输送给电机；通过电机的转速、正转或反转来实现整车加速、减速和倒车；并与整车上其他模块进行信号交互，实现对驱动电机的有效控制。目前，驱动电机不仅可以驱动车辆行驶，而且可以进行制动能量回收，驱动电机在制动时，整车 ECU 发出相应指令使驱动电机转为发电机发电的工况，此时驱动电机会将车辆动能转化为电能，通过驱动电机控制器以电能形式向动力电池充电。

（3）电控系统。电控系统由电池管理系统和控制系统构成，管理电池组和控制电池的能量的输出以及调节电机的转速等。

奥迪 A3e-tron 配备的锂离子电池组主要由电池模块、电池单元管理控制器和冷却系统等组成，如图 2-9 所示。

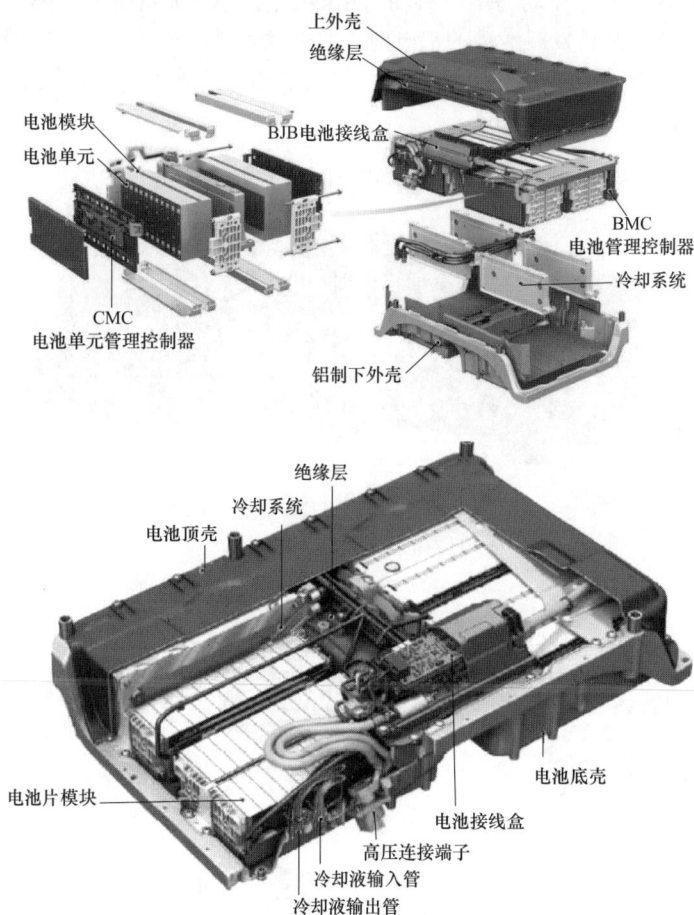

上外壳
绝缘层
电池模块
电池单元
BJB电池接线盒
BMC
电池管理控制器
冷却系统
CMC
电池单元管理控制器
铝制下外壳

绝缘层
冷却系统
电池顶壳
电池片模块
电池底壳
电池接线盒
高压连接端子
冷却液输入管
冷却液输出管

图 2-9　奥迪 A3 电动汽车动力电池及管理系统构造

一、动力电池系统

动力电池系统包括电源、能量管理系统。它的功用是向电机提供驱动电能、监测电源使用情况以及控制充电机向蓄电池充电。电池管理系统，它的主要功用是对电动汽车用电池单体及整组进行监控、充放电、巡检、温度监测等。

1. 动力电池系统

动力电池的组成如图 2-10 所示，主要由动力电池模组、电池管理系统、动力电池箱及辅助元器件等部分组成。动力电池系统内部设置有动力电池管理器和温度、电压传感器。电池有温度和电压的限制要求，所以动力电池里需要有温度和电压传感器对其进行数据采集，然后将数据传给动力电池管理器进行判断。动力电池的电压一般为 100~400V 的高压，其输出电流能够达到 300A。当前绝大部分的汽车均采用锂离子动力电池。

目前常见的电动汽车动力电池有动力铅酸电池、AGM 蓄电池、镍氢电池和锂离子电池，另外还有极具发展潜力的铝电池、锌电池和燃料电池等，其中锂离子电池还可分为钴酸锂电池、磷酸铁锂电池、锰酸锂电池和三元锂电池等。图 2-11 所示为部分常见的电动汽车动力电池。

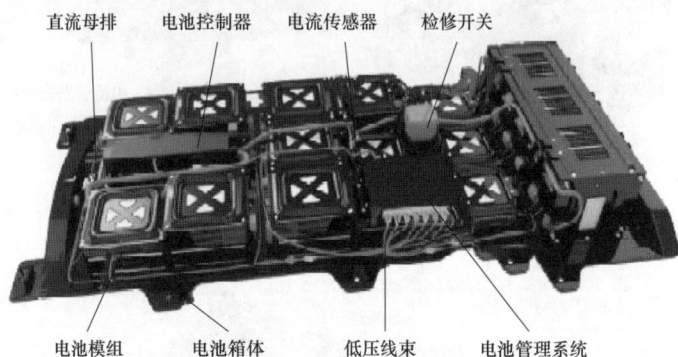

图 2-10　动力电池的组成

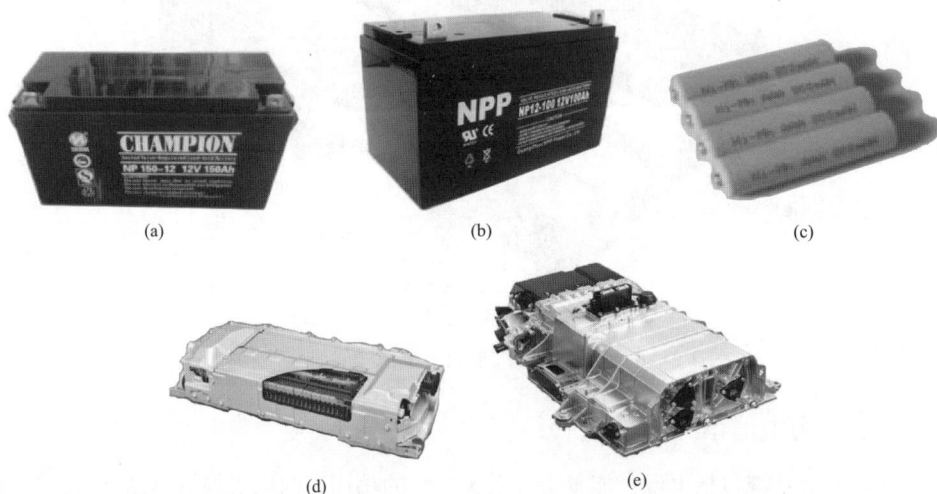

(a)　　　　　　　　　　　　(b)　　　　　　　　　　　　(c)

(d)　　　　　　　　　　　　(e)

图 2-11　部分常见的电动汽车动力电池
（a）铅酸蓄电池；（b）AGM 蓄电池；（c）镍氢电池；（d）锂离子电池；（e）燃料电池

动力电池在车上安装前需要通过串并联的方式组合成 96~384V 高压直流电池组，再通过 DC/AC（直流转交流）转换器（功率电子）转换成交流电给三相交流电机，电机提供动力输出。此外，动力电池组也是供应汽车上各种辅助装置的电能来源。动力电池组通过DC/DC（直流转直流）转换器（功率电子）将高压直流电降压至12V低压直流电为12V电器网络提供直流电，也可为12V蓄电池充电。

大部分电动汽车动力电池组一般安装在汽车底盘上（车底或车侧面），动力电池组由动力电池、高压惯性开关、快充接口、慢充接口及慢充充电器和手动维修开关组成。这样可使整车重量分布均衡，重心下降，行驶更加平稳并且释放大量空间，提高了汽车的实用性能。

知识拓展

动力电池系统的 4 个重要参数的含义

（1）动力电池系统的额定电压。动力系统的额定电压 = 单体电芯额定电压 × 单体电芯串联数。

（2）动力电池系统的容量（C）。动力电池容量是指电池性能的重要指标之一，它表示动力电池储存电量的大小，即动力电池放电电荷的总量为动力电池容量，单位 A·H。动力电池系统的容量大小影响到整车的续航里程。

动力电池系统的容量 = 单体电芯容量 × 单体电芯并联数量

（3）动力电池的总能量。动力电池的总能量为动力电池放电所能做的电功。

动力电池系统总能量 = 动力电池系统的额定电压 × 动力电池系统的容量，单位是 W·h。

（4）能量密度。是指在单位一定的空间或质量物质中储存能量的大小。电池的能量密度是电池平均单位体积或质量所释放出的电能。电池的能量密度一般分质量能量密度和体积能量密度两个维度。

电池质量能量密度 = 电池容量 × 放电平台 / 质量，基本单位为 Wh/kg。

电池体积能量密度 = 电池容量 × 放电平台 / 体积，基本单位为 Wh/L。

电池的能量密度越大，单位体积或质量内存储的电量越多，单位为 W/hL、Wh/kg。

2. 电池管理系统

电池管理系统实时监控动力电池的使用情况，对动力电池的端电压、内阻、温度、电解液浓度、当前电池剩余电量、放电时间、放电电流或放电深度等动力电池状态参数进行检测，并按动力电池对环境温度的要求进行调温控制，通过限流控制避免动力电池过充、过放电，对有关参数进行显示和报警，其信号流向辅助系统的车载信息显示系统，以便驾驶人随时掌握并配合其操作，按需要及时对动力电池充电并进行维护。

3. 车载充电机（OBC）

车载充电机是一个将交流电转为直流电的装置。它是把电网供电制式转换为对动力电池充电要求的制式，即把交流电转换为相应电压的直流电，并按要求控制其充电电流。每辆电动汽车都配有OBC，用于对动力电池充电。

4. 辅助动力源

辅助动力源一般为 12V 或 24V 的直流低压电源，它主要给动力转向、制动力调节控制、照明、空调、电动窗门等各种辅助用电装置提供所需的能源。

二、驱动电机系统

驱动电机系统由驱动电机、电机控制器（MCU）构成，通过高低压线束、冷却管路和整车其他系统连接。驱动电机系统的主要功用是将动力电池提供的直流电转化为交流电，然后输送给电机；通过电机的转速、正转或反转来实现整车加速、减速和倒车；通过有效的控制策略，控制动力总成以最佳方式协调工作。

1. 驱动电机

电机是电动汽车的能量转换装置，通过电机控制器控制电机将电能转化为机械能，驱动整车行驶。在电机上安装有旋转传感器，主要是将电机的转速信号传递给驱动电机控制器，对电机的转速进行判断。电机控制器将动力电池提供的直流电，转换为交流电，然后输出给电机；通过电机的正转来实现整车加速、减速；通过电机的反转来实现倒车；通过有效的控制策略，控制动力总成以最佳方式协调工作。

目前，驱动电机不仅可以驱动车辆行驶，而且可以进行制动能量回收，驱动电机在制动，整车 ECU 发出相应指令使驱动电机转为发电机发电的工况，此时驱动电机会将车辆动能转化为电能，通过驱动电机控制器以电能形式向动力电池充电。

目前电动汽车上广泛采用永磁无刷直流电机、交流感应电机、永磁电机、开关磁阻电机。电机的类型如图 2-12 所示。

（1）直流电机。直流电机是电动汽车上应用最早、最广泛的一种驱动电机，对于以动力电池提供运行能量的情况，可以直接获得直流电。

（2）交流感应电机。交流感应电机（AC）是定子及转子为独立绕组，双方通过电磁感应来传递力矩，其转子以低于高于气隙旋转磁场转速旋转的交流电机。电动汽车上的电机控制器采用

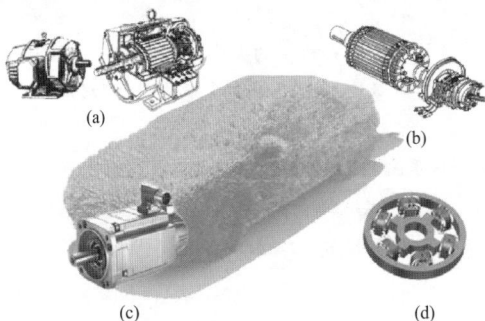

图 2-12　电机的类型
（a）直流电机；（b）交流感应电机；（c）永磁式电机；（d）开关磁阻电机

PWM 方式实现高压直流到三相交流的变换，采用变频调速方式实现电机调速，采用矢量控制或直接转矩控制策略实现电机转矩控制的快速响应。

（3）永磁电机。永磁电机分为永磁无刷直流电机和永磁同步电机 2 种。

1）永磁无刷直流电机。无刷直流电机（DC）为用电子电路取代电刷和机械换向器的直流电机，它通常由永磁转子电机本体、转子位置传感器和电子开关线路 3 部分组成。

永磁无刷直流电机在工作时，直接将近似方波的电流输入其定子绕组中，可以

使电机获得较大转矩，效率高、高速性能好、结构简单牢固、免维护或少维护、质量轻。但目前这种电机存在损耗多、工作噪声大及脉冲式输出转矩的缺点。

2）永磁同步电机。永磁同步电机为转子采用永磁材料励磁的同步电机。

（4）开关磁阻电机。开关磁阻电机（SR）是采用定转子凸极且极数相接近的大步距磁阻式步进电机的结构，利用转子位置传感器通过电子功率开关控制各相绕组导通使之运行的电机。

驱动电机的安装位置如图 2-13 所示，它通过高低压线束、冷却管路，与整车其他系统连接，如图 2-14 所示。

图 2-13　驱动电机的安装位置

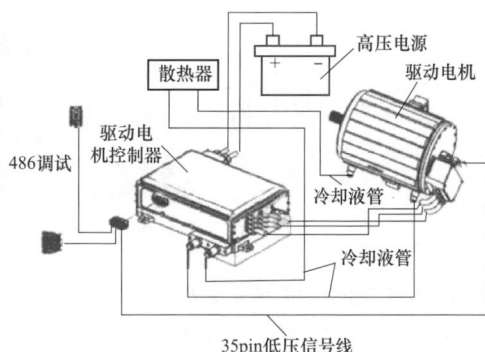

图 2-14　驱动电机的连接

2. 电机控制器

电机控制器将高压直流电转为交流电，并与整车上其他模块进行信号交互，实现对驱动电机的有效控制。电机控制器如图 2-15 所示。

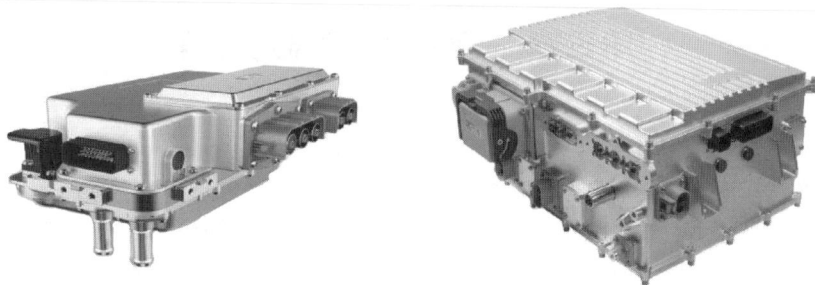

图 2-15　电机控制器

3. 电动汽车冷却系统

电动汽车的冷却系统作用与传统燃油汽车基本相同，但两者之间的结构和原理的差异，导致热源及散热方式的不同。电动汽车的冷却系统的功用是将电机、电机控制器及充电机产生的热量及时散发出去，保证其在要求的温度范围内稳定高效地工作。

电动汽车的冷却系统主要由电动水泵、散热器、冷却风扇、管路和冷却液组成，如图 2-16 所示。

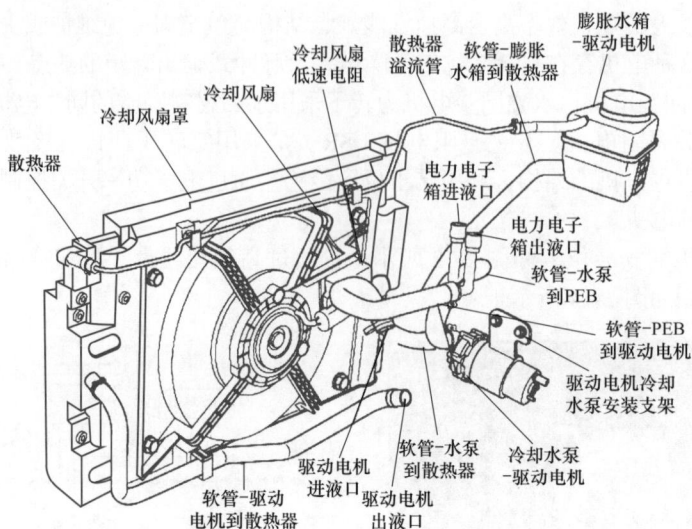

图 2-16　电动汽车的冷却系统

　　冷却系统的电动水泵和冷却风扇的运行均由整车控制器控制，电源来自高低电压转换器和低压蓄电池。电动水泵的运行与停止，由整车控制器根据所收到的来自驱动电机、电机控制器等的温度信号来控制，同时根据整车控制器所收到的温度信号还可控制冷却风扇的高速或低速继电器工作，使冷却风扇进行高速或低速运转。因为冷却风扇同时给冷凝器和散热器提供强制冷风，所以冷却风扇的运行策略是受空调压力和汽车热源温度的双向控制。两者择高不择低，即空调压力和汽车热源温度，无论哪一个达到启动冷却风扇的参数值，整车控制器都会启动冷却风扇使其运转。

第三节　电动汽车底盘与车身

一、电动汽车底盘

　　传统汽车底盘由传动系、行驶系、转向系和制动系 4 部分组成，如图 2-17 所示，底盘的作用是支承、安装汽车发动机及其各部件、总成，形成汽车的整体造型，并接受发动机的动力，使汽车产生运动，保证正常行驶。

　　电动汽车的底盘系统需要适应于车载能源的多样性、适用于高度集成的系统模块，同时不限制汽车内部空间与外部造型的设计。其主要功能是支撑整车的质量，将电机发出的动力传给驱动车轮，同时还要传递和承受路面作用于车轮的各种力和力矩，并缓和冲击、吸收振动，以保证汽

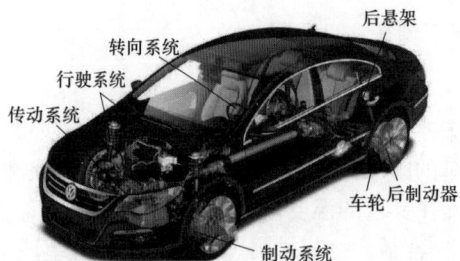

图 2-17　传统汽车底盘的组成

车的舒适性，能够比较轻便和灵活地完成整车的转向和制动等操作。

　　传统汽车的驱动方式有前置前驱、前置后驱，前置四驱等，电动汽车除了前置前驱，后置后驱外，还有轮毂电机驱动，动力系统的悬挂方式也与传统汽车有区别。电动汽车底盘基本构造如图 2-18 所示，主要包括行驶系、转向系、制动系、悬架和前桥等，其中行驶系又主要由减速器、传动轴、前桥和车轮等组成。

图 2-18　电动汽车底盘基本构造

1. 传动系统

　　电动汽车传动系统如图 2-19 所示，其作用是将电机的驱动转矩传给汽车的驱动轴，当采用电动驱动时，传动装置的多数部件常常可以忽略。因为电机可以带负载启动，所以电动汽车上无需传统内燃机汽车的离合器；因为驱动电机的旋向可以通过电路控制实现变换，所以电动汽车无需内燃机汽车变速器的倒挡；当采用电机无级调速控制时，电动汽车可以忽略传统汽车的变速器。

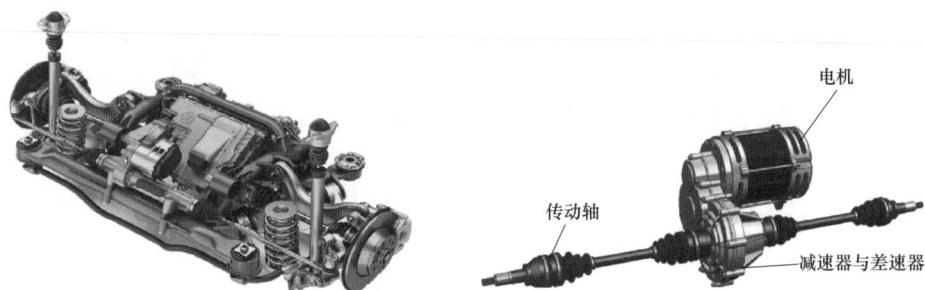

图 2-19　电动汽车传动系统

　　电机的转速通过变频器来无级调节，然后通过减速器、差速器直接传递到前轴或后轴上。由于有的电动汽车采用线控技术，没有传动轴。因为电线很柔软，可以将电机安装在离车轮更近的地方，如直接安装在车轴或车轮上，不再需要金属传动轴。

　　在电动客车上配装的变速器，主要是为解决电机驱动力不足的问题。装变速器可以改变电机输出扭矩，提升电机动力。纯电动客车配装的变速器与燃油车型上的变速器相比是有变化的，突出的特点是变速器挡数由传统 5 挡、6 挡简化成 2 挡、3 挡。

倒车时，只要将供给电机的交流电方向调反，电机就会反转，从而驱动汽车倒退。

2. 转向系统

电动汽车转向系统采用电动助力转向（EPS），与现在越来越多地采用电动助力转向的燃油汽车没有什么差别。不同电动汽车 EPS 的构成不完全一样，但大体相同。一般是由转矩传感器、电子控制单元、电机、减速器、机械转向器及蓄电池组成，如图 2-20 所示。

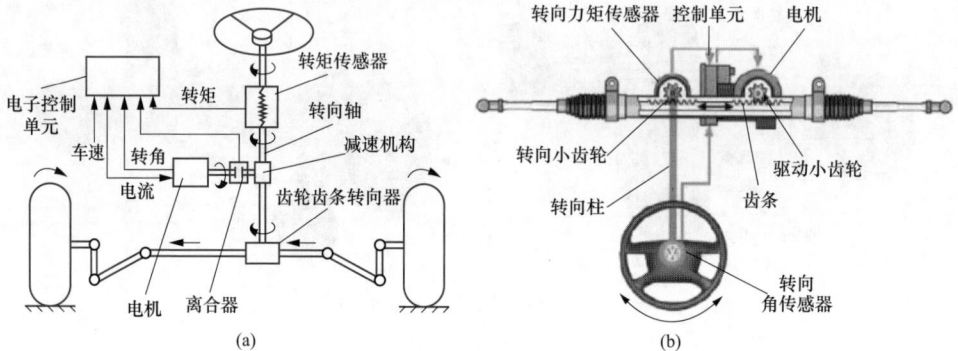

图 2-20　电动助力转向（EPS）组成与示意图
（a）电控助力系统示意图；（b）带双小齿轮电控转向助力系统

根据助力电机安装位置与转向助力机构结构的不同，电动助力转向系统可分为转向柱轴力式、转向器小齿轮助力式和齿条助力式 3 种，如图 2-21 所示。

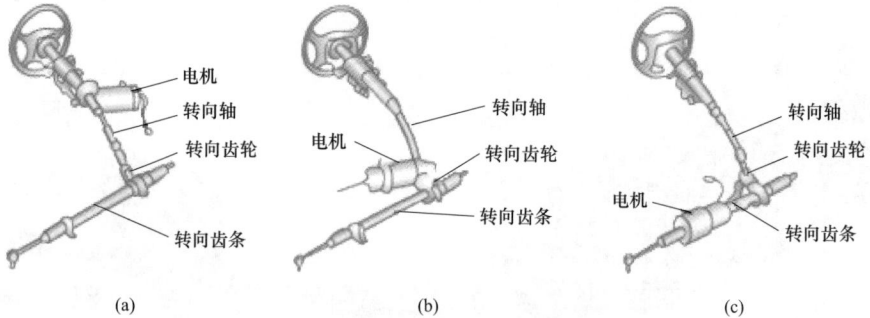

图 2-21　电动助力转向系统类型
（a）转向柱轴力式；（b）转向器小齿轮助力式；（c）齿条助力式

电动助力转向系统能够根据汽车转向盘转矩、转向盘转角、车速和路面状况等，为驾驶人提供最佳转向助力，使转向更加轻松柔和，另外还能使车辆具有良好的直线保持能力以及抑制颠簸路面反作用力的能力，保证各种行驶工况下的路感。

电子控制单元根据各传感器输出的信号计算所需转向助力的转矩，并通过功率放大模块控制助力电机的转动，电机的输出经过减速机构减增扭后驱动齿轮齿条机构产生相应的转向助力。

3. 制动系统

电动汽车的制动装置同其他汽车一样，是为汽车减速或停车而设置的。电动汽车制动系统的组成与传统燃油汽车类似，主要由制动器、制动压力调节器和电动真空助力系统3部分组成，另外还有制动管路和制动警告灯等附件，如图2-22所示。因为传统燃油汽车可以利用发动机的真空力量作为制动助力，所以电动汽车的真空助力系统由一套专用的真空装置提供，主要由电动真空泵和真空储存罐组成，如图2-23所示。

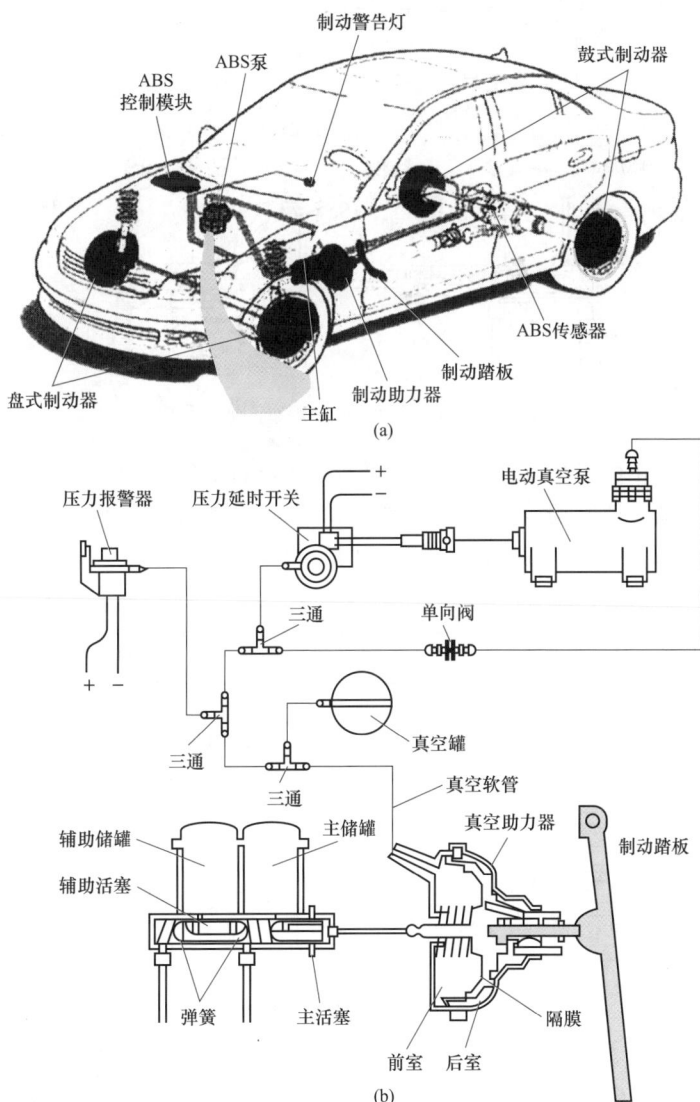

(a)

(b)

图2-22 电动汽车防抱死制动系统及其组成

（a）防抱死制动系统；（b）防抱死制动系统的组成

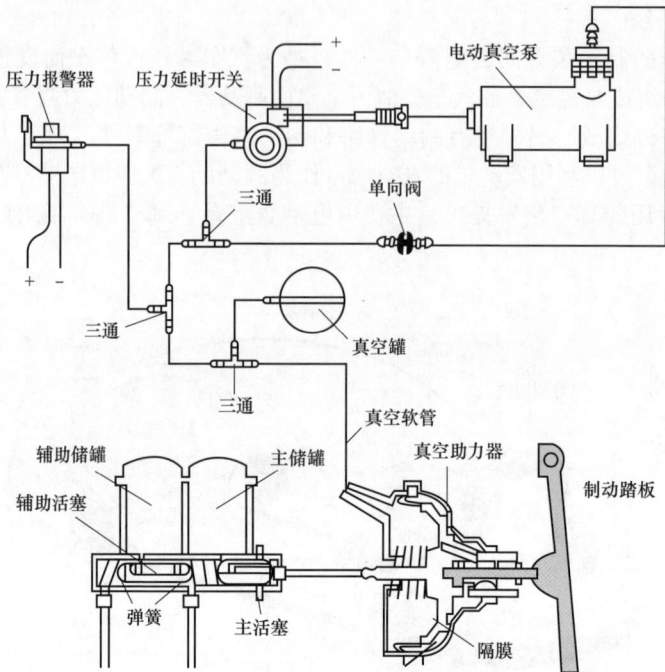

图 2-23　电动汽车的电动真空助力系统

　　电动汽车采用的再生液压混合制动系统基本结构如图 2-24 所示。驾驶人踩下制动踏板后，电动泵使制动液增压产生所需的制动力。制动控制和电机控制协同工作，确定电动汽车上的再生制动力矩与前后轮上的液压制动力。

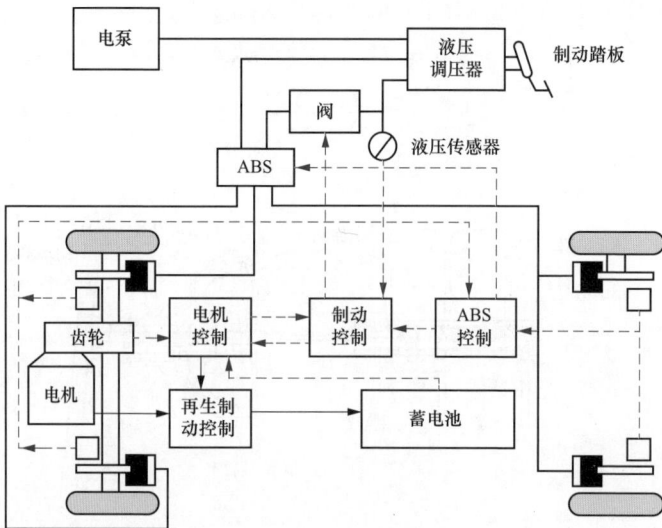

图 2-24　再生液压混合制动系统基本结构

再生制动时，再生制动控制回收再生制动能量，并且反充至动力电池中。电动汽车上的 ABS 及其制动比例控制阀（ABS 的扩展功能 EBD 元件）的作用和传统燃油车上的相同，即产生最大的制动力。

知识拓展

车身电子稳定系统（ESP）

ESP 系统其实是 ABS（防抱死系统）和 ASR（驱动轮防滑转系统）功能上的延伸，是当前汽车防滑装置的最高形式。它的作用是实时监控汽车在紧急闪避障碍物，或者转弯出现转向不足、转向过度时，帮助车辆克服偏离理想路线的倾向。

ESP 系统主要由控制总成及转向传感器（监测方向盘的转向角度）、车轮传感器（监测各个车轮的速度转动）、侧滑传感器（监测车体绕纵轴线转动的状态）、横向加速度传感器（监测汽车转弯时的离心力）等组成。控制单元通过这些传感器的信号对车辆的运行状态进行判断，进而发出控制指令。把汽车保持在所选的车道内。

4. 行驶系统

电动汽车行驶系统与传统燃油汽车基本一样，没有太大差别，它的作用是将全车各总成及部件及连成一个整体，支撑汽车的总质量，承受并传递路面作用于车轮上的各种力及其力矩，缓和不平路面对车身造成的冲击和振动，保证汽车平稳行驶。它将电机的驱动力矩通过车轮变成对地面的作用力，驱动车轮行走。电动汽车行驶系统的构成与传统燃油汽车的是相同的，由车轮、轮胎、悬架和车桥等组成。

（1）车轮与轮胎。汽车轮胎按胎体结构不同，可分为充气轮胎和实心轮胎。现代汽车绝大多数都采用充气轮胎，实心轮胎目前仅用于在沥青混凝土路面的干线道路上行驶的低压汽车或重型挂车。充气轮胎按结构组成可分为有内胎和无内胎，无内胎轮胎在外观上与普通轮胎相似，所不同的是无内胎轮胎的外胎内壁上附加了一层厚 2~3mm 的专门用来封气的橡胶密封层，密封层正对着的胎面下面，贴着一层未硫化橡胶的特殊混合物制成的自粘层，当轮胎穿孔时，自粘层能自行将刺穿的孔黏合，因此也称为有自粘层的无内胎轮胎，无内胎轮胎在穿孔时，压力不会急剧下降。有利于安全行驶；按胎面花纹的不同，可分为普通花纹轮胎、越野花纹轮胎和混合花纹轮胎；按胎体内帘线排列方向的不同，又可分为普通斜交轮胎和子午线轮胎，目前轿车上的轮胎大多为子午线轮胎，因其在高速旋转时变形小、升温低、产生驻波的临界速度比斜交胎高，提高了车辆行驶的安全性；按胎内工作气压分，可分为高压低压胎（0.49~0.69MPa）、低压轮胎（0.147~0.49 MPa）和超低压胎（0.147MPa 以下），目前，轿车、载重车大都采用低压胎，因为低压胎弹性好、断面宽、与路面接触面积大、胎壁薄、散热性好，这些特点可使轮胎寿命得到延长。

（2）悬架系统。电动汽车悬架系统如图 2-25 所示。汽车悬架系统是车架（或车身）与车轴（或车轮）之间的弹性连接装置的统称，由弹性元件、导向机构、减振器和横向稳定杆组成。它的作用是弹性地连接车桥和车架（或车身），缓和行驶中车辆

图 2-25　电动汽车悬架系统

受到的冲击力，衰减由于弹性系统引进的振动，使汽车在行驶过程中保持稳定提高舒适性及操纵稳定性。

知识拓展

　　轮胎花纹指的就是轮胎胎面上各种纵向、横向、斜向组成的沟槽。这些花纹勾勒横七竖八地分布在胎面上。轮胎花纹的作用如图 2-26 所示。轮胎花纹的类型如图 2-27 所示。

图 2-26　轮胎花纹的作用

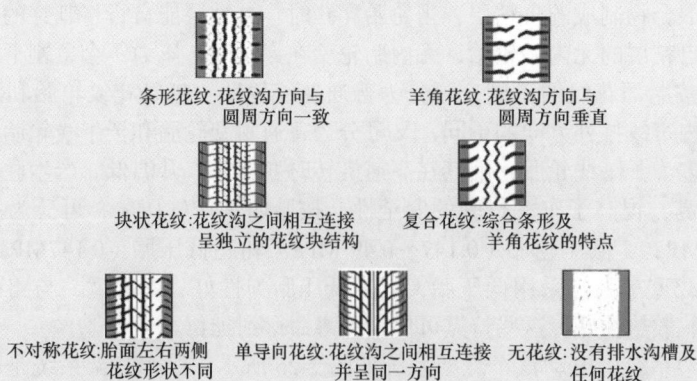

条形花纹:花纹沟方向与圆周方向一致

羊角花纹:花纹沟方向与圆周方向垂直

块状花纹:花纹沟之间相互连接呈独立的花纹块结构

复合花纹:综合条形及羊角花纹的特点

不对称花纹:胎面左右两侧花纹形状不同

单导向花纹:花纹沟之间相互连接并呈同一方向

无花纹:没有排水沟槽及任何花纹

图 2-27　轮胎花纹的类型

（1）条形花纹：条形花纹的花纹呈条状，又称为"纵向花纹"。该类型花纹沟的方向与圆周方向一致，呈一条或者多条连续的圆圈。

（2）羊角花纹：羊角花纹，又叫横向花纹，该种花纹的花纹沟方向与圆周方向垂直。

（3）块状花纹：块状花纹轮胎，它花纹沟之间都相互连接，呈独立的花纹块结构。

（4）复合型花纹：复合花纹又叫纵横沟花纹或者综合花纹，综合了条形及羊角花纹的特点。

（5）不对称花纹：不对称花纹即左右两边拥有不同的花纹结构。

（6）单导向花纹：单导向花纹轮胎的花纹沟之间相互连接，并呈同一方向，有着固定的滚动方向。

（7）无花纹（光头胎）：无花纹就是没有排水槽以及任何花纹的轮胎。

二、电动汽车车身

汽车车身主要由车身本体、开启件（各种门、窗、行李箱和车顶盖等）、各种座椅、内外饰附件和安全保护装置（保险杠、安全带、安全气囊等）组成。电动汽车车身造型与传统燃油汽车既有相近之处，又有较大区别。

电动汽车的车身除与传统汽车同样有对乘坐人员安全性保护外，更为重要的是对动力电池组的防护。为了最大限度地防止汽车在碰撞时对动力电池组造成损伤，电动汽车的车身必须采用多重防护结构。电动汽车的车身如图2-28所示。

电动汽车由于增加了动力电池的重量，故对于安装动力电池部位的车架强度必须有所考虑，同时为了方便动力电池的充电、维护及更换，对动力电池的安装方法和位置也要考虑其方便性。对环境温度有要求的动力电池还需要考虑其散热空间及调温控制。为确保安全，还需采取密封等预防措施，以防汽车发生撞击事故时电解液泄漏伤及人身，且应具有防火等措施。

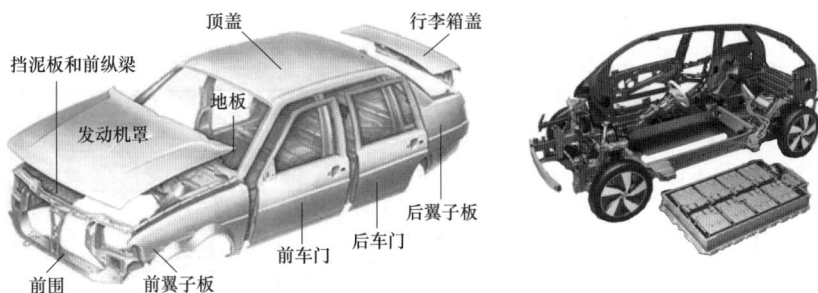

图2-28　电动汽车的车身

第四节　电动汽车电气系统

电动汽车的电气系统主要由高压电气系统、低压电气系统和整车CAN通信信息网络化控制系统组成，如图2-29所示。一般电动汽车电气系统的结构原理如图2-30所示，整车电气系统功能见表2-2。

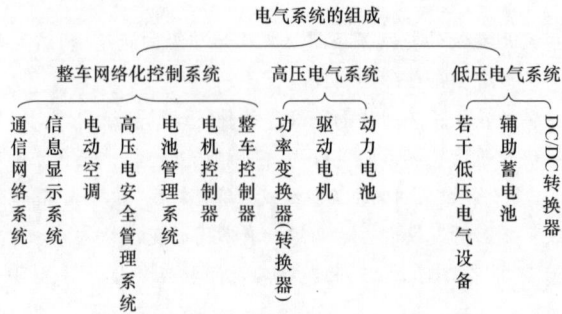

图 2-29　电动汽车电气系统的组成

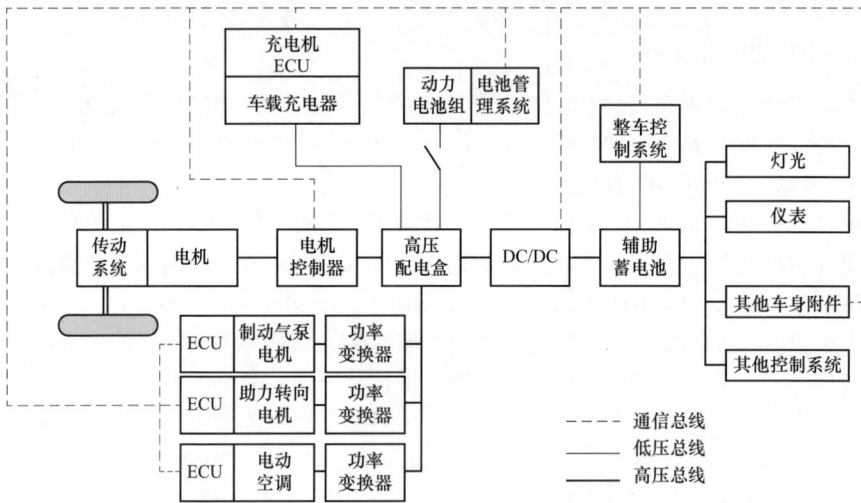

图 2-30　一般电动汽车电气系统的结构原理

表 2-2　　　　　　　　　　　　　整车电气系统功能

项目	功能
动力电池系统	给驱动电机提供电能
充电系统	接通外部电网给高压电池充电
高压配电系统	把高压电安全输送到各个高压用电器件
低压配电系统	把低压电安全输送到各个低压用电器件
直流／直流转换器（DC/DC）	将高压电池电压转换为低压，同时在行车时低压电池充电，加热时给包含加热片、风扇、BMS 和 LECU 供电
电驱动系统	PCU 将高压直流电逆变为交流电，并将交流电输入到电机的三相线，PCU 通过控制三相线中的交流电来控制电机
人机接口	通过人机接口把驾驶意图输入给汽车
整车控制器 VCU	是纯电动汽车动力系统的总成控制器，负责协商各部工作，提高汽车经济性、动力性、安全性，并降低排放污染
诊断接口	对汽车进行故障诊断和状态监控
CAN 网络	控制器（PCU 仪表、BMS）通信媒介

一、电动汽车高压电气系统

在纯电动汽车上，高压电气系统主要负责启动、行驶、充放电、空调动力等。在传统的燃油汽车中，电动助力转向系统、制动系统等主要由低压电气系统供电；而在电动汽车中，为了节约能源，对于功率较大的子系统，如制动气泵电机、电动助力转向系统和电动空调等，一般采用高压供电。整车高压电气系统主要包括动力电池组及BMS（或燃料电池）、电机控制器、高压控制盒（高压配电箱）、DC/DC 电压转换器（又称功率变换器、转换器）、电动空调、电暖风、车载充电系统、非车载充电系统及高压电安全管理系统等大功率高压电气设备组成，如图 2-31 所示。

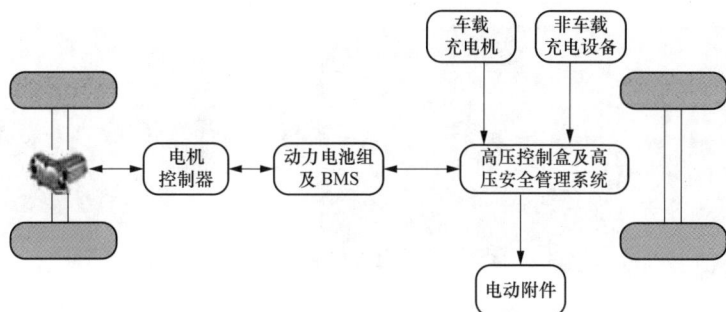

图 2-31　高压电气系统的组成

在这些高压部件中只有动力电池是供电部件，其他均为用电部件。

高压电气系统的功能是由供电的动力电池将电能通过继电器、熔丝等配电器件，送到车辆的电机系统、充电系统、空调系统、PTC 加热系统、DC/DC 低压系统、电动助力转向系统等。

1. 高压控制盒

高压控制盒（PDU）又称高压配电盒或高压配电箱，其实物与安装位置如图 2-32 所示，高压配电盒是电动汽车、插电式混合动力汽车整车高压电的一个电源分配的装置，类似于低压电路系统中的电器保险盒。高压控制盒主要由维修开关、电源管理系统、分流器、继电器、预充电阻、接触器、熔丝等组成，它内部还有相关的芯片，以便同相关模块实现信号通信，确保整车高压用电安全。

某车型的高压控制盒如图 2-33 所示。

2. OBC 与 DC/DC 二合一控制器

受整车布置的影响，现在很多车将 OBC 和 DC/DC 两个部件合为一个部件，这个部件通常称为二合一控制器，它的作用实际上就是 OBC 与 DC/DC 两个部件的功能的组合。

（1）车载充电器 OBC（On Board Charge）。OBC 是一个将交流电转为直流电的装置。因为电池包是一个高压直流电源，当使用交流电进行充电的时候，交流电不能直接被电池包进行电量储存，因此需要 OBC 装置，将高压交流电转为高压直流电，从而给动力电池进行充电。

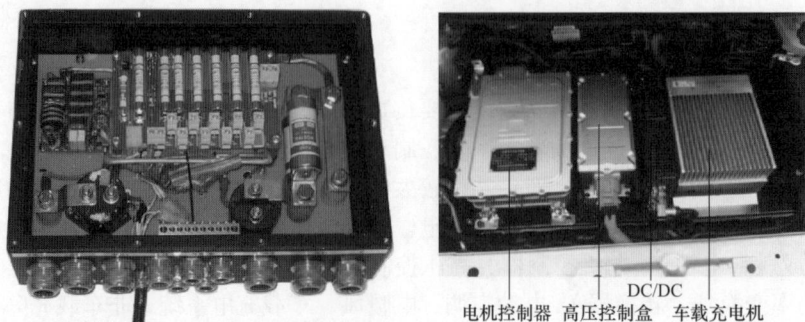

电机控制器　高压控制盒　车载充电机

DC/DC

图 2-32　高压配电盒的实物与安装位置

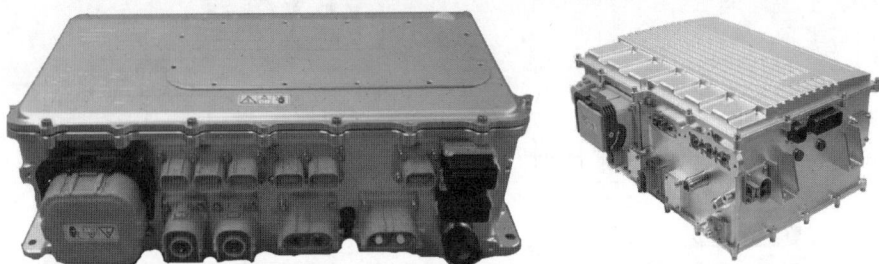

图 2-33　某车型的高压控制盒

图 2-34　某车型的 DC/DC 转换器

（2）DC/DC 转换器。在电动汽车上，DC/DC 是一个将高压直流电转为低压直流电的装置，某车型的 DC/DC 转换器如图 2-34 所示。电动汽车上没有发动机，整车用电的来源也不再是发电机和蓄电池，而是动力电池和辅助蓄电池。由于整车用电器的额定电压是低压，因此需要 DC/DC 装置来将高压直流电转为低压直流电，这样才能够保持整车用电平衡。

3. 电动压缩机

传统车的压缩机是通过压缩机电磁离合器的吸合，促使发动机带动压缩机运转。电动车没有发动机，它的压缩机是通过高压电源直接驱动的。为了与传统车的压缩机区别，这里将电动车上的空调压缩机称为电动压缩机。纯电动汽车的空调设备灌装不导电的压缩机油。不允许与用皮带传动的压缩机油混合。否则会导致空调压缩机损坏或者导致高压（HV）绝缘故障。

4. PTC 加热器

传统车上空调暖风系统的热源是引入发动机冷却后的冷却液的热量，这个在新能源车上是不存在的，因此需要专门的制热装置，这个装置被称为空调 PTC。PTC（Positive Temperature Coefficient）的作用就是制热。当低温的时候，电池包需要一定

56

的热量才能正常工作，这时候也需要 PTC 给电池包进行预热。纯电动的汽车由于没有了发动机，所以也就相应的没有发动机冷却系统，因此对于取暖这个功能而言，就只能采用辅助制热的方式比如采用电热管加热，原理就和电吹风一样，将空气加热之后，再将热空气吹出来。这种加热方式也会消耗汽车的电能，影响汽车的续航里程。

5. 高压线束

高压线束将高压系统上各个部件相连，作为高压电源传输的媒介。区别于低压线束系统，这些线束均带有高压电，对整车的高压系统的稳定允许影响很大。北汽 EV160 汽车整车的高压线束安装位置如图 2-35 所示。

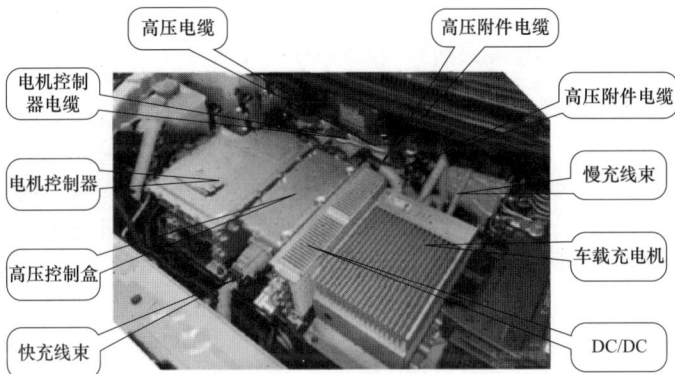

图 2-35　北汽 EV160 汽车整车的高压线束安装位置

6. 车载充电系统

车载充电系统将电动汽车外部的能量转化为动力电池的能量储存起来，其主要由充电接口、车载充电机等组成。

车载充电机上有充电状态指示灯，用来指示充电状态，并且采用了风冷形式进行冷却。

7. 辅助系统

辅助系统主要包括辅助动力源、动力转向系统、驾驶室显示操纵台和各种辅助装置等。辅助动力源的作用是供给电动汽车其他各种辅助装置所需要的动力电源，一般为 12V 或 24V 的直流低压电源，主要给动力转向、制动力调节控制、照明、空调、电动窗门等各种辅助装置提供所需的电源。驾驶室显示操纵台类似于传统汽车驾驶室的仪表盘，其信息指示更多的选用数字或液晶屏幕显示。

知识拓展

电动空调系统

　　纯电动汽车空调系统和传统汽车的空调系统有着很大的不同，主要表现在两个方面，一是压缩机动力源；二是暖风系统热源。

传统汽车压缩机动力源自发电机，暖风系统热源多数利用的是发动机余热；而纯电动汽车没有发动机，因此要用其他的方案进行解决。通常采用的是：压缩机由动力电池驱动，暖风系统采用辅助热源进行解决。

与传统燃油车不同，电动汽车空调压缩机使用的是电动压缩机，可以采用变频的方式工作。供电频率高，空调压缩机转速快，空调器制冷（热）量就大；供电频率较低，空调器制冷（热）量就小。变频空调的核心是变频器，变频器通过对电压的转换来实现电机运转频率的自动辆节，使汽车空调完成了一次革命。

二、电动汽车低压电气系统

传统燃油汽车与电动汽车低压电气系统的主要区别在于，传统燃油汽车的辅助蓄电池由与发动机相连的发电机来充电，而电动汽车的 12V 低压电气系统则由高压动力电池通过 DC/DC 变换器为 12V 或 24V 低压直流电为其充电。其作用与传统发动机汽车的交流发电机相似。而高压动力电池系统通过车载充电器进行充电。

低压电气系统采用直流 12V 或 24V 电源，一方面为灯光、刮水器等车辆的常规低压电器供电，另一方面为整车控制器、高压电气设备的控制电路和辅助部件供电。电动汽车各种电气设备的工作统一由整车控制系统协调控制。

低压电气系统主要由 DC/DC 功率转换器、蓄电池和若干低压电气设备组成。低压电气设备主要包括灯光系统、仪表系统、娱乐系统、电动车窗、刮水器、除霜器和各种控制器等。低压电气系统采用直流 12V 或 24V 电源，一方面为仪表、照明、刮水器和辅助蓄电池等车辆的常规低压电器供电；另一方面为整车控制器、高压电气设备的控制电路和辅助部件供电。电动汽车各种电气设备的工作统一由整车控制系统协调控制。

1. DC/DC 转换器

DC/DC 转换器是高压用电设备，也是低压用电设备的供电装置，它相当于传统汽车的发电机，其作用是将动力电池组的高压直流电转换为 12V 或 24V 的低压直流电，为仪表、照明、辅助蓄电池等供电。DC/DC 转换器的实物、接口与安装位置如图 2-36 所示。

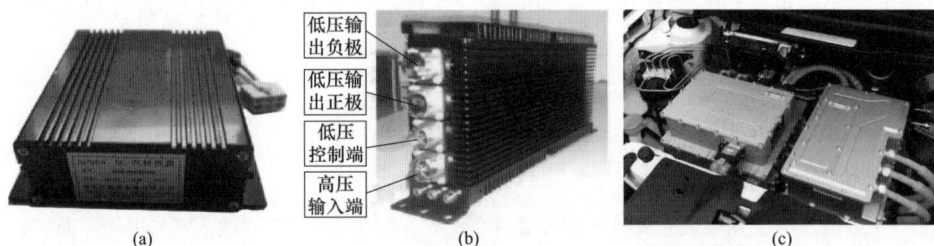

（a）　　　　　　　　（b）　　　　　　　　（c）

图 2-36　DC/DC 转换器的实物、接口与安装位置
（a）实物；（b）接口；（c）安装位置

2. 电动汽车仪表、照明系统

传统汽车仪表显示车速、里程、发动机转速、机油压力、燃油量、冷却液温度、灯光信号、故障信号等。相对于传统汽车仪表，电动汽车仪表改变主要在将发动机转速表转变为电机转速表，将油量表变为电量指示表，另外增加了一个电机功率表。电动汽车仪表显示：车速、里程、电机转速、电池电量、电池电压、灯光信号、故障信号等。电动汽车仪表如图 2-37 所示。电动汽车仪表与整车控制

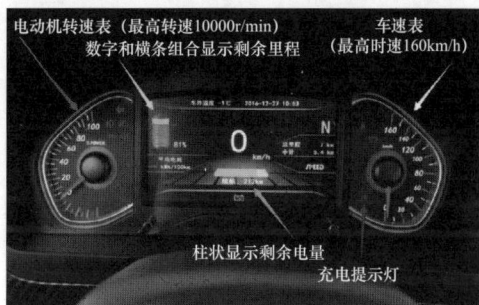

图 2-37　电动汽车仪表

器之间采用 CAN 总线通信形式，既可保证传输信息的多样化，又可保证准确性。

电动汽车采用的数字仪表主要是通过外围接口，利用总线或线路接收汽车速度、电机转速、电池电量、灯光、车门状态、轮胎压力、制动、安全带等信号，进行处理后在仪表或显示屏上实现数字化、图形化显示。电动汽车数字仪表还具有实时报警功能。当发生故障，仪表接收到信息后，除进行储存、显示外，还可以采用声响、灯光闪烁的方式进行报警，提醒驾驶人有故障发生，需要进行检查和修理。图 2-37 中，从左至右分别为能量输出、多功能液晶屏、机械时速指针，其中多功能液晶屏幕可显示包括电池电量、剩余续航、能量回收力度、平均电耗、里程、时速、温度等等行车信息，基本上通过仪表盘驾驶者可以了解车辆全部信息。

图 2-38　北汽新能源 EX260 的多媒体系统

北汽新能源 EX260 的多媒体系统基于一块 7.0in 直立式显示屏，如图 2-38 所示，通过多媒体系统可以实现手机互联、GPS导航等功能，媒体输入源也十分丰富，可支持 USB、蓝牙。

3. 电动汽车指示灯及警告灯

纯电动汽车故障灯大多数都是与普通汽车故障灯一样的，分为是指示灯、警告灯、指示警告灯 3 类。纯动汽车故障灯同样用以下颜色代表故障程度：红色为危险重要提醒，黄色为警告故障，绿色蓝色白色为指示确认启用。

比亚迪 e5 电动汽车的指示灯图标说明见表 2-3。汽车仪表盘上的指示灯大致分为日常指示灯、具有警示功能的指示灯和故障类指示灯 3 类。

（1）日常指示灯。日常指示灯只起到车辆各功能工作状态的提示作用，平时都很常见，转向信号灯、灯光指示灯、安全带指示灯、定速巡航指示灯、驻车指示灯等都属于这一类。

（2）具有警示功能的指示灯。这类指示灯是潜在问题的警示，如电量存量指示灯、车窗清洗液位指示灯，这类指示灯警告车主要尽快添加相应油液即可排除；

表 2-3　　　　　　比亚迪 e5 电动汽车的指示灯 / 警告灯图标说明

图标	说明	图标	说明
	驻车制动故障警告灯		ESP OFF 警告灯（装有时）
	驾驶员座椅安全带指示灯		防盗指示灯
	充电系统警告灯		主告警指示灯
	前雾灯指示灯	ECO	ECO 指示灯（装有时）
	后雾灯指示灯		动力电池电量低警告灯
	智能钥匙系统警告灯		动力电池故障警告灯
(ABS)	ABS 故障警告灯		胎压故障警告灯（装有时）
	电机冷却液温度过高警告灯	(P)	电子驻车状态指示灯
	ESP 故障警告灯（装有时）	OK	OK 指示灯
	车门状态指示灯		动力系统故障警告灯
	SRS 故障警告灯		动力电池过热警告灯
	EPS 故障提示灯		动力电池充电连接指示灯
	小灯指示灯		巡航主指示灯（装有时）
	远光灯指示灯	SET	巡航控制指示灯（装有时）
	转向指示灯		

（3）故障类指示灯。故障类指示灯是最重要的指示灯，正常状态不会亮，但只要亮了就表示车辆已经出现故障或异常。小则影响行车安全，大则有可能损坏车辆，需要立即进行检修或拨打车辆救援电话寻求救援服务帮助。

电动汽车指示灯图标当然不仅上面这些，也有些因车辆品牌不同指示灯样式有所不同，比如江淮系列电动汽车低电量报警就有一个"乌龟"的指示灯，一旦亮起就是告知车主动力电池电量已不足 15%，提醒车主赶紧充电。但重要功能指示灯基本一致，多加了解对各位车主绝对是有益处的。

三、电动汽车网络化控制系统

整车网络化控制系统用来实现整车控制器（VCU）和电机控制器以及电池管理系统、高压电安全管理系统、电动附件、车载充电机和非车载充电设备等控制单元之间的相互通信。

与传统汽车不同的是，电动汽车一般在传统汽车网络系统上增加一套相对独立的新能源整车 CAN 总线网络系统，其主要作用是用来控制电机控制器、高压控制盒、车载充电机、非车载充电机等部件之间的通信，其信息传递采用高速传输，一般为 500kbit/s。

1. 整车控制器（VCU）

整车控制器是全车控制系统的核心控制器件，其组成框图如图 2-39 所示，它和车辆其他系统的控制单元如动力电池控制单元、电机控制单元、外围驱动模块等，通过 CAN 总线联系起来。主要功能是判断操纵者的意愿，根据车辆行驶状态、电池和电机系统的状态及各系统传感器传出的信息，依据内存的程序和数据，进行运算、处理、判断，然后输出指令到电机控制器，控制驱动电机的转向、转速和转矩，控制电动空调系统及其他外围系统的工作。

2. CAN 总线网络系统

CAN 总线网络系统用来实现整车控制器和电机控制器、以及电池管理系统、高压电安全管理系统、电动空调、车载充电机和非车载充电设备等控制单元之间的相互通信。除了 CAN 总线之外，目前常用的通信总线还有 LIN 总线、Flexray 总线和 MOST 总线等。

电动汽车的典型车载网络结构如图 2-40 所示。北汽 EV200 电动汽车控制系统网络通信如图 2-41 所示。

点火开关	—— 点火开关信号 ——	冷却风扇继电器信号 ——	冷却风扇继电器
加速踏板	—— 加速踏板位置信号 ——	冷却风扇控制信号 ——	冷却风扇控制模板
制动踏板	—— 制动踏板位置信号 制动开关信号 ——	压缩机功率信号 加热器功能信号 压缩机开关信号 除霜除雾信号 空调管路压力信号 环境温度信号 电力电子箱冷却液温度信号 冷却风扇速度请求信号	电子空调 控制模板
组合仪表	------ 里程信号 动力系统就绪信号 动力系统故障信号 12V电池充电 故障信号 ------	------ 动力系统就绪信号 冷却风扇控制信号 功率限制信号 功率变化限制信号	
车身控制模板	------ 钥匙防盗有效信号 ------	电机模式信号 电机状态检测信号 电机故障状态信号 DC/DC模式信号 DC/DC状态检测信号 DC/DC故障状态信号	驱动电机 控制器
低压电源 管理单元	------ 动力系统就绪信号 制动开关信号 DC/DC电压设定信号 低压电池状态信号 ------ 动力系统就绪信号 DC/DC电压设定信号 冷却风扇控制信号 制动开关信号	------ 动力系统就绪信号 电机模式请求信号 电机控制信号 DC/DC模式请求信号 DC/DC电压设定信号	
防抱死 控制单元	—— 车速信号 ABS工作状态信号 真空泵故障信号 ------ 制动开关信号 ——	动力电池工作模式信号 动力电池工作状态信号 动力电池能量状态 内部继电器状态信号 动力电池故障状态信号 高压互锁信号 碰撞信号 冷却液温度信号 冷却液泵状态信号 充电连接信号 绝缘信号	动力电池 控制系统
抵挡 控制单元	------ 挡位信号 P挡锁止状态信号 换挡故障信号 换挡初始化信号 ------ P挡解锁请求信号	------ 供电请求信号	

中间：整车控制器

—— 硬线；------ 高速CAN总线

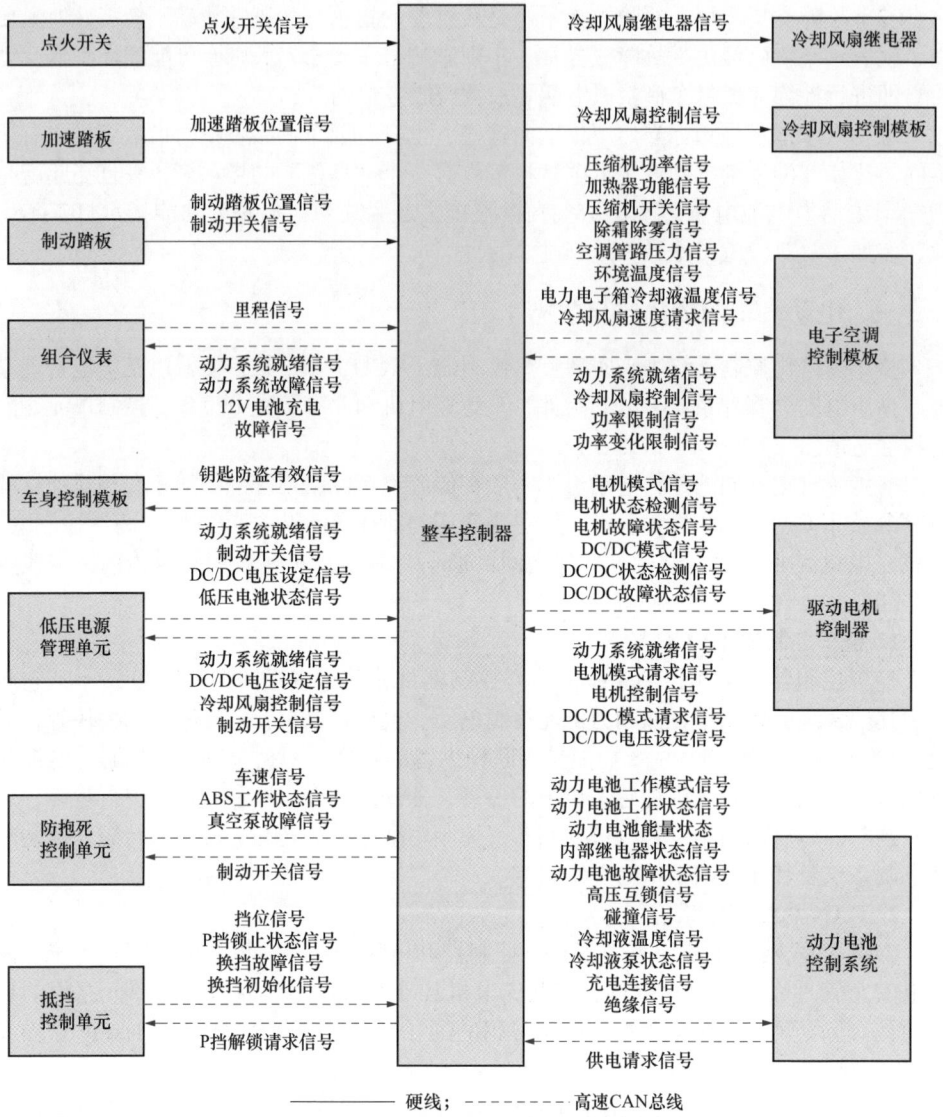

图 2-39 整车控制器组成框图

| 整车控制 BCU | 电池管理 BCU | 充电系统 BCU | 车载记录仪 BCU | 其他控制 BCU |

高速CAN总线

| LIN总线 主控制器网关 | | 电机控制 BCU | 转向制动 BCU | 故障诊断 BCU |

LIN总线

| 组合仪表 BCU | 电动门窗 BCU | 舒适控制 装置BCU | 车灯控制 BCU | 空调系统 BCU |

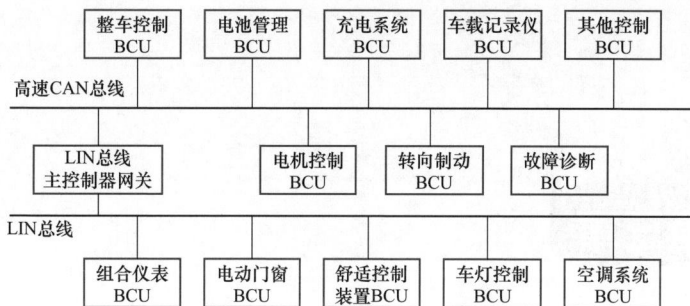

图 2-40 电动汽车的典型车载网络结构

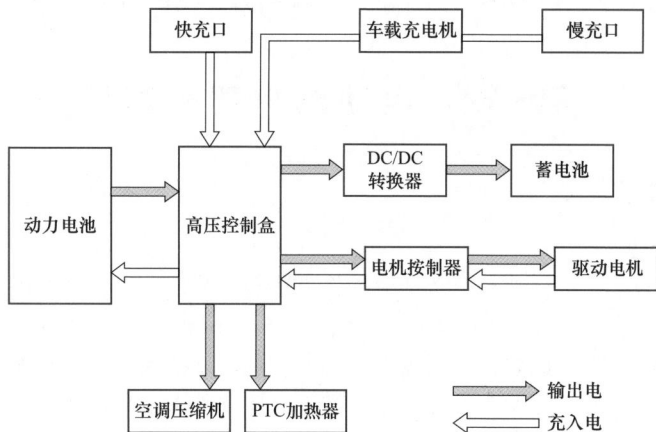

| 快充口 | | 车载充电机 | 慢充口 |

| 动力电池 | 高压控制盒 | DC/DC 转换器 | 蓄电池 |
| | | 电机按制器 | 驱动电机 |

| 空调压缩机 | PTC加热器 |

输出电
充入电

图 2-41 北汽 EV200 电动汽车控制系统网络通信

第三章

电动汽车，出发！——电动汽车基本驾驶技能

第一节　电动汽车驾驶基础

一、启动与熄火

1. 车辆启动

纯电动车的启动、行驶和停车部分操作方法与传统汽车没有什么区别，但在启动和驾驶电动汽车时，一定要注意到它与燃油汽车的不同点，即：电动汽车无声启动、电动汽车行驶噪声小。比如，当驾驶人将钥匙转到启动挡或按下启动按钮时，电动汽车是没有声音的，电机并没有因此开始运转。只要驾驶人不踩加速踏板，电机就不会开始工作。这是与燃油汽车不一样的地方，燃油汽车在将钥匙转到启动挡或按下启动按钮时，发动机就开始运转并发出声响。

（1）启动准备。在上车启动车辆之前，应绕行汽车一周，观察车体周围是否有人或障碍物，并做好下列准备。

1）检查是否拉起驻车制动手柄。

2）确认变速杆挡位是否位于 P 挡或 N 挡，只有在这两个挡位才可以启动。

（2）电动汽车的启动。电动汽车的启动开关有采用点火锁或带智能进入和启动系统的点火开关（即无锁匙启动按钮）两种，如图 3-1 所示。

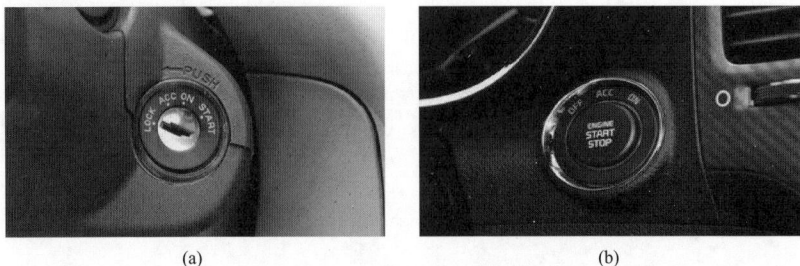

(a)　　　　　　　　　　(b)

图 3-1　电动汽车的启动开关

（a）点火锁开关；（b）带智能进入和启动系统的点火开关

• 点火锁开关（有钥匙）

LOCK 挡表示锁转向盘锁止，大多数电路不能工作，此时可以拔下启动钥匙；ACC 挡表示转向盘解锁，个别电器和附件可以工作；ON 挡表示高压通电，所有仪表、警告灯和电路工作；START 挡表示启动就绪，此时 READY 绿灯点亮，高压通电。

启动方法如下：

1）插入钥匙，踩住脚刹，挡位在 P 或 N，启动发动机。当钥匙转动到 ON 挡时，至少停 3～5s 使整车通电并完成自检，系统自检后"READY 灯"点亮，表明车辆准备完毕，可以行驶。检查 SoC 电量表。电量表分为十个格，每格表示 10% 的电量。蓝色代表放电，绿色代表充电。

2）当钥匙打到 ON 的时候，报警灯会自检，自检完成以后如果系统正常，故障灯为熄灭状态。观察仪表显示正常后，再转动钥匙至 START 位置。应踩着制动踏板转动钥匙门至 START 位置。

3）电动汽车刚启动时会有"嗡嗡"的响声，这是水泵的声音，不影响正常使用。

4）变速杆处于驻车挡或空挡（P/N）位置才能启动汽车，当变速杆处于其他位置时，车辆无法启动。

5）旋至 D 位。松开驻车制动，挂入前进挡，再缓慢的放松脚制动踏板，车辆即可行驶。

不同品牌车型的电动汽车在仪表显示上也会有不同，比如同样是运动模式，有些车的仪表显示的是（SPORT），而有些显示的是（POWER）。

• 带智能进入和启动系统的点火开关（一键启动开关）

汽车智能进入和启动系统简称 PEPS。其使用的是带智能进入和启动系统的点火开关。只要随身携带智能钥匙，比如将其放在口袋中，即可实现以下功能：①进入功能，无需操作钥匙或锁孔，就能锁止和解锁车门；②启动功能，当钥匙在车内时，按下"ENGINE START STOP"开关（一键启动开关），可以切换点火开关模式、启动发动机或关闭发动机。

停车状态下，不踩离合踏板（手动挡车辆）或者制动踏板（自动挡车辆），直接按压一键启动开关，可切换开关模式。每按压一次一键启动开关，开关按照一定的顺序进行模式切换。

无钥匙启动方法如下：

1）不踩脚刹，连按两下启动键，让汽车电脑系统开始自检，至少 6s 以上。

2）踩住脚行车制动，挡位在 P 或 N，按启动键启动着发动机。

3）挂入前进挡，然后松开手刹，再缓慢的放松脚行车制动，车就慢慢行驶了。

有的汽车可依据开关上的工作指示灯颜色，确认开关的状态。一键启动开关上的指示灯如图 3-2 所示。

（1）启动发动机时，如果一键启动开关的绿色指示灯闪烁，则表明电子转向锁解锁失败，此时左右轻轻转动转向盘，即可解除锁定。

（2）如果一键启动开关上的琥珀色指示灯闪烁，这表明一键启动系统存在故障，应立即关闭发动机。

图 3-2　一键启动开关上的指示灯
（a）琥珀色；（b）绿色

知识拓展

无钥匙启动系统的功能与无钥匙进入系统的区别

1. 无钥匙启动系统的功能

（1）无法复制。车钥匙通过一些技术手段可以复制，但配有一键启动的电子钥匙加密系统是无法复制的，只能官方授权才可。车辆启动之后，即使车辆钥匙离开汽车也仍是不会熄火，但是若一旦熄火就无法再次启动，就需要取钥匙进来启动车辆。

（2）智能点火。通常，司机需要插入汽车点火钥匙来启动发动机。而智能钥匙可以让发动机识别操作者是否为车主，并进入随时启动前的待机状态。当需要启动发动机时，只要智能钥匙在可以被检测到的区域内，司机即可按下启动按钮或者扭动旋转按钮，顺利启动发动机，无需再掏拧钥匙。

（3）防盗。一键启动的汽车通常会有一个隐藏功能，那就是连续按 3 次以上启动键，就可以紧急停止发动机。配备一键启动的车型，在没有钥匙进入车内，车辆无法检测到信号时，即使将整车拖走，将防盗器非法拆除，汽车也照样无法点火。因为它是通过对电路、油路、启动三点锁定。

（4）识别车主。每个智能钥匙都有唯一的 ID 码与车辆 ID 码对应。即使简单复制了钥匙，没有 ID 码也不能启动车辆。只有当车主进入车内，车内的检测系统识别到智能卡，经过确认后，车内的电脑才会进入工作状态，这时就可以正常启动车辆了。

（5）自动关窗。配置有一键启动的高档车型，若忘记关窗时，一键启动检测不到钥匙信号，就会触发安全系统，检测车窗是否关闭，如果没有，就触发升窗器自动关窗。

2. 无钥匙启动系统与无钥匙进入系统的区别

（1）二者的区别为原理不同，无钥匙进入系统是进入系统，无钥匙启动系统只能启动，没有自动进入系统功能。

（2）智能钥匙系统也称"无钥匙进入系统"，不同厂家的称呼略有不同。智能钥匙系统大多包括无钥匙进入车内和无钥匙启动功能，部分车型只具有无钥匙进入功能，不能无钥匙启动。无钥匙进入系统采用了先进的 RFID 无线射频技术和最先进的车辆身份编码识别系统。车主在携带钥匙靠近汽车时，车辆自身就可以在一定的距离内感应到钥匙。钥匙芯片的 ID 会自动和与发动机的 ID 进行匹配，成功配对之后汽车车门开启，无需钥匙，从而机进行自动解锁，无需再拿钥匙进行手动操作。当智能钥匙离开车体 3～5m 时，车门会自动上锁进入防盗警戒状态。一般装备有无钥匙进入系统的车辆，其车门把手上有感应按钮，同时也有钥匙孔，是以防智能卡损坏或没电时，车主仍可用普通方式开启车门。无钥匙进入系统的出现，给车主带来了极大的便捷。

（3）无钥匙启动系统，同样采用了先进的无线射频识别技术，通过车主随身携带的智能卡里的芯片感应。当车主进入车内时，车内的检测系统会马上识别车主的智能卡，经过确认后，车内的电脑才会进入工作状态。也就是说，无论在车内还是车外，都可以保证系统在任何情况下都能正确识别驾驶者。

2. 车辆熄火

当需要车辆熄火时，只需关闭点火开关即可。停熄前不要猛踩加速踏板，发动机温度过高时，应怠速运转 1～2min，使发动机均匀降温后再熄火。

之后，挂入 P 挡或空挡拔出钥匙，用手推拉方向盘，使方向盘进入锁止状态。当车辆未停稳时，不要挂入 P 挡，否则可能会造成变速器损坏。

二、汽车起步

1. 点火锁开关电动汽车的起步

坐上驾驶座后，驾姿要端正。调整座椅至适当位置并系好安全带，时刻注视前方道路和交通情况，不得低头下看机件，必要时打开转向灯示意。在车开动之前，需要通过车窗和后视镜等认真观察周围情况，谨慎起步。

起步前应注意驻车制动手柄是否松开，并确认变速杆在 N 位。

（1）将钥匙插入，右脚踩住制动踏板，钥匙开关打到 ON 位，暂停 3～5s，该过程为系统自检、各控制器上电过程。此时所有仪表、警告灯和电路可以工作。

（2）钥匙开关打到 START 位，车辆起步，高压上电完华，检查各种仪表指示是否正常，READY 指示灯是否点亮。

（3）READY 指示灯点亮。待车辆起步并且仪表盘自检的指示灯熄灭后，右手拇指按住挡把侧面的按钮，将挡把向下拉动至 D 挡，松开按钮，将右脚从制动踏板转移至加速踏板，踩下加速踏板，车辆即可前行。

2. 一键启动自动挡车的起步

（1）驾驶人坐到驾驶座后，不需要踩脚制动器，直接按一下启动键给车辆通电，此时指示灯（ACC）亮，然后再按多一下，此时车辆进行自检。

（2）踩下行车制动，再按一下启动键进行点火启动。

（3）松开脚制动器，可以选择原地热车，时间可以根据环境而定。

（4）再次踩下脚制动器，如果是需要前进，挂在 D 挡上，则右脚换至加速踏板上，轻踩加速踏板前进即可。如果是需要倒车后退，则轻抬右脚，松开驻车制动器

（电子手刹直接短按按钮即可），倒退至一定的位置，深踩行车制动。

（5）缓慢松开脚制动器，起步。

（6）根据路况，平稳踩踏加速踏板，安全上路。

特别提醒

由于电动汽车没有燃油车那种发动机的轰鸣之声，所以踩下加速踏板缺少了那种发动机响应的声音。电动车起步快，速度难控制，所以起步时不能深踩加速踏板，这个跟燃油车区别很大。平时驾驶要注意控制速度，即便是燃油车有时候也会疏忽速度，尤其是在高速上，所以必须要提起注意。

三、汽车的换挡

1. 电动汽车的换挡方式

电动汽车的换挡方式有变速杆式和旋钮式两种，如图3-3所示。北汽E150EV电动汽车使用的是变速杆式，EV200电动汽车使用的是旋钮式电子换挡。

图 3-3　电动汽车的两种换挡方式

（a）变速杆式；（b）旋钮式

（1）变速杆式。变速杆式变速杆有3个挡位：D、R、N挡。操纵变速器操纵杆时，手掌心贴住球头，五指紧握向手心，将球头自然地握在掌心，主要用手腕和手臂关节力量控制。挂挡时，要准确地换入某一选定的挡位。

1）前进挡D。用于正常行驶，在换D挡之前，先踩制动踏板，否则挡位选择无效。

2）倒挡R。在选择倒挡前，确保车辆处于静止状态，然后踩下制动踏板，轻轻压下手柄，再挂挡。

3）空挡N。在选择空挡前，确保车辆处于静止状态。

（2）旋钮式。车辆起步时，先踩下制动踏板进行通电，然后按下启动键，之后进挡位旋转到D挡，放手刹，松开制动踏板，轻踩加速踏板（电力踏板）即完成了起步。停车时，可松开电力踏板，踩住行车制动，等车辆停稳后将挡位旋转到N挡，然后直接拉上手刹（有电子手刹的则将按钮向上提起），按下熄火键即可（像特斯拉Models 是直接拉上电子手刹后自动断电的）。

1）前进挡 D。在旋到 D 挡之前，先踩下制动踏板，否则挡位选择无效。

2）倒挡 R。在选择到倒挡前，确保车辆处于静止状态，踩下制动踏板，将旋钮旋至 R 位。

3）空挡 N。在选择空挡前，确保车辆处于静止状态。

4）经济模式 E。旋至 E 位时踩下制动踏板，会有制动能量回收功能。左侧 E+和 E- 在 E 位有效，表示制动能量回收强度。

有的电动汽车设置有 SPORT 运动模式挡位，让驾驶者感受拥有更强的动力表现，如图 3-4 所示，建议行驶在山路、高原等特殊路况时选择 SPORT 运动模式。有的混合动力汽车增加了 B 挡位（低速挡），即引擎制动（Engine Braking），即降低发动机转速从而减速，常用于连续下坡路段（用于发动机制动），功能类似于普通自动挡车的 2 挡或 L 挡。一般在丰田和雷克萨斯的混合动力车型上有该挡位，如图 3-5 所示。

图 3-4　SPORT 运动挡位

图 3-5　混合动力车 B 挡位

丰田普锐斯的 B 挡除了上述功能之外，还有一个更重要的功能——能源回收再利用。普锐斯的刹车系统带有能源回收功能，每当踩刹车时，所产生的能源就会被系统自动回收，用来为车载蓄电池充电。用 B 挡行驶时仿佛踩着刹车，由于发动机转速低，所以车子不会开得很快。

知识拓展

因为自动挡的车不像手动挡一样，挡位能控制速度（手动挡一般下车挂 1、2 挡，到一定速度就不会加速了），而自动挡下坡会一直加速。所以就要一直踩刹车，长时间会造成刹车片过热老化可能发生危险。所以就有了 B 挡，能够使车辆在下坡的时候维持一个较低的速度，通常是用不到的。

2. 电子挡杆的操作方法

当停车时，按一下挡杆上方的 P 键，即挂上驻车挡，此时挡杆会亮起"P"的绿色字母，当停车时，解开安全带，打开车门，P 挡也会自动挂上，同时亮起"P"的绿色字母。拉着挡杆向后，拉到底，这时挡杆上"D"亮起。要使用手动模式的话，首先将挡位挂入"D"挡，然后向左推动挡杆，直到"M/S"亮起，此时即挂入手动模式。当需要增减挡位时，在此基础上向前推动挡杆为降挡，向后拉为升挡推着挡杆向前，直到"N"亮起，此时挂入空挡。要倒车，首先按着挡杆左边的："UNLOCK"按键，按着此键不松，然后推动挡杆向前，直到"R"亮起。即挂入倒挡。

3. 电动汽车的挡位设置

一般来说，自动挡汽车的挡位分为P、R、N、D、2（或S）、L（或1），如图3-6所示。

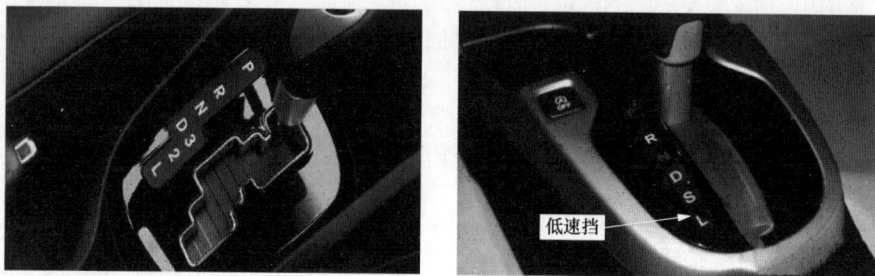

图3-6　自动挡汽车的挡位

（1）P挡。P挡即停车挡、驻车挡，是车辆长时间停放时所挂的挡位。它是利用变速箱内机械装置来锁紧汽车的转动部分，使汽车不能移动。当车辆想长时间停车，特别是在坡道上停车，需要换成P挡，此时车轮处于机械抱死状态，能保证车辆在静止状态下无法移动。只有在车辆完全停稳时，才可挂入该挡，挂入该挡后，驱动车轮被机械装置锁止而使车轮无法转动。若想将排挡杆移出该位置，须踏下制动踏板并按下排挡杆手柄上的锁止按钮。另外，自动变速箱装置空挡启动开关，使得汽车只能在P挡或N挡才能发动车辆，以避免在其他挡位上误启动时使汽车突然向前行驶而引发危险。

特别提醒

应该在车辆挂空挡，拉上手刹熄火之后，再挂入P挡，然后拔下钥匙。如果挂入P挡后，再拉手刹熄火对变速齿轮有损害。在车辆行驶过程中千万不可推入P挡，否则会对车辆造成损伤。

（2）R（Reverse）挡。R挡又叫倒车挡，是车辆在需要倒退时挂入的挡位。只有当车辆静止且发动机怠速运转时，才可挂入倒车挡，按下排挡杆手柄按钮，即可将排挡杆移入或移出倒车挡。在车辆前行时，不要误将排挡杆挂入R挡，特别是在变速器处于应急状态时，千万不能在前行中挂入R挡，那样会使自动变速器严重损坏。

特别提醒

在换成倒车挡时，有的车辆需要按下变速挡上面的保险按钮装置才可将变速杆挂到 R 挡上。在汽车移动时不能换入 R 挡，必须要在车辆完全停止时才可以挂倒挡。

（3）N（Neutral）挡。N 挡就是空挡，挂入 N 挡后，发动机的动力不会输出给车轮，踩加速踏板车辆并不会行驶。N 挡可在车辆刚启动或拖车时使用，还可以在等待信号或堵车、短暂停车时使用，在挂入 N 挡的同时要拉紧手刹，在坡道短暂停车时为防止溜车还要踩着制动。但在下坡时禁止使用 N 挡空挡滑行，不但不省油，还会损坏变速箱。在点火开关打开状态下，车辆静止或车速低于 5km/h 时，挂入 N 挡后，排挡杆会被锁止电磁铁锁止。若想移出该挡，需踏下制动踏板，同时按下手柄按钮，在车速高于 5 km/h 时，只需按下手柄按钮即可将排挡杆移入或移出 N 挡。

特别提醒

自动挡的空挡与手动挡的差别很大。如遇到需要拖车的情况，需要挂入 N 挡，但自动变速箱与手动变速箱的结构不一样，因此拖车时并不能像手动挡车型那样随意，自动挡拖车时速度不应超过 30km/h，且不可长距离拖行，否则也会损害变速箱。

（4）D（Drive）挡。D 挡也称前进挡、驱动挡，当换挡杆置于 D 挡时，变速箱会在 1～超速挡（相当于 1～4 挡）车辆会根据节气门的开度和车速数据来自动切换挡位。该挡位适用于一般道路行驶，由于各国车型有不同的设计，所以"D"挡一般包括从 1 挡至高挡或者 2 挡至高挡，并会因车速及负荷的变化而自动换挡。驾驶者控制车速快慢只要控制好加速踏板即可。准备起步行驶时，踩下行车制动后，要将挡杆挂入 D 挡，然后松手刹，松行车制动踩加速踏板走起，根据自己的车速需求继续加速踏板就行了，这时汽车会根据车速自动在 1～4 挡之间自换挡。正常平路行驶时就不用驾驶人再去换其他挡位了。D 挡的另一个特点是强制低挡，便于高速时超车，在 D 挡行驶中迅速将加速踏板踩到底，接通强制低挡开关就能自动减挡，汽车很快加速，超车之后松开加速踏板又可自动升挡。

特别提醒

在下长坡时，由于自动挡车 D 挡不具备发动机行车制动制动的功能，不要一直挂 D 挡，否则车速会越来越快，带来安全隐患，而频繁的踩行车制动会导致行车制动片过热而过度磨损。

（5）S（Sport）或 2（Second Gear）2 挡。

1）2 挡为低速前进挡，也表示限制挡，此挡时，启动用 1 挡，启动后，变速箱就在2挡上，用于湿滑路面起步，或者慢速前进时作为限制挡使用。在上很大的斜坡时，或者在比较倾斜的坡度上启动时，可以用此挡起步前进。把挡位挂在这里，可以限制汽车的挡位自动的只在低挡位（相当于手动挡汽车的1挡和2挡）上切换，以保证汽车获得最大前进动力。将拨杆放置在2挡位，汽车会由1挡起步，当速度增加时会自动转2挡。2挡可以用作上、下斜坡之用，此挡段的好处是当上斜或落斜时，车辆会稳定地保持在1挡或2挡位置，不会因上斜的负荷或车速的不平衡、令变速器不停地转挡。在落斜坡时，利用发动机低转速的阻力作制动，也不会使车子越行越快。

2）S挡（sport）运动模式：在这个模式下变速箱可以自由换挡，一般这种挡位多是在超车的时候才会使用。当换挡杆挂入S挡后，节气门响应速度变快，发动机转速也会保持在较高的转速区间内，但是换挡时机会延迟，使在高转速上保持较长时间，使车辆动力加大。当然显然这个会造成油耗增加。

（6）M（Manual）挡。M挡是指手自一体变速器的手动模式或CVT变速箱的模拟手动模式。当换挡杆挂入M挡时，换挡就变成由司机手动来完成。在M挡附近会有"+"或"-"的符号，"+"代表升挡，"-"代表降挡，或者通过方向盘换挡拨片来进行加、减挡，M挡的作用就是增加车辆的驾驶乐趣，也使得驾驶车辆变得更加自由。在上下坡时也可使用M挡。

（7）数字（3、2、1）挡。有些自动挡车型在D挡下面会有3、2、1（或D3、2、1）3个数字挡，这3个数字也都是前进挡，它们分别代表三种不同的挡位限制，从上到下依次是：3（或D3）代表挡位限制在1挡至3挡之间不会升至更高的挡位，可以在超车时使用；2代表挡位限制在1挡和2挡之间，用于湿滑路况的起步或慢速前进时限制挡位的作用；1代表挡位限制在1挡，可以用于爬坡等需要大扭矩输出时使用。

特别提醒

D1、2、3；M、+、-；限制挡什么情况下使用

限制挡一般使用在上下坡时，如当挂入3或2挡时，会限制最高挡位不超过3或2挡，因此当遇到比较长的下长坡时，可根据坡度和车速将挡位切换到3或2挡，这样就可以起到通过挡位控制车速的目的。

在上很大的斜坡时，或者在比较倾斜的坡道上启动时，换成3或2挡能获得更大的输出动力，又或者是坡实在是太陡啦用1挡进行爬坡，下坡时利用发动机制动力进行制动，它比直接挂D挡动力要强很多。尽量避免在下坡时，因频繁的踩行车制动导致行车制动片过热而过度磨损，否则容易造成事故。

M挡为手动模式，车辆在行进过程中就可以直接切换到手动模式，并不需要停车切换。

（8）L（Low）或1（First Gear）低速挡，也称1挡。L代表LOW的意思，也就是低速挡，和上边说的数字挡"1"挡是一个意思，都是为了把挡位限制在最低，从而为了得到大扭矩而不升挡。在下山或者下长距离的斜坡时，把挡位挂在这里，可以限制汽车的挡位自动的只在最低挡（相当于手动挡汽车的 1 挡）内工作，不能变换到其他挡位，即使得汽车在下坡时使用发动机动力进行制动，驾驶人不必要长时间踩刹车导致刹车片过热而发生危险。L 挡在严重交通堵塞的情况和斜度较大的斜坡上最能发挥功用。上斜坡或下斜坡时，可充分利用汽车发动机的扭力。

特别提醒

S、L 挡的使用

自动变速器在 S 位或 L 位上处于低挡范围，可以在坡道等情况下使用。下坡时换入 S 位或 L 位能充分利用发动机制动，避免车轮制动器过热，导致制动效能下降。但是从 D 位换入 S 位或 L 位时，车速不能高于相应的升挡车速，否则发动机会强烈振动，使变速器油温急剧上升，甚至会损坏变速器。另外在雨雾天气时，若路面附着条件差，可以换入 S 位或 L 位，固定在某一低挡行驶，不要使用能自动换挡的位置，以免汽车打滑。同时必须牢记，打滑时可将选挡杆推入 N 位，切断发动机的动力，以保证行车安全。

（9）B（Engine Braking）挡。如前所述，B 挡多出现在丰田的混合动力车型上，如图 3-7 所示。常用于在长距离滑行或下坡时使用，目的是提供制动的效果，还可加强能量回收，起到给车辆的动力电池充电的目的，以增加电池的续航能力。

特别提醒

按变速杆锁止按钮换挡操作和不按锁止按钮换挡操作

换挡锁止按钮如图 3-8 所示，它是有别于日韩系车型蛇形变速箱的一种防止误操作的一种安全设计，防止因驾驶人操作失误（如未踩下制动踏板就直接挂挡）造成汽车突然冲出以及自动变速器损坏。当 P→R 时必须按下才可换入挡位，R→P 也要按，R→N 不用按，N→R 要按，N→D 不用按，D→N 不用按，D→S 要按，S→D 不用按，D→+/- 直接切入。

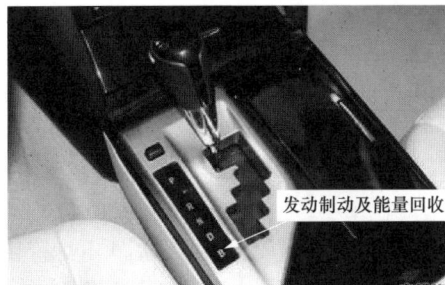

发动制动及能量回收	
图 3-7 混合动力车的 B 挡	图 3-8 换挡锁止按钮

四、汽车转弯

1. 汽车转弯驾驶方法如图 3-9 所示。

（1）汽车转弯时应根据道路和交通情况，在弯道前（指有岔路的弯道）50～10m 处发出转弯信号，并鸣喇叭警告周围车辆和行人，同时适当地降低车速，减速的程度要根据路面的宽窄、弯度的大小、汽车的装载和交通情况而定。保持车辆的平稳，靠路右侧徐徐转弯。运用方向盘要求配合车速，及时转，提前回。汽车进入路口前的速度，应控制在 30km/h 以内，并随时做好停车的准备。在弯道中，双眼注视最前方，汽车离开弯道后，迅速回转转向盘，并加速进入直线行驶。

（2）汽车驶入视线不良的弯道转弯时，必须做到减速、鸣号靠右行。同时，汽车在转弯时，驾驶人利用汽车行经弯道的机会，扫视后视镜，发现后方有情况应及时处理。转弯过程中，应尽量避免紧急制动及不必要的换挡操作。尤其是不要紧急制动，否则将会造成侧滑或意外事故的发生。

（3）汽车左转弯（转大弯）时，应该沿着弯道的外侧行驶，但要注意避免右前轮驶离路外，在没有划道路中心实线的道路上，如视线清楚且对向无来车时，可适当中偏左行驶，如图 3-10 所示。通过左弯道时，可适当以提高弯道通行的速度和汽车行驶的稳定性。转弯过程中，应尽量避免紧急制动和不必要的变速换挡。

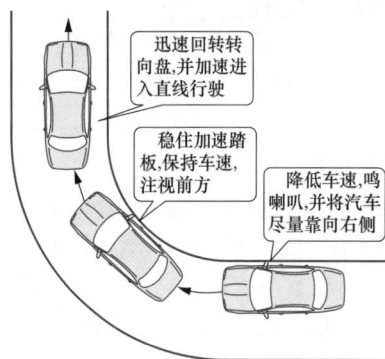

迅速回转转向盘，并加速进入直线行驶

稳住加速踏板，保持车速，注视前方

降低车速，鸣喇叭，并将汽车尽量靠向右侧

在视线清楚的情况下，如前方无来车及其他情况时，可适当居中偏左行驶，以提高转弯通行的速度和汽车行驶的稳定性

图 3-9　汽车转弯驾驶方法　　　　图 3-10　左转弯示意图

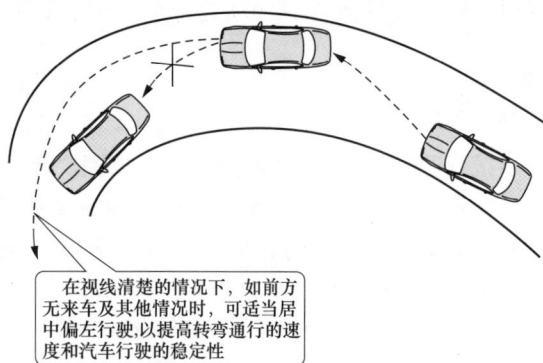

（4）汽车通过右弯道时，应降低车速，沿着弯道的内侧行驶，不宜过早靠右（要待汽车已驶入弯道后，再将汽车完全驶向右边）。否则会使后轮偏出路外而迫使汽车头部驶向路中，影响会车。一旦看到弯道的出口就可以变换车道，修正方向，按着先外侧后内侧再外侧的方法，安全驶离弯道，如图 3-11 所示。

（5）汽车急转弯时，弯道半径小，故转弯困难，转弯时必须减速，沿道路外侧缓慢行驶，转向时应推迟，以防后轮驶出路外。一般应在车头转过内角点时再迅速转向。一次转向汽车不能通过时，应延迟转向时间，用倒车的方法变更轮胎的方位后再继续行驶。在急弯道上转弯时，可采用大角度转动、双手交替操纵转向盘的方法，如图 3-12 所示。

（6）汽车在连续弯道转弯时，应保持低速行驶，根据弯度的情况进行操作。首先

转弯时，要控制好车速和配合好转向，选择合理路线，沿道路中线右侧行驶

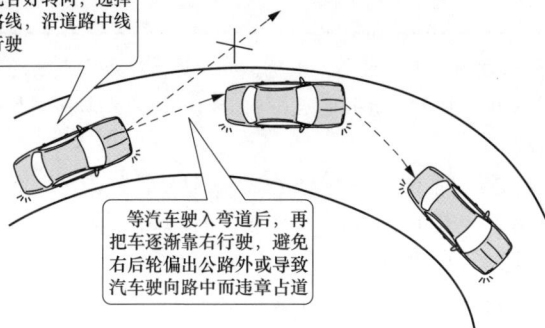

等汽车驶入弯道后，再把车逐渐靠右行驶，避免右后轮偏出公路外或导致汽车驶向路中而违章占道

右

左

图 3-11　右转弯示意图　　　　图 3-12　大角度转动转向盘

应该降低车速，驶入第一个弯道的进口，在每个弯道上，都按着先外侧后内侧再外侧的方法行驶，其间可以稍微加速，在通过最后一个弯道时，一旦看到弯道的出口就可以修正方向，充分地加速直线驶离弯道，如图 3-13 所示。

2. 转弯注意事项

（1）转弯时应做到"减速、鸣号、靠右行"，注意观察道路情况，尽量避免紧急制动和换挡。

（2）汽车转弯时，尤其是在狭窄的弯道上行驶时，要正确选择转向时机。操纵方向盘要与道路弯度相适应，并与行车速度相配合，做到转向角度适当、转向时机恰当、回转方向及时。如果转向过早，则后内轮通过就有困难；如果转向过迟，则前外轮就会有越出路面或碰撞障碍物的可能。严禁双手脱离方向盘，以防方向跑偏而发生危险。

（3）通过视线受到限制，道路交通情况不易观察的弯曲坡路时，要谨慎驾驶，慢速行驶。驶近视线受到限制的坡顶须低速行驶，谨防与对方来车、行人发生碰撞。

（4）汽车在弯道上行驶时，应尽量避免使用制动器，尤其是紧急制动，以防侧滑或意外事故的发生。

（5）在弯道会车，要注意对方车辆尾部的运动规律。

左拐，终于通过弯道

右拐

右转弯向左侧摆位

左拐

左转弯向右侧摆位

右拐

图 3-13　连续转弯示意图

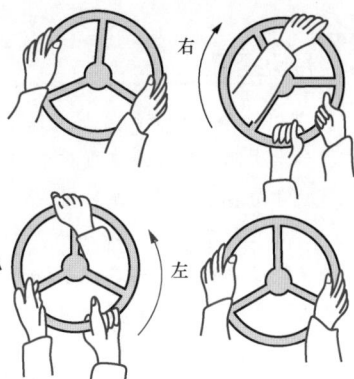

尾部是指车辆后轮到车辆末端的距离，此距离随不同车型及装载情况有所差异，距离越大，在转向偏转时，所占的空间也就越大，反之则小。当尾部长短一定时，单位时间内转向角度越小，它所占的空间位置也越大，俗称"扫尾"。因此，行驶中遇有障碍物时，转动转向盘应注意对方车辆的运动空间，防止发生"扫尾"事故。

（6）弯道上行车要尽量避免超车，在视线不良和交通法规规定禁止超车的弯道严禁超车。

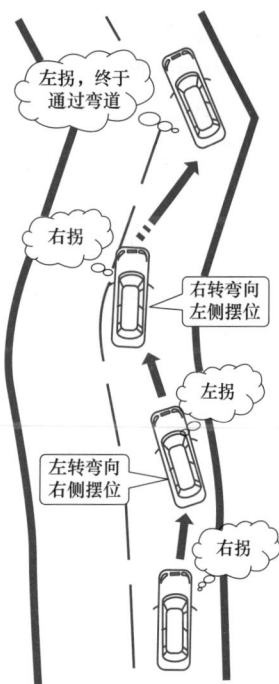

特别提醒

（1）汽车转弯时车速要慢，转动方向盘不能过急，以免离心力过大造成汽车侧滑。若汽车发生侧滑时，应立即放松加速踏板，将方向盘转向后轮侧滑的一侧，待车辆恢复正直行驶方向后，再回正方向盘继续行驶。

（2）行车转弯，容易出现的错误是：车速过快，方向盘操纵过猛，极易发生侧翻事故；抢过路口，妨碍其他车辆正常行驶；右转弯时顾前不顾后，车头转弯，车尾刮碰路边行人或车辆，或后轮掉沟、上人行道等。

（3）汽车转弯时，驾驶人应对车轮的行驶轨迹有一个正确估计。一般限制转弯角度的因素有最小转弯半径和内轮差两种。

1）最小转弯半径是在汽车转弯时，方向盘转到极限位置时，其前外轮所走轨迹的半径。它表示汽车在最小面积内回转的能力，以及通过狭窄弯曲地带或绕过障碍物的能力。

2）内轮差是在汽车转弯时，内侧前轮与内侧后轮所行驶的圆弧半径之差。

在汽车转弯时，要根据地形，充分估计车辆的最小转弯半径和内轮差，特别在急转弯或驾驶拖带挂车、半挂车时，更应注意不使外前轮越出路外或碰撞其他障碍，同时还要避免后内轮掉沟或碰及障碍物。

五、汽车倒车

1. 汽车倒车的方法

倒车前，应先看清楚汽车周围的情况，选择目标（应注意选择较明显、易观察、牢固安全、不易被汽车碰倒并且有对比角度的目标），若无把握或必要时应下车察看，并注意前后有无来车。选好后倒目标后，在汽车停止情况下，短鸣喇叭，发出倒车信号，换入倒挡，进行倒车操作。

（1）观察方法。观察方法主要有通过后窗观察、通过后视镜观察和通过侧方观察3种，如图 3-14 所示。

1）通过后窗观察，如图 3-14（a）所示，驾驶人两脚不动，臀部向左前方移一点，左手握住转向盘（运用单手打方向），右手掌贴在旁边座椅的椅背上，稍微用力抵住（一则能够保持身体的平衡，二则左手操纵转向盘时运用右手能够借力），上身稍微向右侧倾斜，同时将上身尽量右转，使视线正好从两座椅的中间观察车后的情况。这种姿势能够看到车后很大的部分，使盲区减小，并且能够很直观地看到车尾的行进方向。

2）通过后视镜观察，如图 3-14（b）所示，驾驶人右手握转向盘上缘，左手撑在座椅上，上身向左微斜，头伸出左侧窗外，目视左侧后视镜。通过后视镜中出现的道路沿线和车身边缘的影像，使车身边缘与路沿之间有一定间隙，汽车就不会驶出路的边界。如果间隙过大，就意味着汽车过于靠近路中。

3）通过侧方观察，如图 3-14（c）所示，驾驶人右手握转向盘上缘，左手摇下左车窗玻璃，转头向左伸出后视，即两眼注视后方目标。也可打开车门，左手扶在半打

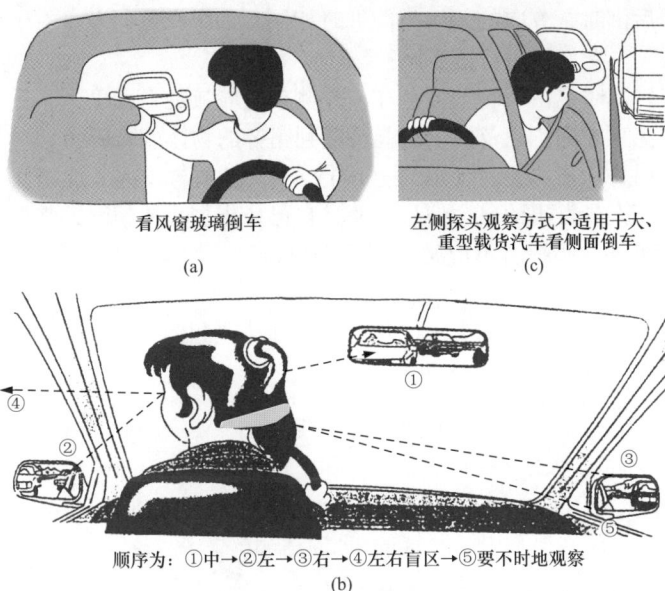

看风窗玻璃倒车

(a)

左侧探头观察方式不适用于大、
重型载货汽车看侧面倒车

(c)

顺序为：①中→②左→③右→④左右盲区→⑤要不时地观察

(b)

图3-14 汽车倒车的观察方法

（a）通过后窗观察；（b）通过后视镜观察；（c）通过侧方观察

开的车门窗框上，上体向左微斜伸出车室，转头后视目标。

（2）倒车的方法。

1）注视后视镜倒车。两手握好转向盘，身体端坐在驾驶室中，两眼通过后视镜注视目标，然后将变速杆挂入倒挡，按前进起步的操作顺序进行倒车起步。

2）转向盘的运用。倒车时若需改变行驶方向，可按下列方法进行操作：如果使车尾向左（或右）转，转向盘也应左（或右）转动；如弯急，转向时机可延迟，转向量要大；弯缓，则转向时机可提早，但转向量要小。当车轮靠近右侧路边时，向左回转转向盘，然后回正。直线倒车时，从驾驶室向左转头，向后注视目标，左手握住转向盘上端修正方向，一般是让汽车左后轮沿着左边路边后倒行驶。

3）稳住加速踏板。在倒车行驶中要稳住加速踏板，控制车速，不可忽快忽慢。

4）随时做好制动停车准备。倒车时，要随时做好制动停车的准备，如感到有危险，应立即停止，弄清情况后再倒车。

2. 倒车注意事项

（1）倒车前，必须了解车和道路情况，在确保安全情况下进行倒车。

（2）倒车过程中，要稳住加速踏板，车速必须均匀，且尽可能慢，不可超过5km/h，要防止倒车熄火或因倒车过猛而向后急冲，甚至造成事故。

（3）倒车时应尽量不影响其他车辆通行。如遇来车，应主动停让，附近有人或其他障碍时要小心，尤其对儿童更应提高警惕，提前鸣号，以防造成伤人事故。

（4）倒车时，应按所需的方向后倒，不要偏离方向，如方向跑偏，应平稳地少量修正。必要时，用前进方法修正。

（5）直线后倒时，方向的运用与前进时相同。如果车尾向左（右）偏斜，应立即将转向盘向右（左）旋转进行适当修正。

（6）倒车转弯时，由于轮差的存在，外侧前轮轮迹的弯曲度大于后轮。在后倒过程中，要特别注意外侧车轮及翼子板能否碰到路旁的物体或障碍物。

（7）倒车时，应有人指挥（必须是内行人），必须与指挥人员密切配合。驾驶人不但要倾听指挥人员发出的口令信号，而且自己应根据具体情况，掌握好方向，采取正确的措施。另外，指挥者不应站在车后倒退行步，而应站在车辆侧面，兼顾前后，以确保安全。

（8）倒车时一定要慢，倒车入位时尽量选择从左侧倒入（在条件许可的情况下），这样便于驾驶人观察。

（9）禁止倒车的地点如图 3-15 所示。

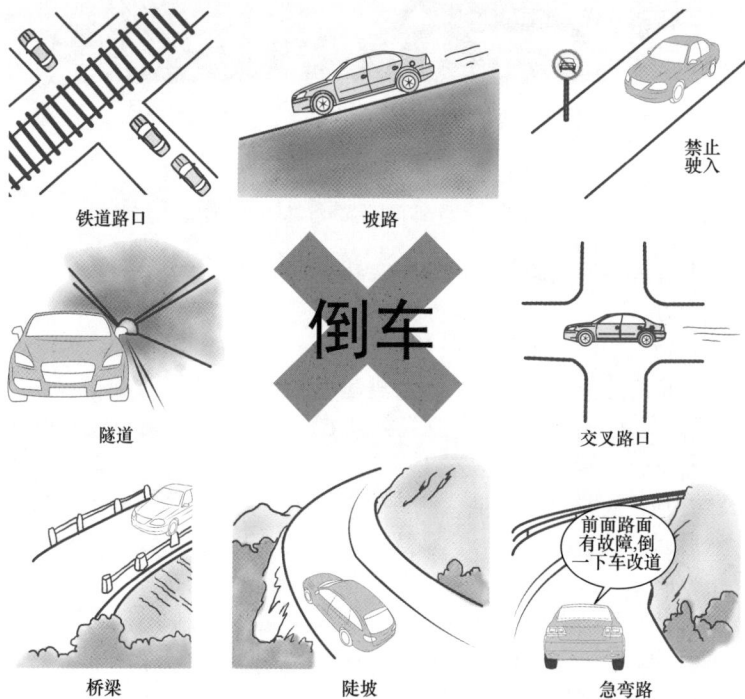

铁道路口　　　　　　坡路　　　　　　禁止驶入

隧道　　　　　　　　交叉路口

桥梁　　　　　　陡坡　　　　　　急弯路

图 3-15　禁止倒车的地点

特别提醒

自动挡汽车倒车注意事项

（1）倒车时不能让小孩单独留在车外。把小孩单独留在车外，随时都可能走入视线盲区。而此时一旦驾驶人没有发现，加之小孩应对危险处理能力差，事故很容易就酿成。

（2）视线盲区。

1）小孩由于身高较矮，很容易被车辆遮挡住。相比成年人，从驾驶舱内看，小孩的"盲区"也更广，这也是经常发生小孩在倒车时被碾压的主要原因之一。

2）平时大家经常用到的倒车雷达也存在很大的盲区，大家平时在使用时可注意一下盲区内的一些状况。由于雷达的发射范围是呈圆锥状的，因此倒车雷达主要的盲区范围就是雷达超声波探头发出的声波与声波之间没被"照射"到的范围。

3）汽车后视镜也存在有盲区，大概位于距离右侧车尾约 1m 的位置，日常开车过程中一定要注意。

（3）倒车时不要太依赖于电子辅助设备。车辆存在盲区，倒车雷达之类的电子辅助设备也存在盲区，若倒车过程中一味依赖辅助电子设备，而自己不实际用眼睛观察周围环境，那么下一次事故的发生也就离你不远了。辅助设备终究只是起辅助作用，我们并不能完全地依赖它；倒车时还是自己眼睛多观察观察，对于存在异常的情况多检查。

（4）指挥倒车时的注意事项。

1）车外指挥人要站在驾驶人看得到的位置。大多数技术不太熟练的司机，在倒车时，都会让车内其他乘客帮忙下车指挥一下。而对于下车帮忙指挥的小伙伴们，也要注意要站在车内驾驶人看得到的地方，千万不要站在倒车线上。站在倒车线上，驾驶人看不到你的指挥动作不说，还有可能因为驾驶人误踩加速踏板引发意外。

2）车窗摇下以便于车内外沟通。在有车外人员帮忙指挥倒车时，驾驶人一定要将车窗摇下来，便于与车外指挥人之间的沟通；有些司机没把车窗摇下来，仅仅通过看车外指挥人员的手势来倒车，这种方法存在很大的安全隐患。倒车时一定要将车窗要下来，与车外指挥人员通过语言来沟通，防止会错意。

（5）倒车时尽量不要将头伸出车外。一般情况下，驾驶人在倒车过程中不要将头伸出车外；但如果是为了观察车外情况，则可在车辆停止时适当将头伸出车外，最好拉上手刹后再将头伸出车外，以防在头伸出车外过程中误踩到加速踏板引发意外。

（6）倒车时尽量不踩加速踏板。倒车时，可不用加速踏板尽量不用加速踏板，谨防因车速控制不当造成意外事故的发生。

（7）车头及其两角区域。倒车过程中要杜绝"顾尾不顾头"的粗心做法，应注意观察车头及两角是否会碰撞到行人。在整个倒车过程中，必须要格外注意车头及其两角区域，做到倒车"顾尾也顾头"，如图 3-16 所示，避免不必要的碰撞损失。

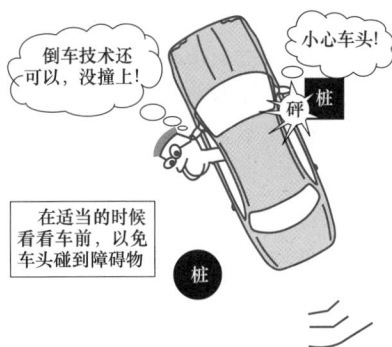

图 3-16　倒车"顾尾也顾头"

六、汽车的制动

1. 汽车制动的分类

汽车制动就是在行驶中强制降低汽车行驶速度以至停车的方法。汽车制动分为缓慢制动（即预见性制动）、紧急制动、联合制动和间歇性制动等。

（1）预见性制动。预见性制动就是汽车行驶中发现前方道路通过困难时，立即松开加速踏板，利用发动机的牵阻作用降低车速，然后根据交通情况持续或间歇地轻踩制动踏板，使车速进一步降低。需要停车时，踩下制动踏板，使车辆停下。

（2）紧急制动。紧急制动就是车辆行驶中遇到紧急情况时，在最短的时间内减速并停车，避免事故发生的一种制动方法。紧急制动是在运行过程中处置某些突发情况而采用的应急措施，在紧急情况下使用。

2. 自动挡汽车制动

自动挡汽车除紧急情况下的急制动外，主要靠加速踏板调节速度。如果遇到情况要先松开加速踏板，并随时做好踩制动的准备。手动挡车在这种情况下车速会立即下降，而自动挡车则因发动机制动不起作用而不会导致突然减速。因此，操作时必须注意比手动挡车要提前松加速踏板，并做好踩制动的准备。为此，必须尽可能提前把握前方状况。

自动挡车在 D 挡位时，发动机不起牵阻作用，只有在低速挡时发动机才起牵阻作用。因此，必须要靠提前换挡或用力踩制动来弥补。

特别提醒

（1）ABS（防抱死制动系统）急踩制动踏板。ABS（防抱死制动系统）是一种能防止车轮抱死而导致车身失去控制的安全装置。带 ABS 的汽车制动方法和普通制动系统的制动方法是有区别的，主要是踩制动踏板时的力度不能太轻。当碰到紧急状况时，使用 ABS 制动的方法应是急踩制动踏板，而且是一次直接踩到底，不要放松，同时可利用转向盘来控制汽车的方向，闪避障碍物。

（2）汽车下长坡时频繁使用制动。汽车下长坡时，如果驾驶人长时间踩制动踏板，或频繁间歇性使用制动，对汽车的危害极大，对交通安全也会产生严重的威胁。因为长时间使用制动，会使制动摩擦片过热，摩擦系数下降，造成热衰退，导致制动性能下降甚至失效。另外，还会加剧制动蹄片的磨损，减少其使用寿命。因此，汽车下长坡前应提前降低车速，尤其是载重汽车行驶时要提前减速。下长坡时，若车速加快，可迅速踩下制动踏板，降低车速，尔后迅速放松踏板，若需再次降低，可重复此法。

3. 制动注意事项

（1）行车中应多使用预见性制动。

（2）汽车在狭窄弯道或雨、雾多、冰冻、泥泞等路上行驶时，不得采用紧急制动。若制动过急，容易使车轮抱死而发生侧滑或倾翻等交通事故。

（3）紧急制动时，切不可先拉驻车制动器操纵杆，后踩制动踏板。

（4）汽车涉水或车辆的一侧处在泥泞、冰雪等滑路上时，应尽量避免使用行车制动器。

（5）高速公路减速慎用制动。在高速公路上，使用制动应作为发动机牵阻控速的辅助性措施。使用制动时，应采取连续轻踩轻放制动踏板的方式，这样做，制动灯会连续闪亮，但车速却不会骤然降低，不仅可以对跟行汽车起到提示作用，而且还避免了因制动过急使汽车甩尾。

特别提醒

避免紧急制动的方法

（1）驾车时，眼望远方，提高警惕，尽量及早地预见情况，提前采取制动措施。

（2）行驶中遇有紧急情况时，应先轻踩制动踏板，然后根据情况逐渐加力，直到降至合理速度。

（3）车辆转向时，不要等进入弯道后再制动，而应该在进弯道前就将车速降下来。

（4）经常检查制动性能。一般轿车的正常制动距离是：从 60km/h 到静止约为 15m；从 100km/h 到静止约为 40m。

七、汽车掉头

汽车在掉头时，必须遵守交通规则，在确保安全和不影响他车通行的前提下，最好选择能够一次前进便完成掉头的地点进行掉头，如交叉路口、广场，或平坦、宽阔、土质坚硬的路段。应尽量避免在坡道、狭窄的路段或交通繁杂的地方进行掉头。绝对禁止在人行横道线、铁路道口、窄路、弯路、陡坡、桥梁、隧道（含城门洞、涵洞）、高速公路行车道以及设有禁止掉头标志的地点掉头。

1. 汽车掉头的方法

常见的掉头方式有：①一次顺车掉头，适用于交叉路口或道路宽阔的路段；②利用岔路口（支路）掉头，根据路口所处的位置确定掉头的路线和步骤；③顺车与倒车相结合的掉头，适用于不能一次顺车掉头的较宽路段；④多次顺车与倒车相结合的掉头，适用于较窄路段、街道、场地；⑤选择有平面或立体环岛处掉头。

（1）在较宽的道路上掉头。汽车行驶在较宽阔的道路上时，应尽量应用一次顺车掉头的方法。当汽车驶近掉头地点时，在看清前后均无来车后，换入低速挡，打开左转向灯，按喇叭，一次将转向盘向左打到极限位置，采用大转弯完成汽车掉头，如图 3-17 所示。

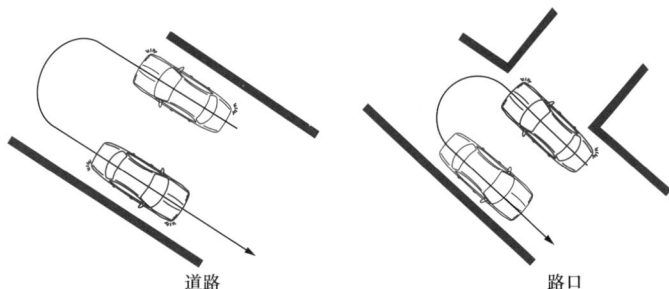

道路　　　　　　　　　　　　　路口

图 3-17　在较宽的道路上掉头

（2）在较窄的道路上掉头。汽车行驶在较窄的道路上，应采用顺车与倒车相结合掉头。

1）二进一退掉头。二进一退掉头的操作方法如图 3-18 所示。

2）三进二退掉头。能二进一退完成掉头最好，如果二进一退不能完成掉头，则可进行三进二退完成掉头，如图 3-19 所示。

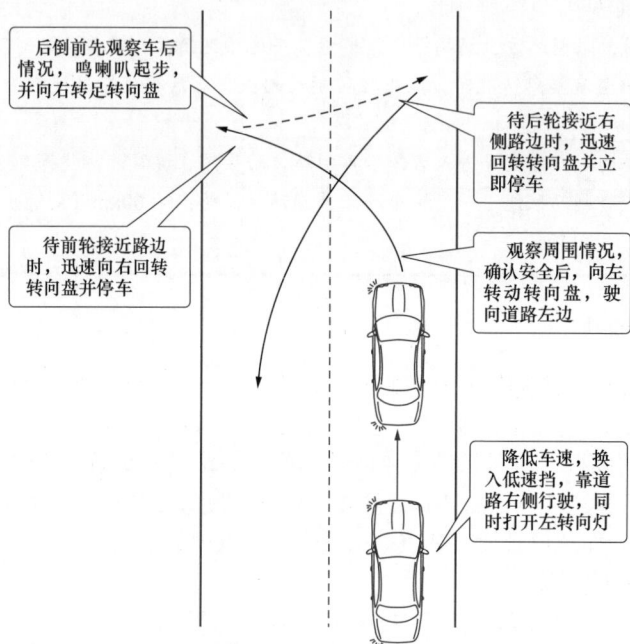

后倒前先观察车后情况，鸣喇叭起步，并向右转足转向盘

待后轮接近右侧路边时，迅速回转转向盘并立即停车

待前轮接近路边时，迅速向右回转转向盘并停车

观察周围情况，确认安全后，向左转动转向盘，驶向道路左边

降低车速，换入低速挡，靠道路右侧行驶，同时打开左转向灯

图 3-18　二进一退掉头的操作方法

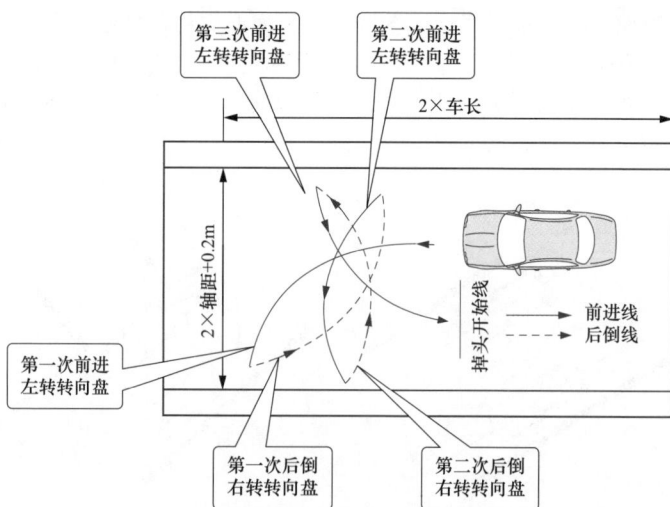

第三次前进左转转向盘

第二次前进左转转向盘

2×车长

2×轴距+0.2m

掉头开始线

前进线

后倒线

第一次前进左转转向盘

第一次后倒右转转向盘

第二次后倒右转转向盘

图 3-19　三进二退掉头

82

（3）在十字路口掉头。汽车在十字路口可一次顺车掉头，操作方法与在较宽的道路上掉头基本相同。

（4）在丁字路口掉头。汽车在丁字路口可通过二进一退完成掉头，操作方法与在较窄的道路上掉头基本相同，如图3-20所示。

2. 汽车掉头时的注意事项

（1）掉头时尽量选择广场或平坦、坚实、宽阔的路段进行掉头，倒车时车速不得超过5km/h。

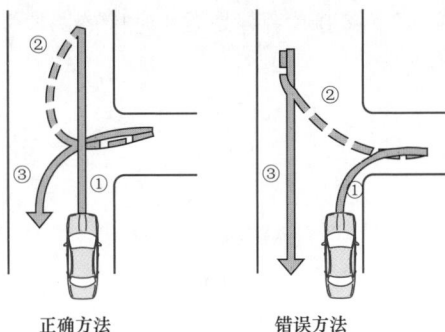

正确方法　　　　　错误方法

图3-20　在丁字路口掉头

（2）掉头前，应先打转向灯、鸣喇叭。掉头时要遵循多进少退的原则。因为车前看得清楚，要多用前进挡掉头。宁可多进行几次进、退，切勿过分驶向路边，以保证安全掉头。

（3）前进、后倒将停车时，都要迅速回转转向盘，为后倒与前进创造转向条件。应尽量避免在坡道、狭窄路或交通复杂的地方掉头。

（4）汽车在掉头的过程中，每一次进退应低速行驶，每一次停车之前，左右两侧车轮与路边的距离都不相等。因此在判断停车距离时，应以最先接近路边的车轮为准，在有障碍物或建筑物的区域掉头时，前进时，应以保险杠为准，后退时，可以后车厢板或后保险杠为准，切勿与障碍物触碰。

（5）横过公路时，要认真观察道路上有无来车、行人及其他影响掉头的情况；在栽有树木的车行道的道路上掉头时，必须注意不使汽车碰到树干。

（6）倒车目标选择，一般从后视镜看路沿的车行道或其他目标，也可以从车门窗看道路中心作为判断依据，前进应尽量到边，后倒则应留有余地。

（7）汽车在较窄道路上掉头时，要防止因车轮驶出路面而导致翻车事故的发生。发生此类事故的主要原因是：①对车轮的位置特别是右后轮的位置估计不准；②车到路边时停车不及时，制动动作太慢；③在倾斜路面掉头时，汽车停在路边，不拉驻车制动器操纵杆，再次起步时后溜或前溜；④在前进时不敢靠前，后退时却盲目大胆后倒，导致后轮驶出路面。

（8）在复杂有危险的路段掉头时，尤其是山区公路，路面普遍较窄，一旦掉下路面便是车毁人亡。在这种情况下掉头要特别小心谨慎，掉头时，尽量使车尾朝向安全的一边，车头朝向危险的一边，如图3-21所示，以利于观察。无论前进、后退还是停车，除使用制动踏板制动外，都必须使用驻车制动，待车停稳后，再挂挡前进或后退。在朝向危险时一面停车后，重新起步时，千万当心不要挂错挡。一次掉头不成功时，可反复前进后退几次。

图3-21　车头朝向危险的一边

（9）机动车在有禁止掉头或者禁止左转弯标志、标线的地点，以及在铁路道口、人行横道、高速公路、桥梁、急弯、

陡坡、隧道或者容易发生危险的路段，禁止掉头。禁止掉头的路段和地点如图 3-22
所示。

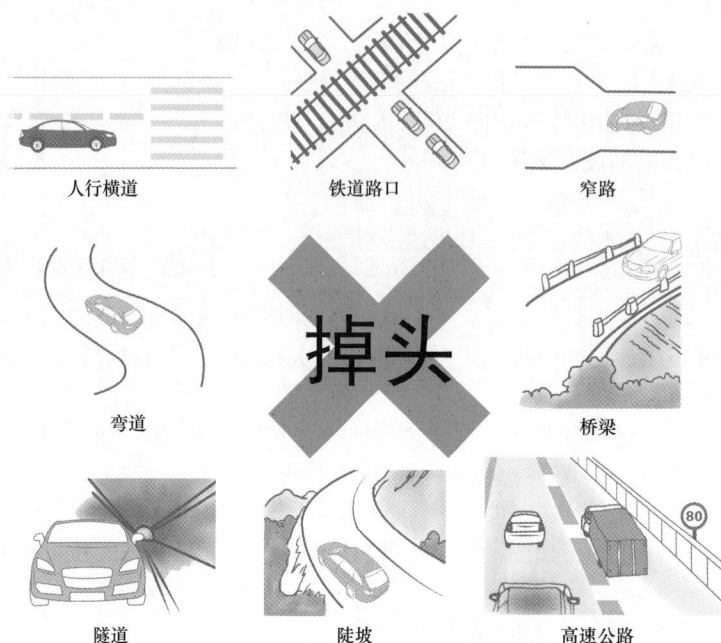

人行横道　　　　　　铁道路口　　　　　　窄路

弯道　　　掉头　　　桥梁

隧道　　　　　　陡坡　　　　　　高速公路

图 3-22　禁止掉头的路段和地点

八、汽车停车与停放

1. 汽车停车的方法

（1）停车地点的选择。

1）在城市道路上停车时应选择路边划有停车位的路段，否则会因违法停车而受
到交通处罚。

2）在其他道路上停车时应选择道路平坦、宽阔、视线良好、视距较长和不影响
交通的地方。

3）在交通法规中不允许停车的地点坚决不能停车，即使因故障停车，也要及时
将车转移拖走。

（2）电动汽车停车时，应先选定停车的位置，抬起加速踏板，并将右脚从加速踏
板移到制动踏板上。根据速度及距离踩制动踏板，除紧急情况外要缓缓地踩。停稳后
再用力踩制动踏板以防止车滑动。然后踏行车制动器踏板，等车停稳后，将操纵杆置
于驻车制动挡。

注意：到停放位置后，要确认已踩下行车制动踏板才能熄火，而且将挡位操纵杆置于
P 挡的位置并拉紧驻车制动拉杆。而自动挡汽车在任何路况下停放时，都必须把挡位
操纵杆置于 P 挡的位置。

2. 几种路边停车的操作方法

（1）车位前面有空闲地方的停车方法。车位前面有空闲地方的停车时，只需要将本车行驶到待停车位的前方，然后转正转向盘，笔直倒车，在倒车的过程中注意和车位两边的汽车保持合适的距离就可以了。

（2）车位后方有车时的停车方法。从后方汽车侧面向前行驶，然后往车位所在方向转向，慢慢朝着这个方向靠拢，直到停车侧面完全靠近车位内侧后转正方向直行，待本车方向与车位方向达到水平后，缓慢地笔直倒车，与后方车保持一定的距离后停车。

（3）车位前后有车时的停车方法。

1）当汽车接近场地时，打开右转向灯，通过后视镜观察后车情况以及侧后方汽车行驶情况，并降低车速向路边缓缓靠拢。与车位左边线保持约 1m 的距离前进，当车尾部将要与前车位的车右侧车尾平齐时停车，同时向右打一把转向盘，为后倒做准备。此时车身应与前车位的车大致平齐，如图 3-23 所示。

2）在确认后方安全后，挂倒挡，将转向盘向右迅速转到极限位置，使汽车与边线 45° 角缓慢后倒，待车体入位过半，本车车头与前车车尾将要平齐时，迅速将转向盘左转至极限位置，缓慢后倒，如图 3-24 所示。

3）通过右侧后视镜观察右后轮与路肩的距离，并通过转向盘调节汽车的后退轨迹，尽量向路肩靠近，但又要保持足够的距离，让车身摆直，如图 3-25 所示。

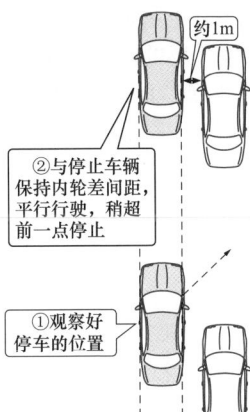

约1m

②与停止车辆保持内轮差间距，平行行驶，稍超前一点停止

①观察好停车的位置

图 3-23　车身与前车位的车大致平齐

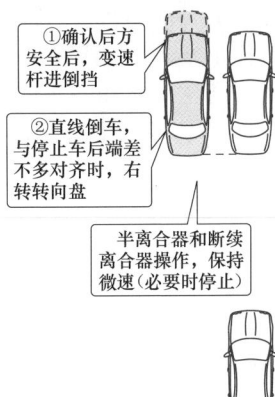

①确认后方安全后，变速杆进倒挡

②直线倒车，与停止车后端差不多对齐时，右转转向盘

半离合器和断续离合器操作，保持微速（必要时停止）

图 3-24　本车车头与前车尾将要平齐时，迅速将转向盘左转至极限位置

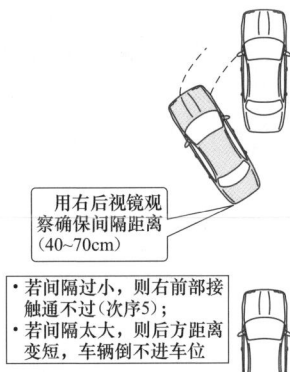

用右后视镜观察确保间隔距离（40～70cm）

- 若间隔过小，则右前部接触通不过（次序5）；
- 若间隔太大，则后方距离变短，车辆倒不进车位

图 3-25　通过右后视镜观察右后轮与路肩的距离，调节后退轨迹

4）随着后方车轮与路肩靠近、车身逐渐摆直，尾部也会接近后方汽车。这时应该判断与后车的距离，如图 3-26、图 3-27 所示。

5）挡 1 挡起步，右打转向盘缓慢前移摆正车身，调整前后距离。此时应注意打转向盘的幅度，以免前轮蹭到路肩。

（4）车位前方有车的停车方法。车位前方有车的停车驾驶方法与前后都有车的方法相同。只是在本车回到车位水平后，可以转正转向盘多倒一点，然后慢慢向前调整

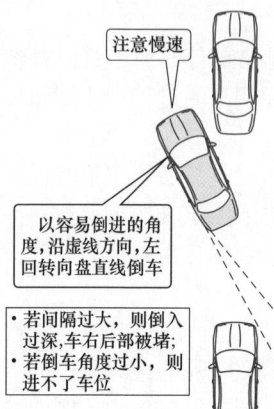

图 3-26　逐渐摆直车身

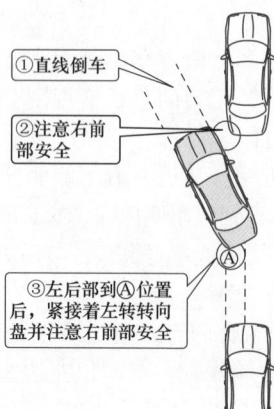

图 3-27　判断与后车的距离

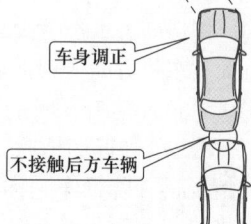

本车角度和位置。

（5）只有一辆车车距的停车方法。如果两侧的停车位间距比较宽，可以贴近车位行驶，待车头越过车位后向反方向转足转向盘，一直行驶到本车左侧车尾与车位左侧停放汽车平行，再回转转向盘，缓慢倒入。

（6）车位在最里面的停车方法。此时可以以倒车的方式进入整个"非"字形车库，在本车车尾和车位旁边的车平行时，向车位方向转足转向盘，直接倒入即可。

（7）斜式"非"字形停车场的停车方法。斜式"非"字形停车场的停车驾驶方法，与直式"非"字形停车场的停车驾驶方法基本相同，只是在进入车位的时候注意保持斜位停放，一般车位上都会有间隔的黄线，只要停车角度和黄线保持平行就可以了。

特别提醒

地下停车场停车方法

（1）在汽车驶入地下停车场之前，一定要看清其限高标志。每一个地下停车场都有自己的限高标识，通常的地下停车场限高为 2～2.4m。有些汽车由于在车顶上有附加物品而超过了限制高度，如果贸然驶入地下停车场则是非常危险的。图 3-28 所示为地下停车场出入口标志。

图 3-28　地下停车场出入口标志

（2）地下停车场一般设有入口通道和出口通道，驾驶人出入要看清指示牌，不要从出口处进入停车场，也不要从入口处驶出停车场。

（3）地下停车场一般都是收费的，入口处设有值班岗亭，有的还有红外线打卡机。进入时，要注意岗亭人员是否递交相关卡片。驾驶人接到卡片时，注意阅读上面有关内容，如果标明了所驾车应停的位置号码，就应在指定停车号码处停车。

（4）地下停车场的进出口均是上下坡道，应降速缓行，禁止鸣喇叭。进入地下停车场时，听从停车场人员指挥，以防走岔路或造成逆行，甚至引发碰撞。

（5）地下停车场的光线以及视野都不及地上停车场，因而在进入地下停车场之后一定要降低车速，开启车灯，沿着方向标志前进，并对汽车出入的路口进行仔细观察，避免发生碰撞事故。

（6）进入地下停车场，要注意观察指示牌，如果标志第一层车位已满，就不要浪费时间，赶紧到下一层去找。

（7）地下停车场一般是两根立柱中间有几个停车位置，其中最不好的车位是居中的车位，这样左右都有车，别人开车门不小心碰坏自己车门的概率最大。空间最左的车位最好，因为这时左侧没有车。驾驶人开车门一般都比较小心，但是乘客的这种意识会比较欠缺。

（8）停车时留意汽车停放位置附近有无明显的标志物。在多层的地下停车场停车时，一定要记住停车位所在层数、区号及车位号，以便办完事后回来好寻找。

（9）如果在进地下停车场时，因光线不好打开了前照灯，停好车后要检查是否关闭。

（10）不要将贵重物品放在车中座椅上或行李箱中，以免招贼。在用中控钥匙锁车后，应再拉一下车门，检查是否真正锁上了。

（11）在不熟悉的地下停车场乘坐电梯进出时，除观察指示牌外，还要多向管理人员询问。

（12）在地下停车场停车，发动机要及时熄火。禁止停车时开空调，以免污染空气。

（13）地下停车场多数是根据停车时间收费的，驾车出库时要在交费处停车，将入口处的卡片交与收费员办理缴费手续。

知识拓展

立体车库（见图3-29）的操作安全注意事项如下。

（1）立体车库是自动化、智能化的机械设备。车库操作人员必须经由厂商培训并取得合格证的人员操作，其他人员不得擅自操作。

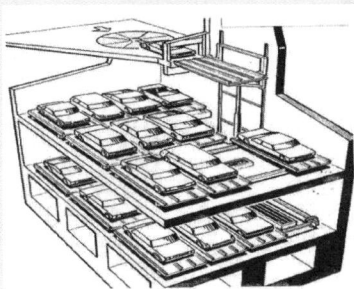

图3-29　立体车库

（2）车库操作管理人员严禁酒后上岗。

（3）严禁驾驶人酗酒后驾车进入车库。

（4）车库操作管理人员在交接班时检查设备完是否正常，并检查车库内各车位及车辆有无异常现象。

（5）车库操作管理人员在存车前应明确告知存车人在安全方面应遵守的注意事项，严格遵守车库相关规定，禁止不符合本车库停放要求（尺寸、重量）的车辆入库。

（6）车库操作管理人员在车入库前应告知驾驶人所有乘客必须先下车、收回天线，确认车轮气压充足，再根据灯箱指示引导驾驶人缓慢驶入车库内。

（7）车库操作管理人员在驾驶人停好车后应提醒驾驶人校正前轮、拉上手刹、收回后视镜、熄火、带齐自己的行李物品、锁好车门、尽快离开。

（8）严格遵守厂家"立体车库操作规程"。

3. 汽车停放注意事项

（1）停车应遵守相关规定，禁止停放的地点如图 3-30 所示。

1）在设有禁停标志、标线的路段，汽车道与非机动车道、人行道之间设有隔离设施的路段，以及人行横道、施工地段，不得停车。

2）交叉路口、铁路道口、急弯路、桥梁、陡坡、隧道、宽度不足 4m 的窄路以及距离上述地点 50m 以内的路段，不得停车。

3）公共汽车站、急救站、加油站、消防栓或者消防队（站）门前以及距离上述地点 30m 以内的路段，除使用上述设施的汽车以外，不得停车。

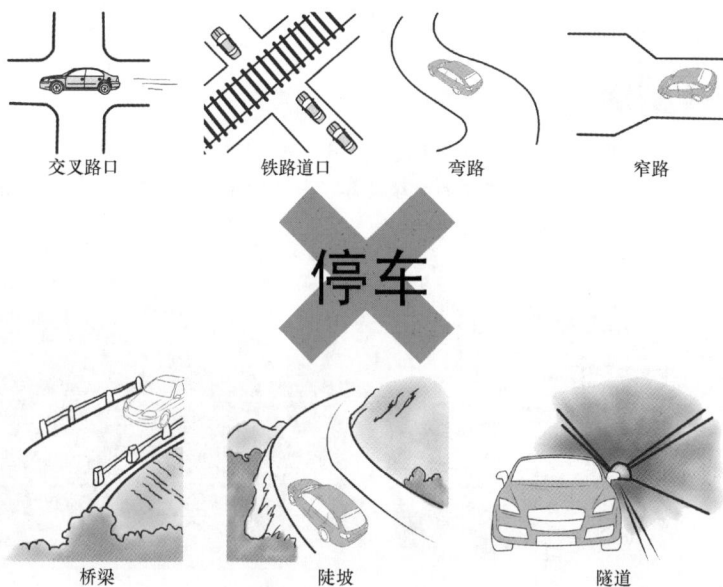

交叉路口　　　　铁路道口　　　　弯路　　　　窄路

停车

桥梁　　　　陡坡　　　　隧道

图 3-30　禁止停放的地点

（2）汽车停稳前不得开车门和上下人员，开关车门不得妨碍其他汽车和行人通行。

（3）路边停车时应当按顺行方向靠道路右边停留，汽车驾驶人不得离车，妨碍交通时<u>应立即驶离</u>。上下人员或者装卸物品后，<u>应立即驶离</u>。

（4）城市公共汽车不得在站点以外的路段停车上下乘客。

（5）在夜间或遇风、雨、雪、雾天停车时，须开示宽灯、尾灯。

（6）在桥边非机动车道路段上不能临时停车。

（7）通过山区危险路段，尤其是通过经常发生塌方、泥石流的山区地段，应谨慎驾驶，避免停车。

（8）驾车需要在路边停车时，应选择在停车泊位内停放。

（9）驾车在道路上发生故障，需要停车排除时，驾驶人应将车停到不妨碍交通的地方。

（10）违反汽车停放、临时停放规定，驾驶人不在现场，妨碍其他汽车、行人通行的，公安机关交通管理部门可以将车拖至不妨碍交通的地点或其指定的地点。

（11）在道路上临时停车时不得妨碍其他汽车和行人通行。

（12）汽车长时间停放时，应选择停车场停车。

特别提醒

（1）在路边靠边停车时，一定要将停在车位之中，如果没有划定车位，就应尽量靠边并打开双闪。

（2）驾驶人在打开车门下车前，要先从后视镜中检查后边是否有来车（或有骑自行车、摩托车的人），以防止碰撞事故的发生。

（3）汽车临时靠边停车后准备起步时，应先观察周围交通情况。

（4）在停车场里停车时，应尽量做到倒车入库，这样会给自己离开时带来方便。

（5）无论在哪里停车，都不要一车占两个车位。

（6）电动汽车在雨天停放时，应尽量停放在空旷场地，切勿停放在低洼处、树下、高压线下、火源等危险路段，停车场地积水深度不得超过20cm，一旦发生电池泡水现象需联系厂家处理。

九、汽车灯光、警报装置的使用

1. 灯光的使用

（1）前照灯的使用。

1）行车时，当看不清前方100m处物体时，应开启前照灯，如图3-31所示。车速在30km/h以内，可使用近光灯，灯光应照出30m以外；车速超过30km/h时，应使用远光灯，灯光应照出100m以

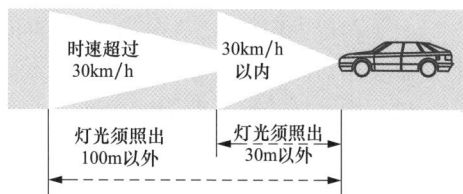

图 3-31　前照灯的使用

外。在有路灯、照明良好的道路上行驶时，应使用近光灯。同方向近距离跟车行驶时，应使用近光灯尾随。

2）夜间通过急弯、坡道顶端、拱桥、人行横道或者没有交通信号灯控制的路口时，应减速慢行，交替使用远、近光灯闪烁1～2次，以提醒盲区行进的人、车做好避让准备。

3）在路口转弯时，应关闭远光灯，使用近光灯通过。

4）会车时，应关闭远光灯改用近光灯。并降低车速，使车辆靠右侧行驶，眼睛不要看对方的灯光，应观察自己前方的地形和行驶路线。

5）在夜晚会车时，如遇对向来车不做近光转换一直远光照射时，自车应当立即换成近光，可变换远、近灯光、发信号提示。切不可两车远光对射，使双方驾驶人都看不清路，很容易引起双方炫目而撞在一起。

6）超车时，应变换使用远、近光灯提醒被超越车辆，但转换次数最多不要超过两次，并且要把握好两车之间较为适宜的距离，待前车减速让车后将其超越。

7）夜路前方如遇自行车、行人较多时，一要减速慢行，二要增加远光灯、近光灯转换的次数，这样会将自行车、行人看得更为清楚。

8）通过有指挥信号的交叉路口，在距交叉路口50～100m的地方减速慢行，变远光灯为近光灯或小灯，转弯的车辆须同时开转向灯。

9）在雨、雾中行车，应使用防雾灯或近光灯，不宜使用远光灯，这样将会对路面看得更清楚一些，以免出现炫目的光幕妨碍视线。

10）机动车在夜间没有路灯、照明不良或者遇有雾、雨、雪、沙尘、冰雹等低能见度情况下行驶时，应当开启前照灯、示廓灯和后位灯，但同方向行驶的后车与前车近距离行驶时，不得使用远光灯，如图3-32所示。机动车雾天行驶应当开启雾灯和危险报警闪光灯，如图3-33所示。

图3-32　同方向行驶的后车与前车近距离行驶时，不得使用远光灯

图3-33　开启雾灯和危险报警闪光灯

11）在黄昏行车时，打开前照灯的时间宜迟不宜早。如果提前打开远光或近光灯，都会给对向来车驾驶人造成炫目，而且还影响自己的视觉。但是在较为颠簸的路段行驶，则宜提前打开前照灯，这样，路面坑洼会看得更清楚一些。

12）在黎明行车时，关闭前照灯宜早不宜迟。因为通过一段时间的夜路行车，眼睛已经有了较强的暗适应能力，黎明较早关闭前照灯不但不会影响观察，而且会对路上的物体看得更清楚。

（2）转向灯、示廓信号灯（小灯）的使用。

1）转向灯的使用。转向灯是用以指示汽车行驶方向的信号装置。通常是在汽车前、后两端的左、右两侧分别设置的黄色小灯。转向灯的使用如图 3-34 所示，向右转弯、向右变更车道、超车完毕驶回原车道、靠路边停车时，应当提前开右转向灯；向左转弯，向左变更车道、准备超车、驶离停车地点或者掉头时，应当提前开左转向灯。

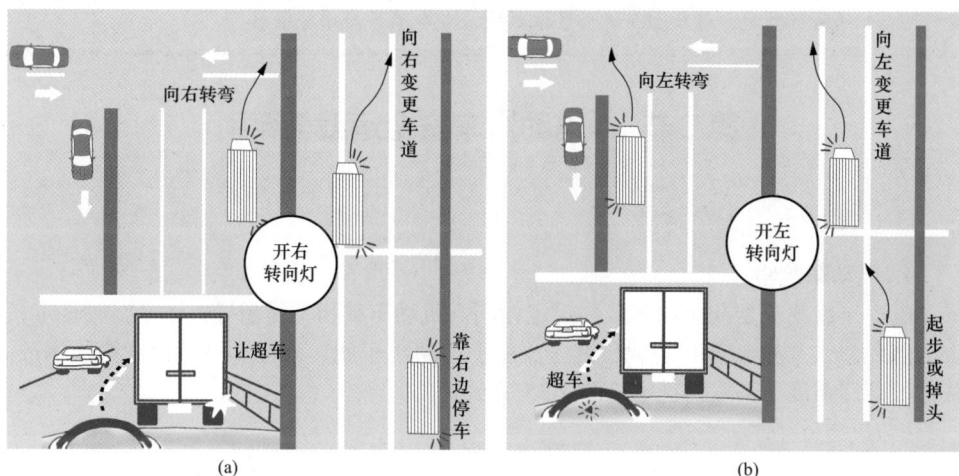

图 3-34 转向灯的使用
（a）右转向灯的使用；（b）左转向灯的使用

2）示廓灯（小灯）的使用。示廓灯是用以显示汽车宽度和所在位置的信号装置。一般在汽车的前部设置于前照灯两侧，一边一个，在汽车的尾部设置在车体两侧，与牌照灯同亮。汽车在夜间路灯照明良好时，进入市区后，即便是在路灯很亮的街区行驶或靠路边暂时停放，也不要把所有灯光全部关掉，应保留开启示廓灯；机动车在道路上发生故障或者发生交通事故，妨碍交通又难以移动的，应当按照规定开启危险报警闪光灯，并在车后 50～100m 处设置警告标志，夜间还应当同时开启示廓灯和后位灯。

2. 警报装置使用规定

警车、消防车、救护车、工程救险车执行紧急任务时，可以使用警报器和标志灯具；在确保安全的前提下，不受行驶路线、行驶方向、行驶速度和信号灯的限制，其他车辆和行人应当让行。

道路养护车辆、工程作业车进行作业时，在不影响过往车辆通行的前提下，其行驶路线和方向不受交通标志、标线限制，过往车辆和人员应当注意避让。

洒水车、清扫车等机动车应当按照安全作业标准作业；在不影响其他车辆通行的情况下，作业时可以不受车辆分道行驶的限制，但是不得逆向行驶。

特别提醒

警车、消防车、救护车、工程救险车在执行紧急任务遇交通受阻时，可以断续使用警报器，并遵守下列规定。

（1）不得在禁止使用警报器的区域或者路段使用警报器。

（2）夜间在市区不得使用警报器。

（3）列队行驶时，前车已经使用警报器的，后车不再使用警报器。

第二节　电动汽车安全运载与牵引

一、电动汽车安全运载

1. 电动车载物

电动车载物规定与机动车载物规定相同。机动车载物不得超过机动车行驶证上核定的载质量，严禁超载；装载长度、宽度不得超出车厢，载运货物不得遗撒、飘散。载物长度、宽度、高度的规定如图3-35所示。

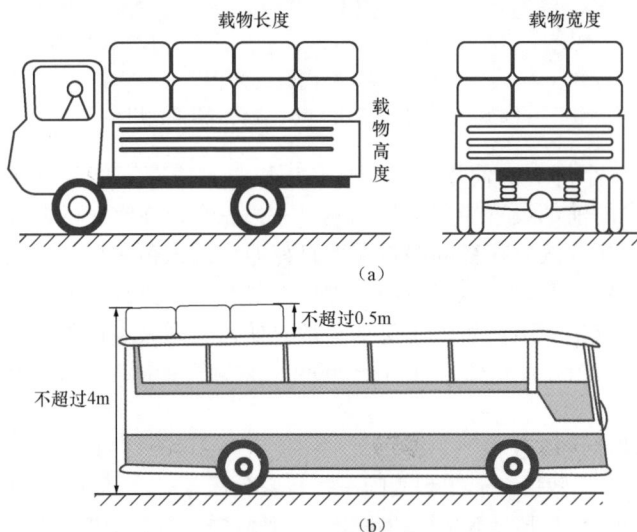

（a）

（b）

图3-35　载物长度、宽度、高度的规定

（a）货车；（b）载客汽车

（1）中型载货汽车载物，高度从地面起不得超过4m。

（2）其他载货的机动车载物，高度从地面起不得超过2.5m。

（3）摩托车载物，高度从地面起不得超过1.5m，长度不得超出车身0.2m。两轮摩托车载物宽度左右各不得超出车把0.15m；三轮摩托车载物宽度不得超过车身。

（4）载客汽车除车身外部的行李架和内置的行李箱外，不得载货。载客汽车行李架载货，从车顶起高度不得超过 0.5m，从地面起高度不得超过 4m。

特别提醒

（1）机动车运载超限的不可解体的物品，如图 3-36 所示，影响交通安全的，应当按照公安机关交通管理部门指定的时间、路线、速度行驶，悬挂明显标志。在公路上运载超限的不可解体的物品，应当依照《中华人民共和国公路法》的规定执行。

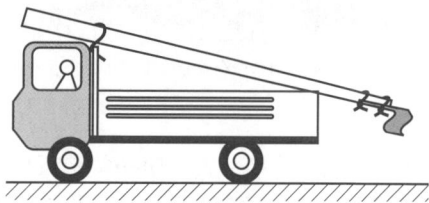

图 3-36　运载超限的不可解体的物品

（2）机动车载运爆炸物品、易燃易爆化学物品以及剧毒、放射性等危险物品，应当经公安机关批准后，按指定的时间、路线、速度行驶，应悬挂警示标志并采取必要的安全措施。

2. 电动车载（客）人

（1）电动车载人不得超过核定的人数，客运电动车不得违反规定载货。电动车行驶时，驾驶人、乘坐人员应当按规定使用安全带。公路载客汽车不得超过核定的载客人数，但按照规定免票的儿童除外，在载客人数已满的情况下，按照规定免票的儿童不得超过核定载客人数的 10%。

（2）附载押运、装卸人员规定。载货汽车车厢不得载客。货运电动车需要附载作业人员的，应当设置保护作业人员的安全措施。在城市道路上，货运电动车在留有安全位置的情况下，车厢内可以附载临时作业人员 1～5 人。载物高度超过车厢栏板时，货物上不得载人。

（3）摩托车后座不得乘坐未满 12 周岁的未成年人，轻便摩托车不得载人。

特别提醒

不准载人的规定

（1）货运汽车挂车、拖拉机挂车、半挂车、平板车、起重车、自动倾卸车、罐车不准载人。但拖拉机和设有安全保险或乘车装置的半挂车、平板车、起重车、自动倾卸车，经车辆管理机关核准，可以附载押运或装卸人员 1～5 人。

（2）电动车除驾驶室和车厢外，其他任何部位都不准载人。

二、电动车的牵引

1. 汽车牵引挂车

（1）载货汽车只允许牵引 1 辆挂车，牵引挂车规定如图 3-37 所示。挂车的灯光

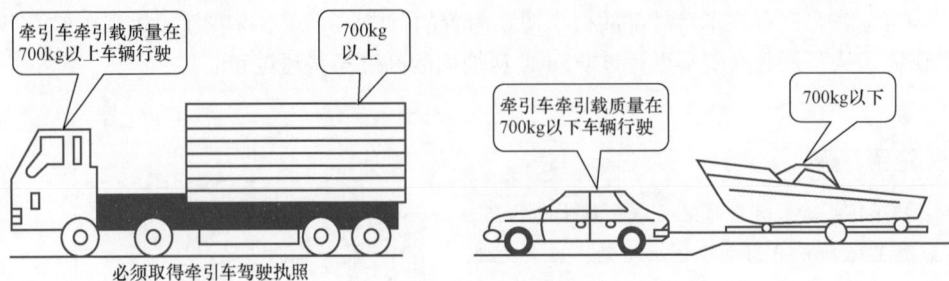

必须取得牵引车驾驶执照

图 3-37　牵引挂车规定

信号、制动、连接、安全防护等装置应当符合国家标准。

（2）小型载客汽车只允许牵引旅居挂车或者总质量 700kg 以下的挂车。挂车不得载人。

（3）载货汽车所牵引挂车的载重不得超过载货汽车本身的载重量。

（4）大型载客汽车、中型载客汽车、低速载货汽车、三轮汽车以及其他机动车不得牵引挂车。

2. 牵引故障机动车规定

（1）被牵引的机动车除驾驶人外不得载人，不得拖带挂车。

（2）被牵引的机动车宽度不得大于牵引机动车的宽度。

（3）使用软连接牵引装置时，牵引车与被牵引车之间的距离应当大于 4m 小于 10m，如图 3-38 所示。

（4）对制动失效的被牵引车，应当使用硬连接牵引装置牵引。

（5）牵引车和被牵引车均应当开启危险报警闪光灯，如图 3-39 所示。

（6）转向或者照明、信号装置失效的故障机动车，应当使用专用清障车拖曳。

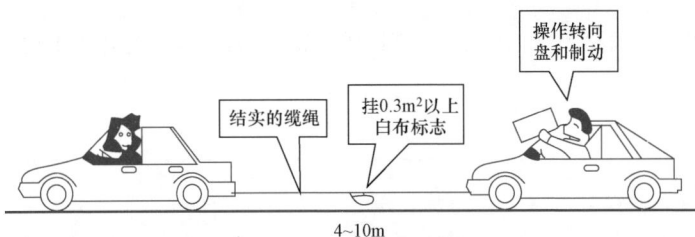

4~10m

图 3-38　使用软连接牵引

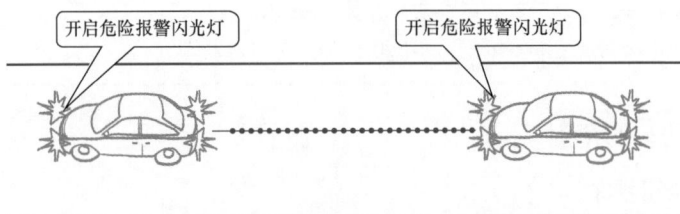

图 3-39　开启危险报警闪光灯

94

（7）小型载客汽车只允许牵引旅居挂车或者总质量700kg以下的挂车，挂车内不得载人。

（8）汽车吊车和轮式专用机械车不得牵引车辆。摩托车不得牵引车辆或者被其他车辆牵引。

特别提醒

牵引电动汽车的方法

电动汽车的驱动系统连接电机，故在牵引车辆时，使轮转动将产生电能。对于这类车辆的牵引，必须严格遵守制造厂商的规定，否则可能损坏车辆的三相驱动电机或变速单元。

无论是混合动力车还是纯电动汽车，都应尽量采用平板拖车，即将车辆全部平放在拖车上，然后再牵引。混合动力车与纯电动汽车的牵引方式具体见表3-1。

表3-1　　　　　　　　　混合动力车与纯电动汽车牵引方式

	前置前驱车辆	前置后驱车辆	四轮驱动车辆
拖车（前轮着地）	×	○	×
拖车（后轮着地）	○	×	×
拖车（四轮着地）	×	×	×
拖车（前轮抬起）	○	○	○
平板拖车	○	○	○

注 ○表示可拖曳车辆；× 表示不可拖曳车辆。

正确牵引车辆方法如图3-40所示。

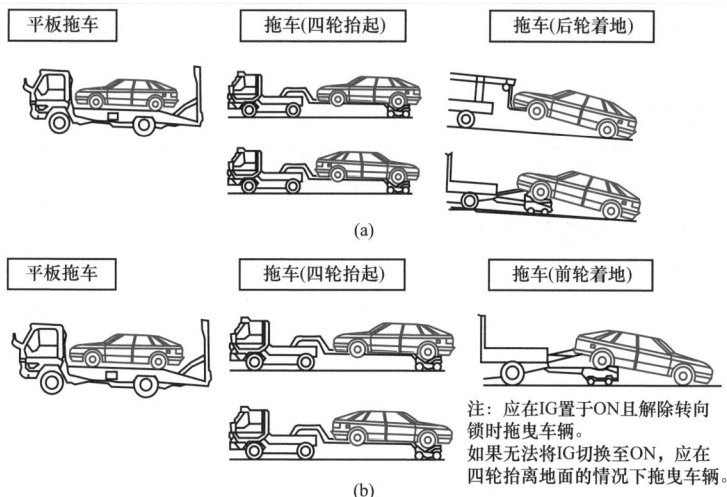

(a)

注：应在IG置于ON且解除转向
锁时拖曳车辆。
如果无法将IG切换至ON，应在
四轮抬离地面的情况下拖曳车辆。

(b)

图3-40　正确牵引车辆方法（一）

（a）前置前驱车辆；（b）前置后驱车辆

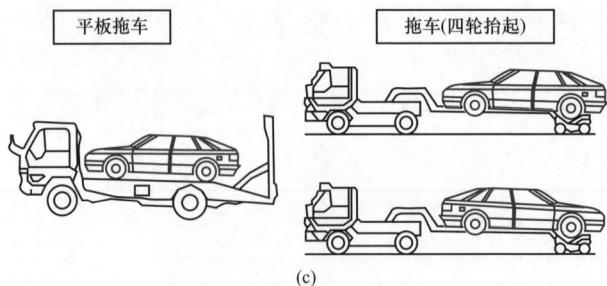

图 3-40　正确牵引车辆方法（二）

（c）四轮驱动车辆

第三节　电动汽车驾驶

一、电动汽车的驾驶方法

1. 出车前检查

为保证行车安全，使用电动汽车前应进行出车前检查。

（1）绕车一周明确汽车周围、车底等无人和障碍物。

（2）检查轮胎气压是否符合标准，清理胎纹中的杂质，检查车轮螺母是否松动、脱落，必要时要进行紧固。

（3）检查是否漏水、漏电、漏气。检查前机舱高压电器表面是否有积水，如有用布拭去；检查动力电池是否固定牢靠；检查车下是否有油迹、水迹，管路是否有渗漏的地方。

（4）检查所有的车窗玻璃、门锁、后视镜、前后灯等是否正常工作。

（5）检查机舱盖和行李箱盖是否关紧，随车工具是否齐全，车内行李物品是否安放好。

（6）检查转向盘、座椅、安全带是否调整好，车门是否关紧。

（7）检查电机冷却液液位、制动液液位、玻璃清洗液液位，清理刮水片上的杂质。

（8）检查行车制动器踏板、驻车制动器操作装置是否正常。

2. 电动汽车的驾驶模式（MODE）

（1）驾驶模式类型。在不同的驾驶模式下，控制系统能够采用不同的控制策略，进行输出控制。驾驶人可通过电子换挡器的驾驶模式选择开关（MODE）来根据需要手动选择。通常有经济模式（ECO）、常规模式（NORMAL）和运动模式（SPORT）3 种驾驶模式。

1）经济模式（ECO）。经济模式下，以最佳能耗行驶，尽可能延长续驶里程。在该模式下，下一次启动车辆，系统默认仍为经济模式。

2）常规模式（NORMAL）。常规模式下，车辆兼顾经济性和动力性。在该模式下，下一次启动车辆，系统默认仍为常规模式。

3）运动模式（SPORT）。运动模式下，控制系统使车辆提供更多动力，提升驾驶性能。在该模式下，下一次启动车辆，系统默认为常规模式。

注意：建议行驶在山路、高原等特殊路况时选择运动模式。

（2）驾驶模式的选择。向前或向后拨动模式选择开关，可在经济、常规和运动模式间进行切换，模式切换为非循环式。驾驶模式选择开关可以在驾驶过程中进行切换，可以通过仪表显示查看当前的驾驶模式。

（3）能量回收模式（KERS）。当行驶中车辆处于制动状态或滑行状态时，能量回收功能会被激活，电机会将车辆的一部分动能转化为电能，然后储存在动力电池中。由能量回收引起的车速降低不能替代因安全所需的制动，应始终做好制动准备，确保行车安全。

特别提醒

不可回收能量的情形

（1）选择 N、R 挡。

（2）在扭矩干预过程中（换挡、轮胎打滑等）。

（3）动力电池充满电。

（4）动力电池的温度极高或极低。

3. 电动汽车驾驶

（1）驾驶前准备检查。

1）电池组维修开关处于闭合状态，否则用手将维修开关拍下，听见"啪"的一声即为闭合。

2）发动机舱内铅酸蓄电池的接线柱已经和电源线束连接。

3）电池组电量充足，检查方法为：钥匙达到"ON"挡，电量显示仪表盘的指针指向 F 且不在红区。

4）确保充电口盖闭合。

（2）启动与起步。先要把安全带系好，踩下制动踏板进行通电，然后摁下启动按钮，使按钮上的灯变为绿色，并使仪表盘上亮出"READY"的字样（不是所有的车都会亮 READY），表明车辆准备完毕，可以行驶。

（3）车辆启动后，行车制动和电子驻车系统仍保持。查看车辆周围有没有人之后，将挡位从 N 挡旋至 D 挡，轻踩加速踏板（电力踏板）并应用电子驻车系统，车辆即开始缓慢移动。

注意：电动汽车起步较猛，踩加速踏板一定要轻踩以避免发生意外。

（4）电动汽车行驶。

1）打开左转向灯，释放电子驻车系统，保持行车制动，直到准备好行驶。右脚慢慢松开行车制动，待车辆开到大路上之后，关闭转向灯，右脚踩加速踏板即可行驶。

2）如果需要加速，右脚均匀用力，逐渐踩下电子加速踏板，车辆开始加速；如果保持匀速行驶，电子加速踏板保持在某一开度即可。电动汽车通常无离合踏板，行驶过程中挡位一直置于D"挡即可。

3）如果需要制动，右脚踩制动踏板，完成制动。

4）如果需要倒车，先将换挡操纵机构手柄打到N挡，待车辆停稳后再将换挡操纵机构手柄打到"R"挡，完成倒车。

5）坡道行驶。在坡道短暂停留或遇堵车时，切勿使用加速踏板来保持车辆不溜车，这样会导致电驱动系统过热甚至损坏。在陡坡起步时为防止溜车，可利用电子驻车系统（EPB）的辅助起步功能。可踩下行车制动并应用电子驻车系统，挂入所需挡位后松开行车制动，当踩下加速踏板准备起步时，电子驻车系统将自动解除以辅助起步。另外，具备坡道起步辅助功能的车型，也可使用该功能在坡道上起步。但为安全起见，仍应注意不要爬过陡的路面（坡度>20°）。因为即使有起步辅助功能的帮助，在坡度较大的情况下还是会有溜车的危险，不可凭借起步辅助功能提高了便捷性而冒险行车。

（5）停车时，先要踩紧行车制动，将挡位拧到N空挡的位置（一般的电动汽车都会要求旋至空挡时踩紧行车制动，否则会说挡位误操作）。随后拉紧手刹，松掉行车制动。

（6）拉好手刹后，摁一下前面的发动机按钮，让仪表盘上的READY的字样消失，随后再摁发动机按钮，直到按钮上面的指示灯熄掉。灯一定要熄掉才是熄火了，亮黄灯也不行。

（7）松开安全带，检查车窗、后备厢盖、各个车门、雨刷等都完全关闭之后。把驾驶位车门锁死即可。

特别提醒

（1）在汽车行驶时不要拔出启动钥匙，否则将会导致方向锁啮合，不能转向。

（2）当电动汽车行驶时，或插电式混合动力车以纯电模式行驶时，汽车发出的声响极小。而国内交通极为复杂，混行道路较多，因此遇到行人、骑自行车者等，要尽量离他们远些，必要时可鸣喇叭示意。

（3）传统燃油汽车的钥匙旋至启动挡是启动发动机，而电动汽车的钥匙旋至上电开关接通的位置，可使电机处于准备就绪状态，此时电机并不像发动机一样旋转工作而是呈静止状态。

（4）驾驶燃油汽车换挡时，须踩下离合器（自动挡需踩下行车制动器踏板），将变速杆置于所需要的挡位再缓抬离合器。启动电动汽车时，须将变速杆从P位拨至D位挡或R位挡后踩下加速踏板。电动汽车起步以后的驾驶方式，如加速、制动、转向等与燃油汽车完全一样，只是松开加速踏板时会有明显的减速感。

知识拓展

1. 智能驾驶系统

智能驾驶与无人驾驶是不同的概念，智能驾驶包含无人驾驶，而无人驾驶是智能汽车发展的最高形态。无人驾驶汽车是一种智能汽车，它通过智能传感系统感知路况，依靠计算机系统进行自主规划决策，并完成预定行驶目标。智能汽车是一个集环境感知、规划决策、多等级辅助驾驶等功能于一体的综合系统，它集中运用了计算机、现代传感、信息融合、通信、人工智能及自动控制等技术。

现在无论是燃油车还是电动汽车，自动驾驶都已经成为一项必不可少的选装或标准配置。

在当前，除了某些特斯拉车型以外，绝大多数的车，无论纯电动还是混动甚至是汽油车，它们的自动驾驶系统，其实严格意义上只是"高级驾驶辅助系统"。可以做到在一定程度上降低驾驶人的驾驶负担，但不能做到真正的自动驾驶。

高级驾驶辅助系统（ADAS）是一系列驾驶辅助系统的集合。ADAS以提升驾驶者安全和舒适为目的，通过雷达、摄像头等传感器感知周围环境，运用算法做出行为判断，来提醒驾驶者或直接控制车辆的方式避免碰撞。

2. 自动驾驶系统的分级

目前自动驾驶系统分为5级，其中最低等级为1级，最高等级为5级。从L1~L5级，汽车的智能化水平不断提高。一般简称为L1~L5级自动驾驶系统。但就是这5个等级，定义是完全不同的。其中L2~L4阶段以高级驾驶辅助系统（ADAS）为主导。

（1）L1自动驾驶。不具备自动驾驶功能的汽车驾驶，是以驾驶操控为主，系统适时辅助。L1级自动驾驶系统基本没有任何自动驾驶能力，主要还是由驾驶者操控车辆，只能在一些特定情况下辅助驾驶人的操控，如ESP电子车身稳定系统或ABS防锁死刹车系统，主要用于提高行车安全性。目前大多数车辆标配的各类驾驶辅助系统，基本上都可以被划归到L1级。

（2）L2自动驾驶。具有特定功能的自动驾驶汽车驾驶，驾驶者仍需专心于路况。L2级是目前绝大多数车型，无论是纯电动车还是新能源车标配的自动驾驶系统等级。L2级基本上可以做到高速自动跟车，城市自动跟车之类，也有自动行车制动功能。如汽车电子稳定控制系统（ESC）、车道保持系统（LKA）、自动急救站系统（AEB）、自动停车系统（APA）都属于二级自动驾驶仪的范围。可以说，L2才是当前最入门的，可以算得上是自动驾驶的最低等级。

（3）L3级自动驾驶。指具有组合功能的自动驾驶汽车驾驶，主要代表功能有自适应巡航控制系统（ACC）、自动泊车等。L3级是目前多数纯电动车品牌都在积极研发准备装车的更高等级的自动驾驶系统，这个等级基本上可以做到在高速公路之类的地方，驾驶注意力不需专注于路况，驾驶人可以双手脱离方向盘，车辆可以自动行驶，自动超车等。但毕竟，道路上有很多可变因素。驾驶人仍然需要随时准备接管车辆。目前市场上奥迪A8是唯一满足L3级自动驾驶的车型。

（4）L4级自动驾驶。受控的自动驾驶汽车驾驶，主要代表功能是高度自动驾驶功能。

L4级基本上算得上是准全自动驾驶,车辆在启动自动驾驶后,计算机将在目的地设置后按自己的路线行驶,无需干预全面驾驶,但只需在高速公路或市区等特定区域进行干预,但它已经能够处理大部分的"动态驱动任务"。目前市面上只有特斯拉一个厂家,推出的特斯拉新车,都搭载了L4级自动驾驶系统,这个系统基本上已经不需要驾驶人管车辆了,设定好路线,车辆就会自动开过去。

(5)L5级自动驾驶。指完全无人驾驶,主要代表功能是完全自动驾驶。第五级自动驾驶车辆将完全自动化,车上连方向盘等驾驶机构都不需要,完全透过电脑感知与运算来驾驶车辆,不论任何环境、路况,都不需要人类驾驶介入操控。L5级目前还停留在测试场和实验室里,L5级可以做到完全的无人驾驶,而且理论上应能确保在任何情况下的绝对安全。

二、驾驶汽车时的注意事项

1. 常规注意事项

(1)车辆不要在涉水深度超过300mm的路面上长时间行驶,否则将有可能引起电器部件的损坏。车辆涉水后需由专业人员对整车绝缘进行检测,如绝缘不合格,应立即停车检修,以免发生漏电责任事故。

(2)动力电池荷电量(SoC)接近20%的情况下,车辆必须返场充电。

(3)高压就绪(黄REDAY)后,可以使用空调系统。当SoC低于20%,空调系统只低速通风或不工作。电除霜如果此时工作,只吹风,不加热。

(4)若后舱门开启、乘客门打开、充电枪连接中,则车辆无法起步。如果后舱门和乘客门在关闭状态,充电枪未连接,车辆仍然不能起步,可临时开启门限解除开关,但此时,待车辆运行后,需要到修理厂检修。

(5)当高压异常断电、制动踏板信号/断气制动开关信号失效时,门限解除开关功能无效。只有排除故障后,车辆才能行驶。

(6)当蓄电池电压低于20V时,整车控制器拒绝高压接通。此时,可以用辅助蓄电池并联启动(帮电)。如果蓄电池低于15V,需要拆卸蓄电池用充电机进行充电后,才能保证以后车辆正常行驶。

(7)在光滑路面上制动或加速时应小心,急剧变速将导致车辆打滑。

(8)冰雪路面,要将雪地开关打开。防止因ABS失效,导致车辆打滑。

(9)手制动操纵阀手柄位于驾驶人左侧,只有在驻车回路的气压的压力下达到0.55~0.33MPa以上时,驻车制动才能被解除。手制动信号灯熄灭后,车辆才能起步。

(10)驻车时应尽量将车停在平坦的路面上,停车时尽量向道旁靠,尽量避免在坡道上驻车作业。

(11)将手制动阀手柄向后拉使其自锁,必要时用三角垫木塞住车轮。

(12)停车时,将钥匙开关旋至OFF挡位,拔出钥匙,切断电源总开关。

(13)关好顶窗、车窗、锁好车门。

(14)收车停驶后,应及时例行维护和检查。

特别提醒

注意事项

（1）行车前应确认变速杆的位置。

（2）电动汽车启动时，不允许先踩加速踏板，后闭合高压开关。

（3）电动车行驶中，如发现有失控现象，应先切断自动空气断路器，然后用气制动停车，不能用关闭低压电气总开关的办法来关断控制器。

（4）自动空气断路器跳闸后，未经查出原因时，不允许再合闸强行启动。

（5）如果行车中发现异常声音和异味，应停车检查，并找出引起故障的原因。

（6）如果行车中发现指示灯不正常，应停车检查并找出引起故障的原因。

（7）电动汽车行驶时，要慢踩加速踏板，不可猛加速、猛减速，尽可能保持匀速行驶或间断滑行，否则，速度会非常快。当高速行驶需要减速时，应轻踩行车制动器踏板进行减速。如需汽车停止时，则继续踩下行车制动器踏板进行电和气压制动或用驻车制动器使汽车停住。

（8）新电动车行驶时，必须经常注意前轴、驱动桥的轮毂、制动器的温度，如发现有不正常现象时，应及时找出原因，排除后才可继续行驶。新电动车的驱动桥、转向机油罐、空气压缩机、应在行驶到1000km时换油，以后按维护规程进行维护。

（9）电动汽车转向时，转向盘转到极限位置后，不能再继续用力转动转向盘，也不允许长时间使转向盘处于转动的极限位置。在行驶中除油路损坏外，不允许停用转向助力油泵，以便急转弯时保证有足够的转向力。

（10）行驶中要注意观察动力电池系统的状态，如荷电量（SoC）、电压、电流、温度等重要参数。在使用时不可使车辆完全放电后再充电，而是应检查以保证车辆的电量高于最低安全电量。

（11）在汽车行驶状况下，不允许随意切换挡位，如P挡或R挡，不得扳动汽车前进后退开关。

（12）应注意清洁和保护控制器、接触器及所有的接线端子，严禁掉入金属杂物及水滴等物体。

（13）大雨、暴雨天气尽量减少出行。电动汽车在雨天行驶时，涉水前一定要充分了解路况，降低车速到20km/h以下通过。涉水深度不能超过150mm，超过150mm积水将没过动力电池箱底部，可能造成电池进水而无法行驶，严重进水时，可能会造成电池损坏。涉水时应低速缓慢通过，行驶速度不应超过5km/s；在汽车涉水之后，要检查后桥和变速器的齿轮油里是否进水，如果有水时，应全部更换规定牌号的齿轮油。

（14）在大雨中行驶或通过浅的河流后，开车必须特别小心，因为被弄湿的制动器会使制动力暂时减弱。

（15）下坡行驶时，要注意防止驱动电机超速运转。

（16）车辆出现故障不能行驶时，若需拖车，应挂入空挡，搬运车辆时要抬高驱动轮，用拖车搬运。如果不得不用绳子，轮胎接地牵引的情况下，务必保证车辆尽量低速行驶。并将变速杆挂入前进挡，并接通上电开关，否则反拖电机可能会造成电机及电机控制器烧损。

（17）车辆在转弯过程中应尽量减速，禁止急转弯。电动汽车不同于燃油汽车，由于发动机制动不起作用，只是不踩加速踏板，是不能达到减速的目的的，在转弯处应及早踩行车制动慢行。车辆在制动过程中应尽量避免紧急制动。

（18）拆卸检修高压电器部件时应拉出动力电池，切断高压回路。

（19）禁止驾驶人员同时踩下制动和加速踏板。

（20）某些车型，如果行驶时组合仪表上"乌龟"灯亮，如图3-41所示，说明车辆的动力电池蓄电量已不足15%，此时还可以维持低速行驶，但限制速度10km/h，应尽快寻找最近的停靠点停车或充电。

图 3-41　图仪表盘"乌龟"
灯亮

2. 夏季行车注意事项

（1）雨季行车前应先做好行车前检查，主要检查雨刷器、车辆空调除雾功能是否正常。

（2）当雨季行驶时车辆发生故障无法行驶后，应当靠边停车并放置好警告标志等待救援，严禁自行维修。

（3）在泥泞路面行驶时，不要猛踩加速踏板，以免发生侧滑。

（4）请勿驶入深水中，以免发生漏电短路事故。

（5）当车辆被积水浸泡时，不要考虑继续行驶，应迅速断电并离开车内，尽量不要与车身金属接触，以免发生触电。

（6）避免高温充电，因动力电池温度特性，车辆高速行驶后，夏季建议停放30min后，在阴凉通风处进行充电。

（7）遇暴雨天气打雷时，尽量不要充电；车辆在露天或者地势较低的地方充电时，下雨后应终止充电，以免积水高度超过充电口发生短路。

（8）避免车辆暴晒。建议将车辆停放在阴凉通风处，以防车内温度过高，造成安全隐患。

（9）前机舱内严禁使用高压水枪清洗，严禁用高压水枪直接从前格栅向机舱内喷水。

3. 冬季行车注意事项

（1）纯电动车辆在冬季低温行驶后，建议及时充电，避免因长时间停驶导致动力电池温度过低，造成用电浪费和充电延时。

（2）车辆充电时，建议将车辆尽量停放于避风朝阳且温度较高的环境。

（3）充电时应预防雪水淋湿充电接口，更不要将充电插头直接暴露在雪水下，防止发生短路。

（4）避免因冬季气温较低导致充电异常等情况的出现，建议车辆充电时检查车辆充电是否开启。检查充电桩充电电流，若充电电流达到 12A 以上，则表示充电已开启。

三、典型电动汽车的驾驶

1. 纯电动汽车的驾驶方法

• 北汽 EV160

（1）启动与换挡。

1）启动开关。启动开关位于转向柱右侧，它有 4 个挡位。未插入启动钥匙时，转向盘锁止，大多数电器不能工作；插入启动钥匙，将启动开关置于 AAC 挡，转向盘解锁，中控台等部分电器可以使用；将启动开关置于 ON 挡，所有仪表、警告灯和电路可以工作，高压上电完毕。

2）电子换挡旋钮。旋动旋钮，可选择倒挡（R 位）、空挡（N 位）、前进挡（D 位）、经济模式 E 共 4 个挡位。当电子换挡旋钮在 E 位时，按动 E+ 或 E-，可调节制动能量回收强度。同时，转向盘上也有制动能量回收按键，在行驶中按下 E 按键，可由 D 位切换到 E 位。

3）选择前进挡 D。在换挡之前，先踩行车制动器踏板，否则挡位选择无效。将换挡旋钮旋至 D 挡位置。此时字母 D 显示为冰蓝色，其余未选中挡位字母为白色。

4）选择倒挡（R 位）。在选择倒挡前，确保车辆处于静止状态。然后踩下行车制动器踏板，将旋钮旋至 R 位。此时，字母 R 显示为冰蓝色，其余未选中挡位字母为白色。

5）前进挡经济模式 E。在换挡之前，先踩行车制动器踏板，否则挡位选择无效。将旋钮旋至 E 位。此时，字母 E 显示为冰蓝色，其余未选中挡位字母为白色。

6）选择空挡（N 位）。在选择空挡前，确保车辆处于静止状态。

7）辅助按键 E+ 和 E- 位于换挡旋钮左侧，其在 E 位有效。E+ 表示制动能量回收强度增加，最大为 3 挡；E- 表示制动能量回收强度减小，最小为 1 挡。

特别提醒

（1）在温度极低的时候，如果动力系统连续 3 次启动均不成功（动力系统 Ready 灯不亮），此时建议关闭电源，等待救援。

（2）动力系统关闭期间不要让点火开关长时间停留在 ACC 位置或 ON RUN START 位置，否则会由于电气设备的使用导致蓄电池放电。

（3）该车配备了动力系统防盗。任何私自配制的钥匙均无法启动该车辆。

（4）该车辆是通过各种电子控制系统完成对其自身的控制，故在启动车辆时，若在其附近有电磁波发生或在车辆中使用能够发生电磁波的装置，则可能会引起车辆各种控制系统的误动。

（2）熄火。

1）安全停靠车辆后，踩下行车制动器踏板。

2）拉起驻车制动。

3）将换挡旋钮置于 P 挡。

注意: 如果驻车制动器已经拉紧,但换挡旋钮不完全处于驻车挡(P)位置,那么下车就非常危险,如果车辆动力系统处于启动状态,车辆可能突然移动,就可能会受到伤害。

4）按下 START STOP 按钮关闭动力系统。

注意: 如果在行驶过程中遇到紧急情况需要关闭动力系统时,可以按下 START STOP 按钮 4s 以上,即可关闭车辆动力系统。

特别提醒

车辆备用启动程序

当遥控器电池电量耗尽,无法及时更换电池时,或车辆处于强烈信号干扰时,或无钥匙启动功能出现故障时,可使用备用启动程序启动车辆。具体步骤如下。

（1）将遥控钥匙置于中控台前杯托底部,并保持按钮面朝上。

（2）然后踩下行车制动器踏板,按下 START STOP 按钮,启动动力系统。

如果更换电池和车辆驶离干扰区域后,无钥匙启动程序仍不能正常使用,应到电动汽车授权售后服务中心维修。

• 奇瑞瑞麒 M1

奇瑞瑞麒 M1 钥匙 LOCK 挡为点火开关关闭,方向盘锁止；ACC 挡为转向系统开锁,电气附件电路接通；ON 挡为接通低压电路,所有低压电气回路可工作,START 挡为整车已供电,汽车处于可行驶状态。

奇瑞瑞麒 M1 纯电动车的踏板机构由行车制动器踏板和加速踏板组成,取消了离合器踏板。奇瑞瑞麒 M1 选换挡采用电子信号来控制,有 D（前进）、N（空挡）、R（后退）3 个挡位,换挡时无须离合器,如同自动挡汽车,踩制动进行 D 和 R 换挡。

驾驶操作方法如下。

（1）调整好左右后视镜及座椅以适合视野和舒适为准,并系上安全带。

（2）检查挡位置于空挡。

（3）将钥匙打到 ON 挡,等待仪表自检和动力电池继电器闭合。

（4）当仪表自检结束并且仪表右上侧的 3 个指示灯全部熄灭后,将钥匙旋至 START 位置并停留 1～3s 然后松开,钥匙自动回到 ON 挡。此时绿色 READY 灯亮,汽车即可行驶。

（5）松开制动手柄,轻踩制动,选择需要的挡位,松开制动后汽车即可行驶。不踩加速踏板的情况下,车速稳定运行在 10km/h 左右,如需更高的车速和动力性,可缓慢踩下加速踏板。

2. 纯电动公交车的驾驶方法

（1）车辆起步。

1）当车辆在平滑路面起步时，将钥匙打到 ON 挡，等待 8～10s，确认挡位开关显示挡位为 N 挡（空挡）后，再打到 START 挡，打到位后停留 3s，仪表显示"主接触器吸合"，整车高压电源接通。待仪表上无报警信息和报警声后，踩行车制动，将挡位开关切换至 D 挡（前进挡），释放驻车制动，慢慢踩下加速踏板，车辆就可起步，此时只要控制车的方向盘就可以正常行使了。

2）车辆本身具有坡道起步辅助功能，但是为了安全起见，当在坡道上静止起步时，应先踩加速踏板，后放驻车制动，防止车辆溜坡。

（2）车辆行驶。

1）车辆开动之后，控制行车速度在 10km/h 以下，在干燥不滑的路面上检查一下制动情况，分别对脚制动和手制动进行检查，若车轮能均匀制动并有足够的制动减速，则认为制动正常，能满足实际使用的要求。

2）当高速行驶需要减速时，应尽可能采用预见性制动，尽可能将制动踏板的角度控制在 9° 以内，用电制动进行减速回收能量（仪表总电流显示为负值）。如需车辆停止时，则继续踩下踏板，进行电、气复合制动或使用驻车制动器。

3）在车辆等待红灯时，时间较短，挡位不用回 N 挡（空挡），踩住脚刹即可；时间较长，踩住脚刹，挡位回 N 挡（空挡），拉住手刹。

4）当在春秋季节使用空调时，尽量使用空调通风功能，节约能量使用量。

（3）行车转向。

1）车辆转弯时速度应限制在 20km/h 以内。

2）车辆转向时，方向盘转到极限位置后不能再继续用力转动方向盘，不允许长时间使方向盘处于转动的极限位置。

（4）雨天行车。

1）雨中行车，遇有积水区且目测水深在 5cm 时（水淹过鞋面），要将减震气囊升到最高位置，并低速（5km/h）行驶，防止雨水冲刷、浸泡造成车辆损坏，回场站后通知车队积水区位置。

2）遇积水区水深 10cm（水淹过脚踝）以上不准继续行驶，应选择路段地势最高处停车；并做好疏散和解释工作，避免发生纠纷造成影响，并及时通知维修站。

3）雨天停站车必须关紧所有门、窗，严防雨水进入车厢。

（5）停车。

1）驾驶人停驶下车时，应先踩行车制动，把挡位回 N 挡（空挡），拉起手刹，将钥匙开关开到 OFF 挡，再关闭总电源翘板开关；车辆需要长时间停车时，在断开钥匙开关，关闭总电源翘板开关后，还要打开右后侧舱门，切断机械式电源总开关。

2）车辆在平路和稍微倾斜的路面上停车或停放时，使用手制动即可。

3）如果在斜坡或较长时间停放时，除手制动外，还应用三角楔形块，将车轮固定，防止意外发生。

（6）其他注意事项。

1）车辆起步时，不允许先踩加速踏板，后上高压电。

2）D挡（前进挡）和R挡（倒车挡）相互转换时，先按下N挡（空挡），踩住再选择R挡（倒车挡）或D挡（前进挡），电动车的倒挡是靠电机反转实现的。

3）换挡开关的操作必须在车辆静止状态下选择，不允许在车辆行驶状态下，按动车辆D挡（前进挡）或R挡（倒车挡）开关。只有停车后才能操作，车辆行驶中切勿触动，误操作会引发事故。

4）车辆行驶时，不允许猛加速、猛减速，尽可能保持平缓行驶或间断滑行。

5）在不良的道路（碎石公路）上行驶时必须减速，一般不得超过20km/h。

6）倒挡行驶时，无滑行回馈和制动回馈，车速不得超过15km/h。

特别提醒

1. 行车过程中异常现象及处理

（1）行车中车辆出现漏电麻人现象，应立即停车，用车门紧急开关打开车门，再把钥匙打到OFF挡，关闭总电源翘板开关，疏散乘客，并及时通知维修站。

（2）车辆行驶过程中因不规范操作引起仪表报警，导致无法正常行车，则先按规范停车，将钥匙打到OFF挡，等待10s左右，再重开钥匙到ON挡，按正常操作重新启动车辆，要是报警还是不能解除则反馈给调度室，通知指定厂家过来维修。

（3）行车过程中要是出现如图3-42所示的仪表黄色三角故障灯亮，此时不影响车辆行驶，可等到车辆到达终点站或回场后，上报维修。

图3-42　仪表黄色三角故障灯

（4）行车过程中要是出现仪表红色三角故障灯亮，并且仪表蜂鸣器长响，则先按规范停车，疏散乘客，钥匙打到OFF挡，关闭总电源翘板开关，开启双闪开关，再通知维修站，反馈现场故障报警情况，等待专业人员过来处理。

2. 突发事件及处理

突发事件指行车中由于机械故障和人为因素，造成车辆设施、零部件失灵或引起火情的事件。出现突发事件处置方法如下。

（1）立即停车开启车门（车门开关失效情况下，用车门紧急开关），疏散乘客。

（2）打开车门紧急开关，关闭总电源翘板开关，要是来得及的话关闭机械式电源总开关。

（3）如是火情，取出灭火器，给车厢和燃烧的部分降温灭火，避免火势蔓延。一旦火情严重或判断火情有蔓延趋势时，立即拨打"119"火警求助；如有人员伤亡应拨打"120"请求交通事故求援中心援助。并告知救护人员该车为纯电动客车的基本特征。

（4）及时向车队报告事件经过、事发地点、时间、损失情况。

（5）保护好现场。

（6）配合事件调查人员查明事件原因。

3. 混合动力车的驾驶方法

混合动力车的驾驶方法与普通汽车没什么不同，因为车辆动力切换是自动的，不需要人为进行操作，所以正常操作就行了。由于混合动力车型在减速时，有能源回收系统回收能量，车辆本身有明显的拖拽感，是该类车型特有的情况，开惯了燃油车的消费者需要有适应的过程。

（1）启动条件准备。混合动力车的控制单元（ECU）始终监视 SoC、动力电池温度、水温和电载荷状况。在 READY 指示灯亮，汽车处于"P"挡或汽车倒车时，如果监视项目符合条件，ECU 发出指令，启动驱动电机 MG1，并为动力电池充电。如果水温、SoC、动力电池温度和电载荷状态不满足条件，即使驾驶人按下 POWER 开关，READY 指示灯打开，发动机也不会运转。

（2）启动状态准备。启动发动机：仪表盘上的 READY 指示灯亮、汽车处于"P"或者空挡时，如果 ECU 监视的任何项目均正常，ECU 将启动电机 MG1（发电机），从而启动发动机。运行期间，为防止电机 MG1 的太阳齿轮的反作用力转动电机 MG2（电机）的环齿轮并驱动车轮，电机 MG2 接收电流，施加制动，这个功能叫作"反作用控制"。在随后的状态中，运转的发动机驱动电机 MG1 为动力电池充电。

（3）发动机启动。如果 ECU 监视的任何项目如 SoC 状态、蓄电池温度、水温和电载荷状态与规定值有偏差，电机 MG1 将启动机启动。

（4）汽车起步。电机 MG2 驱动汽车起步后，汽车仅由电机 MG2 驱动。这时，发动机保持停止状态，电机 MG1 以反方向旋转而不发电。电机 MG2 工作时，如果增加所需驱动扭矩，电机 MG1 将被启动，进而启动发动机。

（5）驾驶方法。

1）发动机微加速。缓慢而稳定的加速，避免急速起步，应尽快地使用高速挡进行驾驶。

2）避免发动机长时间空转。如果在交通不繁忙的地区而又要长时间等人，则最好关闭发动机，过后再启动。

3）避免发动机加载减速或超速运转。应根据行车的路面条件来选择适当的速度挡位。

4）避免连续不断加速和减速。停停走走的驾驶方式会浪费燃油。

5）汽车减速。

a."D"挡减速。汽车以 D 挡减速行驶时，发动机停止工作。这时，车轮驱动电机 MG2，使电机 MG2 作为发电机运行，为动力电池充电。汽车从较高速度开始减速时，发动机以预定速度继续工作，保护行星齿轮组。

b."B"挡减速行驶。汽车以 B 挡减速行驶时，车轮驱动电机 MG2，使电机 MG2 作为发电机工作，为 HV 蓄电池充电，并为电机 MG1 供电。这样，MG1 保持发动机转速并施加发动机制动。这时，发动机燃油供给被切断。

6）汽车倒车。汽车倒车时，仅由电机 MG2 为汽车提供动力。这时，电机 MG2 反向旋转，发动机不工作，电机 MG1 正向旋转但不发电。

7）避免不必要的停车或制动。保持平稳的车速，配合交通信号灯进行驾驶，即可将停车的次数减到最少的程度。或利用无交通灯的快速路行驶，与前车应保持适当的行驶距离来避免紧急制动，这也将减少制动器的磨损。

8）脚不要放在行车制动器踏板上，这将引起过早的磨损、过热和消耗大量燃油。

9）在高速公路上应保持适当的车速。车速越高，耗油量也就越多。将车速保持在经济时速范围内，可节省燃油。

10）前轮应保持正确的定位。避免碰撞路边侧石，在崎岖路面上要慢慢驾驶。前轮定位不准，不仅会引起轮胎的过快磨损，还会使发动机增加负荷，也就是会增加油耗。

11）车底盘应保持洁净，没有泥浆等物。这不但可以减轻车身的质量，也可以防止腐蚀。

12）调整车辆并保持在最佳的工作状态。空气滤清器过脏、不恰当的气门间家、火花塞过多积炭、机油和润滑油过脏、变质或黏稠，以及未调整好的制动器等，均会影响发动机的性能并浪费燃油。为了使所有的部件都保持较长的使用寿命，降低运行费用，须进行定期维护。如果经常在恶劣的条件下行驶，则应缩短维护间隔时间。

知识拓展

混合动力车在车辆行驶之初，动力电池处于电量饱满状态，其能量输出可以满足车辆要求，辅助动力系统不需要工作。

混合动力车电池电量较低时，辅助动力系统启动：当车辆能量需求较大时，辅助动力系统与动力电池组同时为驱动系统提供能量。

当车辆能量需求较小时，辅助动力系统为驱动系统提供能量的同时，还给动力电池组进行充电。由于动力电池组的存在，使发动机工作在一个相对稳定的工况，使其排放得到改善。

第四章

电动汽车在路上——典型路况和环境的驾驶

第一节 一般道路驾驶

一、道路交通情况的处理

1. 处理情况的一般原则

（1）运用机件要灵活。处理情况时，应根据当时的距离、车速、环境等，运用方向、制动、加速踏板、喇叭灵活加以处理。

（2）先近后远。首先处理近处的情况，防止出现顾远不顾近的现象。

（3）先制动、方向，后挡位。一旦发现对行车安全有影响的情况时，首先要放松加速踏板，适当运用制动减慢车速，同时掌握好方向，需要绕行时，应提前转动转向盘。当情况允许继续行驶时再变换合适的挡位，避免只顾换挡不顾制动、方向。

（4）先动态后静态。要集中精力，密切注意动态情况的状态及其趋势，及时对其加以判断和处理。

（5）先人后物。首先避开行人和骑车人，然后再处理其他情况。

2. 行人动态的处理方法

行人动态的处理方法如图 4-1 所示。

（1）老年人视力不足，听觉不灵，行动迟缓，常常不能正确估计车速和自己横过

混合交通情况复杂。行车时应注意道路情况，掌握车辆的动态和行人的特点，选择合适的行车方式和路线

图 4-1 行人动态的处理方法

马路的速度，准备横穿时犹豫不决，有时行至中途看到左边有车开来时又突然退回。

1）白天遇老人在路右侧行走时，应减速慢行，提前按压喇叭（切不可到其跟前突然鸣喇叭），并增加按压喇叭的次数，以防老年人突然走向公路左侧。

2）夜间、黄昏、黎明遇老人在路上行走时，应提前用远近光灯交替变换的方法来引起他们的注意，以防其突然走向路中。

（2）行车中遇少年儿童在道路上玩耍时，应提前减速，必要时应停车避让，不能用鸣喇叭的方法驱赶，待情况稳定，方向明确后，低速通过。遇儿童与成年人分别在道路的两侧时，必须先减速，再观察儿童的动向，预防其突然横穿公路奔向成年人；也必须注意成年人，观察成年人的动向，预防其突然横穿道路去保护儿童。图 4-2 所示为遇奔跑横穿公路的行人的驾驶方法。

图 4-2　遇奔跑横穿公路的行人的驾驶方法

（3）遇到成群结队、拖儿带女的情况，其行走方向往往存在不确定性。通过时，应以制动、减速、停车的措施来应付，以防其突然改变行走方向。

（4）距奔跑横穿公路的行人距离较远时，应按响喇叭，催促其尽快通过；如距离较近，则应迅速减速避让，待其横穿后再行通过。大风暴雨来临行人乱窜时，应减速慢行，注意公路两边的人乱窜上公路，也要注意在公路上行走的行人为找避雨的地方而乱跑，应该慢速行驶，观察细微，安全行车，以免酿成交通事故。

（5）有些行人因对某事的深思，注意力往往高度集中在所思考的问题上，除了两条腿本能地移动外，对外界的一切都置若罔闻。遇这种行人，应减速，距较远的地段就应鸣喇叭，缓行通过，细心观察他们的动态，并尽可能保持较大的安全距离，并做好停车准备。不得临近沉思的人再鸣响喇叭，喇叭声猛然惊醒沉思的行人，他们会不知所措而突然横道，易造成危险。

（6）有的行人麻痹大意往往看到汽车或听到喇叭声，甚至汽车已尾随鸣喇叭也不迅速避让，或虽有避让，却根本不考虑效果。遇到这种行人时应减速并急促鸣喇叭，耐心地设法避让通过，必要时可停车等待时机通过，切不可加速强行绕过，以免发生事故。

（7）行车中，遇到集体行走或结伴而行的人，应特别注意领头的人和那些表现比较犹豫的人。尤其在同行人大都已穿越公路还剩少数人在另一边时，要特别注意这少数人的行动，防止他们因横穿公路发生危险，另外还要注意这些人因打闹玩笑而跑到公路中间。对于列队而行的团体，只需稍鸣喇叭提示，按正常速度通行即可。当队列正在横穿公路时，应停车等候队列过完，不可鸣喇叭催促，更不可抢行冲断队列。

（8）雨天行车，遇行人混乱时，要提前减速、鸣喇叭，严禁争道强行，不要从行人身边绕过，以免发生事故。遇到撑伞或穿雨衣的行人，要考虑到他们的视线和听觉都会受到伞或雨衣的妨碍，故在离行人很远的地段，就应鸣喇叭，注意行人的动向，做好随时停车的准备。

（9）冬天戴棉帽或穿大衣的人，视线受限，听觉下降，不能及时发现驶来的车辆。应鸣喇叭，注意行人动向，做好随时停车的准确，谨慎通过。

（10）农村行人初进城市时，不熟悉道路和交通规则，常慌张地横穿马路。因此，必须预防其横穿马路。农村人进城时所发生的事故，大多数都发生在横穿马路的时候，而肩挑背负物品则往往是事故的导火线。因此，遇到上述情况应减速绕行。

（11）遇到痴呆人和精神病人，应当预防突然冲向车辆，必须设法低速缓慢绕行，绝不可对其恫吓或用武力驱赶。若精神失常的人与汽车缠闹时，驾驶人应关闭驾驶室门，不要离开驾驶室与其纠缠，待其离开之后再起步行驶。

（12）聋、哑人因听觉失灵，听不到外界的声音，故凡遇到鸣喇叭后行人毫无反应时，就应立即意识到是听觉失灵者，要尽快减速，从其身旁较宽的一侧缓行避让通过。盲人失去视觉，听觉一般都很灵敏，听到喇叭声就急忙避让，但不了解自己避让的程度，往往欲避又不敢迈步，凭一根棍探路移动。这种情况只要车辆可以通过，就减速绕过，切不可用鸣喇叭不止来催促，以免使盲人无所适从而发生危险。在道路较窄的地段，应停车搀扶盲人离开危险区，然后驾车通过。

（13）驾驶人在行车当中，发现前方有牲畜，应预防其在汽车临近时，引起骚动后乱跑，赶畜人不顾自身安全冲向路中保护牲畜，尤其是幼畜，更要注意。应待牲畜离开了公路后，赶畜人已避到路边再慢慢地将汽车开过去，绝不能猛按喇叭，不减速，要预防幼畜再次乱窜重新窜入公路上。

特别提醒

行人突然横穿马路的应急处理

（1）提前观察，预防为主。当路过路口、村庄、街道时，要多注意观察马路两旁的行人动向，降低车速，随时做好他们横穿马路的准备。发现他们有要横穿马路的意向，可鸣喇叭提醒，在夜间可通过闪动灯光来提醒。

（2）遇到横穿，降速通过。遇有突然横穿马路者时，要降低车速从他们身后通过。此时尽量不要鸣喇叭，免得使他们惊慌失措，再退回出发点，正好和准备从他们身后通过的汽车相撞。

（3）防备横穿者又往后退。许多横穿过马路者走到马路中间时，有时会因对向右面过来的车（也就是对向的车辆）而又往后退。因此，只要横穿马路者还在马路上，都应减速。

3. 机动车动态情况的判断与处理

（1）小型汽车动态的判断。小型汽车轻便灵活，功率大，行驶速度快，加速性、制动性和操纵的稳定性都好，在会或超车时应主动让路。微型汽车体积小、灵活性好，速度快，超车多，经常出入医院、车站、码头、公园等处。行驶中遇有此类车辆，应多观察其动态。若在交叉路口遇见时应预防其绕越；遇其超车时，若条件许可，应主动让路、让速、让超。

（2）公交车辆动态的判断。公共汽车体积大，载客多，起步慢，起步和停站的次数多；在早晚客流高峰时，公共汽车的速度较快；上下乘客时，车前车后急穿道路的行人较多；进出站时，非机动车辆绕越的也比较多。因此，在绕越停靠站的公共汽车时，应放宽横距，勤鸣喇叭，并严格注意非机动车和行人的动态，做好随时制动停车的准备。

（3）载货汽车动态的判断。

1）普通载货汽车一般多装满载，平均车速较高，有的驾驶人喜欢抢行，见前车车速略慢就急欲超越。普通载货汽车一般都比较坚固，不怕小擦小碰，在人车混合的道路上，不少载货汽车往往居中行驶，有的甚至还借用对方的运行车道，在行驶中，如果遇有这类载货汽车时，应多注意观察其动态，并根据情况，采取相应的有效措施。此外，还要注意观察载货汽车的装货情况，看有无体积大的或突出的东西伸出车厢，防止擦剐。

2）平板车车身长，体积大，载重多，所载货物往往超高、超宽、超长，行驶时灵活性差，多走在道路中间，转弯角度大，借道现象普遍。在行驶中与平板车交会时，应提前礼让，并保持一定的安全横距，以防相擦。若遇到车速较慢的平板车或牵引车时，要耐心驾驶并与之保持较大的安全前距，跟随前进，最好不要并排行驶，以免发行意外。只有在确保安全的情况下，方可超车，切忌急躁，以免发生事故。

（4）军用车辆动态的判断。军用车辆任务急、速度快、驾驶风格较好，但新驾驶人较多，行车经验缺乏，特别是在进入市区后，对道路不太熟悉，经常会突然改变行驶路线。行驶中遇有军用车辆时，应主动礼让，驶近路口时，应密切注意其行驶方向，并与之保持较大的前距，以保证行车安全。

（5）摩托车动态的判断。摩托车速度快、稳定性差，具有自行车和机动车的双重特点。驾驶摩托车的多数是年轻人，其中还有一些人没有经过严格的技术训练，对交通规则也一知半解，再加上摩托车的速度快、声音小，不知不觉就会来到行人或车辆的跟前，因此，对行车安全构成了很大的威胁。汽车驾驶人在驾车过程中，必须对摩托车给予高度重视，密切观察其动态，保持足够的前距和横距。遇到他们还是避远点好，以确保行车安全。

4. 非机动车动态情况的判断与处理

自行车和电动自行车动态的判断。一般来说，老年人比较稳重，车速较慢；年轻人则比较冒失，车速亦快；女性则比较谨慎，处理情况比较容易犹豫，而年轻女性则两者兼有。

（1）正常骑车者。正常的骑自行车者，听到汽车声应有明显的避让表示。对于已经让路的自行车不要鸣号不止，但需照顾骑行情况，通过时尽可能保持较大的侧向距离。

（2）不正常骑车者：有些人自认为骑车技术熟练，与汽车竞驶或争道抢行。遇此情况，切不可急躁抢行，应主动减速鸣号，选择路线谨慎行驶。

（3）骑车技术不熟练者。骑车技术不熟练者，本来就容易跌倒，听到喇叭声或看到汽车临近更是惊慌失措，欲下不能，左右摇晃。遇此情况，应减速行驶，不可靠近，并随时做好停车准备。

（4）还有些骑车者载重带人，遇到道路高低不平或乘坐者突然跳车而意外失稳跌倒。行车中要注意此种情况的突然出现。

二、行驶路面、路线的选择

1. 汽车行驶路面的选择

（1）在一般道路上行驶时，若前方无来车，无会车和超车的情况下，应在道路中间行驶。特别是在路面不宽、拱形较大的道路上，使汽车两边都有回旋余地，这对高速行车尤为必要，并且只有在拱形路面中间行驶，才能给汽车以对称的反作用力。加上中间行车可避免偏重，适宜长时间行驶。但在视线不良的道路上必须靠右侧行驶，以防与对面来车相撞。

（2）遇到凹凸不平的路面，尽量避开凹坑、凸起物、尖石、异物等，视有无来车、坑、物的大小等情况，采取绕行、低速单轮下坑、低速双轮下坑等方法平顺通过。不能车到坑前突然转动转向盘避让，以防发生侧滑、侧翻和对其他汽车造成危险。减速应提前，避免在下坑时使用紧急制动，防止载荷前移，损坏机件。通过连续凹凸不平路面或"搓板"路时，要适当降低车速，稳住加速踏板，匀速行驶。

（3）在松软的道路上行驶时，要选择地质相对坚硬的路面，避开松软地面。一般靠道路中心经车轮反复碾轧的部分比较坚硬，靠道路边缘的部分则比较松软。当在泥泞路上行驶时，要选择原有的车辙路线行进，不要轻易新辟路线。

（4）行驶中遇有会车或让超车等情况，应主动减速，并靠道路右侧行驶，过后再驶入道路中间行驶。长时间偏向道路一侧行驶，将会加重一侧轮胎、钢板弹簧、车架等机构的负荷，造成不均衡的磨损或损坏。

2. 行驶路线的选择

行驶路线选择是否适当，对行车安全、轮胎和钢板弹簧等机件的使用寿命、燃料消耗以及驾驶人的疲劳强度有很大关系。在行车中应尽量避免颠簸、偏重的路面，这样可以延长车辆的使用寿命，提高经济性、舒适性，保证行车安全。

（1）在无分道线的道路上。在无分道线的道路上汽车一般居中偏右行驶，非机动车则紧靠道路右侧行驶，如图4-3所示。如果因超车、会车等情况而必须占用他车的行驶路线，则按规定必须让有通行权的汽车先行。如果道路上划有中心线，则汽车应靠中心线右侧行驶，非机动车则靠道路右边行驶。

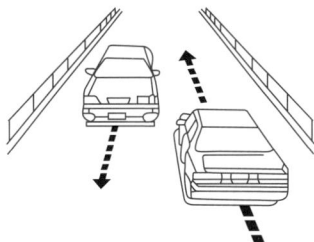

图 4-3 在无分道线的道路上行驶

（2）在有分道线的道路上。

1）道路若划有汽车道与非机动车道，则各种汽车必须在规定的车道内行驶，如图 4-4 所示。在通常情况下，不允许汽车越过中心线或压线行驶。若因故借道行驶，则不准妨碍该车道正常行驶的汽车。当汽车通过人行横道时，不得妨碍有先行权的行人通行，应该减速避让，直到停车让行。

2）若道路同方向划有两条以上的汽车道，则左侧为快速车道，右侧为慢速车道。图 4-5 所示为划有快速车道、慢速车道和非机动车道的道路。变更车道的汽车不得影响相关车道内汽车的正常行驶。慢速车道内的汽车超越前车时，可以借用快速车道行驶。一般情况下，若无特殊需要，尽量减少变更车道的次数。

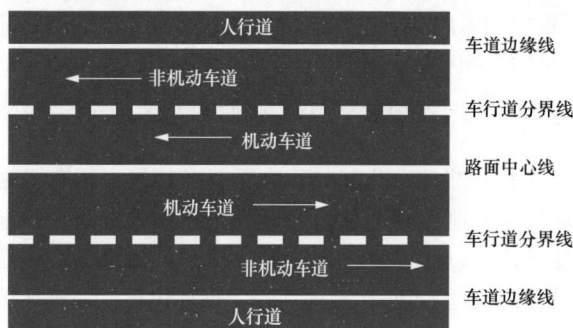

图 4-4　划有汽车道与非机动车道的道路

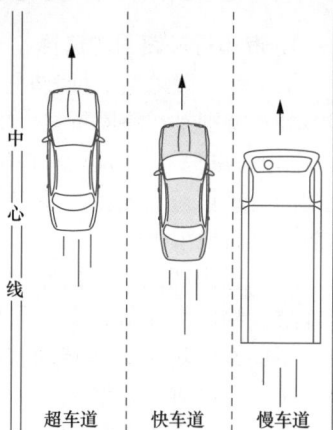

图 4-5　划有快速车道、慢速车道和非机动车道的道路

3）若道路划有专用车道，则在专用车道内只准许规定的汽车通行，其他汽车不得进入专用车道内行驶。专用车道如图 4-6 所示。在有时间限制的车道内行车时，应注意标志标线划定的禁行时间，在禁行时间内不要驶入专用车道，在禁行时间以外，其他汽车也可以在专用车道上行驶。

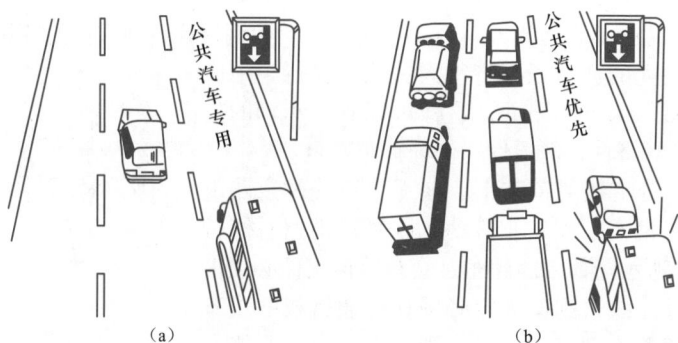

（a）　　　　　　　　　（b）

图 4-6　专用车道

三、安全跟车与变更车道

1. 安全跟车

跟车最重要的是把握好与前车的距离，距离不能太远也不能过近，无论在什么条件下跟车行驶，必须保持当前车突然紧急制动时，后车随之制动而不与前车相撞的停车距离。

（1）尾随行车不要与前车正对跟进，应适当将车身向左错开行驶，以能看到前车前方部分交通情况为宜，如图4-7所示。

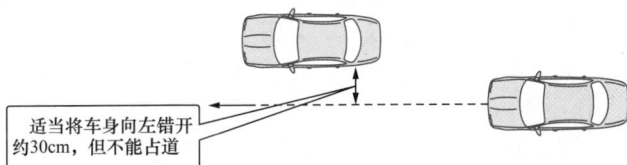

适当将车身向左错开约30cm，但不能占道

图4-7　将车身向左错开行驶

（2）要根据车速、道路、气候和交通等情况，保持一定的安全驾驶距离。

1）根据车速确定跟车距离。行驶中车速越快，汽车的跟车距离应越大。不同车速下的跟车距离见表4-1。

表4-1　　　　　　　　　　　　　不同车速下的跟车距离

车速（km/h）	跟车距离（m）	车速（km/h）	跟车距离（m）
20	10	70	65
30	15	80	80
40	25	95	95
50	35	100	>100
60	50	>100	大于车速数值

注　上述数值仅供一般道路条件下驾驶参考，特殊道路和特殊天气条件要适当加大跟车距离。

2）根据道路状况确定跟车距离。在坡道上行驶时，上坡跟车距离可比在平路上稍短一些，下坡跟车距离要比在平路上适当地加大些。在市区繁华的街道上，在车速较低的情况下，可与前车保持约5m的距离。路面上有雨水、冰、雪或在砂石、泥泞的路面上行驶时，应加大跟车距离。

3）根据天气确定跟车距离。在遇风、雨、雪、雾等恶劣天气时，应增大跟车距离。

4）根据交通情况确定跟车距离。在市区一般道路上行驶时，应保持跟车距离在20m左右，或根据道路交通提示确定跟车距离。

（3）7种路况下的跟车方法。

1）在车流量较大的高速公路上跟车。这是一种随流而行的跟车，减少了许多超车和被超的可能，行进中相互交织的次数大幅下降，安全的保证率便也随之提高。

2）雾中跟车。雾中跟车要掌握好与前车间的纵向距离。雾中跟车会使观察范围缩小，注意点更加明确。因有前车引领，提供参照，不用担心会驶下路缘。

3）夜间跟车。夜间跟车会使灯照区域扩大，在前车的引领下，对路况看得更加明确，更易发现道路两侧的行人动态。因前车遮挡，可以减弱炫目，会车时的侧向间距也较容易把握。但夜间跟车不宜开启远光灯，否则前车会因后视镜反光影响驾驶。

4）雨雪天跟车。雨雪天跟车应加大纵向间距，否则前车甩起的污泥浊水会扑在前窗玻璃上。因路面湿滑，制动距离延长，如果跟车距离太近，容易发生追尾事故。

5）沙石、搓板路面跟车。因制动距离延长、沙尘阻挡视线，所以必须加大与前车之间的跟车距离。该距离应根据扬尘情况而定，跟行车应避在扬尘区以外。

6）上坡路跟车。因上坡路车速较慢，可适当缩短跟车距离，如前车或快或慢时，自车可选一个较低挡位，匀速跟进。但在前车停车时，则应拉大与前车的距离，以防前车起步时后溜。

7）下坡路跟车。下坡路跟车时，应适当延长两车前后间的距离。因下坡时车身重量会形成一种向下的推力，加快行驶速度，使制动距离延长。如果跟行纵距太近，前车紧急制动时，很容易造成追尾事故。

特别提醒

巧妙跟车防追尾

（1）在车流中，在不压分道线的前提下，和前车稍微左右错开一点，这样就容易看到前车的动态，后面的车辆也很容易看清前方的动态，因而降低了被追尾的风险。

（2）追尾的一个主要原因是后车制动不及，所以保持合理的安全车距就显得尤为必要。宁愿让其他车辆"有机可乘"地钻进来，也不能跟车太近。

（3）当前车制动灯亮时，表明前车开始制动了，这时后车也要松开加速踏板，把脚放在制动踏板上并观察前车情况，随时准备制动。

（4）从后视镜得知跟行车跟得过近时，应采取轻点制动踏板的方法进行预告。

（5）如果自己的车需要紧急制动时，应想到会不会对后方跟行车造成威胁。踩下制动踏板的右脚，在还未用力时迅速抬高一下，随之再用力踏下，如此操作会使制动灯二次闪亮后车速才开始骤减，能给跟行车提供提前反应的机会。

2. 车道的变更

（1）车道变更的操作方法。汽车向左变更车道的操作方法如图4-8所示。

1）当汽车需要变更车道时，驾驶人首先要通过内、外后视镜及车窗观察汽车后方及汽车两侧方车道上的交通情况。

2）通过观察，确认汽车的后方、两侧方车道上没有汽车，可以变更车道行驶时，就要发出变更车道行驶信号，如果向左侧变更车道就应打开左转向灯（向右变更车道应打开右转向灯）。打开转向灯3s后才能实施转向操作，否则，就会使其他汽车措手不及，容易引发交通事故。

3）变更车道一定要把握好时机，变更车道动作要干净利落，变更车道时要先打开转向灯，然后加速驶入要并入的车道，完全进入车道后再回正转向盘，并关闭转向灯。

4）在打开转向灯示意变更车道后，如果后车按喇叭或打开危险警告灯，那就意味着后车认为自己车速比较快，不同意你变更车道，此时驾驶人需要等待后方汽车通过后再变更车道。

（2）变更车道应注意事项。

1）汽车变更车道要提前准备，一定要将车道前后的状况都看清楚再变更车道。特别是应看要并入车道里车的行驶情况，诸如该车道内汽车

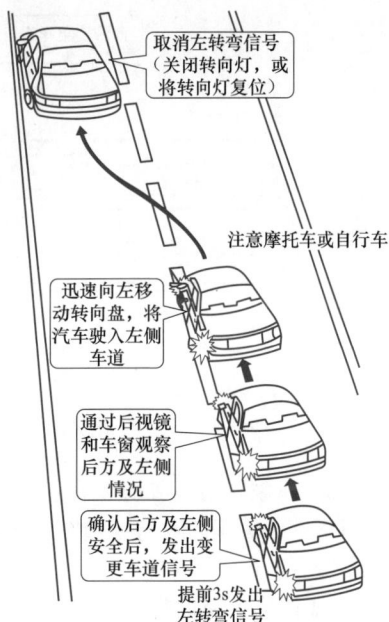

图4-8　汽车向左变更车道的操作方法

的速度、前方是否有拥堵或减速情况、两车之间是否有足够的距离供变更车道、后视镜盲区内是否有汽车等。

2）变更车道时，操作要果断，如果长时间打转向灯又不变更车道，则容易出现危险。

3）变更车道时不能影响其他车的正常行驶。变更车道后不要减速，应继续保持加速，不要因变更车道造成后车减速让行，不要在变更车道刚刚完成之后就制动。正常行驶的车没有义务和责任让变更车道汽车先通行，因此不要强行变更车道。

4）变更车道时只能变更到相邻的车道，如图4-9所示若需变更到相邻以外的车道，则应先变更到相邻的车道，行驶一段后，再变更到另一条车道。

5）在交叉路口变更车道时，应提前观察道路交通标志和路面标线，根据需要行驶的方向选择行驶车道，在进入实线区前应按导向箭头方向驶入导向车道，如图4-10所示。

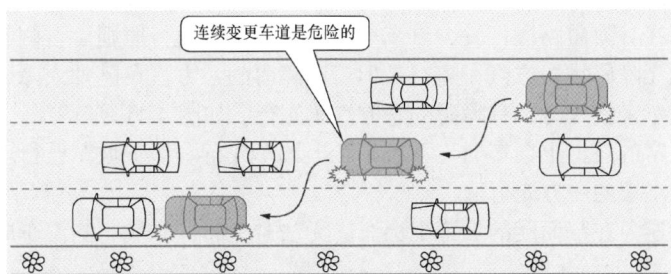

图4-9　变更车道时只能变更到相邻的车道

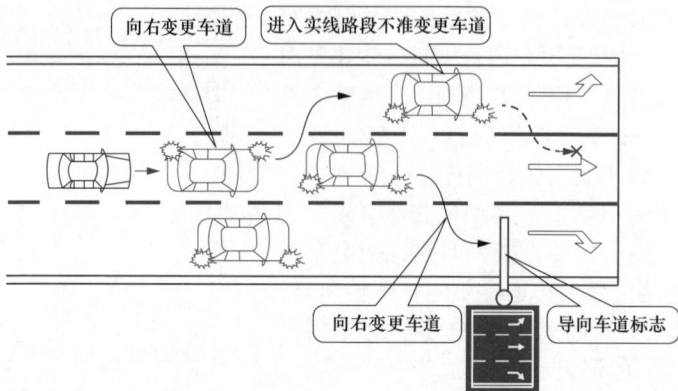

图 4-10　按导向箭头方向驶入导向车道

6）在坡路上行驶时，在坡路上变更车道时要注意适当延长打转向灯的时间，并适当延长变更车道时与旁边车道内后车的距离。若无特殊情况，在坡路上行车时最好不要变更车道。

7）雨雪天路面打滑，尽量不要变更车道，在弯道上更不要变更车道。

四、汽车会车

会车是指与对向而行的车辆在同一车道上交会。与来车交会前，应看清来车装载情况，有无拖带挂车，前方道路及交通情况，适当降低车速，选择较宽阔、坚实的路段，靠路右侧鸣号缓行交会通过。会车要注意保持足够的侧向安全间距，并做到"礼让三先"，即先让、先慢、先停。尽量避免在桥梁、隧道、涵洞、急弯等处交会车辆，即使在路面较宽的双车道，也应该慢车交会。在视线不良的情况下会车，要降低车速、开小灯、鸣喇叭，并加大两车间的侧向间距，必要时应停车避让。在复杂情况下会车，应抬起加速踏板，脚放在制动踏板上，做好随时停车的准备。会车后视情况逐渐驶回原路线正常行驶。

1. 会车的方法

（1）会车前汽车应减速靠右通行，并与其他汽车、行人保持必要的安全距离。

（2）在没有划中心线的道路、窄路、窄桥上会车时，须减速靠右通过，并注意非机动车和行人的安全。会车有困难时，有让路条件的一方让对方先行。

（3）汽车在有障碍路段行驶，汽车交会应遵守右侧通行原则。右侧有障碍物一方汽车，让右侧无障碍物一方汽车先行。但若有障碍的一方汽车已驶入障碍路段，而无障碍的一方汽车未驶入时，有障碍的一方汽车先行，如图 4-11 所示。

（4）在狭窄的坡道上会车时，下坡车让上坡车先行。但下坡车已行至中途而上坡车未上坡时，下坡的一方先行。

（5）尽量避免在窄而陡的坡道上会车。无法避免时，靠坡一侧汽车应让另一侧汽车先行。

（6）避免在窄桥、窄路、隧道、急弯等地点会车。若在这些地段遇有来车，若对

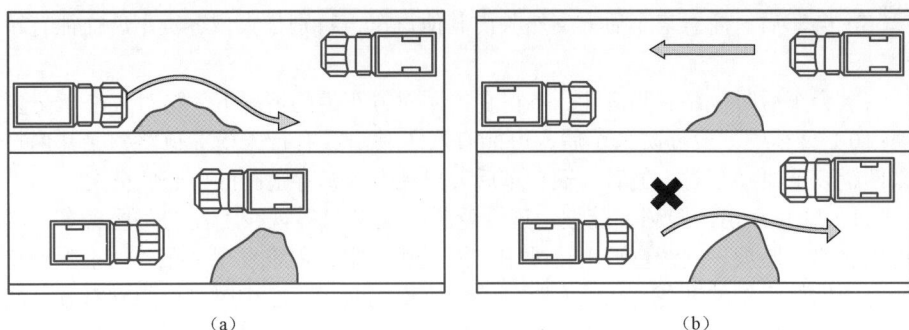

图 4-11　无障碍的一方汽车未驶入障碍路段时，有障碍的一方汽车先行

方先到危险地段，则应提前减速或停车，让对方先通过；反之，可提前加速，通过危险地点后，再与来车交会。

（7）夜间在道路上会车。夜间会车，发现远处对方来车灯光照射的光束时，应及时利用前照灯光线察看前进方向的道路宽窄和路面的状况。在距对方来车 150m 以外，必须将远光灯变为近光灯或小灯（见图 4-12），同时减速慢行，选择会车地段，并掌握好方向靠道路右侧行驶，密切注视汽车行进方向的"黑色物体"和路边情况，准备随时停车。

图 4-12　互闭远光灯，改用近光灯

（8）弯道处会车。弯道处会车，视线受阻，要严格遵守靠右通行原则，保持一定的侧向间距，严禁占道行驶。右转时转大弯，左转时转小弯，都是危险行为，很容易发生事故。

2. 会车注意事项

（1）驾驶车辆时，不得高速占道会车或减速不让道。

（2）汽车在没有划中心线的道路上行驶时，遇对面来车在近距离内超车时，应靠右减速慢行，做好随时停车准备，若遇对方车辆强行占道，应尽可能让出车道，甚至停车礼让。

（3）尽量避免在桥梁、隧道、涵洞、急弯等处交会车辆，即使道路条件与交通状况许可，必须低速交会，以免发生交通事故。

（4）遇雨、雾、黄昏等视线不清的情况会车时，应降低车速，开示宽灯，加大两车侧向间距，必要时须停车避让。

（5）不要在来车超车时会车。

（6）避免会车双方在超越路右慢行的机动车、非机动车和行人时会车。

（7）在只能单行的路段，应避免两车互不相让的情况发生，以免造成交通堵塞。

（8）会车后，注意来车后方突然驶出其他汽车，特别是大型客货车后往往有轿车驶出。

（9）会车后时应靠右侧避让，不得在占用对方车道的情况下，与对方来车交会。

（10）会车中，应提防来车后方可能有汽车驶出或有行人横穿道路，尤其遇对面驶来两辆以上机动车时，最后一辆来车后方出现行人横穿道路的可能性更大。

（11）禁止在傍山险路、陡坡、连续弯道、交叉口等视线不良的路段会车。汽车在傍山险路、陡坡、连续弯道上行驶中，因视线受阻，很难发现来车，如果听到鸣喇叭，必须做好会车的准备，在没有听到鸣喇叭声的时候，心中时刻要想到对方可能有来车，提前减速鸣喇叭，观察判断好路基的虚实情况，选择安全地点与来车交会。

（12）禁止在泥泞、冰雪路面上会车。汽车行驶在泥泞、冰雪路面上，应减速慢行，夜间用灯光继续示意，选择安全地段与来车交会，会车中不要紧急制动、猛抬加速踏板、猛打转向盘，以防侧滑造成事故。

（13）在狭窄的坡路，上坡的一方先行，但下坡的一方已行至中途而上坡的一方未上坡时，下坡的一方先行。

（14）在狭窄的山路，不靠山体的一方先行。

（15）夜间会车时，应当在距对向来车 150m 以外改用近光灯，在窄路、窄桥与非机动车会车时应当使用近光灯。

特别提醒

（1）会车时要坚持礼让"三先"（先让、先慢、先停）和靠右通行的原则。

（2）对方车辆强行超越障碍占道行驶时，应减速让行，不可与其争道抢行，更不能认为自己有优先通过权而赌气抢行，避免造成事故或交通阻塞。

五、超车与让超车

1. 汽车超车

（1）汽车超车的方法。正确的超车方法如图 4-13 所示。

1）超车前要仔细观察前车、道路和交通等情况，确定超车的时机。

2）汽车超车时应选择在平直宽阔、视线良好、左右均无障碍且前方路段 150m 范围内没有来车的路段超车。

3）超车前，须开左转向灯、鸣喇叭（禁止鸣喇叭的区域、路段除外）或变换使用远、近光灯示意（夜间），待前车让路并确认安全后，向左稍打方向，与被超车保持足够的侧向安全间距，从左侧加速超越。

注意：有时前车靠右不是为后车让路，而是为躲避路中间的障碍或坑洼，或者是要与对面来车交会，这时若冒险超车，就会发生危险。

4）在超越时突然发现对方来车临近、道路左侧出现障碍物、横向间隙过小时，

完成超车过程

回归车道阶段

从后视镜完全看到被超车时，开右转向灯，向右变更车道

实施超越阶段

超车时，车速不得超过最高限速，横向车距不得小于1m

向左变更车道

并线发信号阶段

确认可以超车后开左转向灯

在保持与前车的安全距离前提下实施观察

跟随观察阶段

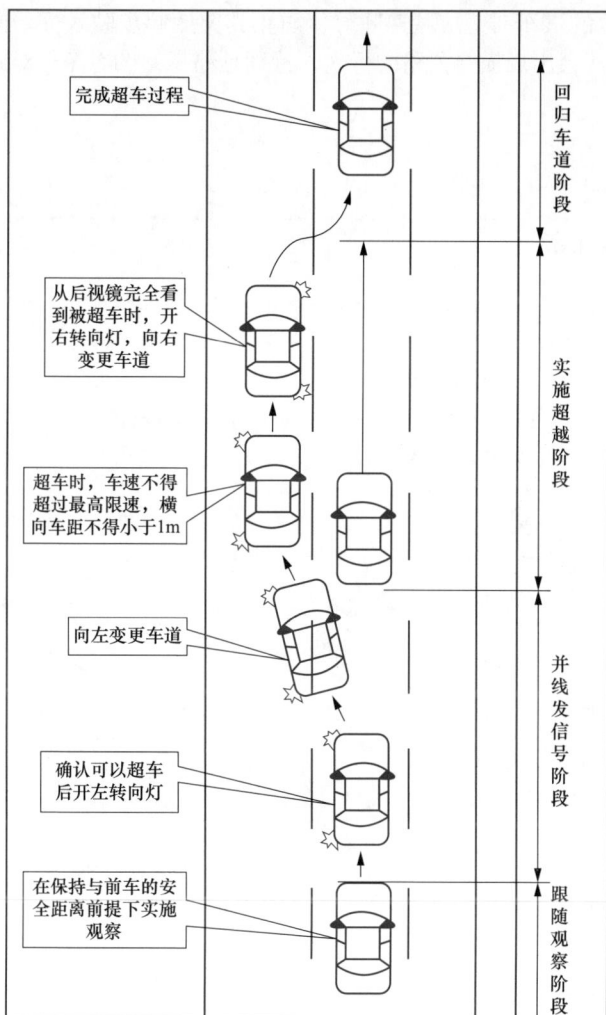

图 4-13　正确的超车方法

切莫抱侥幸心理，冒险超越，此时应该打消继续超车的念头，立即松抬加速踏板，降低车速，并根据情况缓和地踩下制动踏板，使汽车减速，让被超车前行腾出空间后，切入道路右侧，从而避开险情。

5）安全超越后，从后视镜观察与被超车的纵向距离，在不妨碍被超车正常行驶的情况下，打开右转向指示灯，同被超车保持必要的安全距离，逐渐驶回正常行驶路线，并关闭转向指示灯。严禁超越后立即右变更车道。

6）慢速车道内的汽车超越前车时，可以借用快速车道行驶。在道路同方向划有2条以上汽车道的，变更车道的汽车不得影响相关车道内正常行驶的汽车。

7）在没有道路中心线或者同方向只有1条汽车道的道路上，前车遇后车发出超车信号时，在条件许可的情况下，应当降低速度，靠右让路。

8）超越停放的汽车时，应减速鸣号，防止其突然起步驶入行车道或突然打开车门，停车前也常常会出现横穿公路的行人，特别是停靠站的客车，对此，驾驶人应注意防范。

特别提醒

禁止超车的路段

（1）行经交叉路口、人行横道、漫水路或漫水桥时，通过胡同（里巷）、铁路道口、急弯路、窄路、窄桥、隧道时，不准超车。禁止超车的路段如图4-14所示。

（2）遇有下列情况之一禁止超车。

1）前车为执行紧急任务的救护车、警车、消防车或工程救险车。

2）前车正在超车、左转弯或掉头时。

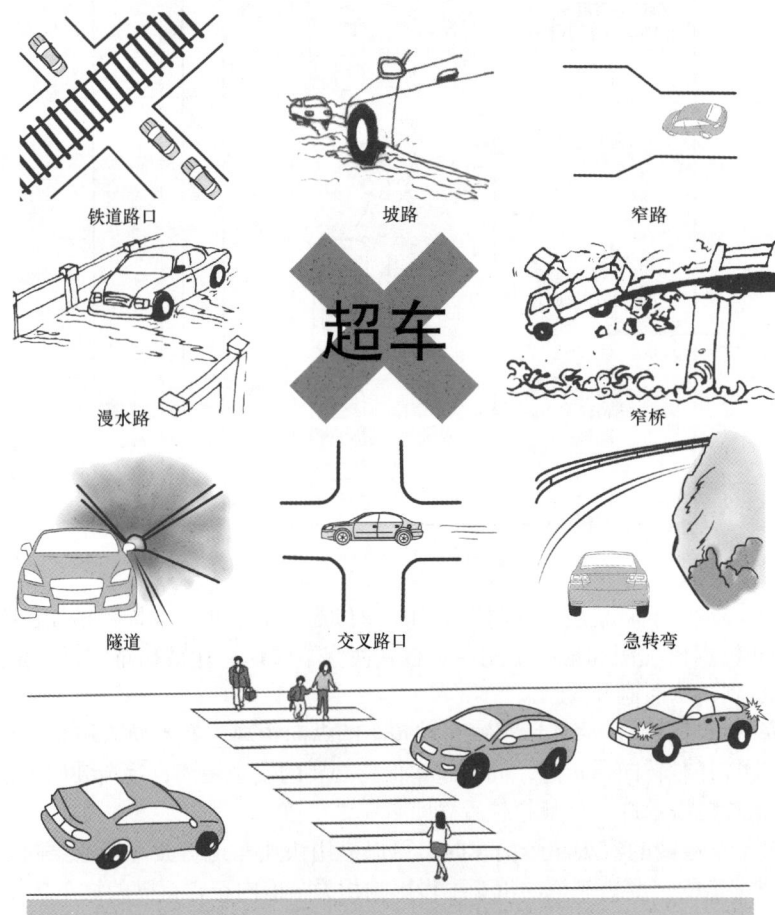

铁道路口　　　　　坡路　　　　　窄路

超车

漫水路　　　　　　　　　　　窄桥

隧道　　　　　交叉路口　　　　　急转弯

图 4-14　禁止超车的路段

3）行经交叉路口、急弯路、窄路、窄桥、隧道、陡坡、冰雪、泥泞道路以及下雨、雪、雾造成的视线不清或牵引故障车时。

4）在超车过程中与对面来车有会车可能的。

（3）汽车遇后车发出超车信号时，在条件许可的情况下，必须靠右让路，并打开右转向灯，不准加速行驶或故意不让。

（4）不准强行超车，更不准超车后立即紧急制动或急剧转向驶入原车道，以免发生事故。

- -

（2）超车注意事项。

1）超车前一定要注意观察前车的行进前方是否有条件进行超车，不能盲目鸣喇叭强超，若强行超车，则容易发生交通事故。

2）当前车由于未觉察信号或不具备让车条件等原因，暂无让车表示时，驾驶人不得烦躁，要有耐心，应反复鸣喇叭提醒前车，跟车距离可适当缩短一些，应选择适当路段，再给以超车信号，待前车让超后，方可超车，切不可强行超车。超越后切不可采取甩尾、靠边挤逼、紧急制动等报复行为，以防被超车来不及反应而发生碰撞或因操作不当而发生翻车等意外事故。

3）在超越停驶在路边的汽车时，既要防止该汽车突然起步驶入行车车道，也要防止其车门突然打开。同时还要注意被超车前面可能突然出现横穿公路的行人。

4）不能尾随前车一起超越汽车，两辆车同时超越易发生意外事故。超越车队时应保持较大的横向间距，加速连续超越；若遇对向有汽车应及时插入车队。

5）在冰雪路、泥泞路、坡道、狭窄路、城市繁忙路、交叉路口、弯道、隧道、桥梁和有警告标志的路段等，绝对不能超车。若在路滑的地段必须超车时，应选择路幅较宽的地方进行，并适当加大两车之间的横向距离。转向盘的使用要轻缓，以免汽车发生侧滑。

6）汽车在风、雪、雨、雾天，车尘飞扬、斜阳刺眼等视线不清时，不能超车；交通秩序混乱，车多人挤以及前方情况难以判断时，不宜超车。

7）汽车在转弯、过桥等特殊路段行驶时，应避免超车。如遇到他人超车，应主动降低车速避让。

8）夜间超车由于视线只能局限于灯光之内，常常由于观察不够、识辨不清、判断不准，造成超越前方障碍时出现失误。若需要超车时要更加谨慎驾驶。

2. 让超车

让同方向行驶的车辆超越的过程为让超车。汽车在行驶中，应该看后面有无车辆尾随，如发现有车要求超越，则根据道路、交通情况来估计是否允许让后车超越，做到礼让、平稳、安全。通常遇后车发出超车信号后，只要具备让超条件就应主动减速示意后车超越，当被其他车辆超越时，应当减速靠右侧行驶，不得靠道路中心行驶或加速不让超越，让车不让速，更不得向左转向或紧急制动，以免后车反应不及时发生追尾或侧撞事故。

（1）让超车方法。让超车全过程如图4-15所示。

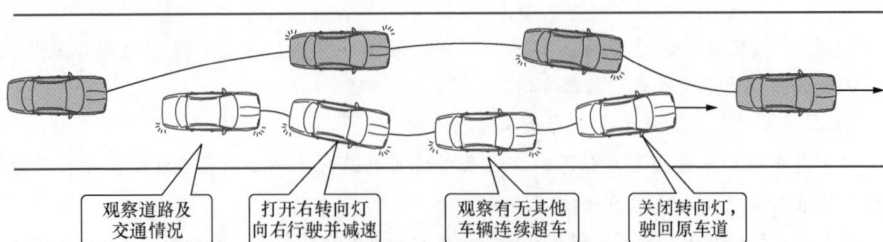

| 观察道路及 | 打开右转向灯 | 观察有无其他 | 关闭转向灯, |
| 交通情况 | 向右行驶并减速 | 车辆连续超车 | 驶回原车道 |

图 4-15 让超车全过程

1）汽车在行驶中要经常注意观察后视镜，要随时注意后面有无准备超越的汽车。当发现后车发出超车信号后，应根据道路、交通情况来决定是否减速让路。若条件允许，应主动打开右转向灯，减速靠右行驶，或者是发出让车手势，示意后车超越。但也不可一遇有超越车马上就让，如果汽车行驶在道路条件和交通情况不允许的时候，应另选合适的路段让车。在确保本车安全的前提下才能让车。

2）当向后方车示意让车后，突然发现右前方出现新的障碍物或其他情况时，两车并行时间稍长，被超车应主动减速，给对方超车创造条件，尽量缩短两车并行的时间，让其先行。前车严禁故意不让，让路不让速或让速不让路，甚至在超越时故意加速等恶劣行为。更不得突然向左急转绕过，应及时采取减速、制动或停车，让超越车辆超过，确认安全后，方可起步行驶。

3）待后车超越后，应注意观察后视镜，在确认无其他车辆连续超越后，方可变右转向灯为左转向灯，逐渐驶回正常的行驶路线，然后关闭转向灯，向前行驶。

（2）让超车注意事项。

1）主动让车是后车安全超车的保证。若被超汽车前方有障碍物或不具备让超条件时，而后车因视线受阻未能及时发现，要求超车时，不要勉强让超。比如，当感到让车时机不好，但又做出了让车的行动，待后车准备超车时，又决定不让，将车驶回道路中间，给超越车造成威胁，这样的情况如果是在双车道上就容易发生事故。

2）让车必须在确保本车安全行驶的前提下进行。有些驾驶人在汽车行驶中，发现后边有超车信号时，不管自己车前边是否有情况就盲目地让车，这样后车虽然通过了，自己的车却出现了行车困难，甚至遇到危险。

3）让车时，为使后车尽快超越，缩短并行时间，让超车时要做到"三让"，即让速、让路、让到底。让速，让到既尽量缩短超车距离，又不影响后方汽车的正常行驶；让路，让到既不危及本车和右边汽车、行人的安全，又可使超越汽车超的顺利。切不可让速不让路，或让路不让速，更不可在被超车时报复。让车过程中，不得进行任何形式的超越，不得突然向左侧变更行进路线。遇有突然情况，只能制动减速或者停车，待后车超越后再绕行。

4）后车超越后，应通过后视镜仔细观察有无连续超越的汽车，待看清无连续超越的汽车后方能回转方向进入正常行驶路线，若立即向左回转方向，则有可能与后面连续超越的汽车相碰。

特别提醒

正确处理突发情况

让超车过程中遇到突然情况时只能制动减速或停车，以免使超越车因措手不及而发生事故。待后车超越后，进一步观察后面有无连续超越的汽车，在确认安全后，方可向左转向行驶。

前方一旦出现突然情况，不能犹豫不决，要果断地在自己的路面上处理好，不能为避让再向左急打方向绕行。

第二节　城市道路及立交桥驾驶

一、城市道路驾驶

1. 城市驾驶的方法

在城市中驾驶，应首先了解城市的交通路线和当地交通管理细则，须谨慎操作，严格注意行人与车辆的动态，正确判断交通情况的变化，注意安全车速和安全距离以及掌握变更车道、通过交叉路口及人行横道的方法，方可确保安全。

（1）在城市驾驶车辆，必须集中思想，谨慎操作，严格注意行人与车辆的动态，正确判断交通情况的变化，遵守交通指挥信号和交通警察的指挥手势、交通标志和标线。不得驶入禁行路段，注意安全车速和安全距离。掌握变更车道、通过交叉路口及人行横道的方法，确保安全。

（2）行车时，驾驶人要按规定的道路行驶。在城市道路上，汽车应按"各行其道"的原则行驶，不可争道、不可越道抢行。

（3）需要倒车或掉头时，必须依照倒车和掉头的规定，选择合适地点。操作中要小心谨慎，必要时要有人指挥。确需停车时，必须遵守《中华人民共和国交通安全法》中有关停车的规定。

（4）在混合交通道路上，行车中遇到较多的电动自行车和自行车时，应注意观察动态，减速慢行，留有足够的安全距离。交会或超越自行车时，要留有足够大的侧向间距；遇到自行车流时，要重点观察右侧超速骑行的自行车，车速保持相对稳定，要警惕骑车者突然骑入机动车道；在自行车流中或被自行车包围时，车速应保持与自行车流的速度相等，要稳住方向，需转向时要缓慢，除鸣喇叭发出转向信号外，还应用手示意转向方向，不可猛打方向，更不得骤然起步或停车，注意保持随时可制动停车的状态，确保行车安全。

（5）行车中不宜尾随摩托车，应保持足够间距；与之会车和超车时，侧向间距要大。

（6）超越电车、汽车或与其会车以及经过有公共汽车、电车进站停靠的汽车站时，除注意超越（或相会）的车辆外，要随时做好停车准备，以防车前（或车后）跑出准备横穿街道的行人与自行车、摩托车等。

2. 通过有交通信号灯控制的交叉路口

由于交叉路口的视线盲区较大，驶过交叉路口的车速不得超过 20km/h。车辆在行近交叉路口时，要提前 50～100m 减速；最好将车速控制在 5～10km/h。通过有快慢车道或多车道的交叉路口时，均要在离路口 50～100m 处变换车道。

在交叉路口转弯时，应选择合理的行驶速度和路线，不能妨碍其他汽车行驶，要做到判断准确，操纵措施得当有力。

（1）通过有交通信号灯控制的交叉路口的有关规定。机动车通过有交通信号灯控制的交叉路口，应当按照下列规定通行：

1）在划有导向车道的路口，按所需行进方向驶入导向车道。

2）准备进入环形路口的让已在路口内的机动车先行。

3）向左转弯时，靠路口中心点左侧转弯。转弯时开启转向灯，夜间行驶开启近光灯。

4）遇放行信号时，依次通过。

5）遇停止信号时，依次停在停止线以外。没有停止线的，停在路口以外。

6）向右转弯遇有同车道前车正在等候放行信号时，依次停车等候。

7）在没有方向指示信号灯的交叉路口，转弯的机动车让直行的汽车、行人先行。相对方向行驶的右转弯机动车让左转弯汽车先行。

（2）通过有交通信号灯的交叉路口驾驶方法。驾车通过有信号交叉路口时，驾驶人首先应根据自己所确定的方向变更行驶路线。向左转弯时，要将汽车靠向道路左侧；直行时，保持汽车居中行驶；向右转弯时，将汽车靠向道路右侧车道。

1）距交叉路口 50～100m 处，需变更车道的汽车，应按行进方向打开转向指示灯，密切注意左右两侧汽车的动态，进入导向车道（不得在进入实线路段后变更车道），如图 4-16 所示。

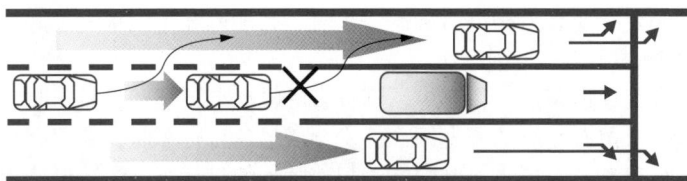

图 4-16　进入导向车道

2）注意观察路口交通信号。当汽车距路口较近，一个绿灯信号周期之内可以通过时，应抓紧时间通过，不要使前后车距拉得过大，以免影响其他汽车通过。当汽车在行至路口附近黄灯闪亮时，按照现行车速无法通过路口的汽车须减速，并停在停车线以内；已经越过停车线的汽车，可以继续通行。红灯亮时，须依次等候，应踩住制动踏板或拉紧驻车制动，遇放行信号，须让已在路口内行驶的汽车先行。遇有信号灯和交通民警手势同时出现时，应以交通民警手势为准。

3）直行汽车以路口对面所对应的车道为目标，直线通过，不得在路口内变更车道。

4）向左转弯时，汽车须靠近路口中心点左侧小转弯，选择的行驶线路不得妨碍对面正常行驶的右转弯汽车。

5）向右转弯时，应注意观察右侧非机动车或行人动态，在不妨碍被放行汽车和行人通行的情况下通过。

特别提醒

（1）严格遵守交通信号指挥。遇到路面标线和空中指示牌不一致的时候，以空中指示牌为准，如果收到罚单，可以进行复议。因为观察交通信号的顺序是：交通手势最大，其次指示灯，再者是空中指示牌，最后才是路面标线。

（2）严格各行其道，按规定车道行驶。

（3）注意平交路口的交通标志和信号，服从指挥，绝对不能在停车中抢信号起步，更不能突然加速强行通过。

（4）注意交通标线。城市道路上画有很多交通标线，这些标线有的是可以压（越）的，而有的是不可以压（越）的；道路中心的单实线、双实线（白色或黄色）是不能压（越）的；道路中心的虚线，在超车和转弯时可以短时间压（越）线。

（5）严禁随意鸣喇叭。大城市规定在市区内某些路段禁止鸣喇叭，设有禁鸣喇叭标志。即使是允许鸣喇叭的路段，喇叭的音量也要控制在150dB以下，每次鸣喇叭不超过0.5s，连续鸣喇叭不许超过3次。

（6）严禁随意停放汽车。随意停放汽车会阻碍城市交通，严重时会造成交通堵塞。在城市道路上需临时停车时，要按顺行方向靠道路右边停车，当妨碍交通时必须立即离开，不准将汽车停在禁止停放的路段。

（7）控制行车速度，在行近平交路口时，须在距路口50～100m的地方减速。

（8）如前面已有汽车停车等待信号，应依次停车等候，右转弯的汽车不得从前车左侧绕行。

（9）通过"T"形路口遇停止信号时，右侧无横道的直行汽车在不妨碍被放行汽车及行人通行的情况下，可以通行。

严禁在绿灯即将转换为红灯时，加速抢行，以免接近路口时，因红灯亮采用紧急制动，而造成追尾事故。

（10）遇放行信号，应注意避让在人行横道上的行人和已在路口行驶的汽车，及时起步加速，安全通过。

（11）尾随前车通过路口时，应提高警惕，保持车距，防止因前车突然减速而发生事故。

（12）为了保证在平交路口停车后能及时起步，停车时不要关闭发动机。当黄灯闪亮时，应做好起步准备，允许通行的绿灯一亮，即应起步。

（13）如果要在平交路口转弯，应注意左右两侧汽车的动态，提前发出转向信号。进入导向车道，夜间须将远光灯改用近光灯，减速慢行，认真观察，小心通过。

（14）在干路上行驶，注意支线路口进出的汽车，预防支路汽车争道抢行。

3. 通过无交通信号交叉路口

（1）通过没有交通信号灯控制和交通警察指挥的交叉路口的规定。机动车通过没有交通信号灯控制也没有交通警察指挥的交叉路口，应当遵守下列规定。

1）准备进入环形路口的让已在路口内的机动车先行，如图 4-17 所示。

2）向左转弯时，靠路口中心点左侧转弯。转弯时开启转向灯，夜间行驶打开近光灯。

3）有交通标志、标线控制的，让优先通行的一方先行。

4）没有交通标志、标线控制的，在进入路口前停车观望，让右方道路的来车先行。

5）转弯的机动车让直行的汽车先行。

6）相对方向行驶的右转弯的机动车让左转弯的汽车先行。

（2）通过无交通信号交叉路口的方法。

1）减速观察对面、左右来车的车速和行驶方向。

2）正确判断路口会出现的冲突点和交叉点，提前采取相应的避让措施。

3）通过无人行横道线的路口时，必须确保行人的安全。

4）如需转弯的汽车应在距交叉路口 100～50m 处，变更车道。

5）左转弯的汽车变更到左侧车道；右转弯的汽车变更到右侧车道；直行的车辆可在原车道直行，如图 4-18 所示。

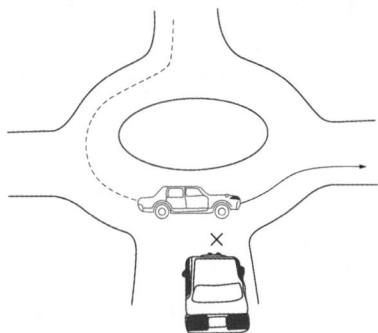

图 4-17　让已在路口内的机动车先行

图 4-18　变更车道

6）严格遵守相关的让车规定，支路车让干路车先行，左转弯汽车让直行和右转弯汽车先行，非公交车让公交车先行。同为转弯汽车，让右侧没有来车的车先行，其他汽车让执行任务的公安、消防、救护、抢险等特种车先行。转弯之后关闭转向灯，继续行驶。

4. 城市道路驾驶注意事项

（1）起步前要格外注意车的四周和车下是否有人和动物，有无其他障碍物。需要停车时，应当尽量将车停放在停车场内，交通法规定不允许停车的地段，严禁停车。

（2）由于超车的机会较少，跟车行进是城市道路驾驶的一大特点，正确的操作方法是适当选择挡位，采用节气门小开度，使汽车缓缓跟进，并且随时观察前车动态，合理控制车速，保持安全的制动距离。

（1）由支路进入干路时，应严格执行让车规定，选择合适的切入时机，低速逐步驶入干路。

（2）相对方向同类车相遇，左转弯的车让直行或右转弯的车先行。

（3）进入环形路口的车让已在路口内的车先行；让行车辆须停车或减速观望，确认安全后，方准通过。

（4）通过狭窄、视线盲区较大的路口时，必须减速慢行，防止有行人或非机动车等突然横穿。

（5）遇行进方向的道路交通阻塞时，不准进入路口。

（3）通过环岛环形路口时，转向灯光使用一律按左进右出（右转除外），逆时针方向绕岛行驶。通过环形立体交叉立交桥时，进入前应认真观察指示标志确认出口匝道内安全，不可盲目通过。如果在行进中走错了，应按照目标行驶方向在立交桥上进行环绕掉头返回原路，然后再确认正确的目标行驶方向出口。

（4）会车时，应保持足够的横向安全间距，注意对行车辆的尾部会形成视野盲区，应观察清楚。要特别防备行人、骑自行车或摩托车人等突然蹿出甚至是突然横穿。夜间会车时不得使用防雾灯（雨雾天气除外）。

（5）变换车道超车时，应观察前车情况，预防其突然改换车道而导致自己措手不及，同时要注意准备驶入车道内有无车辆正常行驶，驶入驶出原车道时都必须提前开启转向灯。

（6）自行车稳定性差，行动规律性不强，易摇摆侧倒，驾驶人应与其保持较大的横向或纵向距离。并且要密切注意到其他动态变化，随时准备采取制动措施，上下班及放学时段是自行车的高峰流，此时车速应减缓，应以平稳的行进速度缓慢前行。

（7）在设有中间隔离装置（水泥隔离墩、铁栏杆等）路段上行车时也要留意，防备有人横跨隔离设施，遇有信号停车时车辆不得停在人行横道内。

（8）注意避让执行任务的警车、消防车、救护车、工程抢险车辆，注意礼让首长和外宾车队。

（9）行车时注意交通标志。走错路了，应采取有效的补救方式进行补救。如果在路口驶入左侧车道却发现前方禁止左转弯，可以先直行，然后在行驶前方找一个允许掉头的地段掉头返回。

（10）夜间行车是违章高发时段，通过交叉路口时，绝对不可以因为无交通民警而放松交通安全的警惕性，红灯不可闯，遇违法行为的车辆和行人时要主动避让。

（11）行车中小心闯红灯、随意鸣喇叭、随意压线、随意停车、随意掉头、随意超车、随意倒车，应在遵守交通管理规定的情况下通行。

特别提醒

城市道路行车五防

（1）停车防违章。在行车的过程中，避免在繁华路段和禁止停车的区域路段停车，要选择适合的停车地点，保证安全，防止堵塞交通，或被其他车辆擦碰。

（2）会车防车后。繁华路段、交叉路口、人行横道会车，要防止对方车后的行人、自行车突然横穿公路。

（3）超车防前车。在繁华路段超车，要防止前车因处理情况，躲避行人、障碍，突然向左急打方向，紧急停车，或者是其前的行人或自行车突然横穿公路。

（4）让车防两侧。和路边的行人车辆要保持一定的横向安全距离，要给自己留下让车的安全空间，防止因让车剐蹭车辆、行人、自行车等。

（5）跟车防紧急制动。在繁华道路行车时精力要集中，要密切注视前方的情况，和前车保持适当的距离，防止前车遇有停止信号、处理紧急情况，采取紧急制动，因跟车太近而撞车追尾。

二、汽车通过高架桥（路）

1. 高架桥（路）行驶的规定

（1）必须遵守限速交通标志和限速路面标记规定的速度。

（2）不准倒车、逆行，不准穿越中央隔离带掉头或转弯。

（3）不准进行试车和学习驾驶机动车。

（4）不准在匝道、加速车道或减速车道上超车、停车。

（5）不准骑、压车道分界线行驶和在超车道上长时连续行驶。

（6）除遇障碍或发生故障等必须停车的情况下，不准随意停车及上下人员或装卸货物。

（7）除因停车驶入或驶出紧急停车带和路肩外，不准在紧急停车带和路肩上行驶。

图 4-19　不准未在加速车道加速而直接驶入行驶车道

2. 汽车通过高架桥（路）的方法

（1）驶入高架桥时，应沿道路右侧的加速车道行驶，等车速提高到与行驶车流相近时，开启左转向灯，注意观察后视镜，确认安全后向左转动方向盘驶入行驶车道，汇入车流。不准未在加速车道加速而直接驶入行驶车道，如图 4-19 所示。

（2）驶入行驶车道后，应控制车速，并与前车保持安全距离。轿车车速分别 50km/h、80km/h、100km/h 时，其相应的间隔距离依次为 35m、80m、100m。

（3）行车时，尽量避免超车。需要超车时，应选择视线良好的直线路段进行。

（4）驶离高架桥前，应注意交通标志提示的内容，并在距出口 200m 处开启右转向灯，驶入减速车道逐渐降速后，经匝道驶出，如图 4-20 所示。

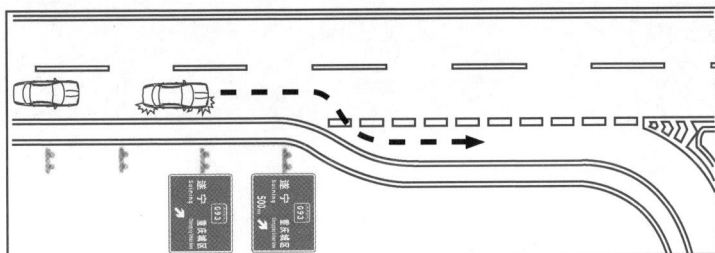

图 4-20　经匝道驶出

（5）通过高架桥时，如果车辆发生故障，应利用惯性将车停在路肩上，在距车尾 70～80m 的地点放置三角形反光警告牌，并尽快修复车辆或用紧急电话请求援助。

三、汽车通过立交桥

城市立交桥上的交通标志分为立交桥指路标志和立交桥指示标志，如图 4-21 所示。驾驶人必须在远离立交桥时就留意观察道路前方的指路标志，指路标志是一种整体式指示标志，注有方向地点说明。驾驶人从中可对立交桥的类型及通行方法有一个全面的了解。在未看清标志内容时，应停车了解，决不可盲目通过。立交桥上不可随意停车、倒车或掉头逆行。

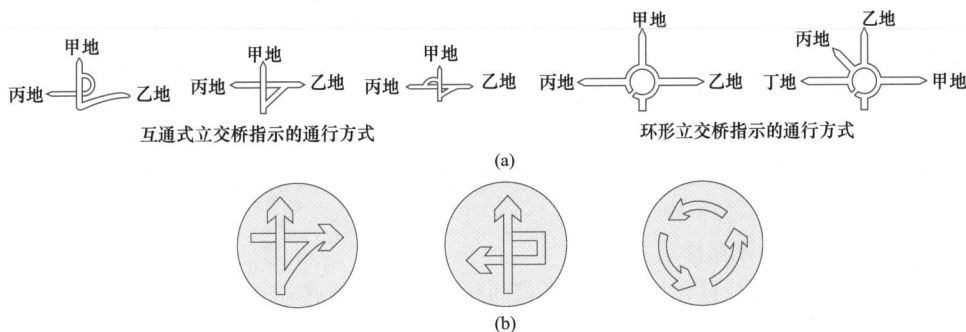

图 4-21　立交桥指路标志和立交桥指示标志
（a）指路标志；（b）指示标志

不同的立交桥左转、右转、直行和掉头走法都不相同，同一条环线光一个左转弯就可能有三四种走法。如果在行车中没有看清立交桥指示牌，或走错了行驶路线，往往会多走很多冤枉路甚至发生迷路情况。

1. 通过城市立交桥的方法。

通过城市立交桥的方法如图4-22所示。

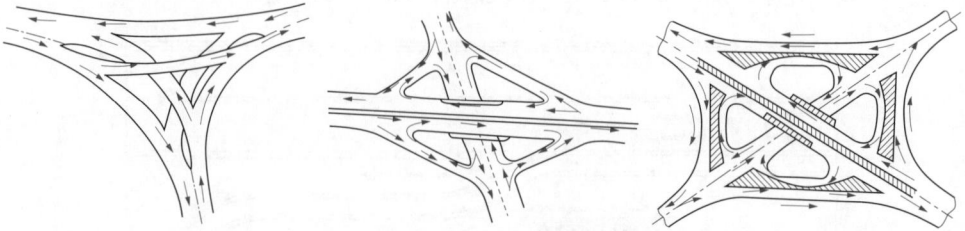

图4-22 通过城市立交桥的方法

（1）直行车辆可在桥上或桥下主干道上照直行驶。

（2）右转弯车应开右转向灯，在行驶方向的第一个路口向右转，进入右转弯车道，靠右侧行驶。

（3）左转弯车辆须驶过立交桥后方可转弯，转弯时不能直接左转弯，而应开右转向灯向右转弯行进，然后再右转弯，这样进入主干道。

（4）爬越较长的立交桥坡道时，为了保持足够的动力，迅速而稳妥地上坡，必须注意观察坡道的交通情况。若条件允许，可提前在100m左右处采用高速挡加速上坡，或提前换进低一挡位并加速上坡。上坡时应设法与前车保持30m以上距离，以防前车倒退时发生冲撞。

（5）在下立交桥坡道时，一般应将时速控制在30km/h以内；若下较陡而长的坡道时，则应先在坡顶试踩制动踏板，检查制动作用是否良好，确认正常的前提下，与前车保持50m以上的间距，缓缓行驶。

（6）车辆在苜蓿叶形立交桥上通行时，各方直行车辆均按原方向行驶，各方右转弯车辆须通过右侧匝道行驶，各方车辆左转弯或掉头时，必须直行驶过路桥后，再以右转弯行驶的方法，通过匝道进入桥上或桥下来完成。

（7）立交桥上是不准车辆停放的，尤其是在立交桥的坡道处，严禁停车。如遇车辆发生故障必须停车时，应尽量将车停靠路边，挂上低速挡或倒挡，拉紧驻车制动器，垫上三角木，示意警告信号。

2. 通过立交桥注意事项

（1）行至立交桥路口时，在距路口200m处就要减缓车速，注意观察路标指示并确认自己要驶入的车道。

（2）进入匝道时，按所要求的速度行驶。没有限速要求时，以40km/h的车速行驶。

（3）在立交桥上禁止倒车和停车。

（4）如果路线选择有误，应将错就错，将车驶出立交桥后再重新选择道路返回。

（5）如果在桥上抛锚，要设法将车移走。无法可使时，可报告交通管理部门，用清障车将车拖走。

第三节　复杂路段驾驶

一、通过桥梁的安全驾驶

1. 汽车通过桥梁的方法

桥梁根据建筑材料的不同分为水泥桥、石桥、木桥等，根据建筑结构的不同又可分为平面桥、拱形桥、吊桥等。汽车通过不同桥梁时，均应根据不同的情况，采取适当的操作方法，确保安全顺利通过。

通过桥梁前，应注意桥头附近的交通标志，遵守限制车速和载重量及轴重的规定，并适当减速、鸣喇叭通过。

（1）通过水泥桥。在通过水泥桥时，如果是双车道以上宽度的桥面，路面平整，可按一般的驾驶要领通过；遇桥面狭窄，应提前减速，如图4-23所示，万万不可冒险通过；应避免在桥上换挡、制动、会车、停车。应看清前方是否有来车，如果对面方向有来车，桥面会车就会有一定困难，应提早主动在桥头宽阔地段停车等候，让先接近桥头的汽车先行，不要加速抢行。

（2）通过拱形桥。通过拱形桥时，往往无法看清对向车及其行驶路线，应该减速，鸣号、靠右行，并随时注意对向来车和行人情况，如图4-24所示。

通过窄桥时，应提前减速，换入低速挡，驾驶车辆平稳通过，避免在桥上换挡、制动、会车、停车

桥面狭窄，等车过去，我再过桥

图4-23　通过狭窄桥梁

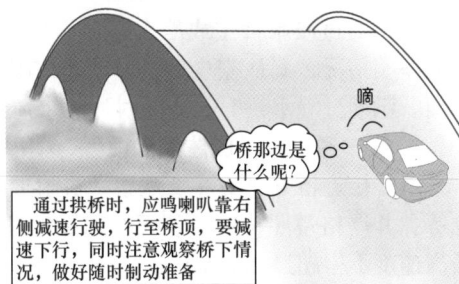

嘀

桥那边是什么呢？

通过拱桥时，应鸣喇叭靠右侧减速行驶，行至桥顶，要减速下行，同时注意观察桥下情况，做好随时制动准备

图4-24　通过拱形桥

1）汽车行到桥顶时更应减速，并随时做好让行和停车准备。切忌冒险高速冲过拱桥，以免发生碰撞。当行至拱形桥桥顶的时候，车辆开始下坡行驶，这时要松开加速踏板，使车辆减速向下行驶，同时注意观察桥下情况，随时做好减速制动的准备。夜间通行时应用变换远、近灯光示意。

2）在上拱形桥时，发现对面来车，应首先停车后退，将车停放在宽阔的地段，让对方车先行通过。交会后，再缓速上桥，安全通过。

3）在下拱形桥时，要根据拱形桥的坡度，减速或踩制动将车开下拱桥，如遇雨雪天气，驾驶人更应注意，为防滑溜，最好提前清理积雪泥泞，撒上沙子、干土后再行通过。

（3）通过木桥、吊桥和浮桥。通过吊桥、浮桥、木桥及便桥时，应先停车查看该桥能否通过，在确认安全无危险可以通过时，用低挡平稳驶过。中途不变速、不制动、不停车或起步，以免引起对桥梁的冲击而发生意外，车上的乘员最好下车步行过桥，如图 4-25 所示。

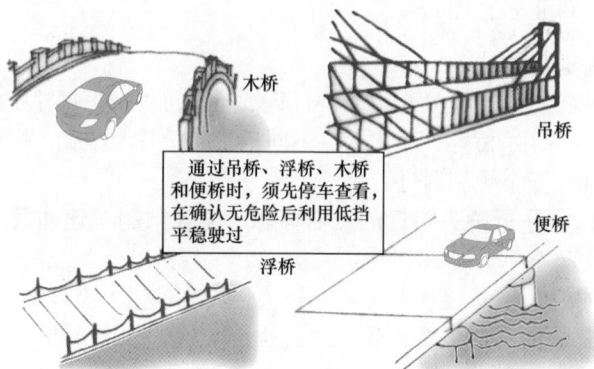

图 4-25　通过便桥、木桥、吊桥和浮桥

如果桥上有守护人员时，要听从指挥。遇年久失修的木桥，应先察看桥梁的牢固程度，根据需要采取必要措施，在确认桥梁能够承受的情况下缓慢上桥。过桥途中随时注意观察桥梁受压后的情况。若听到桥梁发生断裂声时，应加速行驶，切勿中途停车；发现桥面松动时，要注意预防露出铁钉刺破轮胎。过桥后视情况停车进行检查。

（4）通过漫水桥（或漫水路）。通过漫水桥（或漫水路）时，应先察看水情及桥面的坚实情况，确认安全后，应低速按固定路线匀速通过，途中尽量避免停车和急剧转向。汛期过漫水桥时，应随时注意水情预报。若水流过急、过深，不宜冒险通过。

2. 汽车通过桥梁应注意事项

（1）接近桥梁时应注意观察桥头附近的交通标志，如装载限制标志、车速限制标志等，并严格遵照执行。若无交通标志且确认安全无问题，则在通过时要拉大车距，最高速度不得超过 20km/h。

（2）注意桥梁两端道路宽度的变化。由于与桥梁两端衔接的道路较宽，而桥梁上的道路较窄，极容易发生撞桥翻车、坠桥等事故。

（3）在狭窄的桥梁上应减速慢行，利用中速和预先减速滑行驶进桥面，在桥头尽量避免利用紧急制动，严禁高速过桥。

二、通过隧道、涵洞

隧道分为单行隧道和双行隧道。隧道内一般都比较狭窄和黑暗，有时路面湿滑。有的隧道在入口处设有信号灯，只有当绿色信号灯亮时，汽车方可驶入。

1. 通过隧道、涵洞的安全驾驶

（1）在进入隧道、涵洞时，要在离洞口前 100m 左右应当减速，一般车速不要超过 60km/h。进入隧道前要注意观察交通标志，对于载货汽车要特别注意高度限制的规定，超高的汽车严禁进入隧道。通过隧道前应开启近光灯，如图 4-26 所示。进入隧道后，由于光线骤然变暗，视力难以瞬间适应，所以要减速慢行。

（2）通过单向行驶隧道如图4-27所示，应提前降低车速，观察前方有无来车，再视情况缓行通过并适当鸣喇叭或开启前后灯。如发现对面有来车或有停车信号，应及时在隧道口外靠右停车避让，待来车通过或见放行信号后再驶入。可打开示廓灯，适当鸣喇叭，缓行通过。

图4-26　通过隧道前应开启近光灯

（3）通过双向行驶隧道时应靠右侧行驶，注意与对面来车安全交会，如图4-28所示。在双行隧道内行驶，应注意交会汽车，并加大汽车的侧向间距，会车时禁用远光灯，隧道内回声大，尽量避免使用喇叭。尤其在距离较长、汽车流量较大的隧道内更需注意，以防噪声影响其他车辆行驶。

图4-27　通过单向行驶隧道

图4-28　通过双向行驶隧道

（4）进入隧道后，应将视线注点移到隧道的远处，不要看两侧隧道壁，注意保持行车间距。

（5）隧道内由于受到路面宽度和交通条件的限制，在隧道内不准超车、倒车、停车和掉头。驾驶人应该严格遵守隧道通行规定，以防止在隧道内发生交通堵塞和交通事故。

（6）如果车辆在隧道内出现故障，只要还能继续行驶，就应尽可能把车驶出隧道。当车辆无法驶出隧道时，车上人员必须迅速离开车辆，设法将车移到特别停车点，打开危险警告灯，在车后方150m以外设警告标志，并通过紧急电话向高速公路管理中心报警。

（7）在隧道内尾随行车时，要保持适当车距，若路面湿度较大，则应相应增大车距，以防止发生追尾事故。

（8）有些长隧道，前半部分路段为上坡，后半部分为下坡，由于这种纵坡结构，汽车驶出隧道的平均车速比驶入平均车速高5～10km/h。由于人在隧道没有相关参照物，存在视觉误差，不容易感觉到坡度的存在，加上上下坡的势能存在，各种车辆的制动距离都会大打折扣，所以跟车距离要适当拉大。

（9）夜间在隧道行车，由于隧道内有照明灯，隧道内往往比外部明亮，但驾驶人也不要因此提高行驶速度。在隧道内行车，不能凭直觉判断车速，一定要通过车速表确认行车速度。

（10）驶出隧道前，通过车速表确认行车速度；到达出口时，握稳方向盘，以防隧道口处的侧向风向引起车辆偏离行驶路线；驶出隧道时，要注意观察隧道口处的交通情况，在出口处及时鸣喇叭，预防发生事故。由于山路隧道和整个山体的结构原因，出隧道就不一定是笔直的路面，很有可能是弯路，不减速非常危险。特别是一些山区的隧道，不少乡民喜欢在隧道口纳凉，有些人甚至拿着凉席铺在路边躺着休息，驾驶人要有心理准备，注意避让。

（11）驶出隧道后，在适应光线过程中切勿盲目加速，以免因视力瞬时下降不适应环境而造成危险。

2. 通过隧道、涵洞注意事项

（1）在隧道内行车应尽量避免使用紧急制动，避免发生交通事故。

（2）驶出隧道时应注意隧道出口处两侧的视线盲区；驶出隧道后，应及时关闭车灯，按正常速度行驶。

（3）控制好汽车方向，随时注意隧道内的交通状况。驾驶人在进入前要尽量通过各种手段了解隧道内的交通状况，以确保行车安全。另外，隧道的出入口外是气流变化较大的地方，特别是在高速公路上，受侧向气流的影响，常常产生较大的侧向力，使汽车突然改变行驶方向。

（4）隧道内开车最好不要打开车窗，因为隧道内的空气流通不畅，并十分污浊。如果打开车窗行驶，隧道其他汽车产生的尾气就会进到车内造成车内空气的污染。因此在隧道内行车最好是将汽车的窗户全部关闭，并开启空调内循环来保持车内的空气流通。

（5）涵洞内一般潮湿路滑，路幅不宽，通视条件较差，应做好防滑措施，并随时注意前方来车和交通情况。

（6）一般的涵洞地面都较低洼，路面多为坑洼不平，汽车通过时应注意躲避凹凸之处，防止凸起的路面擦伤车底盘。

（7）过涵洞时，禁止松开方向盘或轻握方向盘，以防止地面不平引起方向跑偏或方向盘自主转动打伤手臂。

三、通过铁路道口

通过公路与铁路的平面交叉口时，应当提前减速，密切注意两边有无火车驶来，并按照交通信号或者道口管理人员的指挥通行；没有交通信号或者管理人员的，应当在确认安全后通过。

1. 通过铁路道口的方法

（1）通过有人看管的铁路道口。

1）通过有人看守的铁路道口时，汽车应提前降低车速，听从铁路道口看守人员和安全管理人员的指挥，做到"一停、二看、三通过"，如图4-29所示。

2）若遇道口栏杆（栏门）关闭，红灯交替闪烁或红灯亮，音箱器发出报警或看守人员示意火车即将通过时，应依次停车等待，或依次停在停车线以外。

3）汽车驶近道口遇绿灯亮时，准许车辆通过。进入道口后，应以20km/h左右的速度一气通过，不准在火车行驶区域内变速换挡、制动、停车，如图4-30所示。

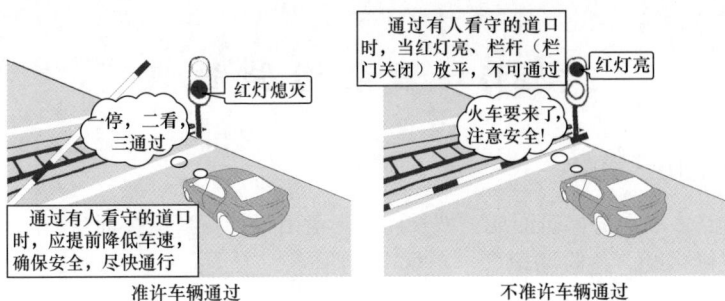

图 4-29　通过有人看管的铁路道口

（2）通过无人看管的铁道路口。如图 4-31 所示，汽车通过没有道口信号灯又无人看守的铁路道口时，应提前减速，到达停车线时要立即停车，按先左后右的顺序观察铁路线上有无火车通过，确认无火车开来时方准通行，做到"一停、二看、三通过"，不得贸然通过，严禁与火车抢行。当有视线盲区或遇雨、雪、雾等恶劣天气视线不良时，应该下车观察或让助手下车指挥通过。

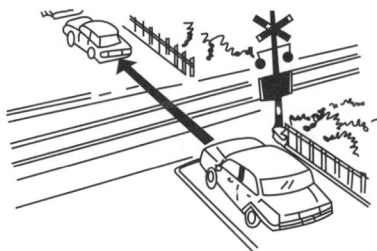

图 4-30　穿过道口

图 4-31　通过无人看守的铁路道口

2. 通过铁路道口的注意事项

（1）在距铁路道口 20m 以内的道路上，除停车瞭望或停车让行、运行中临时停车等情况以外，不准停车。在汽车较多，交通拥挤的道口，要注意观察道口对面是否有停车的空位，如果没有空位，切不可穿越道口，以免长时间在道口内停车。

（2）通过道口时，视距不低于 1km，驾驶人必须在 40m 以外发现道口，在 400m 以外看清火车。

（3）通过铁路时，应注意轨道等突出物，以避免损伤轮胎。

（4）遇道口内的路面凹凸不平，铁轨又滑时，要注意防止汽车跑偏和侧滑，两手应紧握转向盘，把握好行驶方向，保持直线行驶。

（5）汽车若在火车行驶区域内发生故障，驾驶人员要立即将汽车移出铁路限界（距钢轨外侧不少于 2m），不准停留和就地检修。确实无法移出时，要立即采取防护措施，并通知两端车站。

（6）运输超限物品通过铁路道口时，应提前取得铁路有关部门的同意，在其协助和指导下通过。

（7）当道口内既有行人，又有自行车，还有交会车辆时，应提防发生碰撞事故。

第四节 复杂道路驾驶

一、通过山区道路

山区道路多顺地势修筑而成，坡长而陡，盘山绕行，弯道多而急，路面狭窄，隧道桥多，气候多变，危险路段多。车行山区路时，应尽量多了解地势、山形、气温、气象，做好必要的、充分的准备。

上山前要仔细检查车辆的制动装置、转向装置、传动装置、轮胎和冷却水、机油等，发现故障及时排除，在无任何故障并做好充分准备之后才能开车上山。

1. 通过山区道路

（1）在山区坡道上行驶。

1）在山区坡道上行驶时要根据坡道情况，保持足够的动力平稳地上坡。

2）汽车下坡时，由于汽车的重心前移，其惯性力也随之增大，应注意检查制动器的工作状态，要严格控制车速，不能过快，可利用行车制动控制车速，禁止空挡滑行，尽量避免使用紧急制动。对于下陡坡的车辆来说，如果不能及时停住，应将方向盘转向靠山一侧，用车尾抵在山体上，利用天然障碍使车停下，以免发生危险。

图4-32　通过傍山险路的方法

（2）通过傍山险路。傍山险路地势险，道路窄，弯道急，行车难度大，驾驶人必须认真掌握通过傍山险路的方法，谨慎驾驶。如图4-32所示。

1）通过傍山险路，应注意交通标志，遵守标志的规定。要靠右侧谨慎驾驶，避免停车。行车中要注意观察靠山一边的路面，尽量选择道路中间或靠山的一侧谨慎驾驶，在较窄的山路上行车时，如果靠山体的一方车辆不让行，要提前减速并选择安全的地方避让。不要窥视崖下深涧，以免精力分散和产生不必要的紧张心理。

2）车辆交会。在没有与车辆交会时，可紧靠道路中心线的右侧行驶。发现前方来车时，应提前处理，做到"一让、二慢、三停"，观察好前方道路和右侧路面情况，选择好会车地点，主动做好停让车的准备。会车地点在悬崖边或溪岸旁，地势比较危险时，应停车观察路基情况，在确保安全的前提下缓缓会车通过。如在靠山行驶时会车，应使自己所驾驶的汽车尽量靠近峭壁，给对方来车留出足够的路面。右侧是山涧时，不要紧靠右行，而是在自己车辆的右侧留出足够的安全空间；如果道路的宽度不允许两车同时通过，而对方又无礼让意识，可让对方先行。

3）汽车转弯。转弯前应减速、鸣喇叭、靠右行，如图4-33所示。特别是下坡车应在转弯前平稳降低车速，随时做好停车准备，以防转弯中遇到来车交会或转弯后遇到路障。在视线受限的弯道上行车时更应小心。

（3）通过山区危险路段。

1）临近危险地段前，应了解前方道路情况，以便采取适当措施。进入危险地段时，应认真观察，若前方路面有散乱的大小石块、泥块或土堆时，应考虑是否会有塌方、滑坡和泥石流出现，必须选择安全地带及早停车，细心观察，查明原因。确认安全后方可通过。

图 4-33　减速、鸣喇叭、靠右行

2）汽车通过经常发生塌方、泥石流的山区地段时，应减速慢行，注意观察，同时尽快通过，切忌犹豫不定或在可疑地段停车，如图 4-34 所示。

3）若车前突然出现塌方，如图 4-35 所示，应视情况后退或加速前进，不可停车。如果险情发生在车后，或有碎石落在车上或车旁时，切勿停车察看，应加速前进一段路程，选择安全地点停车处理。遇到塌方严重，暂时无法排除时，应及时掉头迂回或找安全场地停车等待。遇到沿线施工地段，要注意"爆破"工程，须听从安全岗的指挥，绝不可冒险通过。

4）遇到施工地段，要注意路面是否有爆破工程，听从安全人员的指挥。

图 4-34　尽快通过危险地段

图 4-35　前方突然出现塌方

特别提醒

通过有陷隙山路的方法

（1）未观察清楚陷隙时，不要贸然通过。

（2）如果是安全且坚硬的陷隙，通过时不要以踩着制动踏板的状态使车前轮进入陷隙，因为这样会使乘车人或货物受到损伤。通过陷隙的正确方法是，首先踩下制动踏板使车辆速度降下来，当前面的车轮快要驶入陷隙时松开制动踏板，这样车轮通过陷隙时可平稳得多。

（3）通过陷隙时，双方不要离开方向盘，并尽可能握稳方向盘，防止车轮在陷隙中受阻力影响造成方向的改变，使方向盘产生回转。

2. 通过山区道路注意事项

（1）注意交通情况。山区道路上弯多且急，经常出现视线盲区，看不清对向有无来车。为此，驾驶人要集中注意力，观察和准确判断对向来车、路旁行人、非机动车和畜力车等的动向，防止意外事故的发生。为使对向来车提前知道有车临近，应在进入弯道前及时鸣喇叭（夜间用断续灯光），并注意倾听对方是否有鸣喇叭的声音。

（2）注意车速不能太快。由于山区道路弯道多，如果车速过高，一旦碰上危险，不易控制车辆，容易发生事故。

（3）尽量选择道路中间或靠山的一侧谨慎驾驶。

（4）在傍山险路上，尽量不要超车。注意跟车不能过近。在山区公路行车时，跟车距离应大于一般公路。上坡时前车前后车之间距离不少于90m；下坡时车距应增大到120m。若前车为重车拖挂、半挂牵引车，则车距还应再适当加大，以防前车或本车突发故障，造成相撞事故。

（5）如果在雨天进入易出现塌方、滑坡或泥石流的危险地段，应认真观察，不要在可疑地段停车。

（6）下山通过急弯时，首先将车速降到最低，紧靠自己车道右侧行驶。临近弯道，要及时鸣喇叭，晚上用灯光示意，以告知对方来车，相互做好避让准备。如果所开车辆车身过长，应主动停车，让对方驶过后自己再通过。

图4-36　山区道路不能强行超车

（7）注意不能轻易超车，更不能强行超车，如图4-36所示。在山区道路上超车时，要选择宽阔的缓上坡路段，开启左转向灯，提前鸣喇叭，在确认前车让超后超越；严禁在禁止超车或不具备超车条件的路段超车。在超越大型汽车或挂车时，一定要有耐心，要等前车让道后，在视线良好、对向无来车和障碍物的情况下才能加速超车。在雨天超车时要注意控制车速，防止前车飞溅雨水，遮挡视线，导致意外事故。

（8）注意下坡不能空挡滑行。汽车下坡时应利用行车制动器，随时控制车速，严禁下坡空挡滑行。

（9）注意避免停车。在山区道路行车时尽量避免停车，确需停车时，应选择平缓路段，确保安全。下坡中途停车时，踏制动踏板要比在平路时提前；上坡尾随前车中途停车时，与前车的距离要比平路时大。在上坡路段长时间停车时，要在后方用塞木或石块塞住车轮，以防车辆后溜；在下坡路段长时间停车时，要在前方用塞木或石块塞住车轮，以防车辆前溜。

二、通过泥泞道路

泥泞路面较软、变形较大，行驶阻力增大，同时转向盘难以掌握，控制行驶路线难度大。泥泞或松软路面附着力下降，动轮易发生滑转，制动效能降低，制动时制动力很容易超过附着力，车轮会被迅速"抱死"而使车辆发生侧滑。

特别提醒

（1）在山路行驶时，弯道坚决不能超车。因为在超车时看不见弯道另一侧的情况，一旦开始超车，突然发现对面有车辆，非常易发生重大危险事故。

（2）在弯道、坡道对面情况看不清楚的状况下，决不要勉强超车，进弯道前必须鸣笛，晚上闪前照灯，提示对面车辆不要强行超车，或逆行占用车道。同时进入山区隧道时，一定要把车辆的灯光全部打开，包括雾灯。

（3）山区路段坡长而陡，路窄弯急，隧道轿多，行车时一定要注意交通标志，并合理选择转弯、会车地点。

（4）在转弯处的操作要求，盘山绕行道路的最大特点是弯多而且急，车辆在接近转弯处时，事先鸣号，可使用高音喇叭，以确保通知对面可能到来的车辆或行人，紧靠道路右侧行驶，如果右侧紧靠山体，紧贴道路边沿行进，如果右侧是山坡，则要留出1m以上的安全边沿，过弯道时根据道路的弯度确定转弯半径，由于转弯处往往有山体阻挡，造成视线受阻，很难看清对面情况。因此，车到转弯处更应小心谨慎。

（5）上山途中发生熄火现象时，不要惊慌，应立即手、脚制动并用把车停住，防止车辆后溜，在踏下制动踏板的同时，然后重新启动发动机，缓慢起步，同时松开脚、手制动，随即加大加速踏板，车辆可以继续前进了。

特别提醒

遇到山洪的避险方法

（1）在山区行驶时，不论什么车辆遇到暴雨，都要立即离开山脚或泄洪地段，不要停滞观望。

（2）在具有山洪冲击的地段停车时，不要将车停在山顶或过于暴露车的路面上，以防雷击或疾风袭击，也不可将车停在山脊凸出的公路上，以防塌方或滑坡，而应选择避风、路基坚硬、山坡岩石固定不会发生泥石流和远离山洪会经过的地方停车。

（3）在野外遭遇突发山洪，驾驶人一定要保持冷静，迅速判断周边环境，尽快向山上或较高处转移。如果一时躲避不了，应选择一个相对安全的地方。山洪暴发时，不要沿着行洪道方向跑，也不要轻易涉水过河，而要向两侧快速躲避。

（4）在山区的谷地行车，如果遇到洪水沿路面冲下时，应迅速将车开上附近的小丘、山梁进行躲避，等洪水过后再行。

1. 汽车泥泞道路的方法

（1）进入泥泞道路前应停车观察，摸清泥泞、翻浆的程度及路面长度，防止汽车陷入。

（2）在泥泞道路上行车，尽量选择路面比较平整，路基较坚实，且泥泞较浅的路面行驶。在有拱度的路面，要骑路中行驶，以保持两侧车轮高低一致；在有车辙的地段，可沿车辙行驶。遇到因挤压突起而无法避开的障碍时，应先清除，然后通过，防止擦坏车身。一般中途尽量不制动、不停车，应慢转向，保持足够动力一次性平稳通过。

（3）汽车在泥泞路上行驶时，驾驶人要把稳转向盘，打转向盘的动作要均匀缓和，瞬时转动角度要小，以避免惯性离心力的作用。需要靠边时，应先在路中间减速，再逐步驶向路边。转弯时必须提前减速，缓慢地操作转向盘，以防止汽车侧滑。

2. 通过泥泞道路注意事项

（1）通过短的翻浆路段时，可根据情况加速通过。通过较长的翻浆路段时，应详细勘察行驶路线。

（2）在行驶中发生轻微的侧滑时，要适当减速，稳住方向，否则会加剧侧滑。如是后轮侧滑，车尾向一边甩（俗称"甩尾"），应放松加速踏板，转向盘向车尾甩动的方向转动，这样可以控制车体的运动方向，防止侧滑继续下去，待修正好行驶方向后，再逐渐驶入正常车道。当汽车发生侧滑时，不可紧急制动，不可猛打转向盘，以免发生更大的侧滑，甚至造成翻车事故。

（3）行进时，为避免车轮下陷，应保持中等速度，避免中途变速和停车。

（4）当车轮陷入泥中并空转时，应立即倒车，另选路线通过。如倒车也空转，应立即停车，以免越陷越深。停车后，挖去泥浆，加以铺垫防滑材料，必要时卸下货物，以便汽车驶离。

（5）泥泞路上要避免停车，必需停车时，时间不宜过长，以免轮胎下陷。

特别提醒

通过泥泞翻浆路的防滑措施

（1）通过泥泞路段以前，除去车轮上的泥土，清除轮胎花纹中嵌入的石子和泥沙。

（2）泥泞浅而路基坚硬的道路，可铲除表面的浮泥。

（3）如果行驶中驱动轮被陷打滑，可在车轮下垫木板、干土、石块或杂草等。

（4）必要时可适当降低轮胎气压，加大轮胎着地面积，驶出泥泞后，及时充气。

（5）长期在泥泞区域行车时，应设法将轮胎更换成大花纹的防滑轮胎。

（6）在驱动轮上装上防滑链或缠上草绳。

（7）若泥泞路段不长而条件许可时，可在选定的行车路线上铺设碎石、沙子、禾草或木板等，构成防滑轨道。

三、电动汽车涉水

1. 通过积水道路的方法

（1）在汽车通过积水道路前，应停车观察水情，查明水的深度、流速、流向、水底情况（泥泞底还是石底），以及汽车进、出水域的道路情况。若水面较宽，应选择水浅、底硬、水流稳定处作为涉水路线，并应设置标志。车辆应采取必要的防水措施。

虽然电动汽车的涉水能力很强，但是在涉水时仍要提高警惕，在水深明晰的情况下，注意保持车速，不要进行加减速；在水深未知的情况下，应该缓慢行驶，该停车就停车，不要贸然前行，水深超过半米建议绕道而行。

（2）涉水时应低速、平稳地驶入水中，要保持匀速行驶，不要突然加减速并缓慢行进，防止水花溅湿电器部分，并尽快通过积水路段。尽量避免中途换挡、停车和急转方向，同时，还要注意对面来车。

涉水时，动力电池一旦断电，不要随意启动，有部分车型会发生过水断电，属于车辆保险装置自动断开，这时不必惊慌，尽快通知专业维修人员即可。

（3）行进中要看远顾近，尽量注视远处的固定目标，双手握住转向盘正直前进，不能注视水流或浪花，以免眩晕造成失误。

（4）当遇水底有流沙，车轮打滑空转下陷时，不可盲目加速强行通过，应立即停车，但不能使电动车熄火，更不能继续加速，以防越陷越深。应在保证电动车不熄火的情况下，组织人力或其他汽车将车推、拖出水面，避免越陷越深。若电动车熄火，可用其他车辆向前或向后将车辆拖出。

（5）涉水后，如果机舱有进水情况，要及时切断电源并进行通风干燥处理，清除存水，并且检查底盘，尤其是制动系统。另外，对动力电池、电机及电源线束也要进行详细的检查。

同时应在保证安全的前提下，低速行驶一段路程，边走边轻踩制动踏板。可以右脚踩加速踏板，左脚踩制动踏板，连续踩几次，制动摩擦片与制动鼓之间的水滴就会被摩擦掉，摩擦产生的热量将制动鼓烘干，待制动性能完全恢复后再正常行驶，避免制动效能降低影响交通安全。

此外，在清洗过程中要特别注意避免水流入车体充电插座，以免导致车身线路短路。

（6）当然，如果雨下得很大，需要保持谨慎，毕竟积水路段的实际深度难以辨别，雨水当中的复杂成分也可能对电机、电池壳体、车身等金属部件造成一定的腐蚀性。因此，应该尽量避免涉水。

特别提醒

（1）电动汽车相比传统燃油汽车，涉水能力有一定的优势，浸没水中也并不会导致漏电造成人员伤亡（只要保证涉水深度≤30cm，在涉水时将时速保持在 20km/h 以下）。

（2）电动汽车遇到暴风雨和积水最大的问题不是漏电，而是内饰被浸泡，或者是驾驶员被困在车内出不来。另外虽然车上的电池包有 300～600V 的高压直流电输出，现在的电动汽车基本都会配有绝缘和漏电检测功能。如果高压部件发生漏电了，管理系统会直接切断电池箱的电压输出。因此，被"电"到的可能性也比较小。

（3）鼓式制动器制动失灵的情形很多，而不仅仅限于涉水。比如，在雨中行车时，没有涉水，但雨水容易进入制动鼓中；在洗车时，高压水龙头也容易使制动鼓进水，驾驶人要留意。

2. 通过水洼地段的方法

雨天时或大雨后，低洼的地方往往遭到水淹，驾车通过时注意事项如下。

（1）雨天行车，遇到路面有低洼积水时，不要急忙左闪右避或急加速冲过去，这样对后面的车和路边的行人会造成威胁。最好探明积水深浅，水深就绕路行驶，水浅就尽量放慢车速，谨慎前行，不要激起太大水花。

（2）对于比较容易判断的大水洼，不要加速通过，以免雨水溅起而影响行车视线，造成危险。最好沿着前车压下的轮迹通过，无轮迹可依时应停车观察，选择积水较浅处通过。

（3）当汽车只有一边的车轮进入深水洼时，由于水的阻力会使方向盘被扭转，驾驶人会急忙用力握住方向盘，可是当驶出水洼时由于余力的作用会使车驶向相反的方向。因此，汽车通过水洼后，不可将方向盘握得过紧，应根据转向情况和行驶阻力及时回转方向盘。

（4）遇到坚硬路面有水洼时，可慢慢驶入，不要高速驶入。遇泥水路有水洼时，为防止水洼成为泥泞状态，应高速通过，避免慢速行驶，以防陷车。

（5）通过水洼后，要及时检查制动效果。如果制动距离延长，说明制动鼓里进水，应采用制动的方法让制动鼓升温，使制动性能恢复正常。

（6）在城市内的积水路面行车时，要回忆积水处是否有井盖、台阶等障碍。

3. 通过积水道路应注意事项

（1）通过路况不明的积水道路时，必须察明水情和道路情况后，方可通过。

（2）汽车涉水必须是在电动车正常运转，转向和制动机构灵活可靠的情况下进行。

（3）涉水时必须使用低速挡，越野汽车应同时使用前轮驱动和加力挡，保持汽车有足够而稳定的动力。在涉水中途要避免换挡、停车、急剧转向，使汽车匀速通过水域。

（4）有四轮驱动的汽车在涉水时，应挂接前轮驱动，以加强通过性能。

（5）通过水淹的沙石或泥土路段时，摸清情况后，应偏向道路的上水一侧用低速挡行进，以免车辆车轮进入凹坑或缺口处。

（6）汽车在积水道路上行驶时，车轮很容易打滑空转和侧向滑移。当车轮在水中打滑空转时，要将车停稳，不要勉强进退。应迅速组织人力推车，或调用其他汽车将车拖出。

（7）如果水位不断上涨和水流较急，则汽车就有被冲翻的危险，必须防止汽车在水中熄火。行驶中应用低速挡，保持足够的动力，一旦听到电动车工作声音不正常，应立即停车但要踩着加速踏板，让电机无负荷空转，防止熄火，同时立即检查原因，排除故障，再起步通过。

特别提醒

通过溪水及洪水漫溢道路注意事项

1. 通过溪水注意事项

（1）遇到溪水时，要尽量避开。

（2）如果避不开，看不到水底，也不知深浅，在车辆通过溪流之前，应先徒步通过溪流或者用木棍检测深度。

（3）如果水位到达车轴，通常可以通过。

（4）如果水位抵达保险杠，要谨慎通过。通过前，应检查进气口的位置。有些车辆的进气口位于保险杠附近，在通过溪流时，可能因发动机进水而导致严重损坏。

（5）如果水位抵达前照灯底部，谨慎通过，并在散热器前面放防护罩或帆布来挡水。

（6）如果水位抵达前照灯，尽量避免通过。如果要强行通过，请解开安全带，打开车窗，以便随时跳车逃生。

2. 通过洪水漫溢道路注意事项

（1）水漫前路，应放慢车速。

（2）如果看到其他车辆驶过，明知漫溢的水不深，就不必停车察看。等前面的一辆车通过后，自己再慢慢驶过。

（3）如果不知道水有多深，应停车细察。

（4）如果水深淹及冷却风扇叶片，就不宜驶过，否则叶片泼溅冷水到发动机上，可能使高温发动机的机体破裂或使火花塞导线短路。

（5）大多数冷却风扇叶片离地25～30cm，约等于轮轴心的高度。如果路面呈弧形，宜循弧顶轴线最浅水的部分驶过去。用1挡或2挡慢驶，尽可能减少往发动机上溅水，但不要使发动机停止转动，不要换挡。如果改变发动机速度，水可能从排气尾管吸进去。

不同的车型，其车身高度有所不同，重要的电器电脑所布置的高度也有所区别，只要保证涉水深度在≤30cm，也就是刚刚没过大半个车轮的深度以内，如图4-37所示，并保持时速在20km/h以下，才能保障涉水时的安全性。

图4-37　混合动力汽车涉水深度

特别提醒

纯电动汽车涉水注意事项

（1）涉水前要了解自己车的涉水等级，目前市面上的新能源汽车防水标准已经做到了IP67级别。判断可涉水程度。

纯电动车在雨天行驶速度不要过快，涉水行车时，要查清水深、流速流向、水底的坚实程度，路面积水深度不得超过30cm（换蓄电池式电动车不大于15cm），控制车速不超过10km/h，同时关注仪表是否有报警。涉水车辆如出现绝缘故障应立即停车检修。目前的电动车涉水深度较低，即使身材庞大的公交车也不过20～30cm，轿车甚至更低。当路面积水超过30cm时，车辆须换道行驶或暂停使用，严禁强行通过。当心行人自行车，减速慢行保持车距；车内起雾时要开制冷，外部循环效果更佳；车辆抛锚时要迅速下车，自身安全先保证；救援拖车有要求，驱动车轮需离地。

（2）纯电动汽车涉水时、涉水后，注意保持车速，不要进行加减速；同时注意对面来车。涉水后除与传统汽车一样外，清除存水，检查底盘，特别是制动系统，还要注意对动力电池、电机及电源线束的检查。

（3）纯电动汽车泡水后，不要轻易启动车辆，应交由专业的维修人员进行处理。泡水事故车辆的监测技术人员或负责人应经常到现场目测并用红外测温枪对各外高压部件和电池进行测温，记录每次监测温度的数值。以免内部短路或燃烧引发火灾，阶段性温升过高可采用大量喷水降温并加紧监测。停放48h之后，无异常（冒烟、高温、电火花、焦糊味等）可进车间维修，维修人员必须经过厂家专业的培训并持有低压电工操作证。

四、汽车渡口摆渡

1. 通过汽车渡口摆渡

（1）汽车到达渡口准备摆渡时，应该按照渡口管理规定办理有关过渡手续，并按到达先后依次排列待渡。待渡时，驾驶人不能离开车辆，要听从管理人员指挥，随时跟进待渡的前车，不准压车和插队。汽车待渡时，必须及早减速并检验制动器的作用，以防发生意外。汽车轮渡如图4-38所示。

图4-38　汽车轮渡

（2）进出码头或渡口时，应低速驶入、驶出码头或渡口。行驶时应把稳方向，控好加速踏板，进出加速踏板，进出码头或渡口，应集中精力，随时注意车前发生的情况，以便在发生意外时能够及时处理。汽车待渡时，必须及早减速并检验制动器的作用，以防发生意外。车辆开出码头或渡口时，车速要慢，同时应持续鸣喇叭，提醒行人或其他车辆。

（3）汽车上下渡船时，应使用低速挡缓慢行驶，尽量避免在跳板上换挡、减速、停车；同时，要正确判断车轮在跳板上所处的位置，必要时派人在车外指挥。

（4）驶上渡船后，应缓慢驶到指定位置平稳停车，避免紧急制动。汽车在渡船上停稳后，要拉紧驻车制动，将变速杆挂前进挡或倒挡，将发动机熄火，用三角木或其他硬物塞住前后车轮，以防车辆移动。如果发动机启动困难不宜熄火，则驾驶人不得离开驾驶室。

（5）汽车下船时，应听从管理人员指挥，依次下船，以保持船体平稳，防止倾斜。驾离码头，后车与前车保持足够安全距离，以防前车倒溜而发生碰撞，或等待前车驶上坡顶，再行起步。

（6）在渡口码头的下坡道上停车时，应与前车保持适当的距离。驾驶人如确需离开车辆，应采取适当安全措施。如将发动机熄火，拉紧驻车制动器操纵杆，变速杆挂入低挡位置，用三角木或石块塞住车轮。

（7）遇到陌生的渡口，或碰到临时性的渡口，在过渡前，先停车观察一下码头、渡船、跳板和水位等情况，并结合所驾车辆的技术状况，设想和准备好过渡的技术措施。

（8）按规定可优先摆渡的车辆，也要听从渡口管理人员的安排和调度，不要自行其是，以免扰乱渡口秩序。

2. 上下渡船注意事项

（1）汽车在船上停稳后，要注意安全措施，即拉紧驻车制动，将变速杆换入 1 挡或倒挡，并且要用三角木塞住前后轮，以免汽车移动。在上下渡船时，应注意观察周围行人和车辆。当对方车辆距离过近时，应及时鸣号提醒对方，防止发生碰撞。

（2）汽车过渡时，除驾驶人外，乘车人员一律下车，徒步上下渡船。

（3）多辆汽车同乘一般渡船时，应注意遵照有关人员划定的位置停车，不可随意停靠，以免渡船载重失去平衡，发生倾斜。

（4）在船上需调整停车位置时，可按侧方移位的方法操作实施。

（5）汽车下船时，要听从指挥人员指挥，挂挡起步后，转动转向盘，对准跳板缓慢行驶。当离船驶上码头坡道时，要与前车保持足够的安全距离，防止前车可能倒溜。

第五节　特殊环境驾驶

一、通过冰雪路面

在冰雪路面上行车时，应根据道路的情况、合理使用变速器。上坡时，应根据坡度使用稍低一级的挡位，需要减挡时，时间应较平时稍提前一些，避免发生脱挡现象，以保证有足够的动力不使汽车向后滑溜；下坡时，要依靠发动机牵阻作用控制车速，避免使用行车制动，必须使用制动时，只能间歇轻踩。

1. 通过冰雪路面

汽车在冰雪路面上行驶，由于路面光滑，附着力小，车轮易产生空转和滑溜，转向的稳定性差。所以，驾驶方法与一般路面有所不同。

（1）汽车起步。汽车在冰雪路面上起步时，车轮容易空转打滑，因此，应轻踩加速踏板输出较小动力，以适应冰雪路面汽车起步不滑转，保证汽车平稳起步。雪后路滑，起步时若发现轮胎已被冻结于地面，应先用十字镐挖开轮胎周围的冰雪、泥土，以防损坏轮胎和传动机件。若驱动轮打滑，应铲除车轮下的冰雪，并在驱动轮下撒些干沙、煤渣、柴草等物，以提高附着性。或在驱动轮上安装防滑链。

（2）合理制动。冰雪路面要保持中速或低速并匀速行驶，以确保安全。在冰雪路上减速或停车时，应尽量使用预见性制动，并尽可能地运用发动机的牵制作用制动。灵活地运用手制动，尽量避免行车制动，以免发生侧滑。若遇紧急情况必须制动时，切不可将制动踏板一脚踩死，而应间歇、缓慢地踩踏制动踏板，并辅以驻车制动。当制动侧滑时，要稍松抬制动踏板，同时要顺着侧滑的方向动转向盘，以免侧滑加剧。

（3）转向要缓慢。在冰雪路面转向时，要提前缓抬加速踏板平稳减速，缓慢转动转向盘，避免猛打、猛回转向盘。在道路及交通情况允许的条件下，适当加大转弯半径，做到早转或少转的，以防车轮侧滑。

（4）转弯驾驶。汽车行经弯道时，要提前缓抬加速踏板，平稳降速。转弯时，只要不妨碍对面来车，转弯半径可以增大，使用转向盘时，不可急转猛回，做到早转或少转，以防车轮侧滑。转弯时要控制车速，提前缓抬加速踏板，平稳降速。在道路和交通情况允许下，适当加大转弯半径，操作转向盘要缓慢，做到早转或少转，不要急打急回，以防车轮侧滑。

（5）尾随行驶的方法。在冰雪路上行驶容易发生追尾事故，尾随行驶应与前车保持较大的纵向距离；一般为正常道路条件的 1.5～3 倍，即最小在 50m 以上。遇有前车放慢速度，后车需要减速时，采用间歇缓踏制动踏板辅以驻车制动的方法，切忌将制动踏板一脚踏到底或使用驻车制动过急过猛。

（6）谨慎会车。在冰雪路面上会车时，应提前减速，选择安全地段（即宽敞、平坦地点），要注意选择积雪少、路面宽的地段，最好两车不要在行驶过程中会车，应一车靠边停住，另一车低速通过。会车时若对路面无把握，应下车观察，确认路面安全后，才可靠边慢行进行会车。若地路面窄，不宜会车，应根据道路情况，由一方后退让路，不得冒险交会。在狭窄的冰雪路上会车时，侧向安全距离很小，应设法清除交会地段的冰雪，然后缓行交会。交会时，汽车不要太靠路边，并尽量增大两车间的侧向间距。

（7）超车要谨慎。冰雪路面原则上不允许超车，如需超车，必须选择路面宽敞、平坦、冰雪较少的路段，并得到前车让路让速后方可超越。不得强行超车，而且超过前车千万不要马上向回变线，而要尽量给被超车留出安全距离。

（8）在积雪过深地区行驶，应根据行道树、电线杆、交通标志和路边栏杆等的相互位置来判断道路，判明行车路线，沿着道路中心或积雪较浅处通过。在积雪较深的路面上行驶，可跟着前车的车辙行驶，如图 4-39 所示，因为前车已把松软的雪压实，可防止陷入深雪之中。

图 4-39　跟着前车的车辙行驶

（9）停车要适当行车途中尽量少停车，以防撞车、溜滑和冻结。如需停车，应提前换入低速挡，选择好安全地点，应选择朝阳、避风、平坦干燥处停放，不得紧靠建筑物、电线杆或其他车辆，以防侧滑时碰撞。若必须在坡道上停车，应挂挡、拉紧手刹，并在车轮下填塞三角木、石块等，以防汽车溜坡。

（10）在雪地爬坡时危险性极高，必须与前车保持比平时多两倍的距离。上坡时，应根据坡度使用稍低一级的档位以保证还有足够的动力不使汽车向后滑溜；下坡时，切勿一直靠行车制动制动。如果起步失败，要立即拉手刹，借助手刹再次起步。

知识拓展

正确安装与拆卸汽车轮胎防滑链

汽车轮胎防滑链的安装方法如图 4-40 所示。

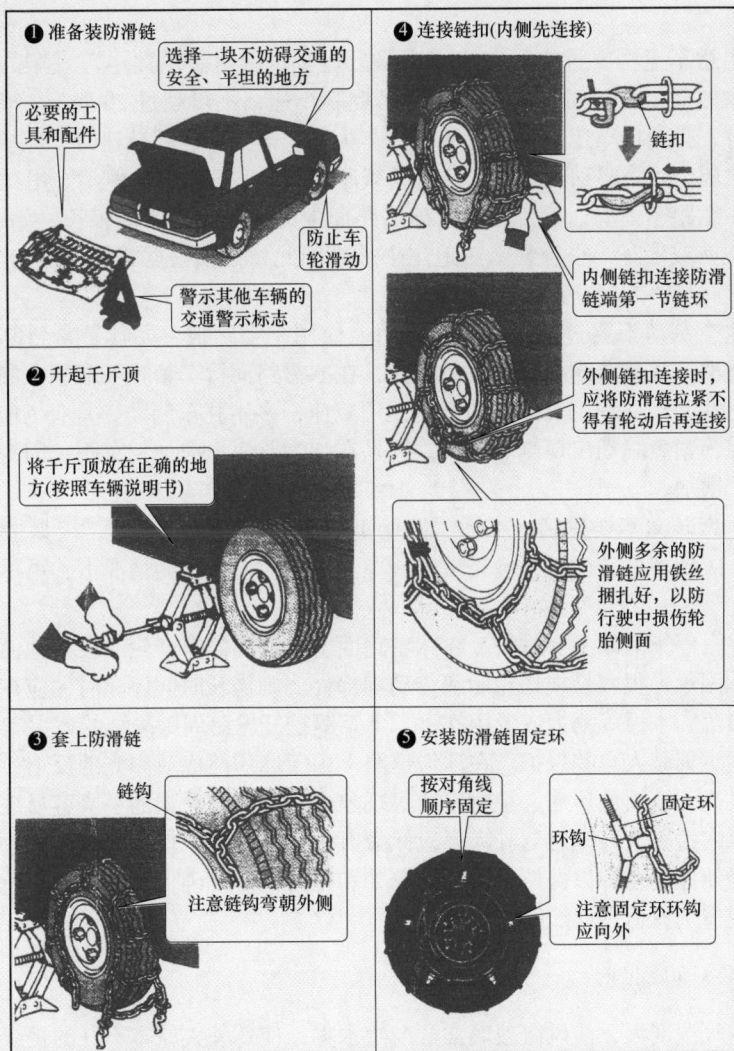

❶ 准备装防滑链

选择一块不妨碍交通的安全、平坦的地方

必要的工具和配件

防止车轮滑动

警示其他车辆的交通警示标志

❷ 升起千斤顶

将千斤顶放在正确的地方（按照车辆说明书）

❸ 套上防滑链

链钩

注意链钩弯朝外侧

❹ 连接链扣（内侧先连接）

链扣

内侧链扣连接防滑链端第一节链环

外侧链扣连接时，应将防滑链拉紧不得有轮动后再连接

外侧多余的防滑链应用铁丝捆扎好，以防行驶中损伤轮胎侧面

❺ 安装防滑链固定环

按对角线顺序固定

固定环

环钩

注意固定环环钩应向外

图 4-40　汽车轮胎防滑链的安装方法

若道路不再有冰雪时，应将防滑链卸除，不要安装着链条在没有积雪的路面上行驶，否则会严重损坏轮胎。拆卸链条要比安装链条简单得多，只要按与安装相反的步骤卸下链条即可，然后把防滑链储存在干燥的地方留待下一次使用。

注意：车轮安装防滑链后切勿高速行驶。

2. 汽车通过冰雪路面应注意事项

（1）出车前应做好各项准备工作，携带防滑链、喷灯、三角木、钢丝绳、锹镐及其他必要防寒保温用品。安装防滑链要左右对称，松紧适度，通过冰雪路段后，立即拆除。

（2）注意车速不要过快。在冰雪道路上行车，因附着系数小，汽车的制动距离长。在冰雪路面上行驶时，驾驶人应严格控制车速，不得超过20km/h。特别是在转弯或下坡时，必须将车速控制在能随时停车为好。需要加速或减速时，应缓缓踏下或松开加速踏板，以防驱动轮因突然增速或减速而打滑，甚至发生侧滑、甩尾。

（3）注意跟车不要过近。汽车在冰雪路面上的行驶制动距离很长，如跟车过近，一旦前车减速或停车，很容易造成追尾事故。因此，必须根据路面地形和车速情况，保持与前车有足够的安全距离。

（4）注意制动不要过急。在冰雪路面上使用制动踏板，尤其是紧急制动时，汽车会产生侧滑，甚至造成翻车事故。因此，在冰雪路面行车禁止采取紧急制动，应尽量采取预见性制动并利用发动机的牵阻作用减速，多用驻车制动。具有ABS的汽车，虽然不会因为紧急制动出现侧滑现象，但是在冰雪路面也应加大车距，因为此时制动距离也大大增加。

（5）注意转向不要过猛。在冰雪路面上行车时，若转向过猛，极易造成车轮侧滑。因此，应做到早转少转，慢转慢回。在不影响对向来车的情况下，可尽量加大转弯半径。

（6）注意停车时间不要过长。在冰雪路面上长时间停车，轮胎会与地面冻结在一起造成行车困难，很容易损伤轮胎和传动零部件。确需长时间停车时，应在车轮下铺垫砂石、柴草、木板等物，或者用铁锹、十字镐挖开轮胎周围冻结的冰雪和泥土。

（7）注意驾驶人自我保护。在冰雪道路上由于冰雪路面对阳光的反射，驾驶人易出现双目畏光、流泪、疼痛、视物不清等现象。开车时驾驶人的手脚容易冻僵，影响操作。在冰雪道路上行车时驾驶人要应佩戴有色防护眼镜来保护眼睛，戴手套，穿防寒衣服和轻便保暖鞋，以保持手脚活动自如和视力良好，确保行车安全。若驾驶人双目眩晕，则应选择适当地点停车休息。

二、雾天的驾驶

雾天空气湿度大，前风窗玻璃常常产生水雾，使驾驶人原本不好的视线变得更加模糊。浓雾天气，雾滴落入路面后使道路湿滑，给汽车行驶带来很大困难，行车的安全隐患随之增加。

1. 雾天驾驶方法

（1）出车前的准备。雾天出车之前，对汽车应进行必要的检查，如检查刮水器、防雾灯、前照灯、示宽灯、制动灯、喇叭、喷洗风窗玻璃装置是否完好无损，制动系统、转向系统是否可靠有效，发现故障要及时排除，确保车况良好。

（2）正确使用灯光。雾天能见度低，视野差，雾中行驶不管是白天还是夜晚都要打开前后雾灯、尾灯、示宽灯和近光灯；如果在高速路上行驶或者雾很浓的情况下还要打开危险报警闪光灯，如图 4-41 所示。

图 4-41　正确使用灯光

当能见度小于 500m 大于 200m 时，必须开启近光灯、示宽灯和尾灯；当能见度小于 200m 时，必须开启前后雾灯、近光灯、示宽灯、尾灯。当雾很浓、能见度小于 30m 时，还应开启危险警告灯。如果雾太大，应选择安全地点停车，并开灯警示他人。

特别提醒

　　不要使用远光灯，因为远光灯是向上方照的，射出的光线被雾气漫反射，会在车前形成白茫茫一片，使驾驶人反而看不清前方。此外，可间歇使用雨刷器，把风挡玻璃上因雾气凝成的小水珠刮干净，以改善视线。

（3）严格控制车速，减速慢行。雾中行车时，要严格遵守规定限速行驶，千万不可开快车。雾越大，可视距离越短，车速就需要越低。跟车行驶应有足够的行车间距。雾天行车驾驶人可根据视距大小决定行车速度。

1）当能见度小于 500m 大于 200m 时，车速不得超过 80km/h，与同一车道的纵向行车间距必须在 150m 以上。

2）当能见度小于 200m 大于 100m 时，车速不得超过 60km/h，其纵向行车间距应在 100m 以上。

3）能见度小于 100m 大于 50m 时，车速不得超过 40km/h，其纵向行车间距应在 50m 以上。

4）当能见度小于 50m 时，行驶车速应控制在 30km/h 以下。

5）当能见度小于 10m 时，应先将车开到路边安全地带或停车场，等能见度好转时再上路行驶。如果一定要在雾中行车，就要根据雾天的能见度情况，选择遇到情况时能迅速停车的行驶速度（视距必须大于制动停车距离）。

（4）增大车距。雾天尾随行车时，应与前车保持较大的跟车距离，当前方出现问题时可为自己留有足够的应急距离和反应时间。另外，如果发现后车跟车太近，可轻踩几下制动踏板，但不是真的制动，只是让制动灯亮起来提醒后车应注意保持适当车距。

（5）勤鸣喇叭。雾中行车，应多鸣喇叭，以引起前后汽车及行人的注意；听到来车喇叭声时，也应鸣喇叭反应，让对方知道。会车时还可开关灯光示意，以免发生碰擦或撞车事故。

（6）各行其道。雾天行车时，为防止前方突然出现交会汽车靠右不及而发生危险，通常将汽车始终保持靠道路右侧行驶，不可侵占对方路线或超越其他汽车。会车时，应关闭雾灯，以免给对方造成眩目，同时加大横向间距，低速行驶，会车后再打开雾灯。

（7）仔细观察。雾天会使视距缩短、视野变窄，驾驶人很难及时发现和判断前方的交通情况。为此，应采取一切可能的手段进行观察。浓雾中间歇使用刮水器，以便风窗玻璃上雾气凝成的小水珠刮干净，以改善视线。必要时，可将头伸出车窗外，增加观察的透视性。

（8）切忌猛踩行车制动。雾天无法分辨车距，如果紧急踩行车制动，会让后车无法判断距离从而导致追尾。如需减速应缓慢放松加速踏板，连续轻踩制动，防止碰撞、剐蹭和追尾事故发生。

（9）遇突发事件打开危险报警闪光灯并设立警示标志。雾天发生交通事故时，应在车后方设立警示标志，并把车辆的危险报警闪光灯打开，以提示后方车辆。做好警示后，车上人员应立即撤到安全的地方，同时报警，千万不要留在车内或在车道上行走，避免二次事故的发生。

（10）车辆开启除雾功能。秋冬季节一旦有雾产生，车内也易产生雾气，因此需要开启后窗除雾、后视镜除雾功能，并将出风口朝向前风挡玻璃，避免雾气影响行车视线。在确认前面车辆没有起步意图而对面又无来车后，适时按喇叭，从左侧低速绕过。

2. 汽车雾天行车应注意事项

（1）不要使用远光灯汽车在雾天行驶，应该使用雾灯、近光灯、示宽灯和尾灯。另外，一旦雾气散去，应及时关闭雾灯，因为雾灯比一般车灯亮度大，如果在没有雾的时候发亮，会干扰其他驾驶人的视线。

（2）车速不要过快。雾中行车因能见度低，盲区大，视线不清，开快车极易发生交通事故。一定要严格遵守限速规定，千万不可开快车。

（3）不要盲目超车。如果发现前方汽车停靠在右边，不可盲目绕行，要考虑到此车是否在等让对面来车。超越路边停放的汽车时，要在确认其没有起步的意图而对向又无来车后，适时鸣喇叭，从左侧低速绕过。另外，也请注意小心盯住路中的分道线，不能压线行驶，否则会有与对向来车相撞的危险。在弯道和坡路行驶时，应提前减速，要避免中途变速、停车或熄火。

（4）不要随意停车。雾天汽车随意停在道路上难以被其他驾驶人及时发现，很容易造成撞车事故。因汽车故障确实需要停车时，应立即打开危险信号灯，并在车后150m外设立警告牌，提醒过往车辆及驾驶人注意。停车后，车上人员都要从右侧下车，离公路尽量远一些，千万不要坐在车里，以免被过路车撞到发生危险。

三、雨天的驾驶

雨天是交通事故的高发天气，雨天行车，能见度低，视距短，视线模糊，汽车、行人动态变化异常，且路面湿滑，汽车的制动性变差，险情增多，容易发生侧滑、倾覆追尾等行车事故或意外发生。

无论道路宽窄、路面状况好坏，雨中开车要减速慢行，随时注意观察前后车辆与自己车的距离，提前做好采取各种应急措施的心理准备。雨天的能见度低，视野差，车辆的行车制动距离等应急性能也会有所减低，所有要提前减速，留足处理情况的时间和空间，确保安全。

1. 雨天安全驾驶

（1）保持良好视野。雨天行车，能见度较低除了谨慎驾驶以外，还要及时使用刮水器擦净风窗玻璃上的雨水。如果前风窗玻璃有霜气，则需开冷气并将冷气吹向前风窗玻璃；如果后风窗玻璃有霜气，则要打开后风窗玻璃加热器，尽快消除霜气，以免看不清后面的汽车。并擦净风窗玻璃上的霜气，使驾驶人具有良好的视野。天气昏暗时还应开启近光灯和防雾灯。

（2）仔细观察交通情况。雨天行车要仔细观察行人和骑车人的动态，防止意外发生。由于行人只顾埋头狂奔避雨，容易忽视路上的汽车。此时应减速行驶，多鸣喇叭，耐心避让，不要紧贴行人，避免泥水溅污行人。对于雨中骑电动自行车的人，因雨具影响其视线，要特别提防。当发现这些骑电动自行车的人时，应提前减速，保持较大的横向间距，安全避让。

（3）严格控制车速。雨天行车，路面湿滑，对汽车转向、制动都不利，因此要严格控制车速，如图4-42所示。即使交通条件良好，也应以中速行驶，雨中行车，车速应控制在40km/h为宜；小雨时，可适当提高车速；如遇大雨，以20km/h的速度行驶即可。遇到暴雨，落到风窗玻璃的雨水来不及刮去会严重影响视线，驾驶人应立即选择宽阔路面停驶，并开启示宽灯、报警灯，以提示前后来车注意。如发生汽车横滑或侧滑，切不可急转方向或紧急制动，应利用发动机牵阻减速。

在尾随其他汽车行驶时，应降低车速，同时要注意保持适当的车距，尽量避免急转弯和急制动。遇到较薄的水层，不能高速行车，以免出现滑水现象。会车、转弯时，应提前减速，缓慢转动转向盘，靠右侧慢慢通过，能见度在50m以内时，车速不准超过30km/h。

图4-42　严格控制车速

图 4-43　选择高处行驶

（4）正确选择路面。行进中，要注意各低洼路段，有较大水湾时应估计积水深度，汽车在行驶中应尽量避开，选择高处行驶，如图 4-43 所示。无法避开时，应探明情况，确认积水深度，做好各方面的准备后，方可低速缓慢通过，并且争取一次性通过。当有车通过时，应待其通过后再通过，切不可跟进。

对于大水漫过路面处，应充分了解路面情况，不得盲目涉水。通过大水满过的路、桥处，应充分了解路或桥面是否被水冲坏，不得盲目涉水。

（5）防止车轮侧滑。雨中行车时容易产生侧滑。驾驶人要双手平衡握住转向盘，保持直线和低速行驶，需要转弯时，应当缓踩制动踏板，以防轮胎抱死而造成汽车侧滑。如果前轮侧滑，则应当将方向朝侧滑的相反方向纠正；如果后轮侧滑，则要将方向朝侧滑的一侧纠正，切不可打反方向。

（6）加大车距。雨水在路面与车轮之间形成一层水有膜，导致制动的有效距离加大，尾随行车时，应严格控制车速，适当加大与前车的纵向安全距离。会车、超车、转弯时，应与汽车、行人及道路边缘保持一定的安全距离；在傍山路、堤坝路或沿河边路上，不宜沿路边缘行驶或停车。

特别提醒

（1）雨天行驶应远离大型车避免大型车溅起的雨水，干扰驾驶。更不要让大型车阻挡前方视线，同时注意大型车辆的视线盲区，避免危险。不要盲目跟随，大型车能通过的积水路段，小型车未必能顺利通过。

（2）谨慎加速超车。雨天行车，要随时注意前车的行驶速度和方向，应尽量少变更车道，绝不可因前车速度慢而加速超车。尤其是在高速公路上，由于各车道的车速相对较高，驾驶人的视角变窄，加上路面湿滑，强行越线超车时，稍转动方向易使车轮打滑，极易造成与其他汽车发生剐蹭，引发汽车侧翻等意外事故。在较窄路面上应避免超车，以防汽车打滑驶出路面。在良好路面必须加速超车时，应特别谨慎小心，把握超车机会，正确控制转动方向，进行超车。

（3）合理使用制动慎制动。雨天行车，路面滑溜，若紧急制动导致车轮抱死，则汽车容易侧滑、转向失灵，方向难以控制。因此，雨天行车时，制动要慎用，用挡位、加速踏板和发动机牵阻作用减速，千万不能急打转向盘或紧急制动。

（4）雨后行车。刚刚下过雨后的道路上，由于路面上雨水与污物混合，像铺了一层润滑剂，路面与轮胎的附着力极小，空车下坡时极易横滑；行车中，密切注视道路上的交通情况，将车速控制在安全行驶范围以内；下坡时提前挂入低速挡，利用发动机的牵阻作用控制车速；使用行车制动时，其强度不得超过车轮与路面的附着力。

（5）遇到大雨时，驾驶室内挡风玻璃常形成一层水雾，造成视线不清。遇此情况，简便方法就是打开冷风来防止车窗玻璃产生雾层。开冷风时可将风口吹向玻璃，使玻璃蒸气消失，以达到除雾的效果。

（6）雨中行驶要注意路基疏松和可能出现的塌陷，选择安全路面行驶。在傍山路、堤路或沿河道路上，不宜靠边行驶或停车，在超车、会车时更需注意防止路肩坍塌造成翻车事故。在山区遇到暴雨时，应尽量将车停在山顶的公路上，待雨停后再通过，切勿将车停在山谷间的公路上，以免受到山洪的冲击。

（7）遇到急雨和特大暴雨时，由于刮水器无法刮净挡风玻璃的雨水，地面溅起白雾，雨水成流看不清标志标线。此时，应将车停在安全地带，开启危险报警灯以引起人们注意，决不可冒险行车，等雨小或雨停后再行驶。

（8）雨天夜间驾驶车辆，由于雨雾对灯光的反射作用，车前往往白茫茫一片，形成炫目的光幕，视线更加变得模糊不清。夜间行车更要注意安全，控制车速。应将远光灯改用近光灯，多使用小灯、防雾灯，并注意公路上的标线或路缘砖，沿标线行驶。在雨天应根据路面在灯光下的颜色判断路面和水面，如果出现灰颜色是路面，白色就是水面了，应高度注意，避免事故发生。在会车时，更应注意防炫目灯光的使用。

（9）纯电动车辆在雨天停放时，尽量要停放在空旷场地。注意不要在雨天时将车辆停放在低洼处、树底下或是高压线下的危险路段。在选择停车场时，要注意停车场地积水深度不超过20cm，否则车辆电池容易泡水，导致电池维修，需要更换。

知识拓展

遇洪水应急事项

（1）突然遭遇洪水袭击，要沉着冷静，快速转移。

（2）当洪水迅猛，来不及撤离时，迅速向屋顶、大树、高墙等高处转移，并想办法发出求救信号，可利用漂浮物转移。

（3）在不了解水情时，不要冒险涉水，尤其是湍急水流，要在安全地带等待救援。

（4）发现高压线铁塔倾倒、电线低垂或断折时，迅速远避，防止触电。

（5）如果不幸被困在车内，把座椅头枕拔下来，用两个尖锐的插头敲击侧面玻璃，或者将插头插入玻璃和门板之间，将玻璃敲碎。

特别提醒

（1）在雨天或者是在有积水的路面上驾驶纯电动汽车会有漏电的风险。虽然现在的纯电动汽车都有 IP67 级防水功能，而且电气设备外壳防护等级也比较高，即便是浸泡在水中也不会出现什么问题。但是如果长时间不使用并且没有经过维护与检查，线路出现老化或者短路的情况，漏电的可能性也是存在的。所以在雨天驾驶纯电动汽车之前，需要先对汽车整体进行一个检查，而且平时也需要注重电池和电路的维护。

（2）在雨天行车时，视线会在一定程度上受到影响，如果不仔细观察路况或者不注意控制车速，可能也会造成严重的交通事故。所以在雨天行车时，千万不要认为电动汽车跟燃油车相比车速慢一些，就放松安全意识，一旦抱有这种想法，带来的后果可能就是无法挽回的。

（3）在电动汽车中一般都具备动能回收系统，在雨天行车时为了保证安全，建议大家提高动能回收系统的强度。因为进行动能回收就是一个制动减速的过程，利用这种方式来减速比较平缓，可以避免出现由于急行车制动所出现的侧滑等现象，而且在起步时不会因为扭矩释放导致轮胎打滑。

2. 雨天行车安全注意事项

（1）雨天尽量不超车。雨天超车的条件比平时要求较高，只能在视线清晰、路面宽阔、平坦无积水的条件下进行；否则，以跟行为宜。跟行时，应降低车速，适当加大与前车的纵向安全距离。

（2）会车时拉大侧向间距。雨天会车，来车往往因躲避积水而突然改变行驶路线，将车驶向路中，甚至占用车道。鉴于这种情况，每遇会车，要控制好车速，并将车位调整到较为宽阔的路段进行交会。交会时的侧向距离应尽量拉大，防止溅起的水花泼向对方，或因制动侧滑发生侧刮事故。

（3）遇有积水路面时的驾驶方法。应沿着前车压下的轮迹通过，无轮迹可依时，应停车观察，选择积水较浅处通过。通过后要及时检查制动效果，如果制动效果不佳，说明轮毂里进水，应采用边行驶边制动的方法让轮毂升温，使制动力恢复正常。

（4）路遇行人或自行车，应提前放慢速度，并鸣喇叭提示，尽量给他们留出便于行走的路面。遇到横穿公路的情况时，切不要与他们抢道。交会时，应防止甩出的水溅到他们身上。

（5）雨天行驶要慎用制动。因水膜现象容易使制动时打滑，需要减速时应以加速踏板控速为主；情况紧急非用制动不可时，要缓缓加力，感觉车尾侧滑就要立即抬起踏板，待侧滑消除后再缓缓踏下。

（6）行进中，前方的涵洞、桥梁、排水沟等都应做好充分估计，必要时，下车观察，切勿盲目行车。

（7）遇到大暴雨或特大暴雨，能见度很低，刮水器的作用不能满足要求时，不要冒险行驶，应选择安全地点停车，并打开示宽灯，待雨小或雨停时再继续行驶。遇到大雨或暴雨的天气，有些路段会在很短的时间内严重积水，如果不得已要涉水，应当利用低挡位匀速通过。如果车辆在行进中熄火，千万不要尝试再次启动，盲目的启动可能会导致发动机报废。车辆熄火后应当及时联系专修店，经维修人员现场检查车辆确定没有问题后才可以再次启动。

（8）在沿河堤的路上行驶，应尽量靠近公路里侧行驶。超车、会车要更加小心，不要太靠近边缘，以防因河堤土方疏松而发生塌陷。

（9）在连续多雨季节，从安全考虑，可采用排水力强的轮胎，且要避免因胎压过低而使与地面接触的胎纹挤成一团，从而削弱排水效果。

（10）夜间雨中行车时，更应严格控制车速，多使用前小灯、雾灯，特别是在会车时更应注意。夏天的雷阵雨或暴雨来势凶猛，降水强度大，刮水器几乎发挥不了作用，这时切不可冒险行驶，应将车慢慢停到路边，并打开各种车灯，或打开危险警告灯，以提醒来往汽车，防止碰撞。

特别提醒

雷雨天气行车注意事项

（1）注意防雷击如图 4-44 所示。雨中行车遭遇打雷时，千万不要下车避雨。倘若闪电击中汽车，电流会经车身表面传到地面，在车内反而安全多了，不过车窗一定要全部关紧。另外，收音机的天线会吸收闪电，所以一定要收起来。雷雨中若需临时停车，不得把车停在坡道、山脚、河边以及大树下，以防意外。

图 4-44　注意防雷击

空旷地、坡道顶、大树下孤独的行车者，往往会成为雷击的目标，行车时要及早离开这些危险的地方，决不能停留。在雷雨天气行车时要防止遭受雷击。遇有雷雨天气，最好寻找安全的停车场地暂时躲避。

（2）注意汽车行人动态雷雨天乌云笼罩，电闪雷鸣，视线暗，行人乱。雷雨天交通状况比较混乱。

（3）注意道路条件的变化如果是突然一场大雨，则会降低路面附着系数，开车时要注意防止侧滑；如果是连续下雨，则要防止路肩被泡软或路面出现塌陷，还要警惕路面积水处是否被冲出深沟；如果是暴雨，则要防止路旁的树木被风刮倒而形成路障。

（4）临时停车要开警告灯雷雨天需要临时停车时，不得把车停在坡道、山脚、河边以及大树下，谨防发生意外。如果能见度较低，停车时需开示宽灯和停车灯。

四、大风天的驾驶

在风沙天气中行车，由于风力的作用，车辆行驶稳定性下降，飞扬的尘土会遮挡视线，影响驾驶人的正常观察和判断，制动停车距离会相对增长，如果风力过大，还容易使车辆侧滑或侧翻。

1. 大风天的驾驶方法

（1）中低速驾驶车辆。汽车在大风天气要坚持以中低速度行驶，驾驶人才能更清晰地观察周围情况，从容自如地处理各种道路交通信息，遇到情况才有时间采取措施。

（2）提高注意力。由于大风扬起的尘埃阻挡了驾驶人的观察视野，行车时应适当放慢车速，正确地辨认风向，握稳转向盘，防止行驶路线因受风力而偏移。注意车辆的横向稳定性，尽量减少超车，鸣喇叭时应适当延长时间。

（3）密切注意路上的行人和自行车的动态。严密注视摩托车和自行车的动态，因为摩托车、自行车等受风力作用难以控制，应加大安全距离，一旦遇到险情，随时准备制动停车。

（4）无论行驶或停车，都要开小灯、尾灯和雾灯，以便其他汽车能及时发现。风沙天转弯，应打开前示廓灯，勤鸣喇叭，以引起行人、车辆的注意，缓慢行进，并随时做好制动停车的准备。

（5）会车时，应用亮、熄灯光示意，根据道路情况鸣喇叭，以警告行人，对向汽车鸣喇叭时，应鸣喇叭回答。

（6）途中遇到暴风时，应立即停车躲避，汽车应尽量停在背风处；若无处背风，则应将汽车尾部对着来风，防止汽车被吹翻或被沙石打坏。

（7）快速闪避障碍物。在风沙天气里，视线往往不清，如果突然出现危险，来不及或无法制动时，必须及时操纵转向盘来躲闪，以求获得最大的安全保障。转动方向盘要由慢到快，逐步进行，且转向盘转动幅度不应大于半圈，完成闪避动作后，应迅速将转向盘回正，确保车辆恢复平稳行驶。驾驶人在整个过程中也不要紧盯着障碍物，而是应将视线对着正确的行驶方向。

2. 汽车大风天气行车注意事项

（1）注意风向。大风天气行车，应根据风向的不同，采取相应的防范措施。逆风行驶时，应注意风向突然改变或道路出现较大弯度，风向变化时风阻会突然减小，会使车速猛然增大。行车中要预防行人为躲避车辆行驶扬起的尘土，在车辆临近时突然跑向道路的另一边。

（2）货车要做好防风准备。如果驾驶的是货运车辆，对车上装载的物品要捆扎牢固，防止被大风吹走或散落，要防止车上物品掉下砸伤行人。对体积大、质量小的货物，装载时不要过高、过宽，以防被风吹翻。

（3）不要"靠边"停车。在大风天，为避免出现高空坠物砸车的现象，停车不要靠边停车，最好远离楼层、电线杆、枯树，实在没有地方停车也要尽量远离阳台和窗户。

（4）关严驾驶室门窗。当暴风来临时，交通秩序极为混乱，此时正是驾驶人需用眼睛仔细观察交通动态的时候，但此时眼睛被沙尘迷住看不清前方情况，可知其危险之极。为此，行车中遇到大风，一定要关严驾驶室门窗，以防沙尘刮入。

（5）行车中如突遇沙尘暴，造成尘土飞扬，空气浑浊，能见度降低，使驾驶人的视野变窄、视距减小，应打开示廓灯、雾灯和尾灯，并多鸣喇叭。

（6）在大风天夜间行驶时，应使用防炫目近光灯，不宜使用远光灯，以免出现炫目的光幕而影响视线。

（7）及时躲避暴风。行车途中突遇暴风，应立即停车躲避，车辆应尽量停在背风处，如无处背风，应将车尾对着来风，防止车辆被吹翻或被砂石打坏。

（8）在山区大风天气行驶时，应注意可能有石块滚向道路，要及时避让，以免造成人员、车辆的损伤。

五、夜间的驾驶

夜间行车，驾驶人视野变窄、视距变短，驾驶人极易产生视觉障碍和疲劳，容易盲目开快车。因此必须严格遵守交通法规的有关规定，注意合理使用灯光，控制车速，保持足够的安全车距，选择适当的行驶路线，精心驾驶，确保行车安全。

1. 夜间驾驶方法

（1）行车路面的选择。夜间行驶时，应根据情况选择合适的路面。一般道路上行驶，应靠近中心线右侧行驶。汽车在行驶中，应谨防暗沟、暗坑或松软的路基，以防发生陷车或翻车。

（2）夜间起步。汽车在夜间起步时应先打开近光灯，看清道路后再起步。当看不清前方100m处物体时，打开前照灯进行观察，确认安全后，开近光灯和左转向指示灯，方可起步。

（3）进入有路灯照明的市区或繁华街道时，应使用近光灯；当看不清前方100m处物体时，开启前照灯。进入市区和居民区，不准鸣喇叭或猛踏加速踏板，以免造成噪声污染。如遇阴暗天气视线不良时，可提前开灯，凌晨推迟闭灯。无照明条件的路段，在不影响对方汽车驾驶人视线的情况下，尽量使用远光灯；行驶速度在30km/h以内时，灯光须照出30m以外；车速在30km/h以上时，应使用远光灯，灯光须照出100m以外，如图4-45所示。

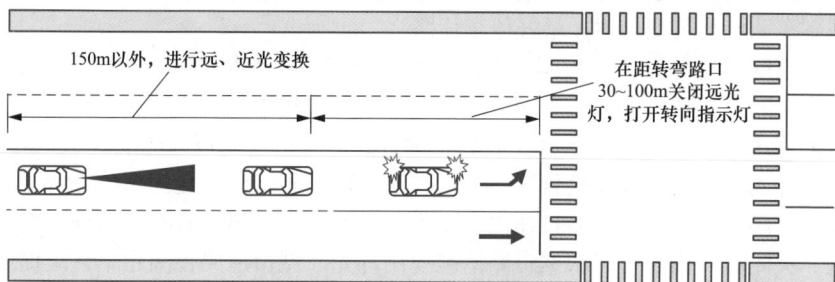

图 4-45　正确使用前照灯

（4）夜间通过交叉路口或转弯、车道变换。汽车夜间通过交叉路口或转弯、车道变换，应在距离路口30～100m处关闭远光灯，改用近光灯，根据需要使用转向灯；通过没有指挥的交叉路口时，可用变换远近光灯示意其他汽车和行人注意。

（5）夜间会车。夜间会车，应在距对面来车150m以外将远光灯改用近光灯，同时降低车速（一般用中速挡），不准改用防雾灯。根据道路条件控制车速，使汽车靠道路右侧保持直线行进；要选择路面宽阔、平坦的路段交会，当两车交会将要处于平齐（相错而过）时，即可开启远光灯。会车时眼睛不宜直视对方来车的灯光，可以注视路面的右侧，以避开对方来车的直射灯光的干扰；遇对方不关闭远光灯时，应立即减速并连续交替使用远、近光灯，示意对方关闭远光灯；如对方仍不关闭，应及时减速靠道路右侧让路，必要时停车让行。同时，关闭前照灯，防止发生危险，切忌用远光灯对射或勉强行车。在没有路灯或照明不良的道路上会车，应在距离对面来车150m以外两车交替使用远、近光灯。开远光灯时，观察自己一侧道路上的交通情况；开近光灯时，让对方汽车开远光灯观察道路上的交通情况；两车相距150m以内时，互闭远光灯，改用近光灯，如图4-46所示。

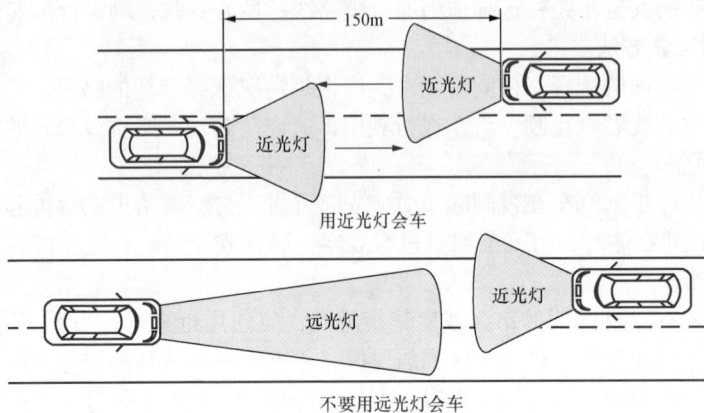

图4-46　距来车150m以内改用近光灯

　　夜间会车一定要看清前方的道路和交通情况，情况不明时，切不可凭侥幸心理，冒险高速行驶进行交会。必要时应及早停车，等来车通过后，开灯看清情况再继续行驶。遇到车队，与其交会时，最好停车让路。

　　（6）夜间超车与让车。夜间行车应尽量避免超车。如果道路前方有弯道、窄桥、窄路、交叉路口、陡坡等复杂道路，严禁超车。必须超车时，要选择平直、宽阔、视线良好的路段，应跟近前车后，连续变换远近光灯（必要时以喇叭配合），如图4-47所示，以灯光的远近射程变换告知前车驾驶人，待前车已让路允许超越的情况下，从前车的左侧超越。超越后，给被超汽车留出必要的安全距离，开右转向灯，逐渐驶回原车道，关闭转向指示灯，根据道路情况使用灯光。城市道路夜间超车，应提前打开左转向指示灯，观察左侧车道无来车时，变更车道；连续变换远、近灯光示意被超汽车，确认被超车辆让车后，开近光灯，加速超越；超越后，在不影响被超汽车行驶的前提下，打右转向指示灯逐渐变回行驶车道。

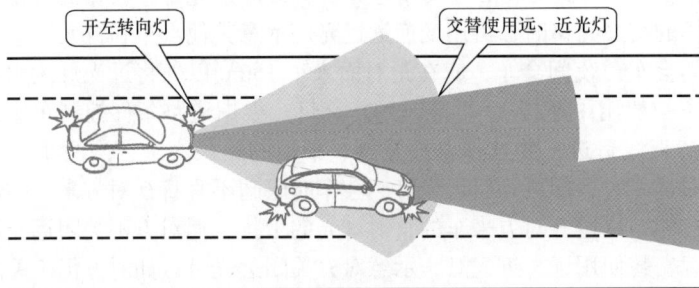

图4-47　连续变换远近光灯

在夜间行车时，当发觉道路的左前方忽明忽暗时，表明后面有车想超越自己的车，这时应视前方的道路和交通情况，决定是否让路，如果前方没有什么特殊的情况，就向右打一点方向让出路面，让后车顺利超车。

（7）夜间倒车或掉头。夜间因汽车后面照明不良，应尽量避免倒车或掉头。若必须倒车时，应下车仔细观察路面情况，注意障碍物及四周的安全界限，并在进退中留有余地；如确需进行公路掉头，应选择在十字路口、环形路或立交桥等处实现一次性前进掉头，取顺向的方法进行。如没有一次性顺车掉头的条件，应观察路面情况，在掌握住道路中心线位置，在确保道路两边均无车辆时开始掉头。掉头时，最好有人在路上指挥，在进退时要多留余地，不能太靠路边。遇有来车，应先让其通过。在一边是山坎，一边是悬崖的山区，汽车的尾部应对着山坎，汽车的头部朝向危险的悬崖，倒车时，应较白天多留余地。

（8）夜间、雨雾天行车。夜间、雨雾天行车时，应使用防雾灯或防炫目近光灯，不宜使用远光灯，以免出现炫目而影响视线；同时，密切注意道路上的各种动态，以防出现意外情况。

2. 车辆行驶状态判断

若前方出现白色光柱时，为迎面行驶的车辆，根据其前照灯（或前侧灯）的宽度，可判定来车的宽度。

若前方出现有色灯（包括尾灯、牌照灯）时，为同向行驶的车辆，如果前方红色灯光突然增加了亮度，为前车制动，应迅速采取相应的措施。

3. 夜间驾驶注意事项

夜间行车，因灯光照射范围和能见度有限，使视线受到约束，造成行车难度加大。为此，驾驶人在夜间行车时应注意以下事项。

（1）注意检查车灯。保持各种照明灯、信号灯和指示灯有效可靠是夜间安全行车的保证。当前照灯出现灯光暗淡、射程不远、远近灯光不全故障，或尾灯、转向灯和制动灯出现故障时，汽车在夜间行驶是非常危险的。因此，在夜间上路行驶之前，务必要对灯光进行全面检查，确认良好后方可上路。

（2）夜间行车时，要特别留意前方车辆灯光的异常情况。有时会遇到对方来车是一只车灯，容易导致对来车侧向距离的判断失误；有时前方顺行车辆只有一只尾灯，有的车辆甚至尾部没有亮光，制动灯、尾灯全没有，这很容易造成追尾。

（3）夜间行车因受灯光照射范围的限制，道路两边视线不清。为此，在行车时汽车应靠近中心线右侧行驶，但不要太靠近路边，以便给非机动车和行人留出较大的余地。在窄路上行驶时，应降低车速，认真观察，必要时下车查清路况后再通过。

（4）注意道路情况。夜间行车时，常会遇到停靠的汽车、意外障碍物以及不易被观察到的行人或自行车等，另外，也会因突然出现的急转弯或陡坡而看不到前方的路面。因此，在夜间行车时要集中注意力，时刻观察前方道路情况，谨慎行驶，随时准备应对突发情况。

（5）注意控制车速。夜间道路上的交通流量小，外界干扰少，驾驶人一般比较容易高速行车，但由于夜间驾驶人视觉变差，再加上汽车在亮暗处行驶变动时，眼睛有一个适应过程，因此夜间行车速度应比白天低。即使道路平直、视线较好，也应考虑到夜间对道路两侧照顾不周的弱点，随时警惕突然事件发生，要注意控制车速不要过快。驶经繁华街道时，由于霓虹灯以及其他灯光对驾驶人的视觉有干扰，应低速行车。如遇下雨、下雪和下雾等恶劣天气低速小心行车。在驶经弯道、坡路、桥梁、狭路及视线不清的地段，更应减速行车，并随时准备制动或停车。

（6）注意跟车距离。驾驶人在夜间行车时，一是视线不如白天开阔，二是常遇危险或紧急情况。因此，夜间跟车行驶时，车距必须加大，通常应保持在100m以上，或者是同样条件下，保持白天行车距离的两倍以上；车速较快时，更应保持较大的纵向行车间距，以防止前车突然减速或停车，避免因距离太近，制动距离不够而撞上前车。

（7）行驶中遇到复杂地段或道路状况不明等情况，不可冒险通过，应停车查明情况再走。需要倒车、调头时，必须先下车看清周围地形，上下、左右有无障碍。进退过程中要多留余地，必要时，由其他人协助指挥进行操作。

（8）夏季夜间行车，要关闭挡风玻璃，以防止趋光的昆虫飞进驾驶室伤及眼睛。在村镇及郊区的路边、桥头附近，应注意道路两侧及路边和桥梁上休息的人员，谨防人员伤亡事故发生。

（9）夜间行车容易疲劳，尤其是在凌晨三四点钟时，最容易打瞌睡。此时，切勿勉强驾车，应就地休息，等精力得到适当恢复后，再继续行车。此外，夜间长途驾车3小时左右也会感到疲劳，要适时停车，稍做活动休息，以恢复精力。

（10）夜间行车时，驾驶室应适当通风，以防行车时出现睡意。在夜间行车时，要对车辆本身的异常情况特别留意，如汽油味、机油味、橡胶味及其他各种特殊气味，因为这些往往是漏油、漏液及电器设备损坏等故障的反映，一旦发现要及时采取措施加以排除。

（11）注意停放。夜间在道路上临时停车时，应待车停稳后再熄灭前照灯并打开示宽灯。驾驶人下车前应观察后视镜，防止开车门时碰到后面来车和行人。注意汽车不要太靠路边停放，尽量避免车轮驶入路边草地，要谨防暗沟、暗坑和因路基松软而发生意外陷车事故。若需要较长时间停放，还应在车前、后30m以上的地方设置危险警告标志（专用标志或石块等），最好是停在停车场内以防意外。

（12）在行驶中，遇到道路施工信号或特别警示时，应减速慢行，路况不明或地势险要地段应将情况观察清楚后，再安全通过。

（13）夜间同方向安全距离内跟车后车应使用近光灯，如图4-48所示。

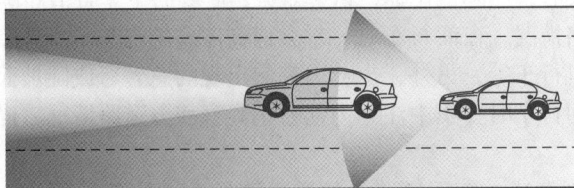

图4-48　夜间跟车后车用近光灯

特别提醒

夜间行车灯光熄灭后应采取的措施

夜间行车中如遇大灯突然不亮，要沉着果断，稳住转向盘，迅速减慢车速，尽快停车，同时可立即开亮小灯、防雾灯或防空灯，然后靠边把车停妥，不得影响过往汽车的通行。设法修复大灯后再继续行驶。行车中还应随时注意观察仪表，注意发动机、底盘有无异响，以及驾驶室内有无异味，若有异常应立即停车检查，排除故障后方可继续行驶。

4. 夜间行车灯光的运用

夜间行车，关键是要使用好各种灯光。灯光具有照明和信号的双重作用，应根据不同的情况正确使用。

（1）夜间开灯的时机。

1）行驶前，应预先打开示宽灯、后尾灯、牌照灯和仪表灯；起步时，应同时开前照灯，照清路面；临时停车时，须在汽车停稳后熄灭，打开示宽灯；驻车时，关闭所有灯光。

2）行车中遇阴暗天气视线不良时，应提前开示宽灯、尾灯、牌照灯和仪表灯；凌晨应推迟闭灯。

（2）城市道路行车中灯光的使用。在城市有照明条件的道路上行驶，应关闭远光灯，使用近光灯；当看不清前方100m处物体时，开启前照灯。时刻注意灯光下面黑暗处的动态，提防有汽车和行人突然出现，造成危险；汽车交会应关闭近光灯，只打开小灯或示宽灯；转弯、车道变换时，应提前打开转向指示灯，并开、闭近光灯示意来往汽车及行人注意。

（3）通过交叉路口时灯光的使用。通过交叉路口时，距交叉路口150m以外，进行远、近光变换，示意路口左右方向来往的汽车和行人；右侧路有来车时，应根据来车灯光的远近，确定是先行还是避让；转弯时，应距路口来车30～100m打开转向指示灯示意，进入路口前应降低车速，注意暗中的行人和非机动车汽车。

（4）通过坡道时灯光的使用。

1）上坡时，提前冲速，进行远、近灯光的变换，提醒对面来车注意；将近坡顶时，要合理地控制车速，将远光灯转换为近光灯，以防对面来车炫目而造成汽车失控。

2）下坡时，因灯光照射范围近，应使用远光灯，以增大视线范围；会车时，按夜间会车的要领互闭远光灯交会。

（5）通过弯道时灯光的使用。

1）通过慢弯时，灯光照射距离逐渐变远，应提前变换远、近光灯示意；按正常的夜间驾驶操作进行。

2）通过较急的转弯，应距转弯处150m，关闭远光灯，打开近光灯；降低车速，靠右侧行驶，并随时准备停车，预防突发事件的发生。

3）通过连续弯道时，应加强远、近灯光的变换使用；视线注意到弯道尽头，适时高速行驶方向，确保安全。

（6）停车时灯光的使用。夜间路边临时停车时，提前打开右转向灯，同时变换远、近光灯，选择停车地点停车后，将警告灯打开。在公路转弯处或危险地段停车时，应在停车地点前后100～150m处设立危险报警的醒目标志，以引起其他汽车注意。

特别提醒

（1）城市道路灯光的使用。关闭远光灯，使用近光灯行驶；汽车交会时关闭近光灯，只打开示宽灯；转弯和变换车道时要提前打开转向灯，必要时可连续切换灯光，示意来往汽车及行人注意。

（2）交叉路口灯光的使用。通过城市交叉路口时，距交叉路口100m左右时，用变换灯光提醒来往汽车行人，提前进行变道。

（3）坡道灯光的使用。上坡时用近光灯；靠近坡顶时远、近光灯进行变换，提醒对面来车注意；汽车交会时换近光灯。下坡时用远光灯，以增大视线范围；会车时用近光灯。

5. 夜间路面的识别

夜间行车应该谨慎小心，特别是行驶在地形不熟悉的路段上时，除了注意道路标志和路旁地形外，还应识别与判断道路路面。

（1）坡度与弯道的识别。

1）当车速自动减慢、发动机声音变得沉闷时，表示汽车正在上坡或驶入松软路面，如图4-49所示；当车速自动加快、发动机声音变得轻松时，表示汽车行驶阻力减小或正在下坡，如图4-50所示。

2）当灯光投射距离由远变近时，表示汽车驶近（或驶入）上坡路段、急转弯或将要到达起伏坡路的谷底，如图4-51所示；当灯光投射距离由近变远时，表示汽车已由弯道转入直路，或是下坡道已由陡坡进入缓坡，如图4-52所示。

图4-49　上坡路的识别

图4-50　下坡路的识别

图4-51　灯光投射距离由远变近

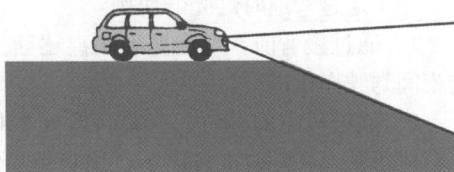

图4-52　灯光投射距离由近变远

3）当灯光离开路面时，应注意前方可能出现急弯、大坑或是上坡车正驶上坡顶，如图 4-53 所示。

4）当灯光由路中移向路侧时，表明前方出现一段弯道，如图 4-54 所示；若灯光从道路的一侧移到另一侧，说明是连续弯道。

图 4-53　当灯光离开路面

图 4-54　当灯光由路中移向路侧

5）当前方出现黑影，若驶近时逐渐消失，表示路面有浅小坑洼；如果黑影不消失，则表明路面有深坑大洼。

（2）路面的识别方法。

1）根据灯光强弱判断路面。灯光照到路面感到光线不强，表明是沥青路面；若感到路面发光，光线又明快，则表示是沙砾路面。

2）根据颜色判断路面。

a.月光下路面的识别判断。在有月光的情况下，路面发白很明显，路外为灰褐色。有口诀如下：小坑小洼小黑点，若是大坑黑一片；柏油路面灰白色，两条车辙色发暗；土堆土坎路两边，颜色发黑一团团。行车途中，若发现前面突然变黑，就可能有障碍或急转弯，应减速或停车察看情况后通过。

b.无月光下路面的识别判断。土路一般呈白色，两边沟渠是黑线。柏油路面随季变，冬秋发白夏发暗。一般碎石路，在没有月光的情况下，路面呈深灰色，路外两旁呈黑色。

c.雨夜路面的识别判断。平坦的雨湿路面，呈黑色，较低洼的地方呈白灰色；较深、较大的洼坑则有积水，水面发出镜片一样的反光；突起较高的路面，呈土灰色，有发亮的感觉。

d.雪夜路面的识别判断。雪夜路面被雪覆盖后路面难判断，车辆要走路中间；无车观察沟渠树。如有压下的轮迹呈灰白色，通过较多车后为灰黑色。要顺轮迹行进不走偏，没有轮迹可依，则要在道路中间行驶。在下雪之后，车辙初时呈灰白色，后呈黑色。

第六节　高速公路驾驶

一、行车前的准备与检查

同传统燃油车一样，电动汽车在上高速公路行驶前，必须进行行车前的准备与检查。

（1）出发前确保电量充满，但不是电量显示 100%，就一定可以跑到最大续航里程的，因为还要考虑到车辆的工作环境或者是工作状态。应带上随车便携式充电枪，以防续航里程不够时可以及时补充电量。

（2）要了解清楚路上充电桩的分布位置，如果车辆续航里程不够的时候，可以尽快找到充电桩进行续航里程的补充。如果实在无法找到充电资源，在低电量提醒之前，最好是找到就近的高速出口驶离高速，从而便于救援，同时也降低危险。如果实在没有电，应将车停放在应急车道上，后方 60m 处放置警示路牌等待救援。

1. 行车前的准备

（1）注意收听天气预报和交通广播信息，了解道路情况。

（2）确定行车路线，熟悉沿途交通状况，正确掌握道路信息。

（3）在高速公路上行车，必须保持饱满的精神状态，如遇到身体不适，患有疾病，疲劳困乏，精神不振情况时，不得驶入高速公路。

（4）准备好工具、用具。随车携带紧急停车用警示标志及修车工具。因故障需要停车时，应设置停车指示标志，必须准备停车三角牌（白天停车时用）、停车指示灯（晚上停车时用）。

2. 行车前的检查

行车前必须对车辆进行认真检查，尤其是对灯光、制动、转向及轮胎等重点部位。

（1）上高速公路前，首先应检查轮胎的气压是否合乎标准，如有明显气压不足，应及时充气。胎压也不可太高，防止爆胎。

（2）检查汽油（柴油）、机油量是否够用。

（3）检查水箱及车窗清洗液是否足够。

（4）检查蓄电池液面高度。

（5）检查制动液液面、动力转向液压油的液面等，应在规定值范围内。

（6）安排好行车计划。长时间连续高速行车是危险的，要制订有适当休息的行车计划。

二、通过高速公路收费站

1. 通过收费处

（1）驶入收费处。汽车行驶距高速路收费站 50m 处，要减速慢行，密切注视通道上方的灯光信号和控制入口前的情报板，以确定是否进入高速公路，如图 4-55 所示。

（2）驶近收费处时，选择通道上方亮绿灯信号且汽车较少的通行道口。持有电子标签的汽车可以以 30km 的时速内不停车直接通过 ETC 专用收费车道，进出高速公路。如无电子标签，则应去人工窗口依次排队，按次序领取通行卡（或交费）通过，切勿争道抢行。

（3）交费或领取通行证进入收费入口处，尽量将车身靠近收费亭，停车时使驾驶室门窗对齐收费口，便于收费人员和驾驶人交接现金、票证或通行卡。在入口处领到通行卡或票证后，要妥善收存好，以备出口时交卡或验票；切忌将通行卡或票证随手乱丢，到达收费口时，为寻找通行卡或票证耽误时间，影响通过速度。

（4）入站后仍需缓行，注意观察匝道入口岔道处的路标指示，选准要去的方向以及驶入的匝道，如图 4-56 所示。有弯道和坡道的匝道一般都要限制速度，应注意警告标志，一定要按标志规定的速度行驶。

图 4-55　驶入收费处

图 4-56　选准要去的方向

2. 通过匝道的方法

匝道是指高速公路与邻近的辅路相连接的路段。高速公路的入口大多采用立体交叉形式，有两条不同方向的匝道，如果不注意指路标志往往驶错方向。因此，在匝道上行驶应注意下列事项。

（1）确认汽车行驶路线，不要驶错方向。

（2）在确定行驶方向之后，应尽快将车速提高到 50km/h 以上驶入加速车道。

（3）匝道上不准超车、停车、倒车和掉头。

（4）具有弯道和坡道的匝道一般要限制车速，应注意警告标志。

（5）在喇叭形、环形立交路上行驶时，注意相对方向欲驶向出口的汽车，避免相撞、剐擦。

注意：在匝道上不宜速度过快。汽车从交叉入口匝道起点到高速公路车道的一段车道并不是高速行驶路段，这是一段具有一定弯度和坡度的匝道。汽车在匝道上应按标志牌上规定的车速行驶（一般不超过 40km/h），不可速度过快。

三、驶入高速公路

（1）从匝道入口进入高速公路的车辆，必须在加速车道上提高车速到时速 60km/h 以上，开启左转向指示灯，观察和正确判断高速公路右面车道上的车辆情况、行驶速度，在不影响其他车辆行驶的情况下加速驶入高速公路行车道，如图 4-57 所示。切不可由匝道直接进入行车道，如图 4-58 所示。

（2）若在高速公路加速车道前停有车辆，高速公路上的车辆又在连续不断地行驶，此时应在加速车道上等待驶入的时机，并注意与前面停车保持一定距离。

（3）汽车在加速车道加速准备驶入行车道前，应密切注视行车道上的车辆和加速车道上的尾随车辆，在安全的条件下，驶入高速公路。同时，驾驶人驾车在行车道上行驶，也应注意从加速车道上准备驶入行车道的汽车。

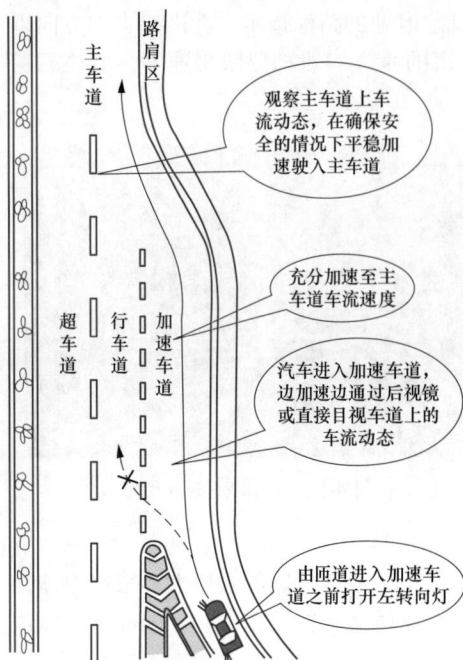

图 4-57　加速车道上的行驶

四、高速公路行驶

1. 选择行车道

进入高速公路后，能够从道路的标牌或道路的标志箭头得知各种类型汽车所应行驶的车道，如图 4-59 所示。在高速公路上必须严守分道行驶，不随意穿行越线的原则。

高速公路主车道设计有双向四车道、六车道、八车道，以沿机动车行驶方向左侧算起，第一、二、三、四车道均为行车道，如图 4-60 所示。根据道数的不同，对各车道的速度要求也有所区别。

（1）单向只有两条车道时，车速低于 100km/h 的机动汽车，在右侧车道行驶，但最低车速不得低于 60km/h；车速高于 100km/h 的机动汽车，在左侧车道行驶，但最高车速不得高于 120km/h。

图 4-58　不能直接进入行车道

图 4-59　各种类型汽车所应行驶的车道

（2）有 3 条车道时，设计时速高于 130km/h 的小型客车在第二条车道上行驶；大型客车、货运汽车和设计时速低于 130km/h 的小客车在第三条车道上行驶。最低车速为 110km/h 的机动汽车，在左侧车道行驶；最低车速为 90km/h 的汽车，在中间车道行驶；最低车速为 60km/h 的汽车，在右侧车道行驶。

（3）有 4 条车道时，设计时速高于 130km/h 的小型客车在第二、第三车道上行驶；大型客车、货运汽车和设计时速低于 130km/h 的小客车在第三、第四条车道上行驶。有 4 条以上车道时的情况以此类推。

（4）摩托车在最右侧车道上行驶。

（5）车辆应在高速公路右侧或中间行车道行驶，不能长时间在超车道上行驶。

（6）不准随意穿行越线，不准骑、压分界线行驶。除执行紧急任务的警车、消防

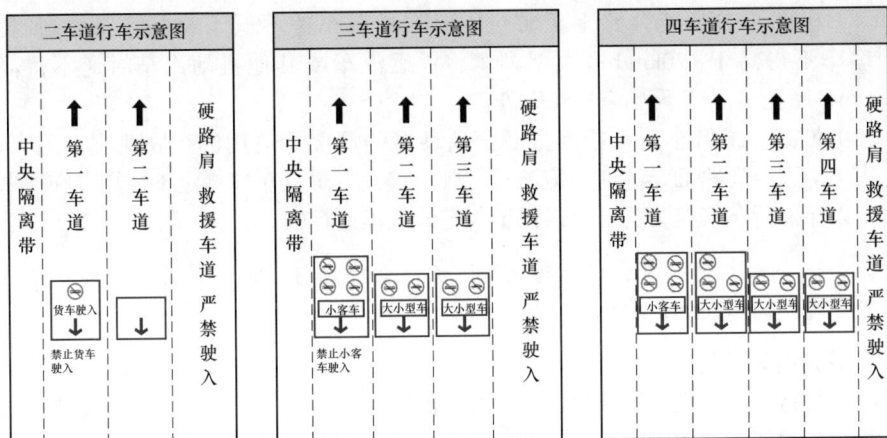

图 4-60 高速公路主车道

车、工程救险车、救护车和因停车驶入或驶出外，其他机动车不得进入应急车道内行驶或者停车，如图 4-61 所示。

2. 选择行驶速度

汽车进入高速公路后，应严格遵守最高时速和最低时速规定。根据道路交通情况，选择行驶速度，正常行驶时速应在 60～120km/h，超车时不能超过最高时速。让车时不能低于最低时速行驶。

在高速公路上行驶时，要注意限速标志，在有限速标志的路段，应及时将车速控制至限

图 4-61 不得进入应急车道内行驶或者停车

制标准。还应根据路面状况和视力能见度情况适时调整车速。如遇雪、雨、雾、大风、沙尘天气时，视距短，能见度差，或冬季路面结冰、有雪等，均需将车速降低到安全车速以下。行驶速度规定如图 4-62 所示。

图 4-62 行驶速度规定

（1）机动车在高速公路上正常行驶时，最低车速不低于 60km/h；最高时速、小型客车不得高于 120km/h；大型客车、货运汽车或其他机动汽车时速不得高于 100km/h，摩托车车速不得高于 80km/h。

（2）最高、最低车速是指天气及交通良好的情况下适用的行驶速度。遇大风、雨、雪、雾天或者路面结冰时，应减速行驶，最高、最低车速规定不适用。在这些情况下，以保证行车安全为主，可以低于规定最低车速行驶。

注意：高速公路上有限速交通标志或者限速路面标记与最高、最低车速规定不一致时，应当遵守标志或标记的规定。

3. 注意行车间距

高速公路行驶的汽车速度快，如果行车间距保持不好，很容易发生首尾相撞或刚擦事故，有时甚至会发生连环相撞交通事故。行车间距包括两个方面：①汽车的前后距离（纵向间距）；②汽车超车时两车平行行驶瞬间的左右距离（横向间距）。

（1）纵向间距。

1）正常情况下，在高速公路上的行车间距略大于行驶速度值。超车时应保持适当的侧向间距；当行驶时速为 100km/h 时，行车间距为 100m 以上；时速 70km/h 时，行车间距为 70m 以上。遇大风、雨、雪、雾天或者路面结冰时，应当减速行驶，行车纵向间距应适当加大 1～1.5 倍。为便于检验与前车的行车间距，高速公路上专门设有供驾驶人确认行车间距的行驶路段，汽车可在此路段检验并调整行车间距，如图 4-63 所示。

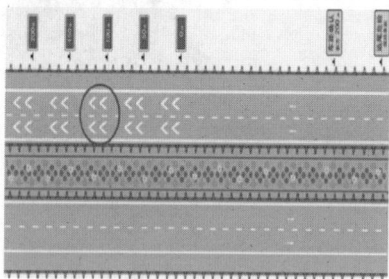

图 4-63　供驾驶人确认行车间距的行驶路段

2）雨雾天在高速公路上行驶，应按规定速度行驶，行车间距保持为干燥路面行车间距的 2 倍以上为宜；当能见度在 50m 以下时，不可冒险行驶，应设法将车驶向最近的服务区或停车场暂避，待雾散后再驶入高速公路。遇浓雾突然来临，来不及驶向服务区或停车场时，可把车驶入路肩停下，打开示宽灯和尾灯，待雾散后，尽快驶离路肩。

3）雪天在高速公路上行驶，应加大行车间距，一般应为干燥路面的 3 倍以上；尽量沿前车的车辙行驶，一般情况下，避免超车、急加速、急转向和制动；必须停车时，应提前采取措施，尽量用发动机的牵阻来控制车速，以防各种原因造成的侧滑。

4）若发现前车是危险货物运输车或装载不符合要求的汽车，尾随时应适当加大车间距离。

（2）横向间距。正常情况下在高速公路超车时，横向间距为：当行驶时速为 100km/h 时，横向间距为 1.5m 以上；时速为 70km/h 时，横向间距为 1.2m 以上。

特别提醒

（1）不要紧随大型汽车。在高速公路上跟随车流时，一般不要尾随在大型汽车之后，若前方是大型汽车，一定要保持足够的车间距离，或者尽早超越。因为大型汽车盲区比较多，如果和大型汽车并排行驶，大型汽车突然变道，并行的车辆应及时做好减速让行，否则一旦与大型汽车发生事故，易车损人亡。如果是下坡或者是转弯道路则更危险，货车速度快，容易发生侧翻。

（2）尽量避开危险汽车。所谓危险汽车，就是随时有发生事故可能的汽车。例如，运载危险品的货车、严重超载的大型货车、随时可能落物的汽车等。此外，还有那些由鲁莽或疲劳的驾驶人驾驶的汽车。若发现了前车属于危险汽车，应极早避开，即尽快在有利的时机超越或拉开与它们的距离。

4. 正确操纵转向盘

在高速公路上行车与在普通公路上相比，汽车转向盘的操纵方法有很大的区别：①由于车速高，转向盘容易转动，方向的随动性好；②由于车速高，在同样的转向盘转角下，汽车弯道行驶的离心力大，稳定性不好，为此应减小转向盘的转角，并尽量缓慢打方向。

在高速公路上行车，操纵转向盘时需要注意以下事项。

（1）当变换进行车道或修正行车方向时，转动转向盘的转角尽量要小，以免因车身偏移过多而驶出车道，或造成不必要的频繁修正方向，车辙呈 S 形。

（2）通过弯道操纵转向盘的速度应尽量小，一定要避免像在普通公路上那样猛打、猛回转向盘，否则会使汽车失稳、侧滑，甚至翻车。

5. 正确制动

在高速公路上行驶时车速高，不宜过于频繁使用车轮制动器，特别是紧急制动。为了避免使用紧急制动，要求驾驶人必须高度注意路面状况，做好预见性制动的准备。具体方法如下。

（1）应注意观察路面情况，提早发现前方的路面危险障碍，若需要制动，则可先挂上低速挡，用发动机的阻力制动，减缓车速，到了接近需要制动的地点时，再缓慢加力制动或使用点制动、（即点刹）以使汽车平缓停车或减速。

（2）遇有紧急情况需要在应急车道停车时，应开启右转向灯，换入低一级挡位，将汽车驶入应急车道，然后制动停车。

（3）遇到前方有障碍或前车因故采取制动措施时，后车可先轻踩几下制动踏板，以便使制动灯闪烁，提醒并警告后车驾驶人不要过于紧跟，然后再根据行车道上的前方障碍情况或前车减速情况确定是继续减速还是超车通过。

6. 在高速公路上超车或变更车道

当前方遇有障碍或超车时，以及需要变更车道时，必须提前开启转向灯，夜间还须变换使用远近光灯，确认与要进入的车道前方以及后来车均有足够的行车间距后，再驶入需要进入的车道。驶入超车道的机动车在超车后，应当立即驶回行车道。

在超车或变更车道过程中还须注意到右方车道前的车辆此时突然超车或变换车道。

（1）超车方法。在高速公路上应尽量少超车，如确需超车，一定要谨慎操作。如果在200m范围内有车，可以连续地超越，否则，反复变更车道更危险。超车时只允许使用相邻的车道。绝对禁止在大半径弯道高速行驶中猛打转向盘或违章超车，否则后果严重。如果超车没有完全把握时，应提高警惕并拉大车距，等待时机超车，避免发生危险。需要超车时，看清前、后方情况，确认安全，具备超车条件时，打开左转向灯，从超车道靠近前车约20m远时，应鸣喇叭（夜间变换远近光灯）提醒前车，以引起前车注意，作出避让。逐渐进入超车道并加速超越前车。超车后，当与被超车相距拉开至少有50m远的距离时，开启右转向灯，缓打转向盘、渐渐向右斜插，驶回原车道加速行驶，并关闭转向灯。超车全过程如图4-64所示，在距前车70m左右时，向左适量转动转向盘，以较大的行车轨迹切入左侧变更车道，加速平顺地驶入需要进入的车道；超车时，应保持足够的侧向安全间距，避免拖延时间，加速超越；超车后，距被超汽车50~70m时，打开右转向灯，在不影响被超汽车正常行驶的情况下，平稳驶回行车道，关闭转向灯。

（2）超车注意事项。

1）选择直线路段超车。车辆在直线路段可见度高，便于观察前后车辆，便于驾驶操作，所以超车应尽量选择在直线路段进行。在弯道，尤其是右转弯时应避免超车。

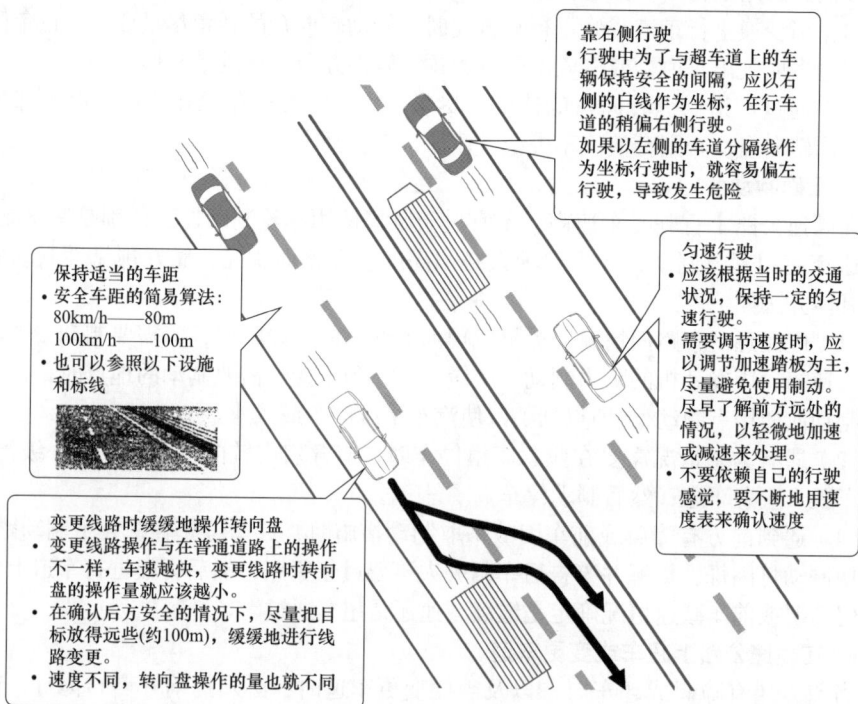

图4-64 超车全过程

2）超车时要注意并行及后续车辆情况。超车前必须确认超车道上的安全距离内（100m以上）没有其他车辆，同时还必须确认同行车道上没有车辆企图超越自车。

3）不准从右侧车道超车，不准在匝道、加速车道或减速道上超车。

7. 弯道、坡道行驶

在高速公路弯道上行驶，应适当降低车速，严禁在弯度小的弯道上超车。在左转弯道行驶时，驾驶人的直视距离变短，最好不要超车。

坡道行驶应控制下坡车速，注意观察车速表的显示，确认速度在安全范围内；绝对不允许在下坡转弯路段上变更车道、超车；在设有爬坡车道上坡路段，大型客车、货运汽车应在爬坡车道上行驶，速度较快的小型客车不可随意驶入爬坡车道。

8. 行车道驾驶方法

高速公路上的驾驶方法如图4-65所示。

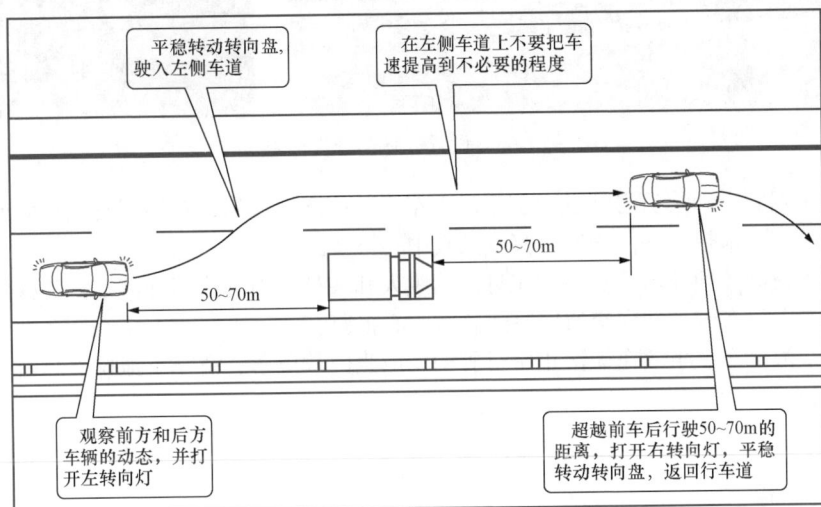

图4-65　高速公路上的驾驶方法

特别提醒

在高速公路上行车不允许长时间压、跨交通标线行驶，即不允许长时间压、跨超车道与行车道、行车道与行车道、行车道与停车道之间的分界线。

（1）正常行驶的机动车，不准倒车、逆行，不准穿越中央分隔带掉头或转弯。

（2）不准试车或学习驾驶机动车。

（3）不准在匝道和变速车道上超车或停车。

（4）不准驾车骑压车道分界线行驶和在超车道上连续行驶。

（5）除遇障碍、发生事故等必须停车外，不准随意停车，不准停车上下人员或者装卸货物。

（6）除因停车驶入或驶出紧急停车带和路肩外，不准在紧急停车带或路肩上行车。

9. 停车规定

在高速公路上行车除遇事故、障碍等必须停车的情况外，在高速公路上绝对不准随意停车、上下人员或装卸货物。当需紧急停车时，应特别注意以下事项。

（1）因故障、事故等原因需要停车时，必须观察好周围情况，提前开启转向灯，驶离行车道，不宜急制动，要分次踩制动踏板减速，按规定停在应急车道上或者右侧路肩上，禁止在行车道上停车或修车。

（2）因故障、事故等原因不能驶离行车道，驾驶人必须开启危险报警灯，并在行驶方向的后方150m处设置故障车警告标志，如图4-66所示。

图 4-66　设置故障车警告标志

（3）驾驶人和乘员必须从右侧车门下车，迅速离开汽车，转移到右侧路肩或紧急停车带等安全地带，并向交通警察或急救中心报警。

（4）夜间还须开启示宽灯和尾灯，驾驶人和乘员必须迅速离开汽车，转移到右侧路肩或紧急停车带，并向交通警察或急救中心报警。

（5）故障车、事故车无法正常行驶的，应当由救援车、清障车拖拉、牵引，不准自行拖拉。

特别提醒

夜间不能超高速行驶

（1）不少驾驶人认为夜间高速公路上的汽车较白天要少得多，夜间行车比白天行车容易，所以常常以超高速行驶，这是非常危险的。据高速公路交通事故统计，夜间交通事故次数仅占交通事故总数的40%左右，但夜间死亡事故却占所有交通死亡事故的60%。

（2）尽管夜间高速公路的汽车减少，但载货汽车却增加，小型客车在其中行驶安全性极差。夜间的高速公路，除服务区、隧道外，几乎没有照明，通常是靠自车前照灯的照明，虽然其他汽车的灯光也有照明作用，但驾驶人的视野范围仍变得非常窄小。

五、驶离高速公路

1. 驶离高速公路方法

汽车驶离高速公路，应提早做好准备。应当按出口预告标志进入与出口相连接的车道，减速行驶。从匝道驶离高速公路，必须提前开启右转向灯，驶入减速车道，然后经匝道驶离。

（1）驶离主车道。高速公路在出口的前方4个不同距离上分别设有2km、1km、500m及出口处预告标志，驶离高速公路时，要根据这些预告标志的指示距离，决定相应的行驶方法，如图4-67所示。当看到要驶出的下一出口第一预告标志时，根据预告标志指示的下一路口的距离，及时做好驶出的准备，防止错过出口；如果在超车道上行驶，应寻找机会尽早回到行车道上；若在三车道以上高速公路的最左侧车道行驶时，应在不影响其他汽车正常行驶的前提下，逐渐变更至最右侧车道，以便驶离主车道。行驶到距出口2km预告标志后，不得再进行超车；距出口500m时，打开右转向灯，降低车速，从减速车道口的始端驶入减速车道。驶离八车道高速公路的方法如图4-68所示。

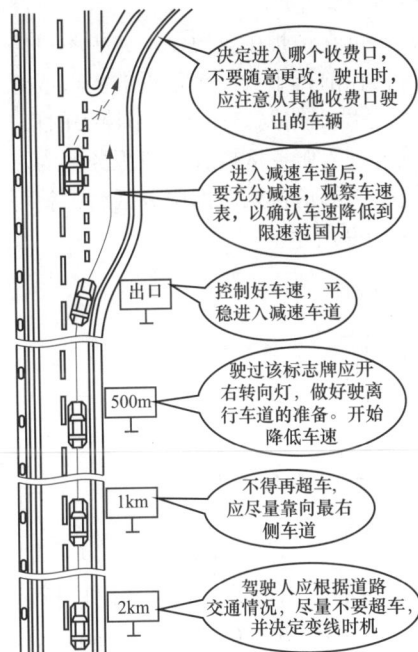

图 4-67　驶离高速公路

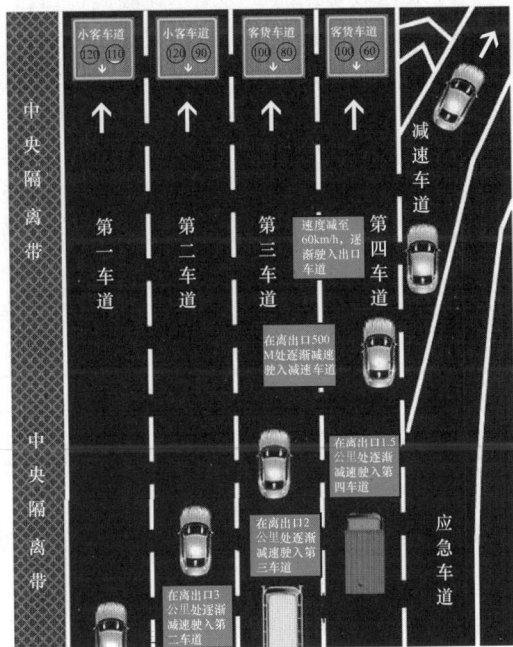

图 4-68　驶离八车道高速公路的方法

（2）驶入减速车道。当行至离出口500m处，抬起加速踏板，开启右转向灯，做好驶入减速车道的准备，进入右侧车道行驶。如果已驶过出口，只能继续向前行驶至立体交叉桥掉头，或者在下一出口驶离；严禁在高速公路紧急制动、停车、倒车、掉头、逆行、穿越中心隔离带供紧急情况使用的缺口。

（3）减速车道行驶。进入减速车道后，关闭转向灯；注意观察车速表，应继续利用发动机牵阻作用结合轻踩制动降低车速，在距匝道出口处50m远时，将变速杆挂入低一级挡位，使车速符合限速要求。且注意观察匝道入口处设立的限速标志，匝道限速一般为40km/h。不允许未经减速车道，直接从主车道驶入匝道。

（4）匝道行驶。进入匝道后，根据匝道的弯度掌握好转向盘，并将车速控制在限定的时速以下；注意从其他车道合流的汽车。驶至匝道终端的岔道处时，要与反方向驶出高速公路的汽车汇流。因此，要注意另一匝道有无驶来的汽车。如若有汽车驶来，且与自车有可能同时驶至岔道处时，应主动减速避让，让其先行。

2. 驶离高速公路注意事项

（1）进入匝道前，必须充分减速，并观察里程表，确认车速读数，将车速确实降至匝道所规定限速的范围。

（2）进入匝道的汽车，严禁超车、掉头和停车。

（3）驶至匝道终端岔道汇流处时，要特别留意和小心，严禁与另一匝道驶出的汽车抢道。

（4）进入收费站时，不可与其他汽车争抢通道，应文明驾车，依序排队。

（5）驶出收费站时，必须迅速驶离道口，以免堵塞交通。

（6）如若在高速公路上驶过要驶出的道口时，不可在慌忙中紧急制动，更不可停车、倒车、掉头和逆行返回。应保持速度继续前行，在前行中找一个最近的出口或者服务区。在出口收费站几十米之前，往往会有一个专供走错路口便于汽车掉头的口，可从这里返回高速公路，找到要去的出口。如果就近进入服务区内，一般服务区为左右对称布局，中间有一个联络隧道，只要开车穿过联络隧道进入对面服务区后，就可以驶出该服务区，沿路返回自己要去的出口，如图 4-69 所示。

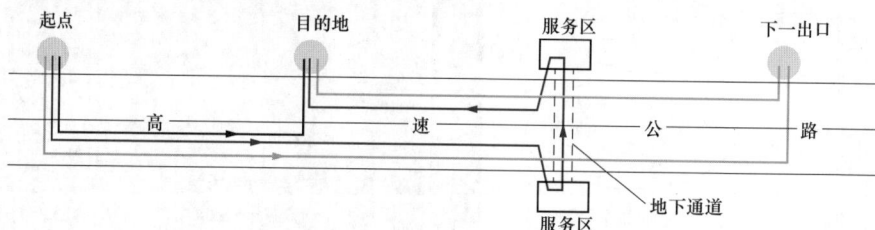

图 4-69　驶向高速公路出口的方法

图 4-69 中，黄线显示正确路线，蓝线表示错过目的地出口后，到下个出口折返回到目的地，而绿线则是现在采用的办法。由于高速上的服务器往往都是对称的，来向和对向均有，两个服务区之间可以通过地下通道安全、便捷地进行物流往来。因此，可以通过服务站的地下通道，安全的到达高速对面，以缩短行驶时间和距离。

特别提醒

（1）驶出收费口后，要慢行一段路程（最好能稍停一会儿），以调整心态。如果不彻底消除高速公路行车心态，可能不适应在普通公路上交通情况的变化，易发生交通事故。

（2）当突然发现前方有积水路面时，如果车速较低，可安全避让；如果车速较高，不要强行猛打方向盘避让，以防因此导致侧滑和失控。

（3）在高速公路上遇到水坑，尽量躲开或尾随一辆车过去。观察水坑的深度，如果躲不开，前面又没有车辆，就让车辆的两个前轮同时通过水坑。如果在高速行车时，只是单边车轮通过水坑，那很可能会因为轮胎瞬时失去抓地力而发生侧滑甚至翻车。

六、高速公路驾驶注意事项

（1）进行车道变换或修正行车方向时，转动转向盘的转角要尽量小，避免造成不必要的频繁修正方向。

（2）通过弯道时操纵转向盘的速度应尽量小，一定要避免像在普通公路上那样猛打、猛回转向盘，否则会使汽车失稳、侧滑，甚至翻车。

（3）不可双手同时脱离方向盘，不管出现在何种情况，只要车辆在高速运行中，驾驶人的双手决不可同时脱离方向盘，即使车辆在非常稳定的情况下作直线运行，也不得如此，以防发现意外时措手不及。比如，车轮爆胎时，车辆会瞬间迅速跑偏；雨天道路积水，强大的阻力会使车辆甩尾；互相超车时形成的气流旋风会迫使车辆改变行驶方向。

（4）在高速公路上行驶，由于车速高，不宜过于频繁使用行车制动器，特别是紧急制动。车辆在运行中需要使用制动时，不可同时变更方向，如果在制动时变更车辆行进方向，会造成车辆侧滑或侧翻。

（5）高速公路不准随意停车及停车上下人员或者装卸货物。

（6）因故障需要临时停车检修时，必须提前开启右转向灯驶离行车道，停在紧急停车带内或者右侧路肩上，并将红色三角警靠车牌竖放在车后约150m处，同时开启危险警报灯，夜间还要开示宽灯和尾灯，以警告后续车辆的驾驶人，以免发生意外。禁止在行车道上修车。

（7）车辆修复后，应先在紧急停车带内或者右侧路肩上提高车速，并开启左转向灯，在不妨碍其他车辆正常行驶时进入行车道。

（8）驾驶人感觉疲劳时，应驾车驶向休息区。在高速公路上连续行车，应以1～1.5h为安全限度。行车1h便应注意休息，继续行车易疲劳。一次连续驾驶时间不要超过4h，否则极易造成事故。

第五章

紧急情况怎么办——电动汽车安全行车与应急处置

第一节 安 全 行 车 方 法

一、安全行车常识

（1）遵守交通法规，安全文明出行。增强交通安全自我保护意识，养成自觉遵守交通法规的良好习惯。自觉谨慎驾驶、各行其道、不乱停放、不酒后驾驶、不超速超载、不急停猛拐、不随意调头、不借道超车或占用对面车道，不穿插等候的车辆，杜绝无牌无证驾驶，确保行车安全和路面畅通。

（2）出车前检查车况。电动汽车的日常检查除按常规汽车日常检查外，还需要检查的项目如下：

1）检查电动车的绝缘状况应不低于规定的绝缘值，即当周围空气相对湿度在75%～90%时，电动车的总绝缘值不低于3MΩ。

2）检查空气压缩机、电机的皮带松紧度，需要时进行调整和紧固，检查空气压缩机组的工作情况。

3）检查高、低压电源电压是否正常：闭合高压开关、低压开关，低压电压表应为27V±0.5V，动力电池电压不低于388V。

4）检查助力油泵的工作情况和助力油罐的油面高度。

5）检查电制动、气制动和驻车制动的工作是否正常，管路有无漏气现象，应按技术要求进行检查，即气压为700kPa，各气动件不工作情况下，经过30min后，气压不应低于600kPa；气制动系统的气压由0升至400kPa的时间，不应超过4min。

6）检查车门机构的工作情况，开关动作是否正确。

7）检查驾驶室中各种开关、手柄、踏板位置、动作的正确性，自动空气断路器操作是否灵活可靠。

8）检查仪表显示屏，发现故障报警信息时，应及时报修。

9）检查动力电池组（或超级电容组）剩余电量，发现电量不足时，应及时充电。

10）检查完毕应关闭设备舱门。

（3）系好安全带。调整好后视镜、座位后，切记系好安全带。安全带，生命带，正确使用安全带能将人固定在车内，防止因车祸导致飞出车外造成伤亡，可以减少车祸死亡率的 80% 以上。

（4）12 岁以下儿童应使用安全座。目前汽车上的安全带都是针对大人设计的，对于 12 岁以下儿童来说，很难起到保护作用。若有 12 岁以下儿童，一定要选择适合的安全座椅，并安装在汽车后排。

注意： 副驾驶座不能乘坐儿童。

（5）用好儿童锁。锁上靠近儿童安全座椅一方车门的儿童锁，锁上以后该车门无法从里面打开，确保车内小朋友的安全。

（6）正确迅速的判断。根据路面情况要认真思考判断，迅速调整好车速。

（7）保持车距。车辆行驶中，必须与前车保持一定安全距离。交规规定，机动车在高速公路上行驶，车速超过 100km/h 时，应当与同车道前车保持 100m 以上的距离，车速低于 100km/h 时，与同车道前车距离可以适当缩短，但最小距离不得少于 50m。

（8）禁止无证驾驶。一旦发生交通事故，因为无证驾驶有严重过错，保险公司将不予理赔，巨额的赔偿费需要自行承担，损失巨大。而且一旦构成交通肇事罪，无证驾驶也是一个加重量刑情节。也不要将车借给没有驾照的人驾驶。

（9）禁止酒驾、醉驾。为了你和他人的安全，切记喝酒不开车、开车不喝酒，而且酒驾扣 12 分，醉驾入刑，发生交通事故的话驾驶人喝酒的保险公司不赔偿，构成交通肇事罪的话，酒驾是加重量刑情节。

（10）禁止超速。超速开车是发生交通事故的最主要原因，如果超速，遇到紧急情况往往反应不过来，造成无法挽回的后果，损人害己。

（11）远离"路怒症"，不开赌气车。"路怒症"是指驾车人员在交通阻塞或拥堵的情况下，由开车压力与挫折所导致的不良情绪，表现出带有攻击性或愤怒的行为。"路怒症"发作者开车时喜欢骂骂咧咧，跟人"任性"较劲，严重者容易引发恶劣后果。

（12）请勿疲劳驾驶。驾驶疲劳是指驾驶人在长时间连续行车后，产生的生理机能和心理机能失调，而在客观上出现驾驶技能下降的现象。驾驶人睡眠质量差或不足，长时间驾驶车辆，容易出现疲劳。驾驶疲劳会影响到驾驶人的感觉、知觉、思维、判断、意志、决定和运动等诸方面。轻微疲劳时驾车。极易出现视线模糊，思考不周全、精神涣散、焦虑等现象；中度疲劳时驾车。会出现反应迟钝，甚至忘记操作，极易引发道路交通事故；重度疲劳时驾车。可能出现短时间睡眠或瞬间记忆消失，导致动作迟误、操作停顿或修正时间不当。为避免疲劳驾驶，驾驶人应注意下列事项。

1）长途出行前保证充足睡眠，尽量避开午后和夜间行车。

2）连续驾驶不超过 4h，停车休息不少于 20min。

3）夜间连续驾驶时间不得超过 2h。

4）每日凌晨2时至5时禁止客运车辆在高速公路通行，每日0时至6时禁止危险物品运输车在高速公路通行。

（13）防御驾驶。开车时应全面预防，一路预防，确保一路平安。防御性驾驶的措施主要包括两个方面：

1）在驾驶汽车时，随时提防那些冒失的驾驶人、行人、骑车人，随时注意行驶前方的情况，预计他们可能的行动，并随时做好应变的准备。

2）当遇到冒失的驾驶人、行人或骑车人时，为了他人和自己的安全，还是主动让道为好。

特别提醒

- -

谨防潜伏在"正常"中的交通危机

（1）注意平坦的高速路上也有较大的洼坑。高速路上经常有较大的坑洼出现，如果车速太快，通过时就很难控制住方向。

（2）注意宽敞的路面可能会设置有洼槽或硬坎。这种情况常常出现在路侧有厂矿、学校、商业服务区的路段，设置这些障碍的目的就是为了限制过往车辆的速度。如果对路况不熟悉而车速较快时，就很容易引起车辆强幅颠簸，进而控制不住方向。

（3）注意直行的车辆突然急转弯。这种情况常常在有岔路的地段出现，因此，在比较宽敞的路上行驶时，也要注意观察前方有无道口，特别是在前车临近道口时一定要有戒备之心。

（4）注意向左（或右）转弯的前车却又突然向右（或左）转回。这种情况多发生在主干线路左右都有岔路的路段，由于驾驶人没有判断清楚方向而造成的。因此，在左右都有岔路的地方，最好离前车远点，超越时更要小心谨慎。

（5）注意正常匀速行驶的车辆却突然制动停车，这种情况很容易发生追尾事故。因此，驾驶人平时就要养成跟行时纵距适当放长的好习惯，不要跟行前车距离太近。

（6）注意停放的车辆突然驶向路中。如果自车速度过快且路面较窄，就会与其剐蹭到一起。因此，在行驶途中，驾驶人对每一辆停放在路侧的车辆都不要掉以轻心，通过时都应放慢速度。

- -

（14）夜晚远光灯越强行驶越不安全。灯光的照射角度越大越安全，灯光抬得越高越亮越危险。

（15）在不平的地面泊车后不但要拉上手刹还要及时挂挡，这样才能防止车辆因路面不平而下滑。

（16）单向行驶如果有双道，压虚线行驶最不安全。因为无论是前后行驶的车辆都无法判断你行驶的意图。

（17）高速拐弯时，一边踩离合器，一边踩制动最不安全。无论任何情况下，踩离合器行驶会增加车辆的惯性，应该将挡位放低后再踩着制动行驶。

（18）遇到其他驾驶不熟练者或违章者，应该尽快远离。按喇叭或大灯提示，只会增加驾驶人的紧张情绪，使他更加难以控制车辆。

（19）拐弯或并道时，应先扭头看一下车的后面再看反光镜。因为，有时反光镜调节得不好会有死角现象，此外，转向灯打开后会使靠近自己的车辆增加提速或放慢的概率，仅从反光镜不能完全判断正确性。

（20）开车行驶时，除了保持与前后车的安全距离外，还应尽量避免与左右侧的车辆保持并列行驶，可通过提速超车或放慢速度来错开并列行驶者。并列行驶的最大坏处是分心，容易使注意力从前方分散到左右，对初学驾驶者更容易造成紧张不安的情绪。

（21）在光滑的路面行驶应学会用好挡位来控制车辆行驶。

（22）提速超车时，首先要观察和判断后面行驶的情况，在确定后面没有车辆欲超自己的情况下再观察和判断前方的情况。

特别提醒

1. 驾驶机动车不得有的行为

（1）在车门、车厢没有关好时行车。

（2）在机动车驾驶室的前后窗范围内悬挂、放置妨碍驾驶人视线的物品。

（3）拨打接听手持电话、观看视频等妨碍安全驾驶的行为。

（4）下陡坡时熄火或者空挡滑行。

（5）向道路上抛撒物品。

（6）在禁止鸣喇叭的区域或者路段鸣喇叭。

2. 驾驶人文明行车守则

（1）自觉遵守交通法规，维护交通秩序。

（2）服从交通民警指挥，积极协助交通民警的管理工作。

（3）积极参加交通安全学习和宣传教育活动，并主动热情宣传交通安全常识。

（4）文明礼让，各行其道。

（5）按规定参加年检、年审，保持车容整洁，车况良好。

（6）驾驶人和前排乘坐人员须系安全带。不闯红灯、不越线、不酒后驾车、不疲劳驾驶、不超速、不超载、不违章超车、不开带病车、不违章会车、不违章变道、不违章使用灯光、不乱停放车辆。

（7）车辆因故障等原因确不能行驶时，须立即将车辆移至不影响通行的地方，并采取必要的安全示警措施。

（8）遇交通事故须主动拨打报警电话，积极抢救伤者，保护现场。

二、避免交通事故的方法

1. 危险源的识别与预防

在行车过程中存在多种多样的危险源，驾驶人要善于提前识别各种危险源，防范行车风险，有效避免交通事故的发生。

（1）危险源的种类。常见的危险源大体可分为人的不安全行为、车辆的不安全状态、道路及环境的不安全因素等3方面。

1）人的不安全行为。驾驶人的不安全行为主要是：违法和不文明驾驶行为；因技能不熟练引起的操作错误或情况判断失误导致的操作不当引起的危险。其他交通参与者的不安全行为主要是：不遵守交通规则和复杂多变的交通行为引起的危险。

2）车辆的不安全状态。机动车的不安全状态主要是车辆的安全技术条件不符合标准引起的危险。车内物品的不安全状态主要是由于车内物品放置不当或装载不安全物品、装载不符合规定等引起的危险等。

3）道路及环境的不安全因素。主要是道路条件复杂和天气状况及环境不佳。

（2）险情预测分析及处置。安全行车要有预见性，预测可能分生的危险，提前做好应对准备。通常要注意以下几方面。

1）预测信号引起的危险。

a.适时正确发出信号，及时改变信号（如转向灯），注意观察其他车辆信号及交通标志；避免信号标志识别不清或识别错误引起的危险。

b.黄灯闪烁时，为预防后车追尾，应多次亮制动灯示意停车。

c.人行横道绿灯闪烁时，应注意行人抢过横道线。

d.前车或前车发出制动信号时，减速避免追尾事故。

2）预测对向或同向车线路变化引起的危险。

a.工程施工占道，双向车道太窄，没有进入窄道的车辆应在车道宽处停车让行。

b.前方自行车可能占机动车道，应减速靠中心线行驶，应注意安全。

c.前方摩托车可能随时变更车道，注意摩托车动向，保证交通安全，避免事故。

d.对向车道大型车可能越中心线超车，注意让行。

e.转弯处对面来车可能会越过中心线，注意减速让行。

f.对向车道有大型车占道，对向来车可能越中心线行驶，应注意减速让行。

3）预测自己的车线路变化引起的危险。

a.变更车道注意左后视镜死角处，应直接目视观察，避免事故。

b.转弯应控制在安全车速，避免越中心线引起危险。

c.车道变更车道必须靠左变更车道，同时注意后车，避免事故。

4）预测行人引起的危险。

a.行人过街可能会造成前车不完全转弯（车尾未转过），引起追尾事故。

b.注意球后面可能有小孩踢球跑出引起危险，减速慢行。

c.在有儿童和来车的情况下，既要注意儿童又要注意来车。

d.在路两边有大人和小孩的情况下小孩注意力比大人差，多注意小孩一侧。

e.弯道的前方有人行横道预告标线时，应减速并注意观察以避免危险。

5）预测视线死角引起的危险。

a.注意大型车直行或左转弯时后面可能有左转车辆，不要大意。

b.绿灯亮时，由于左转大型车遮挡，不便观察对向左转弯车辆，直行时不能大意。

c.注意行人从等待通行车辆之间穿越的危险。

6）预测对方过失引起的危险。

a.指望对向左转弯车停车让行是危险的，应随时准备制动，预防事故。

b.雨天时行人因雨具遮挡视线或避水等行为可能造成危险，应减速保持距离。

7）行车路线和行车时间。预先选择好行车线路，安排宽余的行车时间是安全驾驶的重要方面。要养成行车前了解线路、选择线路的习惯，做到心中有数，不急不慌。

8）跟车时的险情判断及处置。

a.预防前车突然停车。注意观察前方车辆的行驶动态及路面状况，预防前车突然停车或遇上制动灯有问题的车辆等情况，保证与前车的安全距离，以便有足够的反应时间来决定是否变更车道或是减速停车。

b.警惕异常车辆。前方车辆行驶轨迹异常时，要与其保持足够的距离，在保证安全的情况下尽可能地超过前车。

c.跟随大型车行驶要注意信号灯的变化，前方有大型车时会导致视线不佳，会挡住路口的信号灯或路边交通标志。可以通过加大跟车距离来扩大视野范围，预防跟随大型车通过时，信号灯突然变化；同时还可避免大型车紧急制动时与其追尾。

d.如果后车跟车过近时，可以采用轻踩制动踏板的方式来警示后车，不需用力踩踏，只要能使制动灯亮起即可。如果警示后，后车还是跟车过近，则可以适时打开右转向灯靠右让行，让后车先行。

9）直行通过有信号灯路口的险情判断及处置。

a.等红灯时也要预防后车可能带来的危险。在路口等红灯时，后方来车可能会因各种原因追撞自己。因此，在路口等红灯时，最好距路口停止线前1～2m停车；如有前车，不要距前车太近，同时也要时刻关注周围车辆动向。

b.驾驶机动车在绿色信号灯亮的路口直行，遇到对向有左转弯车辆进入路口时，要及时减速停车让行，不要抢行通过。

10）通过环岛时的险情预防。

a.可能遇到不让行而强行驶入环岛的车辆。

b.而刚刚驶入环岛的车辆可能占据外侧车道，妨碍本车变道驶出。

c.最内侧车道的车辆有可能急减速或突然变道为驶出环岛做准备。

特别提醒

谨慎超越大型车

行驶在大型车的后方，驾驶人视线会被遮挡，同时也会导致对向车辆看不到自己的车。想要超越大型车时，尤其要注意对向是否有来车。可从大型车后方向左先错出一点位置，观察一下对向车道的情况以及大车前方是否有驶回的空间。有的时候大车行驶的慢不是因为车开不快，而是前面还有其他慢行车辆。切记不要贸然超车。

11）靠边停车险情预防。车辆靠边停车车上人员突然开启左侧车门，会直接导致后侧的非机动车和摩托车骑车人摔倒，甚至被后面驶来的车辆直接碾压。因此，驾驶人在靠边停车过程中应多加注意。

a. 防在减速靠边停车时将右侧自行车、行人挤倒。

b. 防不加观察猛然开启车门而将车后行进中的自行车和摩托车剐倒。

12）山区弯道内可能出现的险情。

a. 弯道高速行驶，车辆容易发生侧翻。

b. 弯道盲区内，可能存在落石及停驶的故障车等障碍。

c. 弯道盲区内，可能有对向车辆占道行驶或对向来车占道超车。

d. 通过急弯处时不要超车，防止前方有车辆或行人出现而措手不及。

13）高速公路险情预防。

a. 高速公路长时间行车，容易出现注意力分散、知觉减弱、反应迟钝、放松警惕、昏昏欲睡的"高速催眠"现象，因此要间歇到服务区休息调整。

b. 高速公路出入口附近，是事故多发路段，要提高警惕。尤其要警惕出入口处低速行驶、突然变更车道和紧急制动的车辆，同时注意是否有停止、掉头或逆行的车辆。

c. 在高速公路上行驶，要注意观察远方，提前发现和避让闯入高速的行人、动物及其他车辆散落的货物等障碍物。

2. 预防事故的方法

（1）前车变道紧跟行。行驶在高速路或快速路上时，前车突然打转向灯，变换车道。碰到这种情况，有可能是前方道路中间有障碍物，或前方发生事故，需要紧急避让。所以，最佳处理方法是跟着前车打转向灯、变换车道，而非加速超过前车。实际上，在高速路上行驶，只盯着前车完全不够，更安全的方法是紧盯前方几辆车的制动灯，以便能更早做出预判。

（2）前车缓慢有情况。前车缓慢原因有很多，最常见的情形有两种：①前方塞车；②前面有状况，最常见的是行人横穿马路。所以，当前车缓慢时，一定要提高警惕，不要急于超车。即便超车，也要看清楚周围情况，从左侧超车，不要从右侧超车。

（3）前方停车要提防。在道路上行驶，看到前车靠边停车，同样要提高警惕，不要下意识地加速从左边超越。因为，前车靠边停车往往是有人下车，而人下车之后有很大概率会直接从车头横穿道路。此时，驾驶人的视线会被前车挡住，无法做出正确的判断。最佳处理方法：将速度降至最低，缓慢从左侧超车。

（4）路面变化要减速。当发现远方路面颜色与目前行驶路面颜色不同时，首先要降低车速，然后观察。除了自己停车观看的方法之外，还要看同方向汽车驶过的情况。路面颜色变化原因有很多，常见的是由柏油路变成砂石路，或是路上有水，或是路中有坑洞。

（5）路人回头早决断。当靠着人行道行驶时，应勤鸣喇叭，减速慢行。当发现路人或骑车者回头望时，要格外小心，因为他们随时会冲过马路；当行人或骑车者边行进边聊天时，也要小心，因为他们往往聊得忘记回头观察就过马路；如果发现路边有一群儿童玩耍或长者骑车时，同样要注意，因为他们过马路从来不往后观望。如果在乡镇里行驶，还须随时注意逆行的摩托车、自行车以及小面包车。最佳应对方法：鸣喇叭提醒，减速慢行，离他们远点。

（6）车内异味要重视。不少驾驶人行车中发现车内有不明异味时，往往只是将车内空调由外循环改成内循环。这样做在城市里问题不大，但如果长途自驾或陌生道路行驶碰到这种情况，必须引起重视。一般车内出现异味，外部原因可能是周边异味气体泄漏进入车内；内部原因可能是汽车发生机械故障，如制动蹄片磨损过大，离合器烧毁等。

（7）远离新手保安全。新手驾驶人的特点：①变道不干脆；②停车时反复；③随时停车。所以，远离新手驾驶人非常有必要。

特别提醒

电动汽车驾驶人安全驾车"十严禁"与"十不开"

1. 驾驶人安全驾车"十严禁"

严禁无证驾驶，严禁酒后开车，严禁疲劳驾车，严禁带病出车，严禁私自开车，严禁强行超车，严禁超速行驶，严禁人货混载，严禁超高超载，严禁行车中使用手机。

2. 驾驶人安全驾车"十不开"

（1）道路宽敞、视线良好，中速行驶，不开英雄车。

（2）前车占道、行人挡路，礼貌让行，不开赌气车。

（3）视线不清、情况不明，减速鸣号，不开冒险车。

（4）路况良好、人少车稀，技术熟练，不开麻痹车。

（5）繁华路段、交叉路口、事故多发，礼让三先，不开抢道车。

（6）城镇、商场、学校前、公交车站，情况复杂，小心谨慎，不开野蛮车。

（7）亲朋乘车、电话干扰，车外热闹，不开娇气车。

（8）身体疲劳、精力不足，短暂休息，不开疲劳车。

（9）车有故障，仔细检查，立即排除，不开带病车。

（10）道路拥挤，事急天晚，沉着冷静，不开急躁车。

三、自驾游安全行车

1. 出车前准备

（1）随车准备充足。

1）出发前请务必检查好随车证件和个人证件。随身携带好钱和身份证、驾驶证、行车证等人和车的证件。

2）准备好路上的应急食物。水是必备的。

3）准备个应急药箱，把退烧感冒的药物适当准备。

4）手机等要保证充足的电量，千万不要忘记带车载充电器。

5）出车前常规检查机油、冷却液、助力油、玻璃水，重点检查轮胎、备胎胎压和轮胎磨损是否正常，轮胎上有没有扎钉子。检查千斤顶和更换轮胎的工具是不是在车上，如果可以最好随车自备补胎充气一体机，既可测胎压又可补胎充气。

（2）提前规划路线。为确保行车路线顺畅，也为了节省旅途所花费的时间，出发前应提前查看目的地有关资料和攻略，预备多套旅游线路，为旅途制定周密的行程。自驾游制定出行路线需要围绕时间、目的地、预算这3个方面进行。另外，安排出行路线时要考虑到驾驶时间不宜过长的原则，尽量避免安排夜间驾驶，注意行程不要安排太紧凑，以免出现疲劳驾驶。另外还需要预留1～2天的机动时间，以应对可能因道路、天气、车辆故障等而出现突发情况。

（3）关注天气变化。天气因素直接影响到所携带的衣物、景点安排等。所以出游前应事先在天气预报网站查询最近7天预报和7～15天远期预报，同时气象部门会及时通过广播、网络、手机、警示牌等多种渠道提供天气预报和灾害性天气预警信息，最大限度地为旅客出行做好气象服务，自驾游的朋友应多留意天气实时情况，并根据预报情况做出相应决策。

（4）确保人车安全。

1）路边或夜间停车时，务必检查门窗是否锁好。

2）尽量避免赶夜路。

3）跑远途时，要在出发前给油箱加满油。纯电动汽车给车充满电。

4）远途开车，最好选一个懂得修车的人同行；同时建议最好两辆以上的车同行，可彼此照应。

5）每开2～3h，最好停车休息一下，既可以避免疲劳驾驶危险，又能防止长时间驾驶对身体健康造成伤害；另外，也有利于缓解长途驾驶对人和车辆造成的疲劳损伤。

6）不要随便搭乘陌生人。

7）注意安全行驶。注意掌握行驶速度，与前车要保持一定距离，停车或缓行一定要靠右边，注意观察周围路面动态。

2. 自驾游安全驾车方法

（1）保持车距。车辆行驶时保持安全车距可以防止与其他车辆发生追尾事故，同时，保持安全距离不仅可以帮助驾驶人观察其他车辆的动向，而且可以把自己的行驶意图通过信号提前传递给其他车辆；保持安全距离还可以减轻驾驶人在心理上的压迫感和危机感，缓和思想上的紧张状态。

（2）路口慢行。现在许多城市道路为行人、非机动车、机动车并行路面，相对而驶的车流之间没有隔离墩，这给新手驾车带来困难。一般来讲，越靠近路口车辆行进的速度越要放慢，此时过往马路的行人及非机动车会乘隙穿行通过。

（3）安全超车。超车前，应正确判断对方驶来车辆的车速，必须在有百分之百把握的情况下超车。并先开左转向灯并鸣喇叭示意，夜间超车时应不断开关灯光示意，等前车有让路表示后，方可从前车的左侧超越。当前车不让路时，千万不能强行超越，以免发生事故。超越前车后，不能过早地驶入原来的行驶路线，在同被超车辆保持必要的安全距离后，打开右转向灯驶回原车道。

（4）谨慎掉头。如果万不得已必须掉头，不要在对面一大串车辆接连而来的状态时强行拐弯。正确的方法是，等对面车道基本无车时，确认后面也没有来车时插空迅速掉头。

（5）减速过弯。在弯道前先抬起加速踏板减速，判断弯道的弯曲程度及路况，待汽车进入弯道以后，适当加速通过。

（6）抢红不抢绿。有些驾驶人遇上信号灯时总喜欢加速"抢灯"。在远处见到绿灯拼命加油提速，往往还未驶到路口停车线，绿灯变成了红灯。最好在远处见到绿灯时减缓车速，在保持低速前进的情况下，以备变灯。在不用制动或少用制动的情况下顺利安全通过路口，"抢红不抢绿"。

（7）低挡下桥。在立交桥和高架路上行驶，有的人开车下坡时，只管空挡滑行，眼看要撞到前车了才踩制动，这是很危险的。正确的做法是减速缓缓驶下高架路。

3. 自驾游行车注意事项

（1）自驾游雨天行车注意事项。

1）雨天驾驶一定要保持良好的视野。需要及时打开雨刷器，开启近光灯，防雾灯和示廓灯。另外为防止玻璃上雾气的产生，需要开启空调，并且要打开空调压缩机，吹向挡风玻璃，这时可以有效地消除车窗雾气，避免阻挡视线。

2）由于雨天路滑，驾车时要注意减速慢行和保持车辆的距离。由于路面通常湿滑，车速都应控制在 40～60km/h。

3）雨天行车时，尽量和其他车辆保持一定的安全距离，尽量远离大车，因为大车往往会阻挡的视线，以及容易溅起水浪，干扰小车的视线。当然，有时候轮胎摩擦力容易下降，发生侧滑，为了防止侧滑，拐弯时一定不能急制动或猛打方向盘，应采取"点刹"的形式直线减速，进入弯道。

（2）自驾游雪天行车注意事项。

1）下雪天，无论是起步还是行驶，都要注意平稳。在车辆起步时要先热车，热车的同时可以把玻璃上的雪铲一下，当然，这也包括左右的玻璃，防止阻挡视线，但是记住，不能用雨刷刮雪。起步时要慢慢加油，防止车轮打滑，可尝试挂低速挡起步。

2）下雪天，同样要控制车速和车距。可以在雪面较厚的道路上适当加一些应急防滑链条，还可以跟着前面的车辙行驶，但是要注意加大与前车的距离，避免追尾。

在光滑的雪地上行驶时，一定要控制好车速，慢慢行驶，尽可能地比平时速度更慢。防止因为过快导致转弯时撞上栏杆或者发生侧滑，导致车辆翻侧。

3）雪天行驶时有时会遇到一些容易结冰的路面，如涵洞、桥梁等，行驶到这样容易结冰的道路时，要注意观察路面的状况，以确保行车的安全。

4）控制好制动。雪天路滑，有时制动是无法控制的，因此在减速时，不要一脚踩死，尽量采取点刹的方式制动，千万不要紧急制动或急制动，可以避免车辆发生侧滑。

（3）自驾游雾霾天行车注意事项。

1）由于雾霾天气往往能见度很低，因此开车时一定要注意力集中，不要盲目跟车或者是跟某车距离太近。一定要与前车保持一定的距离。当然，如果能见度太低，为了安全，我们应该立即进入靠右行驶，将车停在安全地带并开启示宽灯及应急灯，等到能见度恢复，再继续行驶。雾霾天气行车时速控制应遵照以下规则确保安全：

当能见度小于 500m 大于 200m 时，车速不得超过 80km/h；当能见度小于 200m 大于 100m 时，车速不得超过 60km/h；当能见度小于 100m 大于 50m 时，车速不得超过 40km/h；如果当视距仅仅只有 10m 左右时，车速应控制在 5km/h 以下。

2）在雾霾天气使用灯光和喇叭也是一种方法，应开启大小灯、防雾灯，用近光灯。自驾走高速时我们可以利用灯光来提高能见度，打开前后雾灯、尾灯、示宽灯和近光灯，轻易不要使用远光灯。

还可以利用喇叭来经常提醒行人和其他车辆。当遇到两车交会时，应按喇叭提醒对面车辆注意一下，同时关闭防雾灯，避免给对方造成炫目感。

3）雾霾天气很难看清前方的道路，有时与前车车辆保持的距离很近，甚至会将前方开着尾灯停靠的车子，误以为是在行驶的车辆。这时应尽量靠右行驶，以公路右侧的行道树、护栏、街沿等为参照物，不要走路中央。也可以开启 GPS 让导航提醒你应该往哪个路口出行，当发生堵车时，一定要下车，不要待在车上，避免后面的车辆追尾等突发情况。

4）在雾霾天气，尽管自己驾车保证了安全，有时却还是会有一些交通事故发生。这时第一时间应及时通知交通管理部门，开启示宽灯及应急灯，有随车应急用照明设施的应开启应急照明向后方照射以提醒后面的车辆，一定记住在车前、后方设置反光标志，人员应该立即离开公路并站在较高处等候交警到达现场。

特别提醒

如果能见度很低，需要将车停靠在旁边，然后打开雾灯，近光灯和闪光灯。一定要从右侧下车，离开公路尽量远一点，防止被其他的车辆撞到。当然，三角警示牌也是必备的，如果遇到停车突发状况时，需要在车前后 50m 处摆放警示牌，让其他车辆注意。

第二节　汽车意外险情的应急处置

一、汽车轮胎爆胎

在行驶中车辆出现爆胎时，会感到车辆向一侧下沉，同时出现剧烈的爆破或漏气声。转向盘随之以较大的力量自行向爆胎一侧急转，此时很容易发生碰撞事故。

在行驶途中遇到轮胎突然爆裂时，不要惊慌，要反应灵敏，双手紧握转向盘，如图 5-1 所示，迅速放松加速踏板，轻踩制动踏板，让汽车平稳减速，缓慢驶离主干道。轮胎爆裂后切勿紧急制动，以免因制动力不均造成车辆甩尾、翻车，或发生追尾事故。爆胎应急方法如图 5-2 所示。

1. 后轮爆胎

如果是汽车后轮爆胎，汽车的尾部就会摇摆。只要驾驶者保持镇定，双手紧握转向盘，通常可以使汽车保持直线行驶。此外，最好反复一下一下地踩踏制动踏板，这样可以把汽车的重心前移，使完好的前轮胎受力，减轻爆裂时后轮所承受的压力。

图 5-1　双手紧握转向盘

车爆胎　别慌张　莫急刹　稳方向
松油门　挂抵挡　缓减速　停路旁

图 5-2　爆胎应急方法

2. 前轮爆胎

如果是汽车的前轮胎爆胎，会严重影响驾驶人对转向盘的控制。遇到这种情形，不可紧急制动，应该轻踩制动踏板，以免车头承受太大的压力，同时还要用双手紧握转向盘，这样在汽车大幅度偏左或偏右行驶时，还可以立刻校正方向。

在控制方向的情况下，轻踩制动踏板（绝对不可采取紧急制动）。使汽车缓慢减速，待车速降至适当时候，平稳地将汽车停住。切忌在慌乱中向相反方向急转转向盘或猛踩制动踏板，以避免发生翻车或撞车重大事故。当车速下降后，打开转向灯或双闪危险警告指示灯，并用手示意要退出公路，尽快离开车道，把汽车停在较宽敞的路边。下车查看时，一定要注意避让后方车辆，千万不要粗心大意，防止意外事故再次降临。

特别提醒

防止汽车爆胎的方法

造成轮胎爆裂的主要原因是：①轮胎气压过高或者汽车超载时，使轮胎的缺陷处（如以前损伤的部位）发生爆裂，夏季或长时间高速行驶，轮胎的升温会使轮胎气压过高而可能发生爆裂；②轮胎充气气压不足，易使轮胎侧壁弯曲折断而发生爆裂；③行驶中由锐利的石头和其他物品刺破轮胎而引起爆裂。防止汽车爆胎的方法如下。

（1）要经常观察轮胎气压，并应检查胎侧和胎顶是否有裂口、胎面磨损状况等，要及时维护和排除。

（2）当车速超过轮胎标定的速度时，就会有爆胎的危险。当用手背触摸胎侧感到烫手时，应停车于荫凉处自然降温（不能往胎上泼凉水降湿）。

（3）胎压过高会使胎顶磨损剧烈，同时使轮胎的弹性降低，强度下降，当遇障碍物时极容易爆胎。当胎压过低时，轮胎下沉量增大，胎侧变形加大，使胎体帘线造成周向断裂和胎冠磨损不均，也容易爆胎。

（4）当汽车上马路时，防止刮伤胎肩或胎侧。汽车通过碎石或其他坏路时，防尖锐物切割轮胎。无内胎的子午胎刺伤后要及时修补，以防钢丝带束层生锈而爆胎。

（5）要选近期生产的轮胎。选同类型轮胎，用同规格、同轮辋轮胎；同一车轴要装同花纹、同结构轮胎；同一车辆装用同层级、同速度级别的轮胎，以防个别轮胎超负荷爆胎。子午线轮胎与斜交纹轮胎不能混用。

（6）防止汽车下长坡时用制动多，引起制动鼓、轮毂温度过高，而传热于轮胎，升温造成爆胎。

（7）轮胎帘布数级别越大，轮胎强度越高，承载能力越强。低层次级别轮胎不能代替高层级别轮胎使用，否则，会因超越而爆胎。

（8）定期更换轮胎位置。一般情况下，前胎的胎肩磨损要快于胎心，这是因为前轮经常要转动，以改变汽车行驶方向，所以胎肩更容易磨损。而对于后轮，胎心磨损大于胎肩。为了将不均衡的磨损现象改变，就要定期更换轮胎位置，使每个轮胎都能均衡磨损，以延长轮胎使用寿命。

（9）给轮胎适当休息降温。在高速公路上长时间高速行驶，使轮胎的温度升高为"突爆"提供了条件。尤其是天气炎热的夏天，应进入高速公路两侧的服务区休息，使轮胎得到适当降温。

（10）高速公路行驶应尽量选用子午线轮胎。

二、汽车转向失控

汽车行驶中转向突然失控（见图5-3），一般是由于转向传动机构中的传力杆件、球销断裂或者脱落所致。对于这种紧急情况的处理，唯一的办法就是尽快制动停车。在制动时可同时开启危险报警闪光灯、鸣喇叭，或者高声呼喊，以示意道路上的车辆、行人避让。

车辆在行驶中如发现方向盘不停地左右摇摆，应松加速踏板，制动停车。车速太快时不可使用紧急制动，避免车辆失控，应减挡利用发动机制动让车辆减速，再紧急制动。

（1）制动步骤：①应立即抬起加速踏板，把变速杆推入低挡位；②均匀而有力地拉驻车制动器；③当车速明显降低时，踩下制动踏板，尽快使车辆逐渐停住。

连续踩踏制动踏板，减速停车

图 5-3　转向突然失控

（2）应及时向其他车辆和行人发信号示警，如打开危险警告指示灯、开前照灯、鸣喇叭并打手势。

（3）方向失灵时，不可空挡滑行，不可踏下离合器踏板，应利用发动机的牵阻作用达到减速的目的。方法是立即松抬加速踏板，把变速杆推入一个低挡位。

（4）均匀而用力地拉紧驻车制动，不在万不得已时，不要一次拉得过紧，以防驻车制动装置失效、损坏。当发现车速明显减弱时，踏下制动踏板，使车逐渐停下。

（5）对于装有动力转向和动力制动的汽车，若突然发现转向很困难，或者踏下制动踏板后制动效能不好，这是由于动力部件有了故障。此时，驾驶人还可以转向和制动，但操作很费力，要谨慎驾驶，低速前进，到适当的地点将车修好。

（6）汽车若仍能保持直线行驶状态，前方道路情况也允许保持直线行驶时，不可采取紧急制动。应轻踩制动踏板，轻拉驻车制动操纵杆，缓慢平稳地停下来。

（7）汽车偏离直线行驶方向时，事故已经无法避免，则应果断地连续踩踏制动踏板，使汽车尽快减速停车，可以缩短停车距离，减轻撞车的力度。

特别提醒 --

转向失控、失灵的应急驾驶方法

（1）当车辆发生转向失控时，要及时降低车速。如果当时的车速较高，不可以采取紧急制动，否则车辆容易发生侧滑、侧翻，可以采取轻踩制动、抢挂低挡，并配合使用驻车制动踏板，以达到减速、停车的目的；及时发出信号，提醒其他车辆以及行人注意避让。如开启危险警报灯、前照灯或者鸣喇叭、挥手示意等。

（2）当车辆发生转向失灵时，要尽快减速，尽量向右侧变更车道，并选择安全地点停车；控制住车辆后，要立即开启危险报警闪光灯，将车辆移动到不妨碍交通的地方，在来车的方向设置警告标志以扩大警示距离，并迅速寻求救援或者报警。

三、汽车制动突然失灵

1. 处理方法

（1）当汽车制动突然失灵时，应立即开启危险报警闪光灯，并迅速将驻车制动器操纵杆拉紧，控制好行车方向，避开道路上的行人和车辆，把汽车驶向开阔路段，最大限度地减少道路上行人的伤亡，如图5-4所示。在迫不得已时可驶向路边，应利用天然障碍物，与路边的大树、土坡、岩石等剐擦以消耗汽车的惯性力，直到停车。如图5-5所示。

自动变速器的汽车可以将变速杆拨到一挡位置，强制汽车降速。这样在平坦路面上汽车能很快停住。

（2）若仍然感觉汽车速度比较快，或欲停车，可逐渐拉紧驻车制动器操纵杆。拉动时应注意不可一次紧拉不放，也不可拉得太慢；应采取拉一下、松一下，再拉一下、再松一下的办法，再将驻车制动器操纵杆拉至最紧的位置上。以免将驻车制动盘

挂抵挡　握方向　慢手刹　勿空挡
先避人　后避物　避险道　帮大忙

图 5-4　制动突然失灵

图 5-5　迫使汽车停住

"抱死"而丧失全部制动能力。

　　如果汽车的驻车系统为电子手刹，只需要长时间的按或者扣电子手刹，就会使汽车缓慢平稳地停下来。

　　（3）现代汽车制运动国系统多为双管路制动，因而制动灯亮后，制动系还没有完全失效，在使用制动器时，要在制动踏板上多踏几脚，也可在较长的制动距离内将车停住。

　　（4）在平坦的道路上制动失灵。要立即松加速踏板，并在控制好车辆行驶方向的同时迅速减挡。利用发动机制动车辆减速。然后用驻车制动停住车辆。

　　（5）上坡时制动失灵。如图 5-6 所示，应迅速减挡，保持足够的动力，缓缓驶上坡顶后自然停车。如遇到突发情况，必须半坡停车，应在保持前进挡位的同时，拉紧驻车制动，再让随车人员用三角木、石块等物卡住车轮。

图 5-6　上坡时制动失灵

　　（6）在高速公路上制动失灵。高速公路上，车辆制动全失灵的危险相对一般混合交通的公路上要小一些。正确的停车方法如下：将发动机（或电机）熄火，利用车辆的惯性，驶离高速车道；不摘挡，利用发动机制动来使车辆减速，当车速下降到50km/h 以下时，在较开阔的路肩上滑行，同时用灯光和手势等提醒后车注意；当车速下降到 15km/h 时，用驻车制动将车辆停在路肩上；按规定处理好现场后，再做进一步的处理。

此外，一旦发现汽车失灵，可以仔细观察高速公路上是否有避险车道，一般在长下坡或者陡坡下方会有避险车道。如果发现了避险车道，一定要控制好方向驶入避险车道，这是最安全有效的方式，而且汽车受到的损伤也更小一些。

特别提醒

纯电动车型在高速上突然没电怎么办

（1）对于纯电动车型在高速上遭遇到没电，可以靠边停车，打开双闪，在车后150m处放置三角安全警示牌，人离开车辆，打厂家400客服或4S店电话寻求救援。

千万不要试图在高速公路上拦车寻求救援，即便后面有同伴的电动汽车可以为你的车充电，也不得在高速公路上施救，一定要在警车的引导下，在应急车道停车或者让拖车拖离高速公路，这才是正确的处理方式。

（2）按照国家高速公路的规划，一般来说每个服务区之间的距离为40～80km会设有充电桩的，可以借助手机查看还有多少公里到服务站，同时应设好安全警戒，寻求交警的救助。

2. 防止制动失灵的方法

经常检查制动效果是否正常，如发现制动管有滴漏，或者制动踏板软弱无力、行程异常等情况，要及时到专业的修理厂修理。下坡长时间制动会因制动踏板过热而引起制动力减退。因此，在频繁使用制动踏板后，应选择安全地点或者利用路边的停车带停车，让制动踏板自然冷却。

四、电动汽车火灾的应急处置

电动汽车除动力驱动系统之外，电动汽车的其他构造与燃油汽车基本一致，因此两者的火灾危险性也大致相同。电动汽车的电气系统发生电气故障，动力系统发生机械故障，均能引发汽车火灾，与燃油汽车具有共性的火灾原因。但电动汽车火灾与燃油汽车火灾相比，具有一定的特殊性，因为它们大都是由电力驱动系统或电池引发的。

1. 电动汽车火灾成因

电动汽车在不同的模式下发生火灾的主要原因如下。

（1）正常行驶条件下。对于现在大部分采用锂离子动力电池的电动汽车，大电流放电将导致电池排放大量可燃气体，而电池的温度也随之升高，电池燃烧的可能性很大。

（2）发生碰撞时。电动汽车在碰撞时，由于动力电池受到很大的冲击力，可能发生挤压、穿刺等损坏。尤其是锂离子动力电池的负极材料，一旦因为电池外壳损毁而与空气接触，有极高的可能发生剧烈氧化甚至燃烧爆炸。汽车碰撞时会发生很多不可预测的情况，对于电动汽车的安全更是如此。由于整个动力电池包是由众多零件和单体蓄电池组成，某个小零件在碰撞时发生位移或者破损都会导致严重的后果。

（3）涉水时。当汽车遇到暴雨或其他涉水情况时，电池间的接线或者电机控制系统就可能会由于水或者水汽的侵蚀，造成短路，导致漏电。一旦短路，电池温度迅速升高，引起爆炸或者燃烧的可能性就很大。

（4）正常充放电。该情况下如果发生着火，属于电池本身的问题。在电池连续的充放电过程中，使电池缓慢释放出氢气和氧气，由于氢气的爆炸极限比较低，如果在某个密闭空间内聚集，遇到火源时，将会产生燃烧爆炸的情况。另外，由于电池在充放电时，会持续地发热，如果处理不得当，随着温度的上升，可能会使电池本身变形，造成电解液的泄漏，之后可能会造成短路等故障，以至于发生燃烧爆炸。

注意：在彻底检查火情时，不要与任何高压部件接触，应始终使用绝缘工具进行检查。

2. 火灾的处置

电动汽车行驶中机舱电器起火主要原因是：电机控制器出故障元件温度失控、电线插头接触不良，通电时打火引燃电线绝缘层破损及动力电池内部故障等。

当出现车辆起火时，应迅速停车切断电源，取下随车灭火器，因此可以考虑配备水基、二氧化碳、ABC 干粉灭火器等。依据实际情况采用不同灭火方式。如果火势太大，应迅速远离车辆并拨打 119。

电动汽车灭火应选用干粉或二氧化灭火器。使用干粉灭火器灭火的方法如图 5-7 所示。

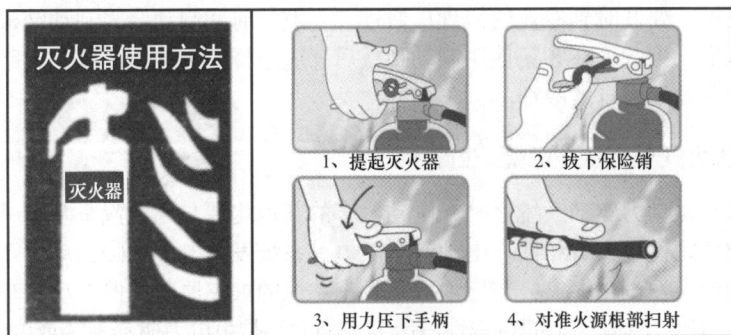

图 5-7 使用灭火器灭火的方法

（1）提起灭火器（若为干粉灭火器，使用前先摇动数次，使瓶内干粉松散）；拔下保险销，压下压把。离火焰 2m 处，站在上风口对准火焰根部喷射。

（2）如果是公交汽车发现火情，应立即停车开启车门（车门开关失效的情况下，司机左手边有断气阀开关，提起断气阀开关将气压排掉，推开前后客门或安全锤破窗），疏散乘客，并使乘客与车辆保持 30m 以上的安全距离。

（3）动力电池着火可能需要 24h 才能完全扑灭。使用热成像摄像头，可以确保动力电池在事故结束前完全冷却。如果没有热成像摄像头，就必须监控动力电池组是否会复燃。

特别提醒

行车过程中电池发生高温、冒烟时的应急措施

在行驶过程要特别注意高温报警和动力电池舱，如果发现某只电池的温度过高，则需停车打开动力电池舱盖查看动力电池，如有异味或动力电池舱内有烟冒出，则应按照以下顺序进行处理。

（1）将车辆停靠在路边。

（2）切断车体高压。

（3）用干粉灭火器灭火（磷酸铁锂电池可以用水、黄沙、灭火毯、土壤、干粉灭火器、二氧化碳灭火器扑救）。如有消防队到来，尽量阻止其用水冲动力电池，以防止更大规模的动力电池短路造成电池燃烧发生火灾，只有在事态无法控制时，才可用大量水进行处理。

注意：冒烟表示动力电池仍然很热，监控一直要保持到动力电池不再冒烟的至少一小时之后。火灾发生时，考虑到全车通电，不要触碰车辆的任何部分。要穿上个人防护装备，包括自给式空气呼吸器。

特别提醒

（1）若动力电池起火，水对电池降温的效果最为明显，用二氧化碳和干粉灭火无效。

我们都知道，电火不能用水灭，不过恰恰相反，电动汽车起火却要用很多水。特别是动力电池在火灾中弯曲、扭曲、损坏等情况，一定要用大量的水来稀释毒气。

如果发现电池冒烟着火，请在确保人员安全后报火警119，并且以大量的水对起火烧穿破损位置进行喷淋。由于电池是无氧燃烧，只有通过大量的水降温才可以阻燃，一般的干粉或泡沫灭火器无法阻止电池燃烧。

（2）若吸入浓烟，尽快转移至空旷场地，并及时就医。

（3）关机，停车5min后，高压系统中的电才会完全消失。

（4）如果必须处理高压线束或高压元件，请在作业前戴好高压绝缘手套。

（5）必须在确保自身安全的前提下实施救援。

（6）带有爆炸性质的事故不要随意施救，要带车内人员远离事故现场，同时严肃告诫事故现场人员不得随意走动，以免造成次生事故，扩大事故危害。

（7）禁止直接对高电压部件喷水或采用高压清洗液冲洗。

五、汽车隧道行车时出现险情的应急处置

1. 汽车出现故障的处理

（1）如果汽车出现有可能随时会在路上抛锚的故障时，尽量不要驶入隧道，万一在隧道中出现故障可能要比隧道外出故障危险得多。如果已经察觉汽车出现故障了，

请尽快停在路边。

（2）如果汽车在隧道中出现了故障，如果可能的话尽量先驶离隧道，以确保安全。

（3）若在隧道中汽车抛锚应迅速放置警告标志，随同人员撤离。如果确实在隧道内汽车出现故障无法行驶，应当靠边停车，开启危险报警闪光灯，保证安全的情况下取出三角警示牌放置在车后，同时车内其他人员尽快远离汽车，撤离到隧道安全区域处等待。

（4）切勿自行下车维修。隧道中光线差，出现故障时一定要及时撤离并寻求专业救援，切勿自行下车维修，昏暗环境下不仅不具备维修条件，而且存在很严重的安全隐患。

2. 自救和逃生

隧道中如果发生重大事故，如交通事故、火灾等情况，先不必慌乱，应通过以下几种方法积极自救。

（1）使用电话向外求助。如果汽车在隧道内出现故障不能行驶，首先不要慌张，应在确保安全的情况下尽快向外界求助。目前很多隧道内手机是有信号的，如果手机没有信号，长一些的隧道内墙壁上都设有紧急救援电话可供使用，并且在显著位置有标识，可以借助这样的设施向外求助。

（2）使用隧道内的逃生通道。万一在隧道内遭遇重大事故，逃生就显得尤为关键。如果隧道距离不长，在保证安全的前提下沿着路边向隧道最近的出口逃生。如果隧道很长或是道路已经被堵塞，要及时找到人员安全逃生通道快速撤离。

（3）打开卷帘门逃生。有的隧道的车行通道防火门采用了卷帘门的形式，正常情况下处于关闭状态，紧急情况时有 3 种打开的方式：①通过隧道中控室可远程控制开启；②在卷帘门处按动开启按钮自动打开；③采用手动方式，按住把手用力向上提打开卷帘门。打开卷帘门后就可离开隧道。

知识拓展

（1）汽车发生交通事故需要明确事故责任，如果要负责的话，需要向保险公司报案。发生交通事故时，需要拍照事故现场照片，即 2 张特写照片和 2 张全景照片（特写照片是指两辆车的破损地方要清晰；全景照片是指碰撞的前面和后面的取景，要清晰看到两辆车的车牌号和破损的地方），同时也要将另外车辆的车牌号、保险单号、驾驶执照号、电话做好记录。

（2）照片和相关的信息记录清楚之后，如果在车流量比较大的地方，可以先将汽车移至路边或应急车道，这样可以减少对其他过往车辆的影响，也不会因为交通事故影响交通。

（3）等到交警到达现场之后，了解大体的情况，开具《交通事故认定书》，如果通知保险公司了，保险公司的人会到现场进行车辆定损，同时会开具《机动车辆保险索赔申请书》。

（4）上述流程完成之后就可以离开现场，按照车主协商的时间带着身份证、驾驶证、《交通事故认定书》《机动车辆保险索赔申请书》等相关资料去保险公司获得索赔。

六、汽车坠崖（悬空）的应急处置

汽车的前轮或前、后一侧的两轮驶出路基，汽车掉到道旁沟里或其他沟坎里时，车体都会有较大的倾斜度，有的甚至会有倾覆的危险。

（1）驾驶人的头脑一定要沉着冷静，设法停住车体，使之保持平稳，不要轻易改变驾驶方位，根据具体情况小心处理险情。

（2）当有的车轮驶出路肩或悬空停住时，驾驶人应选择既安全又不使车辆失去平衡的地方离开驾驶室。

（3）驾驶人离开驾驶室后，要根据车辆的险情采取相应的措施。当车轮悬空后，悬空地又危险，就不要盲目自救，应请吊车把悬空汽车吊上公路。

（4）汽车掉入沟底，如果还有行驶能力，可对着公路或通向公路的地方挖一斜坡，使车辆沿斜坡驶上公路。

（5）如果因条件限制，斜坡的斜面较大，车辆行驶会有危险时，可在车体上拴根绳索，把绳索的另一端拴在公路上坚固的自然物或木桩上，然后使车辆上驶。上驶过程中，根据需要调整绳索的距离，以帮助车辆保持平衡，防止发生翻车事故。

（6）如果车辆掉入较深的沟里，无法自行驶出，可先在附近查看有无迂回道路，如有迂回道路，可从迂回道路开出，也可用卷扬机或其他车拖救。拖救时，要注意拖曳的方向，应顺着车头或车尾方向拖。必要时，可用定滑轮或动滑轮，以改变拖曳的方向。

特别提醒

- -

车辆将冲出悬崖时的逃生方法

如果车辆即将冲出悬崖而无法停止，必须立刻跳车，否则留在车上必死无疑。跳车前做好必要的准备：打开车门，脱开安全带，身体抱成团——头部紧贴胸前，脚膝并紧，肘部紧贴于胸侧，双手捂住耳部，腰部弯曲，从车上滚出。可以顺势滚动，不要与地面硬抗，如图5-8所示。

图5-8　车辆将冲出悬崖时的逃生方法

- -

七、汽车碰撞时的应急处置

驾驶人发现对面驶来的汽车即将与自己所驾驶的汽车相撞时，要尽力用转向盘控制车辆避免事故，只有在万不得已的情况下才可采取自我保护的应急措施。

汽车发生碰撞时的应急预案

当汽车有发生碰撞可能时，在保证人身安全的情况下，尽量避免在电池箱部位发生碰撞。如在电池箱部位发生碰撞，要迅速断开整车高低压开关，然后拽出动力电池。

汽车碰撞有正面碰撞、侧面碰撞和追尾碰撞等几种形式，应区别情况，采取下列应急措施。

1. 正面碰撞

（1）在即将撞车的瞬间，驾驶人应判明将发生撞击的部位和冲击力。交通事故中的迎面碰撞，受到致命危险的主要是驾驶人和前排座的乘员。一旦遇有事故发生，当迎面碰撞的主要方位不在驾驶人一侧时，驾驶人应双手紧握转向盘，两腿向前蹬直，身体后倾，保持身体稳定，以免在车辆撞击的瞬间，头撞到风窗玻璃上而受伤。如果迎面碰撞的主要方位在临近驾驶人座位或者撞击力度很大时，驾驶人应迅速躲离转向盘，将两脚抬起，以免受到挤压而受伤。

（2）若撞击部位正在转向盘前，而且撞击力较大时，则驾驶人应迅速躲开将撞的部位，同时迅速将两腿抬起，最好侧卧座位上，以免汽车受冲击变形造成腿部被压。

（3）坐在驾驶室内的乘客，可前臂半弯地撑在仪器护板上，头部前倾下压靠在护板上。坐在后排座位上的乘客应双手护头，倾卧在座位上。后排座乘客避险方法如图5-9所示。

图5-9　正面碰撞时后排座乘客的应急处置

1. 车内人员可以自行脱离事故车辆

（1）在道路上发生事故后，车内人员可以自行脱离事故车辆，驾乘人员应立即将安全警告标志安放在事故后方50~150m处（一般道路是60m，高速公路是150m），确保来车有时间减速或采取避让措施。

（2）拨打报警电话（说明事故地点、说明是纯电动汽车事故、纯电动车的品牌型号、当前车辆和人员情况），如有人受伤，需将伤者转移到安全区域，伤势情况必须由医生判断诊明，其他人不得盲目判断、盲目施救。

（3）第一目击者或乘车人员（自行脱离事故车辆之后）对事故现场及事故车辆进行简单的目测勘察（保护现场，保持一定的安全距离＞3m），并立即取出随车灭火器。如果发生冒烟、焦糊味、电火花、火灾，应立即远离车辆并用磷酸盐类灭火器灭火。

2. 车内人员不能自行脱离事故车辆

（1）车辆驾驶室严重变形时会导致车内人员逃离受阻，甚至肢体或某部位被夹住，如果受困人员意识清醒，可以自行拨打电话报警或大声呼救，由于车辆受损变形严重有短路漏电的潜在危险性，甚至引发火灾或爆炸。因此，不建议试图通过按喇叭，开大灯或其他车身设备与外界呼救。

（2）一切救护行动实施的过程中，时刻要保证自身安全，做好安全防护工作。

特别提醒

（1）如电动汽车发生碰撞事故后，救援人员、第一目击者、消防员、执法交警、乘车人员禁止徒手（未穿戴防护用具）直接接触事故车辆，因车辆严重变形时可能会导致高压系统漏电。

（2）救护人员（消防员、执法交警）到达现场后，如果施救过程中需要对高压系统进行破拆或移除，具体操作应遵循专业人员（指事故车辆的厂家工程师或技术人员、消防队伍中的专家、指导员）的指导，禁止盲目操作。

（3）当事故车辆变形严重时会损伤动力电池，甚至导致电池外壳破裂，电解液外漏。电解液是有很强腐蚀性的，液态电解质锂离子电池会发生漏液、爆炸等安全性问题，千万不要让它碰到皮肤或者衣服，应当立即用干布进行擦拭。锂电池着火时，应采用沙子或固体灭火器（磷酸盐类灭火器或二氧化碳灭火器）进行灭火，并及时隔离未起火的电气设备。

（4）当事故车辆移除后，如果地面有遗留的电解液或电气遗骸则可用石灰水进行中和、清洗、冲刷，或用沙土掩盖（吸收电解液饱和后要及时清除沙土并进行环保处理），之后用清水冲洗处理。

2. 汽车侧翻时的应急处置

（1）汽车侧翻后，应及时卸下动力电池或切断总电源线，放出油箱内的燃油，并用容器装好，以防引起火灾。

（2）设法将车身放正。

（3）车辆半侧翻时，可利用木杠撬抬，同时在另一侧用绳索牵拉，使车身端正。

（4）也可用千斤顶在侧翻的一侧顶抬，当千斤顶将车身升起一点后，用砖、石、木等物塞垫，然后再用千斤顶顶升车身，再用物体塞垫。如此反复，直到可用其他方法放正车身为止。在操作时，一般应把车上的货物全部或部分卸下，防止货物受损或增加放正车身的难度。

3. 追尾碰撞

车后被撞一般是在停车或汽车减速行驶时，后随车辆停不住车而发生的撞击。

（1）一旦发生有汽车追尾碰撞时，驾驶人应挺直腰，双手紧握方向盘，防止惯性前冲使身体猛烈地抛离坐垫，伤及腰部或颈部。同时，应立即采取相应的停车措施。如果自己的车辆是在行驶中，前方无障碍物时，应稍向前驶一段距离后再制动停车，以免防止后车追尾碰撞力量过大，加大撞车的损失；如果自己车辆是在紧随其他车辆时，则应立即制动停止，以防止本车再次与前面车发生连环撞车；如果本车被后面汽车追尾碰撞，并推着向前或左右跑偏时，应立即加大加速踏板，快速摆脱后面车辆，驶到安全地段再停车；如果汽车已撞坏不能行驶，应保护好事故现场，报警处理。

（2）汽车发生追尾碰撞时，后排座位的乘客（那里常常没有安全带）可以根据人数采取不同的姿势。如果是（2～3）个人，每个人都应在撞击前身体前倾，手臂抵住前排座位的靠背，把腿弯曲着绷紧。如果是一个人，可以双手护头，双腿蜷在身下，躺在座位或地板上。从后面撞车时，即便撞击力量不大也往往是危险的，所以从后视镜中看到撞车势在难免时，如果没有头枕，就要双手放在脑后，双肘并拢，借以保护颈椎和头部。如果没有系安全带，可以顺着座位滑下去，把头靠在座位靠背上。

八、电动汽车磕到底盘

在遭遇凹凸不平的路面时，应减速通过，尽量避免磕到底盘的情况，一旦磕到底盘，应立即停车然后进行以下操作。

（1）检查动力电池外观是否发生损坏。

（2）若无损坏，重新启动车辆行驶。

（3）发生车辆无法启动，应及时拨打售后电话，待救援人员赶赴现场处理。

九、发生意外险情时的注意事项

（1）保持车辆处于 P 挡，关闭点火开关。

（2）如果车上电线裸露出来，千万不要触碰任何电线，以防触电。

（3）如果发生火灾，应立刻离开车辆并用水基类灭火器灭火，或用大量的水灭火。

（4）如果车辆发生碰撞，不允许再次启动车辆，并且在施救时先将手动维修开关断开。

（5）当车辆全部或部分浸没在水中时，关闭车辆并及时逃离车辆。在托运被打捞时无气泡或嗞嗞声，则可以进行打捞作业；如果发现有气泡产生或嗞嗞声，需要等到无气泡产生或嗞嗞声后进行作业，此时无论在水里或者出水后触碰车体或结构都不会有触电风险。

（6）事故处理完毕后，请联系上汽电动汽车授权售后服务中心检修。

（7）车辆带有救援信息卡（放在手套箱内），在救援人员到场的情况下，请出示该救援信息卡给求援人员。

特别提醒

- -

新能源车辆发生涉及高压系统的故障（包括碰撞、水淹等）时，请根据实际情况按照以下方法对车辆进行操作。

（1）在有绝缘防护的条件下，打开车门。

（2）整车退电至 OFF 位。

（3）断开12V蓄电池负极。

（4）拔下维修开关。

（5）检查电池包是否受损、有无明显液体流出等，若有漏电、漏液，及时断开电池包直流母线或拆下电池包，要有专用的场地（或工位），并有防爆防火设施。

（6）如因碰撞事故等致使车身变形且驾驶室有进水风险时，若条件限制不能立即拆卸动力电池包，则需要用防水车衣保护车辆。

十、汽车车体突然带电应急处置

汽车进入或行经施工工地，如突然带电，应急处置方法如下。

1. 不要惊慌

汽车触电后，由于汽车各部分金属构件连接成一体，整个汽车处于等电位状态，汽车内的人也以相同的电位存在于这个等电位体中，这时尽管汽车与导线或者汽车与地面之间电火花噼啪，但并不会伤害车内人员，因此，只要待在车里，就不会有大的危险，如图5-10所示。如一旦下车，人体一部分与车体接触，另一部分与地面接触，由于形成回路的电位差，则会导致触电事故。同理，车外人员不能接触车体。

遇触电　勿下车　车外人　别摸车
若跳车　莫跨步　并双脚　快跳开
图5-10　汽车触电

2. 设法摆脱电源

（1）通过车外人员请有关部门停电。

（2）驾驶人将车开走，如果此时汽车无法启动，则可用另外一辆车顶走，不能用钢丝绳拖拉。

（3）保证车外人员在安全的情况下，将车脱离电源。

特别提醒

如上述措施均得不到实施，汽车不能摆脱电源时，最后可以双手不触及车体，双脚并拢，干净利落地从车上跳下，跳下后继续并拢双脚跳出一段距离。但跳不好便会产生危险，因此，万不得已时不要采用这种措施。

十一、道路交通事故现场的处置与伤者救护

一旦发生交通事故，驾驶人要保持冷静头脑，及时采取正确的措施，最大限度地减小事故损失。

1. 事故现场的处置

（1）在道路上发生交通事故，车辆驾驶人应当立即停车，拉紧驻车制动器操纵杆，开启危险报警闪光灯，并应及时报警，保护现场；造成人身伤亡的，车辆驾驶人应当立即抢救受伤人员，采取急救措施，并迅速报告执勤的交通警察或者公安机关交通管理部门。

知识拓展

保护事故现场的要点是保护好车辆的制动拖痕及事故发生时的原始状态，双方车辆的位置及车上的散落物，伤（亡）人员的倒位、血迹等。因抢救受伤人员变动现场的，应当标明位置。乘车人、过往车辆驾驶人、过往行人应当予以协助。当造成人员死亡时，人体的位置十分重要。

（2）在道路上发生交通事故，未造成人身伤亡，当事人对事实及成因无争议的，可以即行撤离现场，恢复交通，自行协商处理损害赔偿事宜；不即行撤离现场的，应当迅速报告执勤的交通警察或者公安机关交通管理部门。通常在道路上发生交通事故，仅造成轻微财产损失，并且基本事实清楚的，当事人应当先撤离现场再进行协商处理。

（3）机动车与机动车、机动车与非机动车在道路上发生未造成人身伤亡的交通事故，当事人对事实及成因无争议的，在记录交通事故的时间、地点、对方当事人的姓名和联系方式、机动车牌号、驾驶证号、保险凭证号、碰撞部位，并共同签名后，撤离现场，自行协商损害赔偿事宜。当事人对交通事故事实及成因有争议的，应当迅速报警。

（4）消除危险，防止二次事故发生。发生车辆事故后，除了要注意人员伤亡外，还要注意事故造成的危险因素，如燃油外流、装载有危险品、腐蚀性液体外溢等，要采取必要的措施，防止着火、爆炸和腐蚀事故的发生。

（5）机动车发生交通事故，造成道路、供电、通信等设施损毁的，驾驶人应当报警等候处理，不得驶离。机动车可以移动的，应当将机动车移至不妨碍交通的地点。公安机关交通管理部门应当将事故有关情况通知有关部门。交警到达现场后，听从交警指挥且主动如实反映情况，积极配合交警进行现场调查和分析。寻找现场目击证人，并留下证人姓名、家庭住址、联系电话等资料，以供日后联络之用。

特别提醒

在高速路上发生交通事故时的注意事项

（1）汽车在高速公路上发生事故时，应将车停在紧急停车带或路肩上。

（2）驾驶人应立即向后续车辆发出危险信号，开启危险报警闪光灯，夜间还需同时开启示宽灯和尾灯，在事故车后150m处设置停车警示牌。

（3）立即用紧急电话报告交通警察，将事故发生的地点、时间、形态、规模、人员伤亡情况等逐一报告。如车辆载有危险品、易燃、易爆物品时，应将这些物品的受损情况报告。

（4）发生事故后，驾驶人和其他乘车人必须迅速转移到右侧路肩上或者紧急停车带内。如有重伤员，可向过往车辆发出求救信号，但不能试图强行拦截车辆求助。也不准自行在行车道上抢修。

（5）保护好事故现场。

----

2. 伤员的救护

由于外伤引起的大出血，如不及时予以止血与包扎，将会严重威胁人的生命。

（1）外伤出血的分类。按血管的种类，可分动脉出血、静脉出血和毛细血管出血3种；按出血部位可分为外出血、内出血和皮下出血3种。所谓的外出血是指身体表面脓血引起的出血，血液从伤口流出；内出血是指体内的脏器和组织受损伤引起的内出血，血液流入体腔内，外表看不见。如肝破裂，胸腔受伤引起的血胸等。皮下出血是指皮肤未破，只在皮下软组织内出血，如挫伤、瘀斑等。

（2）外伤出血的临床表现。

1）动脉出血。由于动脉血管内压力较高，所以出血时呈泉涌、搏动性，尤其是大的动脉血管破裂，血液呈喷射状，颜色鲜红，常在短时内造成大量失血，易引起生命危险。

2）静脉出血。静脉出血时，血液缓缓不断地外流，呈紫红色。大静脉出血，往往受呼吸运动的影响，吸气时流出较缓，呼气时流出较快。

3）毛细血管出血。出血时，血液成水珠样流出，多能自动凝固。

（3）外伤出血的急救方法。在止血时，首先将伤员伤口上的衣服或其他覆盖物小心地剪开或撕开除掉，在使用剪刀时不得碰到伤口，以避免产生新的损伤。伤员的衣服除去后，应立即控制出血，以防伤员流血过多而抢救困难，伤口止血应根据不同情况和部位，采取不同的方法。常见的方法有抬高受伤肢体止血法、指压临时止血法、加压包扎止血法、止血带包扎法4种。

1）抬高受伤肢体止血法。四肢大量出血，在上止血带前应抬高患肢2min，在出血部位的上方，如上臂或大腿受伤部位的上方1/3处，先用毛巾或棉垫包扎皮肤，以防止伤口大量出血。若动、静脉仍出血不止，必须持续地应用抬高肢体的方法，并包扎敷料与加压。如果肢体骨折，必须等伤肢固定夹好夹板后，再抬高伤肢。

2）指压临时止血法。如图5-11所示，在伤口的上方，即近心端，找到跳动的血管，用手指紧紧压住。这是紧急的临时止血法，与此同时，应准备材料换用其他止血方法。采用此法，救护人必须熟悉各部位血管出血的压迫点。常见身体部位血管出血的按压点见表5-1。

表 5-1　　　　　　　　　　　常见身体部位血管出血的按压点

出血部位	按压点
面部出血	压迫下颌角与颏结节之间的面动脉
前头部出血	压迫耳前颌关节上方的颞动脉

续表

出血部位	按压点
后头部出血	压住耳后突起下面稍外侧的耳后动脉
腋窝和肩部出血	在锁骨上凹，胸锁乳突肌外缘向下内后方，对准第一肋骨，压住锁骨下动脉
前臂出血	在上臂肱二头肌内侧沟处，施以压力，将肱动脉压于肱骨上
手掌和手背出血	在腕关节内，即我们通常按脉搏的地方，按到跳动的桡动脉血压住
手指出血	用另侧的手指，使劲捏住伤手的手指根部，即可止血
大腿出血	屈起其大腿，使肌肉放松，用大拇指压住股动脉之压点（在大腿根部的腹股沟中点），用力向后压，为增强压力，另一手的拇指可重叠压力
足部出血	在踝关节下侧，足背跳动的地方，用手指紧紧压住

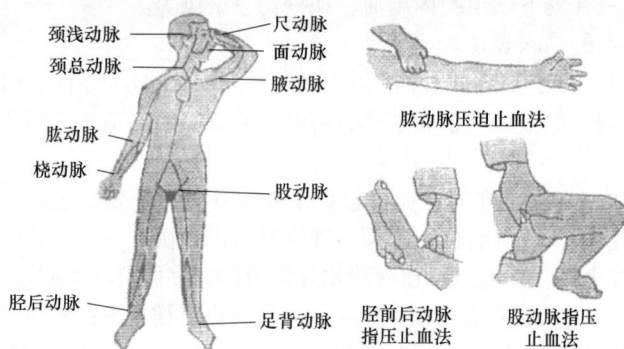

图 5-11　指压临时止血法

3）敷料加压包扎止血法。加压止血法敷料加压止血就是用消毒敷料压迫出血的伤口，以促成血液凝固，压迫破损的血管，保护好创伤面，防止病菌侵入伤口，如图 5-12 所示。敷料加压，实际上就是加压包扎，在有条件下的情况下，应对伤口进行消毒，用无菌药棉、纱布或干净毛巾等，再用绷带、三角巾适当加压包扎。包扎的紧度，以刚好不出血为宜。若没有上述物品，可将衣物撕成宽 3～4cm 的长布条，以代替绷带使用。伤口有碎骨存在时，禁用此法。此法常用于小动脉、静脉及毛细血管止血。

图 5-12　敷料加压止血法

4）止血带止血法。止血带止血法如图 5-13 所示，该方法适用于四肢较大动脉的出血。用其他方法不能止血或伤肢无法再复原时，才可用止血带。因止血带易造成肢体残疾，故使用时要特别小心。具体方法为：选用有弹性的橡皮筋、橡皮带或专用止血带，先用干净毛巾或衣服包住伤口近心端，然后以左手拇、食、中指持止血带头端，另一手拉紧止血带绕肢体两圈（两圈须靠近些），并将止血带末端放入左手食、中指之间拉出固定。

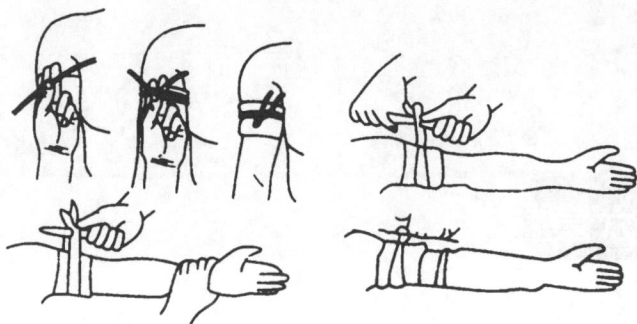

图 5-13 止血带止血法

特别提醒

（1）止血带应捆绑在伤口的近心端，上臂和大腿应绑在上 1/3 的部位，上臂的中 1/3 部位不可上止血带以免压迫损伤桡神经，引起上肢麻痹，大腿中段以下动脉位置较深，不容易压迫住，有时压迫不够，没有压瘪动脉而仅压住了静脉的回流，出血反而更多，而且会引起肢体的肿胀和坏死。

（2）上止血带必须用平整的衬垫保护皮肤，不能直接绑在皮肤上。止血带松紧要适度，以摸不到远端脉搏和使出血停止为宜，不可过紧，以免伤及神经；也不可过松，仅压住静脉回流，出血反会更多。

（3）上止血带的肢体应固定好，冬季要特别注意保暖，以免发生冻伤。

（4）止血带松紧以恰好不流血为宜，尽量在 1～2 小时内将伤者送到医院。这种方法止血很有效，但容易损伤肢体，影响后期修复。所以，应每隔 30～50min 放松一次止血带，每次放松 2～5min，此时，还要用手指压住伤口，以免大量出血。

第六章

会开车更要会保养——电动汽车的使用与维护

第一节　电动汽车的使用

一、新车的使用

1. 新车磨合

新车磨合主要是指将新车中的新传动零部件经过一段时间的运转摩擦，使得接合与啮合面的接触非常吻合、表面非常光洁的过程，从而提高后期车辆的使用效率，延长车辆的使用寿命。传统汽车需要磨合，电动汽车新车期间也需要磨合，但与传统汽车的磨合有所区别。

（1）纯电动汽车不再有发动机和摩擦片式的离合器，因此，新车期间主要的磨合是指对制动系统部件的磨合。

（2）混合动力汽车由于发动机的启动与运转不再受驾驶人的控制，因此，在新车期间也不需要对发动机进行额外的磨合。

2. 阶段性能检查维护

电动汽车进入磨合期后，应进行阶段性能检查维护，内容包括以下几方面。

（1）磨合前期。清洁全车；紧固外露的螺栓、螺母；补充冷却液；检查电机驱动器；检查轮胎的气压；检查灯光仪表；检查蓄电池；检查制动系统。

（2）行驶到30～50km时。检查电机驱动器、驱动桥、轮毂以及传动轴等是否有杂音或发热现象；检查制动系统的制动能力及紧固性、密封效果。

（3）行驶到150km时。检查全车外露螺栓、螺母的紧固情况。

（4）磨合结束。到指定维护站进行全车磨合维护；如果是混合动力汽车，需要换机油、换机滤、清洗节气门等，测气缸压力，清除燃烧室积炭，检查制动系统，调整离合器踏板自由行程，紧固前悬架及转向机构。

二、纯电动车的正确使用

1. 纯电动车的正确使用

（1）检查好电量，再出车。出车前检查好电量是否充足，如图6-1所示。应提前

图 6-1 检查电量

充足电，如果在低电量情况下过度消耗电池会造成电池性能下降，从而影响汽车的正常启动以及使相关系统工作不正常。特别是在冬天，由于气温降低电池储电能力会下降，更加需要关注电动车的用电情况，如果长期低电量消耗，会造成电池的损伤。

（2）规划好行程，留有足够的电量。在行驶前最好规划好行程，对距离有个估算，如果距离远的话，要注意节约用电，保持平稳的行驶，避免急行车制动，可以有效减少行车制动片的损耗和电池耗电的速度。

（3）选择好充电的地点。电池在进行充电时的温度越低，其充电的所需要的时间就会越长，而冬天室外的温度显然是不利于电池充电的，充电温度在 5～25℃比较好。电动汽车充电时最好选择在相对封闭的车库。

（4）出发前先预热。如果再出发之前，先让车的温度提升一些，这样会增强车对外部环境的适应性，可以起到更好的保护电池作用，增强其使用寿命。

（5）合理使用车载空调。与传统燃油车不同的是，电动汽车空调无论是制冷、加热都需要依靠电池放电来完成，因此，外出时一定要保证充足的电量，合理使用空调，降低续航里程的损耗。

（6）电动汽车大都配备动能回收系统，这种功能分为强挡、弱挡两挡调节，不同品牌车型的动能回收工作方式存在一定的差异化。但同样都是利用车辆的滑行和制动力的过程，保证车辆在行驶过程中的续航里程不流失，可以一定程度上用以储存并提升车辆的续航能力。

（7）保护好充电器。尽量避免充电器颠簸振动。现在常见的充电器如图 6-2 所示，基本上都没有做高耐振动的设计，很多充电器经过振动后，其内部的电位器会漂移，导致整个参数漂移，致使充电不正常。如果一定要移动充电器，尽量用塑料泡沫包装好。

另外，充电的时候要保证充电器的通风，否则不但影响充电器的寿命，还可能发生热漂移而影响充电状态。这样都会对电池形成损伤。充电接口要保持清洁，不能有水或者是别的异物进入到充电器接口，因为这样的话容易引起纯电动汽车充电接口内部短路，对电池的使用寿命造成影响。

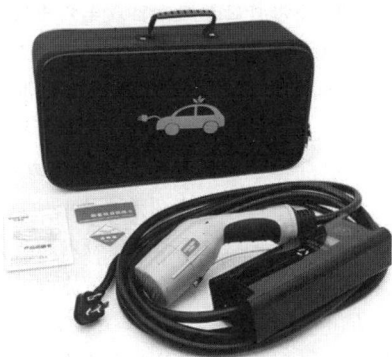

图 6-2 常见的充电器

（8）勤充电、勤维护。即使平时行驶路程不多，还是建议每天都充电，行驶完后也应立即充电，这样使电池处于浅循环状态，延长电池的寿命。平时注意检查电量，如果发现电量不足时，要及时充电，但是不要长时间过量的充电。

（9）极端天气下车辆使用建议。

1）夏季天气炎热气温高，为保证车辆及驾驶人安全，建议不要将车辆长期停放在高温烈日下暴晒，最好选择停放在通风效果好的空地。

2）冬天驾驶纯电动汽车一定要缓踩加速踏板，减少急加速、紧急行车制动等情况，避免车辆过度损耗续航里程。

3）雨天时，若地面积水浸没过电池底部，严禁启动车辆，请及时与此汽新能源公司特约店取得联系。

（10）养成良好的用车习惯。定期对电动汽车进行维修检查，养成良好的用车习惯，尤其是电池在低电量情况下，所有电器设备、空调暖气尽量关闭，这样既可以让电动车驾驶的续航性能得到保障，更能有效地避免中途没电的情况发生。

（11）电动车机舱的使用。

1）打开电动车机舱前，需将钥匙拧至 OFF 挡；电动车机舱内部标有高压危险警示标的器件，严禁用手直接去触摸；车辆机舱内严禁喷水，冲洗；不要在雨中打开前舱盖，以防止漏电。

2）用户不得私自开启高压电器盒。如果高压熔丝熔断，表示汽车电器系统有较大的故障，应立即与特约维修店联系维修。

3）在机舱进行作业之前，必须关闭启动开关。

特别提醒

驾驶人十不准

（1）不准许一天之内频繁给车辆的动力电池充电，一天不得超过2次以上（快充模式的车辆除外）。

（2）不准许在动力电池（SoC）剩余电量低于20%状态下继续运行，应马上充电。

（3）不准许在开启车窗或车内出风口未全部打开的情况下使用空调。

（4）不准许在车辆运行中急踩加速踏板，回场后严禁开启空调在车上休息，回场后必须将挡位置于"N"挡位置或关闭钥匙开关。

（5）不准许用水冲洗电池仓和电控仓。

（6）不准许在积水超过300mm或超过车辆涉水深度标识的路面上通过。

（7）不准许储气筒存有污水。

（8）不准许轮胎气压低于额定胎压。

（9）不准许转向助力液、防冻液、蓄电池电解液、气泵润滑油低于额定液面。

（10）不准许在电源、车窗未关闭的情况下离岗下班，在关闭总电源开关时，必须先将钥匙开关关闭依次关闭总电源开关。

2. 电动汽车关键部件的正确使用

（1）动力电池的使用。

1）电动汽车高压电池包的工作性能与环境温度有关，因此建议车辆在环境温度为 -15～45℃使用，以保证车辆处于最佳工作状态，同时延长高压电池包的使用寿命。温度过高或者过低都会影响高压电池包及车辆的性能。

2）电动汽车的动力电池需要在新车期间执行相应的维护操作，包括对电池的适度放电和充电，在使用过程中，应根据实际情况准确把握充电时间和充电频次。正常行驶时，如果电量表指示应充电，应停止运行，尽快充电，否则，电池过度放电会严重缩短其寿命。充满电后运行时间较短就充电，充电时间不宜过长，否则，会形成过度充电，使电池发热。过度充电、过度放电和充电不足都会缩短电池寿命。一般情况电池平均充电时间在10h左右。

3）为了更好地延长高压电池包的使用寿命，建议尽量采用慢速充电的方式对车辆进行充电。快速充电方式主要用于应急及长途行驶。

4）建议每个月至少使用车辆一次并对车辆进行 8h 的慢速充电（电池均衡）以保证高压电池包寿命。

5）若长时间不使用时，确保高压电池包仪表电量显示在 2～4 格。由于动力电池具有自放电的效应，部分车型放置一天掉电 1% 甚至更高，所以在长时间停放前应将新能源汽车的电量充至 50% 以上。如超过 3 个月则必须对高压电池包进行均衡充电。

大部分新能源汽车都可以通过手机 App 远程查看电量，车主可以根据自己的实际情况，在电量低于 20% 后对爱车进行一次慢充，切不可让电量流失殆尽。

6）由于新能源汽车对于温度比较敏感，所以建议在长时间停放前将车辆开到温度适宜的地方，过低或过高的温度都会影响到新能源汽车动力电池的活性，进而影响到它们的使用寿命。请勿将车辆持续存放在高于 45℃的环境温度中超过 15 天，否则会影响车辆的使用性能和高压电池包的使用寿命。

特别提醒

汽车电池组的更换周期

常用的电池中，镉镍电池的使用寿命为 2～3 年，铅酸电池为 3～5 年，锂电池 5～8 年，锌银电池最短，只有 1 年左右。

（2）驱动电机系统的使用。

1）按照使用说明书要求进行使用和维护。

2）密切注视汽车驾驶室仪表板上相关电机及其控制系统警告灯的显示，出现不正常，即刻停车检查。纯电动汽车组合仪表中的指示灯、警告灯如图 6-3 所示。

图 6-3（a）所示为电机及控制器过热警告灯。如果此指示灯点亮，表示电机温度太高，必须停车并使电机降温。在下列工作条件下，电机可能会产生过热现象，比如：在炎热的天气进行长途爬坡；频繁急制动、急加速的状态；拖曳挂车时。

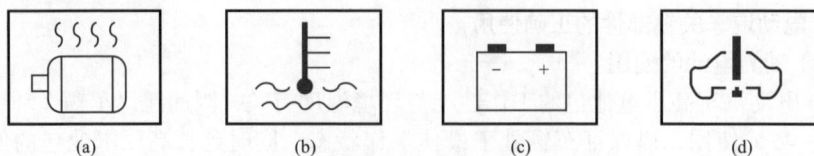

图 6-3 纯电动汽车组合仪表中的指示灯、警告灯

（a）电机及控制器过热警告灯；（b）电机冷却液温度过高警告灯；（c）DC/DC 系统故障警告灯；
（d）动力系统故障指示灯

图 6-3（b）所示为电机冷却液温度过高警告灯。如果此指示灯点亮，表示电机冷却液温度太高。必须停车并使电机冷却液降温。

图 6-3（c）所示为 DC/DC 系统故障警告灯，此灯用于显示 DC/DC 模块的工作状态，如果在行驶中此灯点亮，表示 DC 系统存在问题，应立即关闭空调、风扇、收音机等，到检修站检修。

图 6-3（d）所示为动力系统故障指示灯。当启动按钮处于 ON 时，此灯点亮。如果动力系统工作正常，则几秒钟后此灯熄灭。如果此灯不亮或持续发亮，或行驶中此灯点亮，则表示由警告灯系统监控的电机、控制器等部件中发生故障，必须尽快检查检修。

注意： 不要在警告灯点亮的状态下驾驶汽车，即使是一小段距离，否则将毁坏电机。

3）注意汽车上的安全注意标识。为了避免人身伤害，不要接触电机及控制器的高电压电缆（橙色），及其接头（图 1-87）。刚驾驶完的汽车，发动机室电机、DC-DC、电机控制器、散热器等的温度很高。因此须小心，切勿触摸。管路里的油液温度也同样很高。

4）发现电机运行突然出现异常振动、噪声、过热、异味、无力等现象，应及时检查排除。

5）电动汽车严禁超载超速，否则电机会因长期过载而损坏。

6）长期不用的纯电动汽车，应保存在通风、干燥、清洁的地方，以免电机受潮损坏。

（3）电动汽车空调系统的正确使用。电动汽车空调的操纵使用比较方便，但如果使用不当，会对空调性能及寿命、汽车续驶里程、乘员的舒适性有很大的影响。正确地使用空调是保证其发挥最大效率的必要条件，也是节约能源、延长使用寿命的关键。

1）使用空调时建议保持车窗和天窗关闭。

2）车内空调温度不要调得过冷或暖风不要调得过热，使用空调或暖风会使电动汽车的行驶里程缩短 10%～20%。

3）使用空调前应启动空调压缩机，待稳定运转后，再打开鼓分机至某一挡位，然后再按下空调开关（AC 为制冷强制开关，手、自动空调均设有此开关；AUTO 为自动空调开关）以启动空调压缩机，调整送风温度和选择送风口，空调即可正常工作。

注意： 当温度调节推杆处于最大制冷位置时，应尽量使用鼓风机的高速挡，以免蒸发器因过冷而结冰。

4）在空调系统运行时，若听到空调装置（如压缩机、鼓风机等）有异常响声或发生其他异常情况，应立即关闭空调，并及时查明原因并排除故障。

5）若汽车空调系统无超速自动停转装置，在爬长坡或超车时应暂时断开压缩机的运行（即关闭空调强制开关 AC），以免发动机动力不足或发动机超负荷运行而过热。

6）在夜间行驶时，由于整车耗电量较大，不应长时间使用空调以免造成电力不足。

7）汽车停驶时不要长时间使用空调制冷装置，以免耗尽电池的电能造成发动机再次启动困难，同时避免废气被吸入车内而造成乘员中毒，还可避免因冷凝器和发动机散热不良而影响空调的性能和发动机的寿命。

8）当制冷量突然减少时，应断开空调强制开关 AC，待排除空调系统故障后再继续使用。

9）当发动机过热时，应停止使用空调，待发动机工作温度正常后再使用。

10）使用空调时，若鼓风机置于低速挡，冷气温控开关不宜调得过低。否则不仅达不到使车内温度进一步降低的目的（蒸发器容易结霜，产生风阻），而且容易出现压缩机液击现象。

11）部分汽车空调空气入口的控制有外循环（FRESH，也称新鲜空气循环模式）和内循环（RECIRC，也称空气再循环模式）两个控制位置。若汽车在尘土飞扬的道理上行驶，应将空气入口控制在内循环位置，以防车外尘土进入车内。

特别提醒

（1）当鼓风机关闭或温度接近 0℃时，空调不能制冷；当鼓风机关闭时，空调不能制热。

（2）当温度显示条置于中央位置时，空调停止制冷及加热功能。

（3）空调系统的运转增加了额外的电能消耗。在动力电池 SoC 显示较低时，应尽量减少空调的使用。

（4）在湿度较高的情况下，当开启空调系统时，车窗可能有轻微的起雾现象。这不属于故障，在空调系统运行几秒钟后，起雾现象将会消失。

（5）当系统处于内循环模式时，如果发生风窗玻璃起雾现象，应立刻关闭内循环。

（6）为尽快使风窗玻璃除霜或除雾，建议在需要除霜时开启加热功能，在需要除雾时开启制冷功能。

（7）在潮湿的天气中使用，不要让冷气吹到风窗玻璃上。因为风窗玻璃内外侧的温差会引起风窗玻璃起雾。

（8）在多尘的道路上尾随其他车辆行驶时，或在有风和灰尘的情况下行驶时，要关闭所有的车窗。如果关闭车窗后，由车辆扬起的灰尘仍然进入车内，需将进气模式设置为内循环，并将风扇转速设置在"0"以外的任何位置。

3. 电动汽车使用注意事项

（1）日常使用注意事项。

1）电动汽车安装有 300V 以上的高压动力电池，驱动电机的工作电压也是高压，不要触摸高压线缆（这些高压线缆表面颜色为橙色）及插接件、拆卸或更换驱动电机、动力电池、高压线束等零部件，防止触电。

2）遵循车上零部件所附的所有警告标签。

3）对汽车部件的任何变更，都可能影响汽车性能和高压安全，可能导致触电等危险。因此，任何涉及拆卸电器或更换继电器的工作都要由特约维修店进行，严禁自行拆卸或更换。

（2）夏季使用电动汽车时注意事项。

1）雨季行车前应做好行车前检查，主要检查刮水器、车辆空调除雾功能是否正常。

2）行驶速度尽量不要超过 60km/h，暴雨尽量不要行驶，车速不应超过 20km/h。

3）雨季车辆发生故障无法行驶后，应当靠边停车等待救援，严禁自行维修。

4）当车辆被积水浸泡时，不要考虑继续行驶，应迅速断电并离开车内，尽量不要与车身金属接触，以免发生触电。

5）勿驶入深水中，以免发生漏电短路事故。当车辆被积水浸泡时，不要考虑继续行驶，应迅速断电并离开车内，尽量不要与车身金属接触，以免发生触电。

6）避免高温充电。因动力电池温度特性，车辆高速行驶后，夏季建议停放 30min 后，在阴凉通风处进行充电。

7）当暴雨打雷时尽量不要充电；当车辆在露天或者地势较低的地方充电时，若遇下雨应终止充电，以免积水高度超过充电口发生短路。

8）避免车辆暴晒。建议将车辆停放在阴凉通风处，以防车内温度过高，造成安全隐患。

（3）冬季使用电动汽车时注意事项。

1）及时充电，随用随充。纯电动车在冬季可能会因为气温的因素，可能影响续航能力和充电时间（充电效率较慢），因此更需要正确的充电和维护。建议车主采取停车即充或随用随充的方式，让电量保持合理的区间，避免低电量用电。当车辆使用完毕后立即进行充电，因为车辆刚停，电池温度相对较高，这样系统就不用预先给电池包加热，可以提高充电效率。

2）当车辆充电时，建议尽量将车辆停放于避风朝阳且温度较高（如地下停车场、封闭性车库或者阳光下）的环境存放，这样也可提高充电效率。

3）充电时预防雪水淋湿充电接口，更不要将充电插头直接暴露在雪水中，防止发生短路。

4）避免因冬季气温过低导致充电异常等情况的出现，建议在给车辆充电时先检查车辆充电是否开启。检查充电桩充电电流，若充电电流达到 12A 以上，说明充电已开启。

知识拓展

几个常见的使用误区

误区一：下雨天不能给电动车充电

从电动汽车本身来说，充电接口在设计的时候都达到了 IPX6-7 防水等级，日常一些溅水甚至大雨来袭的时候，都不会对零件造成损害。一般的下雨天，是完全可以放心给电动车充电的，不过如果是闪电交加的暴雨天，还是不要在户外给电动车充电了。

误区二：电池怕冷不怕热

冬天由于气温太低的原因，电动车电池的活性差，所以续航里程会比平时要少一些。但夏天高温的时候，电动车的续航里程也会减少。电动车电池合适的工作温度是 25℃。温度过高或者过低都会对它充电、放电产生影响，只是冬天温度低的时候对续航里程的影响更明显。

误区三：气温越高，电动车越容易自燃

一般电动车自燃主要是因为线路老化、短路造成的，电池在充放电过程中会产生大量的热量，如果电池内部温度不断升高或者单体电池之间温度不均匀，就会有过热燃烧、爆炸的风险。

4. 其他方面

（1）露天停放超过一个月应该将车辆调换方向，避免车辆因阳光暴晒而产生褪色。

（2）检测轮胎气压，必要时补充，防止轮胎变形损坏。

特别提醒

电动汽车长期停放注意事项

电动汽车应在通风、清洁、干燥、无腐蚀性气体影响的室内空间储存，整车底盘距离热源不得少于 2cm。

1. 低压蓄电池注意事项

（1）当车辆需停放较长时间（7 天以上）时，需要断开低压蓄电池负极桩头。

（2）停放超过 7 天以上的车辆，需每周进行一次车辆上高压（上高压 4 小时左右，此时 READY 绿灯点亮），通过车上动力电池给低压蓄电池充电。

2. 动力电池注意事项

（1）当车辆停放 7 天以上时，应保证车辆的剩余电量大于 50%。

（2）车辆停放超过 3 个月应该做一次充放循环（将车辆行驶放电至剩余电量 30% 以下，使用慢充将动力电池充电至 100% 后，再将车辆行驶放电至 50%～80% 后继续停放）。

（3）当车辆停放时，动力电池也将发生一定的放电，当电量低于 30% 时，需要及时补充电，防止动力电池过度放电，对动力电池性能产生影响。

三、混合动力汽车的使用

（1）混合动力汽车的正确使用。

1）车辆在停止后，请勿立即接触控制壳体、发动机等高温部件，以免烫伤。

2）在充电时，将车停在通风的地方。

3）车辆安装有动力电池，在雪天雨天的路面行驶，应躲避凹坑、积水路面，避免车辆进水。

4）因为动力电池本身受环境温度以及人员操作影响明显，在电量较低时，SoC显示值与真实值误差较大。动力电池管理器拥有消除此误差的修正功能，所以在电量较低情况下，有可能存在一定电量的跳变情况，此为整车正常修正功能，并非故障。

5）与传统燃油汽车不同，电动汽车的蓄电池放置在后行李箱护板内，若需要更换电池时，将钥匙打到 OFF 位置，拆开护板，并拔掉后行李箱维修开关。

6）为了保证车辆的优良驾驶性能，低燃油位警告灯点亮时，请及时加注燃油，当 SoC 低于 10% 时，请及时充电。

7）车辆底部装有动力电池包，行驶时请注意绕开凹凸不平路面和路面上的坚硬障碍物，如路中突出的石头等，以免电池包受到磕碰损坏。

8）请勿在温度低于零下 10℃ 的环境中使用。

9）橙色线束均为高压线，非专业人员请不要接触此类线束。如要对有高压标记零部件进行操作请务必穿戴绝缘手套（手套耐压 500V 以上）。

10）车辆在潮湿路面上行驶时，应避开积水较多的路面，防止大量水进入发动机室、动力电池包或高压电器，导致车辆发动机、动力电池包和电气部件受到损坏。

（2）模式切换方法。

1）车辆无法自动切换成纯电动模式时，应该分析原因，根据电池电量做出合适的选择。

2）EV 和 HEV 开关是用来切换纯电动模式和混合动力模式的，按钮上的灯表明车辆正在以相应的模式运行。一般情况下，按下 EV 开关后，EV 指示灯开关会点亮，整车会切换到纯电动模式下运行。

3）车辆启动时，EV 和 HEV 具有记忆效应，会执行上一次车辆停车时的状态。若电量很高时，车辆在 HEV 模式下发动机可能不会启动。

4）DM 是"双模"（DualMode）缩写，即可充电的混合动力电动汽车。该系统会根据驾驶时的实际情况和电量来判断是否切换成混合动力模式，急加速或电量不足时，DM 系统都可能自动切换成混合动力模式。

5）车辆在纯电动模式行驶时，要特别注意车辆周边的情况，因纯电动模式声音较小，应避免车辆不易被察觉而发生意外事故。

（3）注视仪表板警告标志。

1）当发动机冷却液温度过高时，冷却液温度警告灯会点亮，同时显示"冷却液温度过高"，表示发动机冷却液温度过高，必须停车检查或直接联系销售店进行专业检查维修。

2）在车辆处于纯电动模式下工作时，转速表无指示转速为正常现象，转速表指示为发动机转速，车辆处于混合动力时，转速表工作。当电源挡位处于 ON 位置时，此表指示整车的功率。当功率表指示为负值时，表示整车处于能量回馈，不表示车辆存在故障。

3）动力系统故障指示灯。当点火钥匙打到 ON 位置时，动力系统故障指示灯点亮。如果动力系统工作正常，则几秒钟后此灯熄灭。如果动力系统发生故障，或当点火钥匙打到 ON 位置时，此灯不亮或持续发亮，或驾驶中此灯点亮，都说明动力系统有故障。

注意：不要在警告灯点亮的状态下驾驶车辆，即使是一小段距离，否则将毁坏整车动力系统。

4）DC-DC 故障指示灯。DC-DC 系统存在故障时，当点火钥匙打到 ON 位置时，此灯不亮或持续发亮或驾驶中此灯点亮。

5）动力电池故障警告灯 BAT。如果发生点火钥匙打到 ON 位置时，此灯持续发亮或驾驶中此灯点亮，则表示由警告灯系统监控的部件中发生故障。

6）电机故障警告灯。如果当点火钥匙打到 ON 位置时，此灯不亮或持续发亮或驾驶中此灯点亮，则表示由警告灯系统监控的部件发生故障。

四、充电装置的使用

车辆停放好后，将钥匙打到 OFF 位置，取出充电线，打开充电口盖，将电源插头插入充电口，再将电源插头插入充电桩插座或充电盒（指定插座），确定正确连接后，接通电源，此时车辆将自动进入充电状态。充电开始后，行李箱会有轻微的充电器风扇工作声音，这时请观察组合仪表显示充电，则表明充电正常进行。

充电结束后，首先将电源关闭，拔出电源插头，然后按住充电插头上按钮，缓慢地将充电插头从充电口中拔出并将充电线收好。

为了防止充电时线束发热，充电时禁止将有关充电线束（充电线或电源线）卷绕、包裹等，应将线束自然散开。

第二节　电动汽车的充电技术

电动汽车充电系统的作用是将电网的电能经过充电桩（或适配器）转化为电动汽车动力电池的电能。充电系统主要由充电桩（交流充电桩或直流充电桩）、充电接口（交流充电口、直流充电口）、充电电缆、高压电缆、车载充电机、高压配电盒、动力电池包、电池管理系统等组成。电动汽车充电系统基本组成如图 6-4 所示。

一、电动汽车的充电桩

电动汽车充电桩由桩体、电气模块、计量模块等部分组成。充电桩按照充电方式可以分为交流充电桩（俗称慢充）、直流充电桩（俗称快充）、交直流一体充电桩和壁挂式充电桩。电动汽车的充电桩如图 6-5 所示。

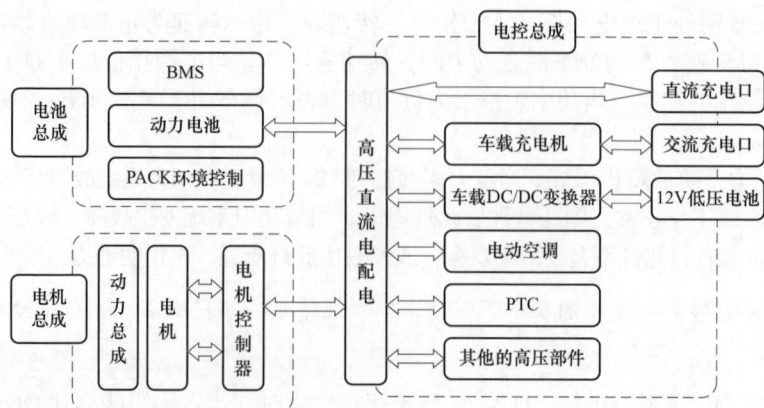

图 6-4　电动汽车充电系统基本组成

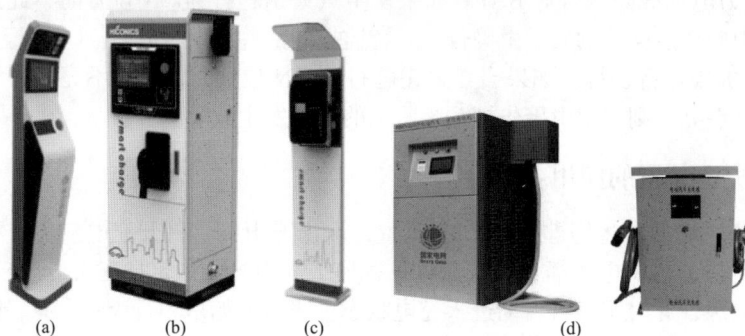

(a)　　　　　　(b)　　　　　　(c)　　　　　　(d)

图 6-5　电动汽车的充电桩

（a）交流充电桩；（b）直流充电桩；（c）壁挂式充电桩；（d）交直流一体充电桩

1. 交流充电桩

交流充电桩又称为交流供电装置，俗称"慢充"，它固定安装在电动汽车外、与交流电网连接，通过电动汽车内置的"车载充电机"将电网的交流电转换为直流电后对电池充电。交流充电桩为电动汽车车载充电机提供交流电源的供电装置，只提供电力输出，没有充电功能，需连接车载充电机为电动汽车充电。交流充电桩根据其匹配车载充电机功率不同相应有 3.3kW 和 6.6kW 之分。交流充电桩的输出电流小，充电速度慢，所以被称为"慢充"。智能交流充电桩原理如图 6-6 所示。

交流充电桩给电动汽车的充电机提供电力输入，由于一般的车载充电机的功率不是很大，所以不能很好地实现快速充电。

2. 直流充电桩

直流充电桩俗称"快充"，它固定安装在电动汽车外，与交流 380V 电网连接，直流充电桩内置大功率直流充电模块，充电桩本身将电网的交流电转换为直流电，可以为非车载电动汽车动力电池提供直流电源的供电装置。输出电流可以高达 100A 以上，所以被称为"快充"。智能直流充电桩原理如图 6-7 所示。

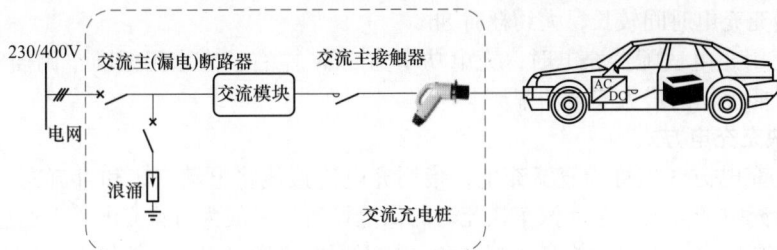

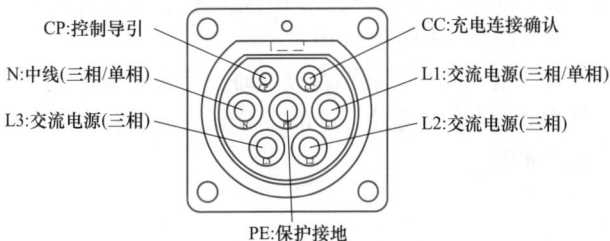

图 6-6　智能交流充电桩原理

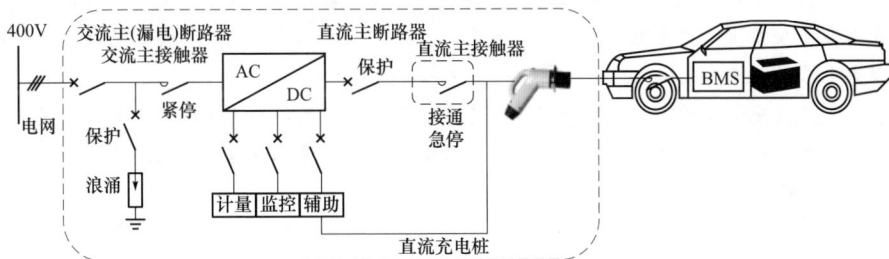

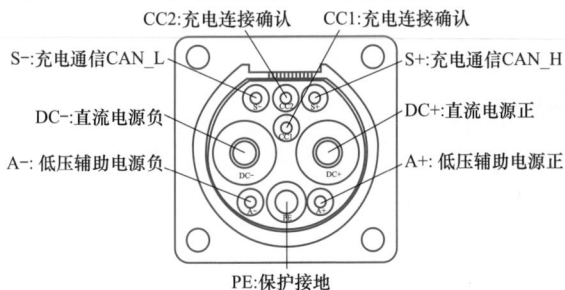

图 6-7　智能直流充电桩原理

二、电动汽车充电方式

电动汽车充电方式有慢充方式（交流充电）和快充方式（直流充电）两种。

1. 慢充充电方式

慢充充电也称为交流充电或常规充电方式，指用充电连接线将电动汽车和交流充电装置连接起来进行充电的方式。根据充电装置的不同，慢充充电又可以分为两类：交流充电桩充电和充电适配器充电。慢充不仅方便，而且有利于延长电池的使用寿命，但慢充充电时间较长，大约耗时 8h。

当使用充电适配器充电时，充电功率为 3kW 左右，为家用标准空调插座（16A 插座）所能提供的最大安全功率。

2. 快充充电方式

快充充电方式也称为直流充电，指用充电连接线将电动汽车和直流充电桩连接起来进行充电的方式。电动汽车快充时的供电设备（一般为直流充电桩）通过直流充电接口将高压直流电提供给高压配电盒，高压配电盒通过直流母线给动力电池进行充电。快充方式充电时间短。但是需要专用的充电桩，且快充方式对动力电池的寿命有一定的影响。快充系统不使用车载充电机。

这类充电方式充电时间短，能够在较短时间给蓄电池补充大量电能。目前，直流充电桩可以提供 100A 的充电电流，一般直流充电桩带有充电连接线，可以连接车辆的快充口进行直流充电。

特别提醒

（1）快速充电模式实质上为应急充电模式，其目的是在短时间内给电动汽车充电。并不是每款车型都可快速充电。无论电池再完美，快充对于动力电池的损伤还是挺大的，毕竟是大电流充电，长期快速充电终究会影响电池的使用寿命。

（2）有慢充条件的，尽量选择以慢充为主。实在没有条件的，建议每个月至少慢充一次进行均衡。连续几天不开车时，尽量不要让电池的电量过高或过低，适度电量更有利于延长电池寿命。

（3）对于纯电动汽车的充电还是要以慢充为主，快充为辅。家里具备充电桩安装条件的话，还是要做到随用随充比较好。

知识拓展

1. 该如何选择充电方式？

纯电动汽车可采用快充、慢充等方式进行充电，而插电式混合动力汽车只能采用慢充，其原因如下。

（1）插电混动车型，有两套驱动系统，成本控制已经较为困难，如果再新增一套快充系统，势必会导致成本增加，从而影响终端销量。

（2）绝大部分插电混动车型的电池容量大都为 10～15kWh，而使用快充功能，由于充电本身特性决定，从 0 至 80% 可以充得很快，但最后 20% 为了防止过充和过热，BMS 电池管理系统会控制充电电流，所以完全充满的时间依然不会很短。

（3）插电混动汽车满电状态下，一般可以跑 50～100km，等下班回家，如果具备充电桩的安装条件的，利用慢充桩充电，2h 左右也充满了，同时，在行驶过程中，如果没有电了，也可以混合动力模式（以内燃机为主）行驶，并适时向电池充电。

2. 电流越大充电速度越快吗?

充电功率和车辆的电池容量,都直接影响到充电时间的,简单来讲,充电桩输出功率越大,充电时间越短。当然,并不是电流越大,充电时间越短。最简单的算法,即用充电电量除以充电桩功率,就可以简单估算出充电时间了。即可在电动汽车充电过程中,等充电桩显示界面上输出电流、电压稳定的时候,看下输出电压值和电流值,计算一下输出功率,然后对比自己车准备充电的电量,就能大概推算出充电所需要的时间。

(1) 从交流桩来讲,国内大部分慢速充电桩或充电盒均采用220V交流充电,输出电流分别为16A或32A,理论功率分别可达到3.3kW或6.6kW,考虑到10%的功率损耗,交流充电速度还是很慢的,如对于一般电池电量为20kWh左右的电动汽车,采用目前主流3.3kW交流充电方式就需要6~8h才能够充满电。

(2) 对于直流桩来讲,不同于交流充电桩220V电压接入,直流桩接入的电压为380V,功率一般达到10kW以上。例如市面上针对电动乘用车,国网建的直流桩大部分是37.5kW,也有10、15kW以上。对于一般电池电量为20kW·h左右的电动汽车来讲,用10kW直流桩充电2~3h就可以充满电。

三、电动汽车充电方法

1. 交流充电方法(充电桩)

采用交流充电(慢充)时,要将充电枪连接到车身左后部位充电口。交流电通过充电桩或者适配器后,经慢充口进入车载充电系统,经线束将交流电送入车载充电机,车载充电机将其变成高压、直流电之后,送入高压配电盒,通过高压母线给动力电池进行充电。电动汽车慢充时的供电设备(交流充电桩或充电插接器)通过交流充电接口将家用交流电提供给车载充电机,然后给动力电池进行充电。交流充电示意图如图6-8所示。

当指针指示在100%时,表明动力电池包已经充满电。当指针未指示在100%附近时,说明动力电池包尚未充至满电状态。

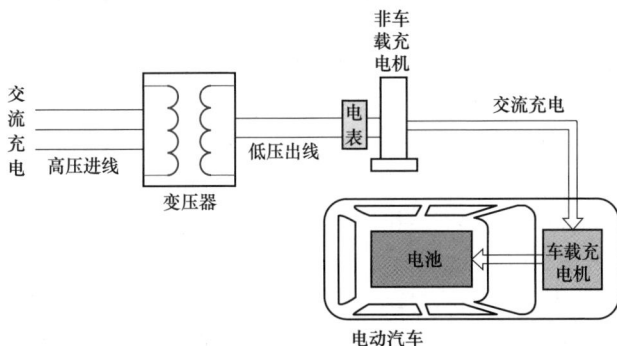

图6-8　交流充电示意图

（1）将电量很低的动力电池包充至满电状态，使用220V交流电一般需要7h。充电时间的长短也取决于动力电池包的荷电状态（SoC），荷电状态较高时充电时间较短，荷电状态较低时充电时间较长。

（2）充电过程中要查看动力电池包电量是否已经充满，只需将钥匙打到"ACC"或者"ON"挡，即可从仪表盘上读出。

2. 通过交流适配器充电

这种充电方式使用家庭用220V交流电进行充电，将随车配置的交流充电适配器的三相插头插入家庭用电，充电枪插入电动汽车慢充接口即可进行充电。交流充电适配器如图6-9所示。

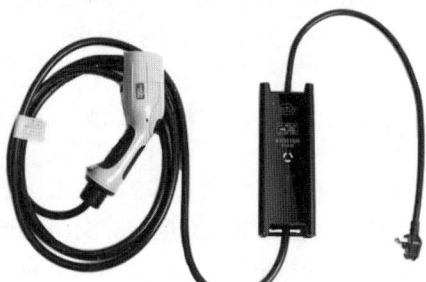

图6-9　交流充电适配器

充电电流有16A和32A两种，16A电流充电时间一般为6～8h。32A电流充电时间一般为4～6h。因此，用户在使用该类充电方式时一定要注意所用插座允许使用的最大电流，以免发生危险。具体方法如下。

（1）打开行李箱盖，取出交流充电连接线。该线上有三相插头、适配器以及交流充电枪；适配器上有电源指示、故障指示、充电指示功能。等待充电时，电源指示灯常绿，充电指示灯常橙，故障指示灯灭；正常充电时，电源指示灯常绿，充电指示灯橙色闪烁，故障指示灯灭；充电完成时，电源指示灯常绿，充电指示灯灭，故障指示灯灭。使用该连接线时，应确保充电口干燥且无异物，供电端必须增加漏电保护开关，三相插头必须与插座可靠连接，供电端必须可靠接地；使用过程中严禁撞击、拖拽充电线；此连接线仅用于电动汽车充电使用，雨天不可使用此设备进行充电；充电时要注意额定充电电流与供电端匹配。

（2）打开车门，拉起慢充口拉手；将三相插头插入供电端，电源指示灯点亮。

（3）打开充电枪盖，打开慢充口外盖和内盖，按下充电枪按钮，插入充电枪。

（4）松开充电枪按钮，此时适配器上充电指示灯亮。

（5）打开车门，仪表盘上会显示车外温度、充电电压、充电电流以及剩余电量。

（6）当充电完成时，按下充电枪按钮，拔出充电枪，盖上充电枪盖，盖上充电慢充口内盖和外盖，从供电端拔下三相插头，收起交流充电连接线即可。

3. 直流充电方法

直流充电是一种能够快速给电动汽车充满电的充电方法，使用非车载充电机采用大电流直接给动力电池充电，短时间内就能将动力电池的电量充到80%左右。快充时，交流电通过充电桩转换为直流电后，通过充电连接线进入车上快充口，然后直接经过高压控制盒后，经高压母线给动力电池进行充电。直流充电口通过高压线直接连接高压控制盒，直流充电示意图如图 6-10 所示。

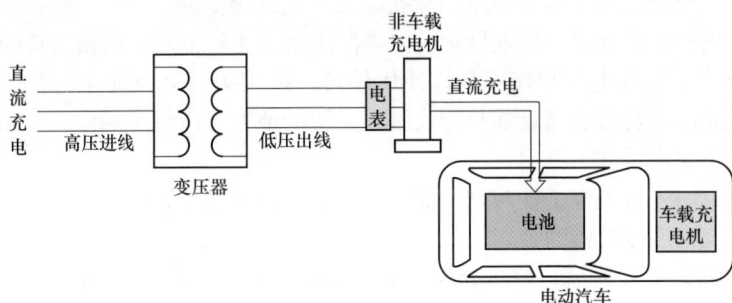

图 6-10　直流充电示意图

快充充电连接线一端是蓝色充电枪，用来连接车辆，另一端是黑色充电枪，用来连接充电桩。连接车辆端的充电枪有 9 个针脚，对应车身上快充充电口的 9 个针脚槽。采用快充充电方式时，要将充电枪连接到车前栅格中部车标下方充电口，具体步骤如下。

（1）将车辆停至直流充电桩指定停车地点，关闭启动开关，将启动钥匙取下。

（2）打开充电口盖板，松开快充充电插座塑料卡扣，打开塑料盖。

（3）将直流充电桩用充电枪与车身上的快充充电插座相连接。此时，组合仪表上充电连接指示灯点亮。充电过程中充电连接指示灯一直处于点亮状态，只有拔下充电枪并关闭塑料盖及充电口盖板之后，充电连接指示灯才会熄灭。

直流充电桩的输入电压采用三相四线 AC 380V±57V，频率 50Hz，输出为持续可调直流电，直接为电动汽车的动力电池充电，按照国标规定最大电压 750V，最大电流 250A。快速充电的电流一般在 150～400A，充电电压在 200～750V，充电功率大于 50kW。输出的电压和电流调整范围大，可以实现快充的需求，一般家用小汽车或者轻客可选择加 20～30kW 一体式直流充电桩；大巴车或者公交车可选择80～120kW 分体式直流充电桩。

特别提醒

为什么快充不能充满电？

快充的控制策略是当动力电池某个单体达到设定电压时即停止充电，没有末端恒压小电流充电和电量修正，所以在车辆多次连续快充时会出现充不满现象，可以在使用快充后再用慢充充满即可。

四、电动汽车的充电要求与注意事项

1. 电动汽车充电的要求

一般情况下，使用慢速充电作业对车辆进行充电。特殊紧急情况下使用快速充电作业，避免频繁使用快充。

（1）在充电作业的操作过程中，不允许周围的人接触操作员、车辆和供电设备。

（2）每次充电前需要检查插座和插孔以及导线是否变形、发黑、烧蚀。如果发现异常须立即更换。即使没有发现异常，如果使用超过3年也需要更换为新的插座。

（3）交流电路和电源插座不允许使用外接转换接头，且应确保电源插座接地良好；不要把充电设备放在靠近加热器或其他热源的地方，应将车辆停放在通风处；充电时，人员不要停留在车辆内。

（4）充电时先将充电手柄与充电插座连接，再对充电装置进行操作。不需接触充电端口或者充电连接器内的金属端子。

（5）车辆充电开启后，检查充电桩充电电流，若充电电流达到12A以上，则表示充电已开启。

（6）当充电桩出现故障时，立即通知相关专业人员进行解决，操作人员不可任意处理。

（7）在充电过程中，不允许启动车辆。

（8）动力电池电量充满后，系统会自动停止充电；若电池没有充满时需中止充电，应先将电路上的过电流保护断路器（空气断路器）断开，再拔掉充电电源线。

（9）充电结束后，要先关闭充电装置，然后将充电手柄与车身分离，并分别将充电口盖和车身充电口盖板盖好。

（10）雨天尽量不要给电动汽车充电，如果有必要，在小雨天气可以充电，但在充电插拔过程中要注意对插拔充电手柄和充电口的遮雨防护，应避免雨水进入充电插头和插座。不要用湿手操作，也不要站在水里操作。充电枪插牢后具有防水能力。如果遇到雷雨等极端天气，应该停止充电作业。

（11）冬天充电时预防雪水淋湿充电接口，更不要将充电插头直接暴露在雪水下，以防止发生短路，避免因冬季气温较低导致充电异常等情况的出现。如果充电口舱门因天气等原因导致冻住，请使用热水或不高于100℃的加热装置将冰融化后再开启充电口舱门，勿强行打开。

2. 充电注意事项

（1）为了避免对充电设备造成破坏应注意以下事项。

1）不要在插座塑料口盖打开的状态下关闭充电口盖板。

2）不要用力拉或扭转充电电缆。

3）不要使充电设备承受撞击。

4）不要把充电设备放在靠近加热器或其他热源的地方。

5）停止充电时应先将充电柜或充电桩关闭，再断开充电连接器；家用交流充电时应先断开交流充电连接器，再断开插座端电源。

6）充电时，建议将车辆停放在通风处。不要将车辆搁置在超过55℃以上或低于-25℃环境下超过24h。

（2）充电安全警告。

1）请选择在相对较安全的环境下充电（如避免有液体、火源等环境）。

2）不要修改或者拆卸充电端口和充电设备，这样可能导致充电故障，引起火灾。

3）充电前请确保车辆充电口和充电连接器端口内没有水或外来物，金属端手没有生锈或者腐蚀造成的破坏或者影响，这些情况下不允许充电。因为不正常的端子连接可能导致短路或电击，威胁生命安全。

4）充电过程中出现异味、冒烟、过热等异常现象，须立即断开充电回路，终止充电作业，检查插头插座。

5）如果想在车内使用任何医学设备，在使用之前请和造商确认充电是否影响设备的正常工作。充电可能导致设备的不正常操作，造成人身伤害。

（3）其他注意事项。

1）当仪表 SoC 指示条进入红色警示区时，表明动力电池电量已不足。建议在电量降格时即去充电，可以确保不会因电量不足而无动力搁浅，不建议在电量耗尽后再进行充电，因为那样会影响电池的使用寿命。

2）家用交流充电是使用车辆配备的交流充电连接装置进行充电。推荐使用220V、AC50Hz、10A 的专用交流电路和电源插座。这是为了避免线路破坏或者由于给电池充电时的大功率导致线路跳闸保护，如果没有使用专用线路，可能影响线路上其他设备的正常工作。如果一个专用线路已经不能使用，应由专业电工来安装。

3）如遇外部电网断电的情况，若断电不超过 24h，充电系统会自动重新启动充电，不用重新连接充电连接器。

4）充电时电源挡位需处于"OFF"挡，电源处于"OK"挡时不能充电，禁止电源处于"OK"挡时充电。

5）充电时，前舱的高压电控模块处于工作状态，此时会发出几次继电器吸合的"咔哒"声，这属正常现象。

6）充电时请离开充电车辆并严格按照充电站的要求进行充电。因高压危险，请站于安全线以外。

7）启动车辆前请确保充电连接器已经断开，充电口盖和充电口舱门已经关闭，因为充电连接器锁止机构没有完全锁止状态下，车辆可能也可以调至"OK"挡，并能够挂挡行驶，导致损坏充电设备及车辆。

8）若充电口盖未关闭，水或外来物质可能进入充电口端子，影响正常使用。

9）为方便使用，仪表上会提示预计充满电时间。不同温度、电量、充电设施等情况下，充满电时间可能有一定偏差，属于正常现象。当环境温度低于 0℃时，充电时间要比正常时间长，充电能力较低。

特别提醒

（1）车辆充电应适时，当电池电量接近 30% 时，请立刻充电，这样可以提高电池的使用寿命。

（2）当电池电量接近 10% 时，车辆将限速 9km/h。

（3）纯电动车辆在冬季低温行驶后，应及时充电，避免因长时间停驶导致动力电池温度低，造成用电浪费和充电延时。冬季使用车完后及时充电可确保动力电池处于一个较高温度，避免充电加热阶段，有效缩短充电时间。

（4）充电次数对于动力电池寿命没有直接关系，锂电池本身没有记忆功能，及时充放电可保持动力电池较好的充放电能力。

知识拓展

电动汽车智能充电系统

随着电动汽车的逐步推进，驾驶人希望能够实时了解充电桩的位置、电价等信息，主动参与用电管理，提高能源利用效率。需要对充电桩进行电量监测并智能控制其状态，实现精细化、智能化管理。

基于云平台的电动汽车充电系统，将人机交互操作界面由传统的充电装置屏幕显示变为手持终端显示，通过 App 实现充电装置定位导航、锁定及充电预约等功能。

该系统主要由云平台、智能充电装置和智能终端 App 应用软件组成。

1. 电动汽车充电服务云平台

电动汽车充电服务云平台是电动汽车充电提供数据发布、收集、存储、加工、维护和挖掘的综合平台。

2. 智能充电装置

智能充电装置除了具备传统的充电、计量、保护等功能外，以下功能在提高本系统的智能性同时，将会更为适应日新月异的技术变革。

（1）手持终端控制功能。分布式充电装置可通过移动端 App 控制启停机，当充电装置符合充电条件时，客户通过手机等移动终端可以实时控制充电装置的启停。

（2）充电信息上传功能。分布式充电装置可将充电信息上传至服务器并通过手机安装的 App 界面实时显示充电信息，包括当前充电电压、充电电流、充电电量、充电费率、计费信息、故障信息、工作状态信息等。

3. App 应用软件

随着智能手机的普及，App 应用软件已经应用于日常生活的各个方面。App 应用软件为多层体系结构，以提供更好的灵活性和强大的扩展能力。

第三节 电动汽车运行材料

汽车运行材料是指在车辆运行过程中，使用周期较短，消耗量较大，对车辆使用性能有较大影响的一些非金属材料。按其对汽车运行的作用和消耗方式可分为汽车用燃料、汽车润滑油料、车用工作液和轮胎等四大类。

一、汽车用燃料

汽车燃料是为汽车提供动力的可燃性物质。燃料燃烧时产生热能，通过能量转换装置转换成机械能而驱使汽车行驶。车用燃料主要包括车用汽油、车用柴油、车用替代燃料（如甲醇、乙醇、乳化燃料、天然气、石油气、氢气）等。汽油和柴油是目前汽车最常用的燃料，非常适用于点燃式发动机和压燃式发动机。

1. 汽车燃料汽油

汽油是汽油机的燃料。汽油最重要的理化性能是抗爆性，用辛烷值表示。其次是挥发性，它对于发动机的冷启动、瞬态工况和燃油蒸发排放都有较大影响。在我国国家标准中采用研究法辛烷值（RON）来划分车用汽油牌号，按辛烷值从低到高划分为92号、95号、98号等牌号。

2. 汽车燃料柴油

柴油是柴油机的燃料。柴油分为轻柴油和重柴油。轻柴油用于高速柴油机，重柴油用于中、低速柴油机。汽车柴油机均为高速柴油机，所以使用轻柴油。为了保证高速柴油机工作正常、高效，轻柴油应具有良好的发火性、低温流动性、蒸发性、化学稳定性、防腐性和适当的黏度等使用性能。其主要使用性能指标有着火性、蒸发性、低温流动性和黏度等，其低热值为 42500kJ/kg。我国将轻柴油按凝点分为 10、5、0、-10、-20、-35、-50 共 7 个牌号。

3. 汽车燃料发动机代用燃料

代用燃料发动机指使用代用燃料来替代汽油或柴油的发动机。目前国内开发使用的发动机代用燃料包括天然气、液化石油气、甲醇、乙醇、生物质燃料、氢气以及二甲基醚等。

二、汽车润滑油料

汽车润滑油料用于汽车各相对运动零件摩擦表面间的润滑介质，具有减小摩擦阻力，保护摩擦表面的功能，并有密封、吸收和传散摩擦热以及清洗零件的作用。汽车润滑料主要有发动机润滑油、齿轮油和润滑脂。各种润滑料都有多种规格和不同的使用范围，应按技术规范正确选用和定期更换。

润滑料的消耗水平一般是用它与汽油、柴油的消耗比来表示，汽油发动机润滑油的消耗量为汽油消耗量的 1.5%～3%，柴油发动机润滑油为 2%～4%，单桥驱动齿轮油为 0.4%～0.7%，双桥驱动齿轮油为 0.5%～1%，润滑脂为 0.2%～0.4%。

1. 发动机润滑油

车用润滑油料的润滑性能、低温流动性能直接影响汽车运动件的有效润滑，其运动黏度直接影响汽车的传动效率，如选用不当，会导致汽车起步困难，并缩短汽车的使用寿命。

（1）机油分类。目前市场上的机油按照基础油的不同，可以简单分为矿物质油和合成油两种，合成油中又可分为半合成机油和全合成机油。

1）矿物质油：矿物油基是从原油提炼而得，也就是原油提出了油气、汽油、柴油、煤油、重油之后，接着提炼出矿物油基，最后留底的是沥青。虽然现今矿物油都有添加各种进口添加剂，但使用寿命仍为约6个月。

2）全合成机油：机油里只含有PAO或酯类合成物（ester），全部都是利用化学的方式人工制成的机油，如今在轿车中的使用已经非常普及。全合成机油的优点在于清洁度高、流动性强、降温能力好、抗氧化能力出色。

3）半合成机油：半合成机油是指在合成机油中加入一部分矿物质机油，矿物油和合成机油的比例为4∶6。更换周期略短于全合成机油。

（2）机油标号。机油标号有按机油的黏度值与机油的质量级别两种分类方法。

1）按黏度值划分。4冲程机油的黏度等级分类适用美国汽车工程师学会的分类，即SAE分类。SAE是英文"美国机动车工程师协会"的简称，SAE后边的标号标明机油的黏度值，如SAE5W-40，5W-40就是它的SAE标准黏度值，这个黏度值首先表示这个机油是多级机油，其中"W"代表WINTER冬天，"W"前面的数字代表低温情况下的流动黏性，这个数值越小说明机油的低温流动性越好，当车辆冷启动时对发动机的保护能力越好；"W"后面的数字则是机油在100℃时的黏度，数字越高黏度越高（即变稀的可能性），说明机油高温的稳定性能越好。

a. SAE润滑油黏度分类的冬季用油牌号分别为：0W、5W、10W、15W、20W、25W，符号W代表冬季，W前的数字越小，其低温黏度越小，低温流动性越好，适用的最低气温越低。

b. SAE润滑油黏度分类的夏季用油牌号分别为：20、30、40、50，数字越大，其黏度越大，适用的最高气温越高。

c. SAE润滑油黏度分类的冬夏通用油牌号分别为：5W-20、5W-30、5W-40、5W-50、10W-20、10W-30、10W-40、10W-50、15W-20、15W-30、15W-40、15W-50、20W-20、20W-30、20W-40、20W-50，代表冬季部分的数字越小（适用的最低气温越低），代表夏季部分的数字越大（适用的最高气温越高），适用的气温范围越大。

2）按质量级别划分。API是英文"美国石油协会"的简称，API后边的标号则标明机油的质量级别。通常有S、C、SC三类，在S或C后面的字母表示的含义是：从"SA"一直到"SN"，每递增一个字母，机油的环保级别都会优于前一种，字母越靠后环保等级越高，国际品牌中机油级别多是SF级别以上的，目前环保级别最高的机油是"SN"级。

a."S"开头系列代表汽油发动机用油，规格有API SA、SB、SC、SD、SE、SF、SG、SH、SJ、SL、SM、SN。

b."C"开头系列代表柴油发动机用油，规格有API CA、CB、CC、CD、CE、CF、CF-2、CF-4、CG-4、CH-4、CI-4。

c.当"S"和"C"两个字母同时存在，则表示此机油为汽柴通用型。

2. 车辆齿轮油

齿轮油主要指变速器和后桥的润滑油。它和机油在使用条件、自身成分和使用性能上均存在着差异。齿轮油主要起润滑齿轮和轴承、防止磨损和锈蚀、帮助齿轮散热等作用。

汽车齿轮油用于汽车转向器、变速器以及驱动桥等齿轮传动机构中，由于齿轮传动时表面压力高，所以齿轮油在齿轮的润滑、抗磨、冷却、散热、防腐防锈、洗涤和降低齿面冲击与噪声等方面起着重要作用。

（1）根据齿轮工作条件的苛刻程度选用使用等级。齿轮工作条件的苛刻程度是由齿轮的类型及其工作时的负荷和表面滑移速度决定的。普通齿轮传动可选用普通车辆齿轮油，准双曲面齿轮传动必须选用准双曲面齿轮油。若汽车在山区或满载拖挂行驶，并经常处于高负荷状态下时，工作条件苛刻、油温较高，也可以选用准双曲面齿轮油。

（2）依据季节气温选择黏度等级。齿轮油的低温黏度达 150000mPa·s 时的最高温度决定其适用的最低气温，因此齿轮油的黏度等级一般是根据不同地区或季节的气温情况来选择的。气温高时，选择黏度高的齿轮油；气温低时，选择黏度低的齿轮油。如长江流域及其他冬季气温不低于 -10℃ 的地区，全年可用 90 号油；长江以北冬季气温不低于 -26℃ 的寒区，全年可用 80W/90 号油；黑龙江、内蒙古、新疆等冬季气温在 -26℃ 以下的严寒区，冬季使用 75W 号油，夏季换用 90 号油；其他地区全年可用 85W/90 号油。

3. 车用润滑脂

润滑脂的作用主要是润滑、保护和密封。

（1）车用润滑脂的种类和牌号。润滑脂的种类按组成可分为皂基润滑脂和非皂基润滑脂。汽车上常用的是皂基润滑脂，主要有钙基润滑脂（俗名"黄油"）、钠基润滑脂、通用锂基润滑脂等。

1）钙基润滑脂俗名"黄油"，它的主要特性是耐水性好，耐温性差，适合于在潮湿或易于与水接触而温度又不高的摩擦部位起润滑作用，如汽车底盘不能使用润滑油的各个摩擦点等，使用温度范围为 -10～60℃。

2）钠基润滑脂的特性是耐高温，但非常不耐水，因而不能用于潮湿和易于与水接触的摩擦部位，只能用于离发动机很近、温度较高、不容易与水接触的部位，如风扇、离合器等部位，使用温度不超过 110℃。

3）锂基润滑脂是一种多用途、多效能润滑脂，它兼有其他脂的共同优点，又具有良好的减摩性能，其滴点较高，可在 100℃ 以上的高温处使用。

（2）车用润滑脂的正确选用。

1）要根据不同部位的要求，选用合适的润滑脂。一般情况下应按汽车使用说明书上的规定使用润滑脂的种类、牌号选用。

2）根据使用润滑脂的机械设备摩擦部件的工作条件和使用条件选择合适的润滑脂。

3）润滑脂的填充量对机械润滑与润滑脂的消耗量有密切关系，轴承中填充过量的润滑脂会使轴承摩擦转矩增大，引起轴承温升过高，并导致润滑脂的流失：若填充量不足或过少又可能发生干摩擦而损坏轴承。一般密封轴承，润滑脂的填充 11 以轴承内腔 1/3～2/3 为宜；滚动轴承上端应填充轴承空腔的 1/2，下端填充空腔的

1/3～3/4；在污染环境下工作的轴承以及低、中速运转的轴承，要填满全部空腔。

4）不同润滑脂是不能随意相互混合的，因为润滑脂的化学组成和性质不同，混合后会影响脂的稳定性和使用性能。

三、车用工作液

车用工作液是汽车某些机构工作必需的液料，主要有汽车制动液、汽车防冻液、液力变扭器液、动力转向器液、车用空调制冷剂、风窗玻璃清洗液等。

1. 液力变扭器液与动力转向器液

液力变扭器液用于高级轿车装用的液力变扭器中作为传递扭矩的介质。动力转向器液用于装用的助力式转向器中，作为传递转向力的介质，常与变扭器液通用。

助力转向油是汽车助力转向泵里面用的种特殊液体，通过被压作用，可以使转向盘的操作变得非常轻巧，与自动变速器油液、制动油液等油被类似，使用时加大助力转向油罐中。

更换周期一般汽车厂家并不严格规定助力转向油的更换周期。参考国外汽车公司的汽车维护要求，并结合我国的道路状况、空气质量和使用人员的技术水平等因素，建议为防止助力转向油过脏或变质，两年或 30000km 更换一次转向助力油。

2. 制动液

制动液是液压制动系统中传递制动压力的液态介质，在采用液压制动系统的车辆中使用。制动液是用于液压制动系统中传递压力以制止车轮转动的一种功能性液体，其工作压力一般在 2MPa 以上，高的可达 4～5MPa。具有不可压缩特性，在密封的容器中或充满液体的管路中受到压力作用时，便会很快地、均匀地把压力传到液体的各个部分，液压制动便是利用这个原理工作的。制动液有蓖麻油——醇型、合成型、矿油型 3 种类型。大都选用合成型制动液。具体选择方法如下。

（1）尽可能购买长期为汽车厂提供配套制动液的生产厂家的产品，确保质量可靠，性能稳定。

（2）尽量到资质合格的大型销售场所购买，以防买到伪劣产品；最好使用专业设备进行更换，这样才更彻底，不至于残留杂质，同时避免出现气阻。

（3）在种类选择上，最好考虑选合成制动液，不要购买已淘汰的醇型制动液。

（4）制动液级别越高越好，制动液级别越高，安全保障性越好。一般情况下，微型、中低档汽车适宜选取符合 HZY3 标准的制动液，而中高档车建议选择 HZY4 标准的制动液。当然，微型、中低档汽车选择 HZY4 也没有任何问题，而且更好。

（5）对制动系统各种金属的防锈性要好。一般制动液腐蚀性较强，但优质制动液对各类金属的防腐、防锈能力强，可延长制动油泵寿命。

（6）低温流动性要好，这对于严寒地区特别重要。在严寒时使用优质制动液，制动一样灵敏、可靠，而使用劣质制动液时，由于低温性能差，凝固点高，低于 -20℃ 时就会有凝固现象发生，将大大影响行车安全。

（7）对各种橡胶不腐蚀。优质制动液使用后极少发生皮碗严重膨胀变形现象。若使用劣质制动液，皮碗容易膨胀变形，导致车辆漏油、制动时翻转，造成事故。标准制动液膨胀率一般为 0.1%~5%。

（8）长期使用无沉淀物。制动液长期在高温状态下使用，质量不稳定就会产生热分解，产生沉淀物，同样影响制动性能。

特别提醒

制动液使用注意事项

（1）不同类型和不同品牌的制动液不要混合使用。由于配方不同，制动液混合使用会造成制动性能下降。

（2）制动液具有吸水特性，会出现沸点降低、污染及不同程度的氧化变质，长时间不更换会腐蚀制动系统，给行车带来隐患。建议车主，制动液一般两年或者 4 万公里必须更换一次。

（3）车辆正常行驶中，若出现制动忽轻忽重时，要对制动液及时更换，并在更换前先用酒精清洗制动系统。

（4）车辆制动出现跑偏时，应选择质量比较好的制动液更换，同是更换皮碗。

3. 冷却液

冷却液的全称是防冻冷却液，是指有防冻功能的冷却液，可以防止寒冷季节停车时，冷却液结冰而胀裂散热器或冻坏气缸体。发动机冷却液一般由蒸馏水与防冻剂按一定比例配制而成的。水与防冻剂的比例不同，冷却液的冰点也不同。冷却液一般呈绿色或红色。

防冻液不仅仅在冬天使用，它应该是全年使用。正常的汽车维护项目中，每年需更换车辆冷却液一次。

特别提醒

冷却液使用注意事项

（1）要坚持常年使用玲却液。对于传统车辆，能够保证车辆正常工作的冷却液温度为 80~90℃，但由于新能源车辆高转速、高压缩比和高功率的工作特点，其机械负荷及热负荷较大，摩擦热较高，因而对冷却液正常工作温度的要求已提高到 95~105℃。

（2）正确选用。选用冷却液时，其冰点要低于环境最低温度 10℃左右。汽车配件市场上的冷却液种类多，大多"冷却液"实际上只是"防冻液"，是用醇和水混合后添加色素制成的，其内无任何冷却液应该具有的添加剂，沸点为 90℃左右，腐蚀性较强，难以防止车辆过热现象的发生。

（3）分辨真伪的方法。优质冷却液颜色醒目、清亮透明且无异味。还可以用烧杯加热冷却液，用温度表测量其沸点，沸点在 100℃以上才为真品，沸点不足 100℃者为伪品。

4. 风窗玻璃清洗液

汽车风窗玻璃清洗液，俗称玻璃水。它广泛用于汽车风窗玻璃、后视镜等多种玻璃的快速去污、光亮清洗。风窗玻璃清洗液分为夏季用和冬季用两种类型，需要添加时要根据气温情况来选用，要尽量避免混用不同牌号的清洗液。市场上的风窗玻璃清洗液可分为三大类。

（1）夏季用的，在原成分基础上增加了除虫胶成分，可以更快速地清除撞在风窗玻璃上的飞虫残留物，对汽车前风窗的飞虫残留痕迹也有很好的清除效果。

（2）冬季专用的防冻型玻璃水，能保证在外界气温低于 -20℃时，依旧不会结冰。冬季天气寒冷而路上又需要清洗风窗玻璃时，玻璃水不仅能够有效清洁，还能够起到吸收静电的作用。

（3）特效防冻型玻璃水，保证在 -40℃时依旧不结冰，适合我国最北部的严寒地区使用。

5. 汽车空调制冷剂和冷冻油

（1）汽车空调制冷剂。汽车空调制冷剂属于中温（中压）制冷剂，温度范围为 -60～0℃，压力范围为 0.3～20MPa 主要有 R12、R134a、R404a 等。因为 R12 对大气臭氧层有严重破坏作用，并产生温室效应，危及人类赖以生存的环境，因此它已禁用。R134a 的标准蒸发温度为 -26.5℃，凝固点为 -101℃，属中温制冷剂。R134a 对大气臭氧层无破坏作用，但仍有一定的温室效应（GWP 值约为 0.27），目前是 R12 的主要替代工质之一。

（2）冷冻油。冷冻油是用于制冷压缩机内各运动部件的润滑油。在压缩机中，冷冻油主要起润滑、密封、降温及能量调节等作用。

特别提醒

注意事项

（1）制冷剂不能开盖保存，应保存在干燥、密闭的容器中，放在阴暗处（特别是在高湿度地区）。

（2）用完后应立即关闭打开的盖子，防止空气中水分进入。

（3）不同的空调系统应使用该系统规定的制冷剂，因为不相融的油混合物会引起空调系统的严重损坏。

（4）更换系统部件时应适量补充制冷剂。

（5）应按空调系统规定量添加制冷剂。

四、轮胎

轮胎的运用可详见第二章第三节电动汽车底盘部分的相关内容。

特别提醒

备胎只能临时使用

车辆配备的专用备胎不能作为正常轮胎长时间使用，只能在发生爆胎或轮胎漏气时临时应急使用。使用备胎时，行驶速度不能过快，而且要尽快将车开到修理厂换上正常的轮胎。

第四节　电动汽车的维护

纯电动车用驱动电机取代传统燃油汽车的发动机，用动力电池取代燃油箱作为动力源，变速箱与传统汽车的变速箱略有不同，但底盘和电器部分与普通汽车基本一致。虽然纯电动汽车与传统燃油车的驱动方式有所区别，但它们都是需要进行日常维护的，延长零部件及车辆使用寿命，提高车辆完好率，确保车辆行车安全。

纯电动汽车的维护和燃油车有很大的不同，两者最大的区别就是，传统汽车主要针对的是发动机系统的维护，需要定期更换机油机滤、空气滤芯和燃油滤芯等；而电动汽车因为纯电动车没有发动机，不需要更换机油机滤，所以它的维护相对简单。日常维护不需要更换机油、滤芯等，主要是针对电池组与充电系统、驱动及冷却系统、高压线束、变换器（DC/DC）、转向系统、制动系统、行驶系统、空调系统及车身等的维护。

更换齿轮油与传统汽车更换变速器油类似，电动汽车的齿轮油与传统汽车变速器油仅在标号上存在差别。电动汽车的防冻液主要用于冷却电机或动力电池，并需根据厂家规定的时间进行定期更换。

通常情况下，纯电动车维护项目分别为充电系统、动力电池系统、冷却系统、空调系统、制动系统、转向系统、车身部分、底盘部分共八大项目。

在新车使用与后期的维护中，电动汽车与传统汽车相同的系统部件可参考传统汽车，针对特有的部件需要按新的要求执行。

一、电动汽车维护常识

1. 维护常识

（1）动力电池在存放时严禁处于亏电状态。在亏电状态下存放电池，很容易出现硫酸盐化，硫酸铅结晶物附着在极板上，会堵塞电离子通道，造成充电不足，电池容量下降。亏电状态闲置时间越长，电池损坏越严重。因此，当电池闲置不用时，应每月充电一次，这样能较好地保持电池技术状态。

（2）定期检查在使用过程中，如果电动汽车的续驶里程在短时间内突然大幅度下降十几千米，则很有可能是电池组中至少有一块电池出现问题。此时，应及时进行检查、修复或配组。

（3）避免大电流放电。电动汽车在起步、载人和上坡时，尽量避免猛踩加速，形成瞬间大电流放电。大电流放电容易导致产生硫酸铅结晶，从而损害电池极板的物理性能。

（4）正确掌握充电时间。在使用过程中，应根据实际情况准确把握充电时间，参考平时使用频率及行驶里程情况，把握充电频次。当正常行驶时，如果电量表指示灯红灯或黄灯亮，就应充电了；如只剩下红灯亮，应停止运行，尽快充电，否则动力电池会因过度放电而严重缩短其寿命。充满电后运行时间较短就充电，则充电时间不宜过长，否则会形成过度充电，使电池发热。过度充电、过度放电和充电不足都会缩短蓄电池寿命。充电时间不可过长（如超过 18h），以防止发生危险。一般情况家用慢充平均充电时间在 8h 左右。充电过程中如电池温度超过 65℃，应停止充电。当然现在很多新能源车型都有充电保护模式，如快充 80% 保护，慢充保护等，不存在过度充电不安全问题。

（5）严禁电动汽车在阳关下暴晒。温度过高的环境会使动力电池内部压力增加而使电池失水，引发电池活性下降，加速极板老化。

（6）避免充电时插头发热。200V 电源插头或充电器输出插头松动。接触面氧化等现象都会导致插头发热，发热时间过长会导致插头短路或接触不良，损害充电器和动力电池，给用户带来不必要的损失，所有当发现上述情况时，应及时清除氧化物或更换插接件。

2. 电动汽车的维护安全

（1）坚持"以人为本、安全第一"的操作原则，确保人身安全与车辆安全。在制订安全防范措施的时候，要优先考虑人身安全，即使发生不可预见的事故，也要保证人身安全。

（2）电动汽车高压操作人员必须具有相应的操作资质（如低压电工证），严禁没有操作资质的人员对电动汽车高压系统进行操作。在操作人员上岗前必须对其进行安全操作培训，严格执行安全操作规范。

（3）严禁非专业人员对高压部件进行移除及安装。

（4）进行高压电路维护的人员应经专业培训合格，未经过高压安全培训的维修人员，不允许对高压部件进行维护。

（5）操作人员上岗时不得佩戴金属饰品、饰物，如手表、戒指等，工作服衣袋内不得装有金属物件，如钥匙、硬币、手机等。

（6）操作人员不得把与工作无关的工具带入场地。必要的金属工具，在其手持部位应做绝缘处理。进行高压电路维护时，工作区域应用隔离栏隔离，并悬挂警示牌。

（7）进行高压电路维护时，应佩戴符合技术要求的绝缘工具，如绝缘手套、绝缘鞋等。

（8）车辆在充电过程中不允许对高压部件进行移除和维护等工作。对高压元器件进行拆卸、检查、维修时，应先切断高压回路。

（9）进行高压电路维护时，高压部件打开后或插头断开后，使用万用表对其电压进行测量，电压在 36V 以下才可以进行下一步操作。直到整车维护作业完成后才能接通。

（10）每次接通高压电源之前，操作人员应检查各高压元器件周边有无杂物，通知无关人员远离上述部位，接通高压时要高声提示。

（11）禁止同时接触动力电池组（超级电容组）的正负极。

（12）进行高压系统绝缘检测时，应断开高压电路和重要总成。

（13）禁止用水直接清洗电气系统部件。

（14）车辆长时间停放时，应每周检查一次动力电池状态，防止电池漏电。

特别提醒

在操作规程上，在对电动车进行维护或维修处理时，应首先将钥匙从点火开关内拔出，并断开辅助电池的负极端子，戴上绝缘手套，如果有维修插头，拆下维修插头。当处理橙色高压组件和线路时，要带上绝缘橡胶手套将拆下的维修插头放在口袋中，以防止他人将它安装回车上去。

特别提醒

电动汽车作业十不准

（1）非持证（特种作业操作证）电工人员不准装接电动汽车高压电气设备。

（2）任何人不准玩弄电气设备和开关。

（3）破损的电气设备应及时调换，不准使用绝缘损坏的电气设备。

（4）不准利用车身电源对电动汽车以外的用电设备供电。

（5）设备检修切断电源时，任何人不准启动挂有警告牌和电气设备，或合上拔去的熔断器。

（6）不准用水冲洗揩擦电气设备。

（7）熔丝熔断时，不准调换容量不符的熔丝。

（8）不经技术部门或主管部门审批，不准私自改动和加装。

（9）发现有人触电，应立即切断电源进行抢救，未脱离电源前不准直接接触触电者。

（10）雷雨天气，不准在室外对车辆充电和维修维护。

另外，日常检查、洗涤液以及蓄电池电解液的补充，可由车主自己实施。而在定期维护中，需要专用的维修设备、指定的油脂类耗材且更换相关耗材后需进行适当处理，因此推荐驾驶人到具有一定资质的维修服务中心，委托专业人员进行规范的检测和维护。

3. 电动汽车维护工具

与传统汽车的维护一样，混合动力汽车和纯电动汽车的维护中也存在多种技术人员需要注意的安全问题。为防止作业时人的身体接触到高压电，维修电动汽车时需要佩戴个人用具。电动汽车常用的个人高压防护用具包括绝缘手套、绝缘鞋、绝缘靴、绝缘服、防护眼镜、绝缘帽等。电气作业时应使用绝缘胶布覆盖所有的高压电线或端子。在电动车辆维修开关（也称维修塞）被拔出后，应使用绝缘胶布包住维修塞槽。

电动汽车不能使用千斤顶来支撑，必须在特定的吊装举升点吊起举升后再进行作业。电动汽车存在高压电，因此在对高压系统部件进行维修时必须使用绝缘工具。绝缘工具是采用绝缘材料进行加工并适用于电气系统拆装等操作的工具。电动汽车涉及高压部分零件的拆装必须使用绝缘工具，且绝缘工具必须装有耐压 1000V 以上的绝缘柄。

（1）绝缘手套。绝缘手套是用天然橡胶制成的，起到对人的保护作用，具有防电、防油、耐酸碱、防油等功能如图 6-11 所示。主要在高压电器设备操作时使用，如动力电池高压回路放电、验电，高压回路放电、验电，高压部件的拆装。

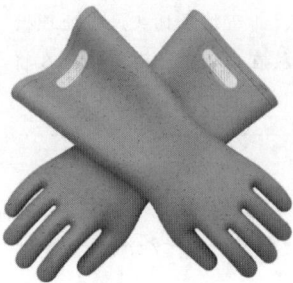

图 6-11　绝缘手套

1）绝缘手套铭牌上有最大使用电压，电压值越大，手套越厚。根据测量实物的最大电压值选择绝缘手套。应根据电动汽车电池包电压选择适当的绝缘手套。

2）使用前的检查。检查其是否在试验合格有效期内；检查表面是否清洁，有无裂痕、有无发黏、发脆等缺陷；检查有无漏气现象（可以直接用嘴压到手套上充气，然后用力压看是否漏气），如图 6-12 所示。若发现有任何破损则不能使用。

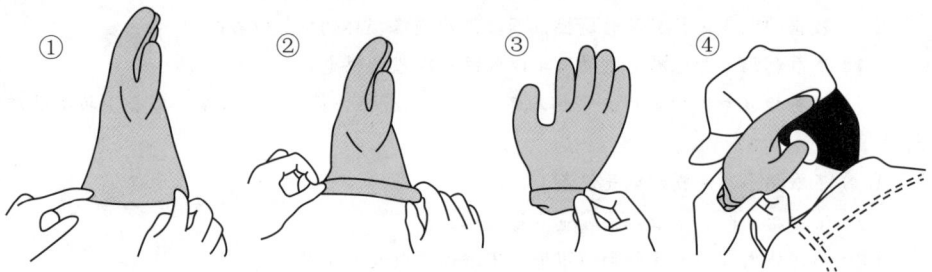

图 6-12　绝缘手套气密性检查

①选择绝缘手套袖口处横向位置；②将手套从袖口处向指尖方向卷 1～2 圈；③用一只手封紧袖口位置；④检查是否会漏气，发现有任何破损都不能使用。

3）当戴绝缘手套作业时应将衣袖口放进手套内，以防发生意外。

4）绝缘手套使用完后，应将内外擦洗干净，待干燥后，撒上滑石粉放置平整，以防受损，且不能放置于地上，应存放在密闭的橱内，并与其他工具分别存放。

（2）绝缘帽。绝缘帽在电动汽车举升状态维护时使用，用于防止意外重物坠落击伤、生产中不慎撞击头部，或防止有害物质污染和绝缘，如图 6-13 所示。佩戴前，应检查安全帽各配件有无破损，装配是否牢固，帽衬调节部分是否卡紧，插口是否牢靠，绳带是否系紧等，若帽衬与帽壳之间的距离不在 25～50mm 之间，应用顶绳调节到规定的范围。确信各部件完好后方可使用。根据使用者头的大小，将帽箍长度调节到适宜位置（松紧适度）。

特别提醒

（1）如果一双绝缘手套中的一只破损，那么这副手套都不能使用。

（2）不可以不戴绝缘手套，将手套缠绕或附在测量部件上。

（3）低压绝缘手套作为基本安全用具，可直接接触低压带电体，而高压绝缘手套只能作为辅助安全用具，不能直接接触高压带电体。

（4）绝缘手套应存放在密闭的橱柜内，并于其他工具、仪表分别存放。

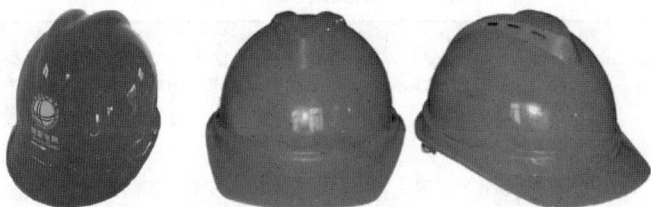

图 6-13　绝缘帽

（3）绝缘鞋。绝缘鞋是高压操作时使人与大地保持绝缘的防护用具，如图 6-14 所示。一般在较潮湿的场所使用。穿戴绝缘鞋前需检查标签和合格证是否在有效期之内，检查外观无破损、无烧灼痕迹、无毛刺、裂纹、破洞、鞋面是否干燥。查看鞋底是否磨损，如果看到黄色的绝缘层，则不能使用。绝缘鞋应放在干燥、通风处，不能随意乱放，并且避免接触高温、尖锐物品和酸碱油类物质。

图 6-14　绝缘鞋

（4）防护目镜。检查和维护电动车时需要佩戴防护目镜，主要用于防御电器拉弧产生的电火花对眼睛的损伤。使用前需要对防护目镜进行检查，看目镜有无裂痕、损坏。

（5）绝缘服。绝缘服主要用于维护人员带电作业时的身体防护。防护服需具有阻燃、防静电、耐高压、抗渗透功能，透气性好的特点，电动汽车车间用得比较多的主要有安全型防护服，当车间发生安全事故可以对人体起到很好的防护。安全型防护服应储藏在凉爽、干燥的地方、不受阳光直接照射，可直接用原包装袋储藏或放在衣挂上储藏，并定期对防护服进行维护保养。

（6）绝缘垫。绝缘垫是具有较大电阻率和耐电击穿的胶垫，主要在电动汽车维护时用于地面的铺设，起到绝缘的作用，如雨季湿度大或者地面潮湿时，绝缘垫就更加重要了。

电动汽车的非高压部件（如制动系统、悬架系统和车身系统）进行维修时，不需要专业的安全防护措施，对高压系统中的高压组件进行维修，必须采取特殊的防护措施。

235

二、电动汽车维护的分类与周期

1. 汽车维护的分类

在汽车的使用过程中，由于汽车新旧程度、使用地区条件的不同，在各个时期对汽车维护的作业项目也不同。汽车维护一般可分为定期维护和非定期维护两大类。定期维护分为日常维护、一级维护和二级维护3类；非定期维护可分为按需维护（季节性维护）和免拆维护（新型维护方法）2类。汽车维护的类型及作业范围见表6-1。

表 6-1　　　　　　　　　　　汽车维护的类型及作业范围

维护类型作业范围		
定期维护	日常维护	日常维护作业以清洁、补给和安全检视为中心内容。 （1）持"三检"，即在出车前、行车中、收车后检视车辆的安全机构及各件连接的紧固情况； （2）保持"四洁"，即保持润滑油。空气、燃油滤清器和电池的清洁； （3）防止"四漏"，即防止漏水、漏油、漏气和漏电
	一级维护	一级维护作业内容除日常维护作业外，以清洁、润滑和紧固为主，并检查与制动、操纵等安全性相关的部件
	二级维护	二级维护工作除一级维护作业外，以检查和调整转向节、转向节臂、制动蹄片、悬架等经过一定时间的使用后容易磨损或变形的部件为主。并拆检轮胎，进行轮胎换位
非定期维护	按需维护（季节性维护）	由于冬夏两季的温差大，为使车辆在冬夏两季能够合理使用，在换季之前应结合定期维护并附加一些相关的项目，使汽车适应气候变化后的运行条件，此种附加性的维护称为季节性维护
	免拆维护（新型维护方法）	免拆维护是指在突出"不解体"的前提下，用专用设备及保护用品对燃油系统、冷却系统、润滑系统、制动系统、自动变速器等进行的清洁和补给维护

2. 汽车维护的周期

汽车维护周期是指汽车进行同级维护之间的间隔期（行驶里程或时间）。汽车维护周期的规定如下。

（1）日常维护的周期为出车前、行车中和收车后。

（2）汽车一、二级维护周期的确定，应该以汽车的行驶里程或时间为基本依据。汽车一、二级维护行存驶里程依据车辆使用说明书的有关规定，同时依据汽车使用条件的不同，由省级交通行政主管部门规定。

（3）一、二级维护时间间隔，对于不使用考核的汽车，可用行驶时间间隔确定一、二级维护周期。其时间（天）间隔可依据汽车使用强度和条件的不同，参照汽车一、二级维护里程周期确定。

电动汽车的维护工作与传统燃油汽车一样，也分为日常维护和定期维护。其中日常维护是以清洗、补充、检查为主；定期维护是按周期维护，需要结合一定的行驶里程数，并以先到者为准。

　　北汽电动汽车的维护周期是以汽车累计行驶里程（10000km）为参考的，分为 A 级维护与 B 级维护，见表 6-2。根据整车驾驶性能及供应商要求，整车将在维护时进行软件更新。

　　如北汽新能源 EV200 日常维护项目及周期见表 6-3。

表 6-2　　　　　　　　　　　　北汽电动汽车的维护周期

维护间隔里程表						
维护类别	维护项目	累计行驶里程 /km				
		10000	20000	30000	40000	50000	以此类推
A 级维护	全车维护	●		●		●	…
B 级维护	高压安全检查		●		●		…

●　为执行内容。

表 6-3　　　　　　　　北汽新能源 EV200 日常维护项目及周期

项目	要求	周期
灯光	按钮、灯光正常	每日
喇叭	按钮、声音正常	每日
转向灯	按钮、灯光正常	每日
刮水器	功能正常	每日
清洗装置	功能正常	每日
警告灯	无故障信息提醒	每日
泄漏部位	车身底部无液体泄漏	每日
冷却液液位	符合要求	每日
制动液液位	符合要求	每日
风窗玻璃清洗剂液位	符合要求	每日
轮胎气压和状态	胎压符合要求	每日
操作空调器	制冷、制热、吹风等功能正常	每日

知识拓展

汽车用户手册的使用

　　大多数混合动力汽车和纯电动汽车制造商会为每辆车提供一份维护指南。尽管维护信息可以从车辆的车主手册中查到，但是有些汽车厂家还是会发布一份单独的维护指南，其中包含的维护信息比车主手册更详细完整。单独的维护指南在购买车辆时会一并交给车主。

　　汽车制造商通常会在企业官方网站上公布车主手册和维护指南。电动汽车除"三电"系统外，其他部分与传统汽车极为相似。无论是纯电动汽车还是油电混合动力汽车，它们都有自己的维护规范，及时掌握车辆使用性能、维护周期及维护内容，严格按照维护手册规范要求操作，将大大延长车辆的使用寿命，减少不必要的维修费用。

三、电动汽车维护项目及内容

通常情况下，电动汽车维护项目分别为制动系统、空调系统、充电系统、底盘部分检查、车身部分检查、动力电池系统检查、冷却系统检查、转向系统检查、附加项目 9 个大项。

电动汽车维护过程中，高压线束检测主要是检查高压线束的导电性和绝缘性。如在规定数值内则判定为合格。值得注意的是，大多数汽车厂家对高压线束保修时间为 5 年。

国内汽车厂商的电动汽车，多采用磷酸铁锂电池。通常，磷酸铁锂电池可满充满放电 2000 次以上，按照一年充 200 次计算，电池可以有将近 10 年的使用寿命。

1. 纯电动汽车维护项目及内容

典型纯电动汽车的维护项目及内容见表 6-4，通常对纯电动汽车按照传统汽车一样，采用 A 级和 B 级两级维护计划，并根据同等级做出相应的维操作。

表 6-4 典型纯电动汽车维护项目及内容

系统类别	检查内容	处理方法	A 级维护			B 级维护	
			项目	配件及材料	备注	项目	配件及材料
动力电池系统	安全防护	检查并视情况处理	●			●	
	绝缘	检查并视情况处理	●			●	
	接插件状态	检查并视情况处理	●			●	
	标识	检查并视情况处理	●			●	
	螺栓紧固力矩	检查并视情况处理	●			●	
	动力电池加热功能检查	检查并视情况处理	●				
	外部检查	清洁处理	●				
	数据采集	分析并情况处理	●			●	
电机系统	安全防护	检查并视情况处理	●			●	
	绝缘检查	检查并视情况处理	●			●	
	电机和控制冷却检查	检查并视情况处理	●			●	
	外部检查	清洁处理	●				
电气电控系统	机舱及处部位低压线束防护及固定	检查并视情况处理	●			●	
	机舱及各部位插接件状态	检查并视情况处理	●			●	
	机舱及底盘高压线束防护及固定	检查并视情况处理	●			●	
	机舱及底盘各高、低压电器固定及插接件连接状态	检查并视情况处理，并清洁	●			●	
	动力电池及蓄电池	检查电量状态，并视情况处理	●			●	

系统类别	检查内容	处理方法	A 级维护			B 级维护	
			项目	配件及材料	备注	项目	配件及材料
电气电控系统	灯光、信号	检查并视情况处理	●			●	
	充电口及高压线	检查并视情况处理	●			●	
	高压绝缘检测系统	检查并视情况处理	●				
	故障诊断系统报警检测	检测、检查并视情况处理	●				
制动系统	驻车制动器	检查效能并视情况处理	●			●	
	制动装置	泄漏检查	●			●	
	制动液	液位检查	●	更换制动液		●	视情况添加制动液
	制动真空泵、控制器	检查（漏气）并视情况处理	●			●	
	前后制动摩擦片	检查并视情况处理	●				
转向系统	转向盘及转向管柱连接紧固状态	检查并视情况处理	●			●	
	转向机本体连接紧固状态	检查并视情况处理	●			●	
	检查转向拉杆间隙及防尘套	检查并视情况处理	●			●	
	检查转向助力功能	检查并视情况处理	●			●	
车身系统	风窗及洗涤器刮水器	检查并视情况更换处理	●	添加风窗洗涤剂		●	添加风窗洗涤剂
	天窗	检查并视情况处理	●			●	
	座椅及滑道	检查并视情况处理	●	加注润滑脂		●	加注润滑脂
	门锁及铰链	检查并视情况处理	●			●	
	机舱铰链及锁扣	检查并视情况处理	●			●	
	后背门（厢）铰链及锁扣	检查并视情况处理	●			●	
传动及悬架系统	变速器（减速器）	检查减速器连接、紧固及渗透	●	更换减速器齿轮油			
	转动轴	检查球笼间隙及护罩并视情况处理	●			●	
	轮毂	检查、紧固，视情处理	●			●	
	轮胎	检查胎压，并视情况处理	●			●	
	副架几个悬置连接状态	检查紧固	●				
	前后减振器	检查渗漏情况并紧固，并视情况更换	●				
	机舱铰链及锁扣	检查并视情况处理	●			●	

系统类别	检查内容	处理方法	A级维护			B级维护	
			项目	配件及材料	备注	项目	配件及材料
冷却系统	冷却液液位及冰点	液位及冰点测试，视情况添加	●	更换冷却液		●	冬季时检测冰点并视情况添加
	冷却管路	检查渗漏情况并处理	●			●	
	水泵	检查渗漏情况并处理	●			●	
	散热水箱	检查并清理	●			●	

● 执行内容。

2. 混合动力汽车的维护项目及内容

混合动力汽车由于车辆仍然有发动机，因此，在日常的维护要求上，与传统汽车的区别并不大。表 6-5 所示为典型混合动力汽车的维护项目及内容。

表 6-5　　　　　　　　　　典型混合动力汽车的维护项目及内容

维护时间隔 / 维护项目	HEV 里程数或月数，以先到者为准											
×1000km	3.5	11	18.5	26	33.5	41	48.5	56	63.5	71	78.5	86
月数	6（首保）		30		54		78		102		126	
发动机及变速器												
1. 检查多楔皮带有无裂纹、磨损状况调整其张紧度	I		I		I		I		R		I	
2. 检查整车点火回路及供电回路	I	I	I	I	I	I	I	I	I	I	I	I
3. 检查更换火花塞　一般使用条件	首次 18500km 更换，之后每隔 22500km 更换一次											
严酷使用条件	检查并视情况提前更换											
4. 检查曲轴箱通风系统（PCV阀和通风软管）	I	I	I	I	I	I	I	I	I	I	I	I
5. 检查冷却管有无损伤，并确认接管部是否锁紧	I	I	I	I	I	I	I	I	I	I	I	I
6. 检查副水箱内发动机防冻液液面高度	I	I	I	I	I	I	I	I	I	I	I	I
7. 加注汽油清净剂	定期维护时加注											
8. 更换发动机防冻液及驱动电动防冻液	采用机酸型防冻液，每 4 年或行驶 10 万 km 更换一次											
9. 更换空气滤清器滤芯　一般使用条件	首次 18500km 更换，之后每隔 22500km 更换一次，定期维护时清洁											
严酷使用条件	检查并视情况提前更换											
10. 更换机油　一般使用条件	R	R	R	R	R	R	R	R	R	R	R	R
严酷使用条件	R：每隔 5000km											

续表

维护时间隔　维护项目	HEV 里程数或月数，以先到者为准											
×1000km	3.5	11	18.5	26	33.5	41	48.5	56	63.5	71	78.5	86
月数	6（首保）		30		54		78		102		126	
11. 更换机油滤清器	每次更换机油时更换											
12. 检查发动机怠速	I		I		I		I		I		I	
13. 检查排气管接头是否漏气	I		I		I		I		I		I	
14. 检查氧传感器	I		I		I		I		I		I	
15. 检查三元催化器	I		I		I		I		I		I	
16. 更换燃油滤清器			R		R		R		R		R	
17. 检查加油口盖、燃油管和接头	I				I				I			
18. 检查活性炭罐	I		I		I		I		I		I	
19. 检查更换自动变速器内的齿轮油、前变速器齿轮油、滤清器及后总成齿轮油	一般使用条件：首次 56000km 更换，之后每 60000km 检查油品，必要时更换；严酷使用条件：视需要缩短周期											
20. 检查前舱盖锁及其紧固件	每年											
21. 检查紧固底盘固定螺栓	I	I	I	I	I	I	I	I	I	I	I	I
22. 检查行车制动器踏板和电子驻车开关	I		I		I		I		I		I	
23. 检查制动摩擦块和制动盘	I		I		I		I		I		I	
24. 更换制动液	首次 18 个月更换，之后每 24 个月更换一次，例行维护时检查											
25. 检查制动系统管路和软管	I		I		I		I		I		I	
26. 检查转向盘、拉杆	I		I		I		I		I		I	
27. 检查传动轴防尘罩	I		I		I		I		I		I	
28. 检查球销和防尘罩	I		I		I		I		I		I	
29. 检查前后悬架装置	I		I		I		I		I		I	
30. 检查轮胎和充气压力（含 TPMS）	I	I	I	I	I	I	I	I	I	I	I	I
31. 检查前轮定位、后轮定位	I		I		I		I		I		I	
32. 检查车轮轴承有无游隙	I		I		I		I		I		I	
33. 检查冷气或暖气系统	I		I		I		I		I		I	
34. 检查空调空气过滤器	I	I	I	I	I	I	I	I	I	I	I	I
35. 检查空调装置的制冷剂	I		I		I		I		I		I	
36. 检查空气囊系统	I		I		I		I		I		I	
37. 检查车身损坏情况	每年											

注　I—检查内容；R—更换内容。

241

特别提醒

注意事项

（1）进行维护之前，须确定电机和所有附属设备都已关闭。

（2）检查蓄电池时，须首先取下负接头（"-"标记）上的电缆并在最后将它安装。

（3）使用工具时避免同时接触蓄电池的正负端子，以免造成短路。

（4）清洗电池时，注意不要让液体进入电池中。

（5）在电缆未断开时给电池充电，可能会严重损坏车辆的电子控制单元、电气设备。在将电池连接到充电器上之前，应先拆下电池中电缆。

（6）如在电机停止运转的情况下，长时间使用车辆用电设备，可能会导致蓄电池过度放电，导致车辆无法启动，甚至永久损坏蓄电池。

（7）检查前必须确定发动机（ICE）已经关闭。如果有智能车钥匙或汽车有启动按钮，确保钥匙距离车辆至少5m，这有助于防止发动机意外启动。

3. 电动汽车关键系统检查内容

（1）动力电池部分检查。要着重对动力电池部分进行以下检查。

1）高压输出部分绝缘阻值是否符合相关标准要求。

2）电量是否下降，充满后的容量是否低于标定容量的80%。

3）紧固螺栓是否松动。

4）各线束连接端口是否清洁、紧固可靠，密封是否良好。

5）动力电池箱体及加热或制冷的管路是否变形、破损。

（2）驱动电机系统检查。

1）驱动电机紧固螺栓是否松动，高压导线连接是否可靠。

2）驱动电机运转是否有卡滞、杂音。

3）高压线路绝缘是否良好。

4）加减速是否灵活自如。

5）控制器有无故障报警。

6）冷却系统液面高度是否合适、冷却系统循环是否正常。

（3）冷却系统检查。进行冷却系统检查与配置发动机车辆的检查相似。但在检查混合动力汽车和纯电动汽车冷却系统时需要注意以下几点。

1）使用规定的冷却液。大多数汽车制造商建议使用预混合冷却液，因为使用含矿物质的水会导致腐蚀。此外，有的汽车还需要采用去离子水的冷却液，这与传统的冷却液不同，去离子水冷却液不会导电，这将保证冷却液在冷却的高压部件中不会产生部件绝缘电阻下降的风险。

2）规定的冷却液更换间隔时间。这与传统汽车的冷却液更换周期相似，应检查并确定在规定的时间或具程间隔期内更换。

3）维修中的预防措施。比如，丰田普锐斯使用一个能让冷却液保温高达3天的储液灌。打开冷却液就管会导致热的冷却液释放，会严重烫伤维修人员。

（4）转向系统检查。转向系统检查与配置发动机车辆的检查相似，但在检查混合动力汽车和纯电动汽车的转向系统时有几点要注意。

1）检查转向系统时，查看并按照使用说明书上规色的预防措施进行操作。

2）大多数汽车都使用电动助力转向系统，并用逆变器提高电压来操作执行电机（一般提高到42V）。控制器的电压更高，但不会产生触电危险。这些系统使用黄色或者蓝色塑料线管装电线，这有助于判断该电压水平可能发生的危险。这个电压水平不会产生触电危险，但如果断开载有42V电压的电路，则会有电弧产生。

（5）制动系统检查。制动系统检查与配置发动机车辆的检查相似。但在检查制动系统时有几点要注意。

1）所有混创动力汽车和纯电动汽车都使用再生制动系统，它捕捉车辆运动时的动能，把动能转化成电能输送给高压动力电池组。紧急制动财产生的电量超过100A，此电流储存在高压动力电池组内，需要时用于给汽车供电。

2）用于混合动力汽车的基础制动器除主气缸和相关的控制系统不同外，其他都与传统车辆一样。制动系统没有与高压电路连接，因为在电机里产生再生，且由电机控制器控制再生。

（6）空调系统检查。空调检查与配置发动机车辆的检查方法相似，但检查混合动力汽车和纯电动汽车空调系统时，还需要注意以下几点。

1）空调制冷、制热是否良好。

2）冷风运转是否正常，出风口控制是否灵活有效。

3）制冷时出风口温度能否达到要求。

4）空调制冷系统高低压力是否正常。

5）冷却风扇运转是否正常。

6）制热时是否有焦糊味。

（7）轮胎检查。轮胎是汽车的行驶部件，由橡胶和骨架材料制成，装于车轮轮辋的外周，用以支承汽车重量和传递驱动力矩。为了延长轮胎行驶里程，降低轮胎消耗，主要在于经常保持规定的气压，不超载、不超速行驶。此外，要认真进行技术保养，检查前轮定位，检校轮辋偏摆、失圆，定期换胎位。在行驶中注意保护胎体，可为轮胎翻新创造条件。

（8）工作液的检查与加注。

1）冷却液的检查和加注。驱动电机系统冷却液储液罐位于机舱内。在电机冷却状态下，查看透明的冷却液溢水壶。溢水壶中的冷却液液位在"FULL."和"LOW"标记线之间，则符合要求。如果冷却液高度降到储液罐上的低水位刻度线位置（MIN）以下时应打开盖子向储液罐中添加冷却液。在加注冷却液之后，如果冷却液液位在短时间内下降，则系统可能有泄漏。须目视检查散热器、软管、散热器盖和放油螺塞以及冷却液泵。为确保冷却液的防腐性能，无论车辆行驶里程数是多少，应每年检查一次冷却液中防冻液的含量，防冻液应每2年完全更换一次。如不能及时检查或更换，会导致散热器和电驱动系统零部件的腐蚀。

注意：请勿向冷却液中添加防腐剂或其他添加剂（可能与冷却液或电驱动系统不相适合）。勿与其他防冻液混用，车辆所选择防冻液冰点应低于当地气温10～15℃。

2）制动液的检查和加注。汽车在使用过程中，制动储液罐中的液位可能会由于行车制动器踏板磨损而稍微下降，需要不断地进行加注。如果制动液液位低于储液罐的最低标记时，请勿驾驶车辆。在加注制动液时，需要取下加注口盖子，为了防止灰尘进入储液罐先将盖子擦拭干净，然后逆时针旋动盖子，然后提起取下，加注专用制动液至储液罐"MAX"标记位。

特别提醒

（1）制动液会损坏漆面。如果制动液加注时外溢，立刻使用吸水布吸收掉并使用车辆清洗剂加清水进行清洗。

（2）仅使用密封容器中新的制动液（已开封容器中的制动液或之前从系统中渗出的制动液已吸收了空气中水分，从而会对制动性能产生不良影响）。

3）风窗玻璃清洗剂的加注及刮水片的检查。风窗洗涤液储液罐为前风窗玻璃和后风窗玻璃提供洗涤液。每周定期检查储液罐，为了保证正常的风窗清洗和防止寒冷天气时冰冻，请加注水和品牌洗涤液的混合液。最好在加注之前，将推荐数量的水和洗涤液在一个单独的容器里混合，并且一直遵守容器正面的说明。

注意：不要在储液罐中使用防冻液或醋水溶液（防冻液会损坏油漆表面，而醋会损坏风窗洗涤泵）。

如果发现橡胶硬化或有裂纹，或刮水器在风窗玻璃上留下滑痕或不能清洗某个区域，那么需要更换刮水片。只使用和原装刮水器同样规格的刮水片。

注意：若风窗玻璃上有灰尘、油污等不洁净物，请及时清理干净。以免影响刮刷质量。

（9）电动汽车的清洗。电动汽车和燃油汽车一样，使用一段时间后，车身都会变脏，需要清洗。除了驾驶方面有一些不同，电动汽车和燃油汽车的清洗也有不同。电动汽车外观的清洗和传统燃油汽车的清洗方法基本一致。正确清洗的步骤分为：冲车、喷清洗液、擦洗、冲洗、擦车、验车。由于车辆快充口安装在前格栅处，因此在洗车时应尽量避免高压水枪直接对准前格栅冲刷。进行机舱的清洁时，需先关闭点火开关，10min后用布擦拭，机舱内布置了很多的高压设备，如充电机、高压控制器、高压线束插头等，如图6-15所示。因此禁止掀开机舱盖冲洗，否则会造成高压部件各插接器受潮，导致车辆出现绝缘故障，无法行驶。

图6-15　电动汽车机舱

特别提醒

擦拭时不得使用潮湿的抹布接触高压部件。确实有必要清洁机舱时，尽量单手操作，同时不要手扶车身。如果检查线路插头部位，发现锈蚀痕迹，应使用专业清洗剂处理。

第五节　驾驶操作节油（电）与节胎的方法

一、节油（电）驾驶方法

对于一定的车型和环境条件而言，如何使汽车更省油（电），完全取决于汽车的技术状况和驾驶人的使用技术水平。

1. 驾驶汽车技术维护

汽车只有在良好的技术状况下，燃油的能量才能充分发挥并得到有效利用。从而达到省油的目的。

（1）保持发动机具有良好的技术状况。发动机技术状况可由汽车的加速时间来判断。若汽车的加速时间在正常数值范围内，则表示发动机的技术状况正常，若汽车加速时间过长而底盘技术状况良好，则说明发动机技术状况不良。为此，应重点维护或检查下列内容。

1）检查空气滤清器，确保其清洁畅通，经常保持其清洁畅通，可节油 5%。

2）检查电控燃油喷射系统，确保其工作正常。对于电子控制燃油喷射系统的发动机，当传感器不能准确进行检测时，会向发动机 ECU 传递错误的电信号，引起喷油量失准，导致油耗增加。

3）检查点火系统，确保其点火正常。检查火花塞是否经常保持清洁干燥和正常的间隙，电极是否完整无油污、绝缘无破损等，如有损坏，应更换火花塞。检查点火能量，从分电器端拔下中央高压线进行试火，若有强力的火花，则表示点火系统正常。

4）检查气缸压缩压力，确保压力正常。定期检查气缸压缩压力，若气缸压力过低（在原厂标准的 75% 以下），则说明气缸、活塞、活塞环、气门等机件磨损严重，导致密封不严，应视需要研磨气门或更换活塞环，以保持合适的气缸压力；若气缸压力过高，高于原厂标准压力，则说明燃烧室有积炭，使压缩比过大，这样容易导致爆燃，不得不减小点火提前角，同样引起燃油消耗增加，此时应清除积炭，保持燃烧室清洁。

5）改善润滑条件，确保良好润滑。定期更换汽油，选择合适的机油，保证良好的润滑，减少摩擦损失，从而节省燃油。选择机油时，应重点考虑油的黏度。原则是，在满足发动机运动件承载能力的前提下，尽可能选择黏度较低的机油。

（2）保持底盘具有良好的滑行性能。试验表明，汽车的滑行距离每增加 10%，其燃油消耗可减少 5%。

1）确保传动机件处于正常状态和良好的润滑。应使用黏度合适、抗磨性好及黏温性能符合要求的齿轮油，以减少能量损失，降低燃油消耗。

2）确保轮毂轴承松紧度调整合适。在汽车行驶途中停车时，如感觉轮毂和制动鼓有发热烫手情况，则可能是轮毂轴承间隙调整不合适，需重新进行调整。

3）确保制动器调整正确。制动器间隙的调整，对汽车燃油消耗的影响较大。制动器的间隙应调整合适，做到既要保证可靠的制动，又要保证在放松制动踏板后，车轮没有拖滞现象。

4）确保前轮定位符合标准。当前轮出现摆头现象，轮胎发生异常磨损时，应检查前轮定位值，特别是前束值，并进行必要的调整，确保前轮定位正确。

2. 电动汽车节电驾驶方法

（1）尽量多的使用经济车速。电动车其实和燃油车一样，也有最经济的行驶速度。一般厂商配置表中给出的"最大续航里程"就是在相对经济的时速下，保持匀速跑出的。驾驶时让电动车尽量多的保持在经济时速的范围内，能够有效延长续航里程。大部分电动车的经济时速范围大约是在 40～90km/h，相对于拥堵路况时低速行驶，高速度会大幅加快电量的消耗。因此，当路况良好时，记得不要将车辆开得太快。

（2）除非必要不急加速和急行车制动。尽量不要大脚加速踏板急加速，瞬间的速度提升将使电耗上升。有限的电能应该尽量多的转化为车辆的动能，而不是行车制动系统的热量被浪费掉。与前车在纵向上保持一定的角度，做到能够观察到前面两三辆车的状态，能够做出更加合理的预判。

（3）尽量将车开得流畅平稳。频繁的起步、行车制动会使平均电耗大幅上升，应该尽量将车开得流畅平稳。

（4）合理使用能量回收系统。目前电动车均装配有动能回收系统，将车辆滑行时的多余动能转化为电能回充到电池中。在该系统启动工作时，车辆会产生一定程度的拖拽感，不同品牌车型的动能回收力度不同，造成的减速力也不同。驾驶人应尽快熟悉自身车辆动能回收系统的特性，在保证安全的情况下用动能回收系统的制动力来代替行车制动将使经济性显著提高。

（5）正确使用 E 挡提升续航里程。有的品牌车型，动能回收系统设置了不同层级的回收力度，可调节动能回收力度的大小。比如腾势电动车就有回收力度较大的普通模式和力度较小的运动模式；EV200 车型的 E 挡也有 3 级力度可调；特斯拉车型为动能回收制动力设置了"标准"和"低"两种模式。将回收度始终保持在最大状态未必能够带来更多的续航里程。

（6）正确使用空调。夏季停车时，尽量不要停在太阳直射的地方，防止因为暴晒使车内温度过高，增加启动时的负担。下车时要关好天窗遮阳帘，也可以准备遮阳板放在前挡风玻璃后。在上车出发之前，可以使用空气流动法降低车内温度。具体做法是首先完全打开副驾驶的车窗（其他窗户全部关上），反复开关驾驶位车门 5～10 次（可将车内的热空气利用车门的开关排出车外，可在极短时间内将车内温度降低至环境温度），力度按正常开关门即可。启动空调后，可以短暂的开启对角线车窗（驾驶位和后座右侧），增加空气流动使车内快速降温。驾驶时也可选择内外循环切换的方式来帮助空调系统节约电耗。

3. 自动挡汽车的驾驶节油方法

一般的自动挡轿车，都有 P 位（停车位）、R 位（倒车位）、N 位（空挡）和 D 位（前进位）。要注意合理使用自动排挡，才能合理地节省燃油。行驶在平坦的城市路面应将挡位始终挂在 D 位，自动变速器会在 4 个或 6 个前进挡之间进行自动切换，无须额外的手动操作。

（1）短时间停车时，只要踩住制动踏板就可以了。但如果停车时间超过 2min，就应该挂入 N 挡，这样可以保护变速器，避免变速器油过热；如果停车时间超过 5min，最好熄火。

（2）在起步加速时，不要猛踩加速踏板不放，这样只会使转速增高从而增加变速器的磨损，导致燃油的无谓浪费。正确的方法是应当轻踩加速踏板，循序渐进地均匀提速，待速度提高后再加速行驶。

（3）自动挡车型使用 D 位爬坡时，如果感觉到怎样踩加速踏板也不能使发动机输出的动力像行驶在平坦路面上一样强劲，应当立即换到高转矩的低速挡爬坡，这样不仅省油，还能减少或避免发动机的磨损。城市道路遇到上坡不要猛加油，应该在上坡前加油提速。

（4）驾驶自动挡汽车下长坡时，可以根据坡度和车速将挡位切换到 3 挡或 2 挡，这样就可以达到通过挡位限制控制车速的目的。

（5）自动挡汽车在市区行驶时，如果车速无法超过 60km/h，可选用低于 D 位挡的一个挡位。当车速超过 60km/h 以后，再使用 D 挡行驶，在山路行驶时，则要依据情况使用 2 挡和 1 挡，除了可以维持强劲的转矩输出外，发动机的牵阻作用更可以避免过度使用行驶制动，能够确保行车安全。

4. 混合动力汽车的驾驶节油方法

（1）油电混合动力汽车具有能量回收功能，并有能量回收强度设置功能，可在多媒体和仪表中的车辆设置功能中进行设置。当能量回收模式设置为较大挡位时，可增加车辆制动、滑行过程中回收的能量，可根据驾驶习惯进行设置。

（2）匀速驾驶有助于节省燃油。急加速、急转弯及急制动都将消耗更多的燃油。

（3）尽量保持在最高挡驾驶，可使发动机运转及加速更平稳。

（4）根据交通状况，尽量保持匀速。车辆的每次减速或加速都将额外地消耗燃油。

（5）在适当的驾驶条件下，使用定速巡航控制（装有时）能更节省燃油。

（6）冷态发动机比热态发动机费油，但没有必要为预热而让其长时间怠速运转。因此无论室外多冷，发动机启动 1min 后即可将车开走。应尽量将里程较短的行驶安排在一起，以减少"冷态启动"的次数。

（7）空调的开启会使发动机增加额外的负荷，从而耗费更多的燃油。关闭空调可减少燃油消耗。当车外气温适宜时，应采用室外循环模式送风。

（8）保持正确的轮胎气压。轮胎气压的不足将导致轮胎磨损和燃油浪费。

（9）不要在车辆上装载不需要的物品。过大的质量，将增加发动机的负荷量，导致消耗大量的燃油。

（10）避免长时间的预热空转。一旦发动机运转平稳后，就开始驾驶。须注意，在寒冷天气发动机的预热时间要长一些。

二、节胎的驾驶方法

1. 正确选择轮胎和使用轮胎

（1）选配轮胎方法。原则上要按照车辆使用说明书的规定选用轮胎的规格牌号。实际选配时，轮胎的尺寸规格应符合原车的要求；轮胎的速度等级必须与车辆最高行驶速度相适应；轮胎的负荷能力要与载质量相适应；轮胎的花纹要与道路条件相适应。轮胎的尺寸规格、速度等级及负荷能力均标记在胎侧，选用时必须认真核对，使轮胎的规格、性能完全符合该车型及运用条件的要求，这是用好轮胎的前提条件。试验表明：子午线轮胎与普通斜交轮胎相比，油耗减少 6%～8%。

特别提醒

（1）同一辆车所装的轮胎，其厂牌、花纹应一致，不允许混装不同规格的轮胎。否则，会使轮胎磨损加剧、油耗增加，破坏汽车的操纵稳定性。

（2）换用新轮胎时，最好全车成套更换。如不能这样，应尽量避免只换一个轮胎，最少应把一根轴上的轮胎同时更换，不允许在同一轴上装用新旧差异较大的轮胎。

（2）合理使用汽车轮胎

1）保持合适的轮胎气压。轮胎气压过高或过低，都会缩短轮胎的使用寿命。气压过低，胎体变形增大，胎侧容易出现裂口，同时产生屈挠运动，导致过度生热，促使橡胶老化，帘布层疲劳、帘线折断，还会使轮胎接地面积增大加速胎肩磨损。气压过高，会使轮胎帘线受到过度的伸张变形，胎体弹性下降，使汽车在行驶中受到的负荷增大，如遇冲击会产生内裂和爆破，同时气压过高还会加速胎冠磨损，并使耐轧性能下降。因此，应定期检查和调整轮胎气压，使之符合规定值。试验表明：当轮胎气压低于标准气压 30% 时，燃油消耗将增加 12%。因此，应经常检查轮胎气压，并确保轮胎气压正常。

2）防止轮胎超载。汽车在使用过程中不得超载，轮胎的负荷不应超过轮胎的额定负荷。运行试验表明：在转弯和不平路面上行驶时，轮胎负荷超过 20%，其行驶里程会缩短 35%；轮胎负荷过 50%，行驶里程会缩短 59%；轮胎负荷过一倍，行驶里程会缩短 80% 以上。因此，汽车必须按标定的容载量装货或载客，以防超载。同时，要注意货物装载平衡，不得偏载，防止个别轮胎超载。

3）轮胎应定期换位。由于汽车在行驶过程中，前后轮的载荷、受力及功能不同，因而汽车轮胎的磨损不同，为保持同一台车的轮胎磨损均匀，延长轮胎的使用寿命，并使寿命趋于一致，轮胎应定期换位。轮胎每行驶 15000～20000km，应按一定的顺序进行一次换位。

特别提醒

轮胎换位注意事项

（1）轮胎换位方法选定后，就按顺序定期换位，只能一用到底，不可改变，否则对轮胎磨损不利。

（2）对于有方向性花纹的轮胎，换位后不能改变旋转方向。

（3）子午线轮胎换位后，其旋转方向最好不要改变。

（4）轮胎有异常磨耗时，可在故障排除后提前换位。

（5）前后车轮的轮胎帘线层数不同、承载负荷不同时不能随便换位。

（6）轮胎换位后，应按所换的胎位要求，重新调整胎压至规定值。

2. 节胎驾驶方法

（1）节胎驾驶方法。驾驶人在行车中除了处理情况外，还应要选择行驶路面，躲避锋利的石头、玻璃、金属等可能扎破和划伤轮胎的物体，躲避化学遗洒物质对轮胎的粘附、腐蚀。行驶在拱度较大的路面时，要尽量居中行驶，减少一侧轮胎负荷增大而使轮胎磨损不均。超载、急速转弯、紧急制动、高速起步以及急加速等都对轮胎的磨损产生影响，是驾驶人在行车中要避免的。

1）起步不可过猛，尤其是轿车，起步过猛时，驱动轮会相对地面滑转，加速轮胎的磨损。

2）根据道路情况行车。路面的种类及状况对轮胎使用寿命影响很大，驾驶人应根据道路条件选择路面，掌握适当的行车速度。车辆在平整、宽敞且视野良好的道路上行驶时，如高速公路、国道线和省道线等，可根据车辆本身的技术条件和轮胎的性能适当提高车速，但也不宜过高，否则影响行车安全，降低轮胎的使用寿命。在不平整的碎石路和矿区路上行驶时，由于尖石裸露或路边石块锐利，极易损坏轮胎，应注意选择路面并在较低车速下行车，以防止轮胎爆破损坏。在转弯频繁的路面上或陡坡上行驶时，轮胎受到部分拖曳，即使路面条件较好，也应当在较低车速下行驶，以减少轮胎磨耗，确保行车安全。

3）合理控制车速。车速越高，汽车行驶时轮胎受到的冲击力越大，轮胎的使用寿命越短。限制行车速度。车辆经常处于高速行驶，轮胎温度升高过快，致使橡胶老化加速和帘线层的耐疲劳强度降低，轮胎因而早期损坏或爆破。

4）尽量避免紧急制动。紧急制动不仅会加剧轮胎的磨损，而且容易引起轮胎的脱胶和爆裂。

5）控制轮胎温度。在高温气候或者汽车长时间连续行驶时，应注意检查轮胎的温度。当发现轮胎温度过高时，应暂时停车休息，待轮胎自然降温后，再继续行驶。在气温低的季节，因为轮胎在使用时散热快不容易产生高热，胎面较为耐磨。在气温低的季节，特别是严寒天气，车辆过夜或长时间停放后重新行驶时，为了提高轮胎温度，最好在刚起步阶段以低速行驶为宜。

6）常检查轮胎的外观和磨损程度。常检查轮胎有没有断线、鼓包引起的裂缝，轮胎侧面的磨损标记是否露出等，如果出现异常，必须立即更换轮胎。另外，还要及时清理轮胎花纹中的异物。

7）给轮胎卸载。对于重载过夜的汽车，或者长时间停放不同的汽车，可将车桥支起，以卸除轮胎的负荷。

（2）行车路面选择。由于不同的路面对轮胎的磨损程度大不相同。因此，汽车行驶在选择道路时应注意以下问题。

1）应控制车速并在良好的路面行驶，应尽量保持直线行驶，防止左右摇摆和急剧转弯，应注意避开路面上的尖锐障碍物和洼坑地带，避免轮胎和轮辋之间受到横向的切割力而损伤轮胎。在拱形路面上行驶时，应当尽量使汽车在路中心直线行驶，避免偏磨。

2）过摆渡时，上船时应防止跳板啃伤轮胎，下船时应防止溜滑。

3）会车或靠边行车时应减速，并注意观察路旁的电杆、树木、阶石或其他尖锐障碍物，防止轮胎擦伤。

4）在凹凸不平的路面行车时，应选择较平路面，减速缓行，以减轻轮胎与地面的碰击，防止单胎超载，否则可能会引起轮胎损伤或爆裂。

5）在公路维修施工地段行车时，应低速缓行通过，不可高速猛冲，避免轮胎被刺伤或划破。

6）通过泥泞道路时，应预先观察，选择较坚实、滑溜量小的地方通过。当车轮打滑时，不要猛踩加速踏板企图冲过去，而应挖低路面或顶起打滑车轮，垫上石块、木板或树枝等，再缓缓驶出。否则，轮胎会因高速滑转产生高热，造成胎面及胎侧严重割伤、划伤，甚至剥落掉块。

7）汽车通过河沟水道时，要注意河沟深度，观察水中浪花，避免石头撞伤轮胎，通过河沟后，须停车检查后轮是否夹石。

8）汽车进入工地或货场时，应注意场地设备运转情况和场地上的枕木、木料或铁器、铁钉、碎石、缆绳等障碍物，在钢铁厂应注意热灰、热渣、热铁等，在化工厂应注意化工原料或油脂等。等汽车驶出后应停车检查轮胎情况，并及时清除嵌入物及油污，必要时可进行清洗。

特别提醒

常见的轮胎不正常磨损的原因

（1）外侧边缘磨损。如果顺行驶方向观察，在轮胎的外侧边缘有较大的磨损，说明轮胎经常处于充气不足状态，即压力不够。应多检查几次轮胎压力，并按标准气压充气。

（2）凸状及波纹状磨损。假如发现轮胎着地部分的两侧呈凸状磨损，而且轮胎周边也呈波纹磨损，说明车的减振器、轴承及球形联轴节等部件磨损较为严重。由于更换新轮胎费用较高，所以建议在更换轮胎前，先检查悬架系统的磨损情况，更换磨损部件。否则，即使更换轮胎也无济于事。

（3）表面均匀磨损。轮胎的均匀磨损是正常现象，其各部分都会有相应的表现。不过一旦花纹已经磨平，说明轮胎的寿命已尽，必须更换。另外，花纹还有排遣路面积水的功能，它也是保持汽车抓地性的重要因素。

（4）轮胎内的"暗伤"。车辆与硬物发和冲撞后，如撞在便道边沿上或在瘪胎状态下行驶后，轮胎的橡胶层会有严重划痕，影响密封程度。在此情况下，轮胎会漏气、破裂。如面积较小，当然可以修补，以应不时之需，但若想长途行驶则仍须更换。

（5）中心部分磨损。如果轮胎着地部分的中心出现严重磨损的情况，表明轮胎经常处于充气过满的状态，从而加速了轮胎磨损。此时应检查压力表是否精确，并调整好压力。

（6）轮胎侧面裂纹。多因维护不善或行驶于多石子的路面及建筑工地上，以致坚硬物体接触到轮胎，在重压下造成轮胎内层的破损，此时应更换轮胎。

（7）轮胎出现鼓包。轮胎侧面出现鼓包是因为轮胎内层尼龙网或钢丝网有断裂而造成的，如果碰到硬物或高速行驶时容易导致爆胎，最好及时更换。

（8）轮胎内侧磨损。轮胎内侧磨损，外层边缘呈毛刺状，表明轮胎已经变形、两个轮胎的对称性已受到影响；应检查和更换减振器、球形联轴节等配件，同时应检查前轮定位。

（9）轮胎局部磨损。如果轮胎表面只有一块大面积磨损，说明是紧急制动造成的。在这种情况下，无论如何必须都要更换轮胎，更换时可以把旧轮胎暂时换到后轮，以保证安全。

附 录

道路交通标志标线及交通指挥手势信号

一、道路交通标志

1. 道路交通标志的类型与特点

我国道路交通标志分为主标志和辅助标志两类。主标志包括警告标志、禁令标志、指示标志、指路标志、旅游区标志、作业区标志和告示标志7种。辅助标志是附设在主标志下，起辅助说明作用的标志。

（1）道路交通标志的颜色和形状（见附图1）。

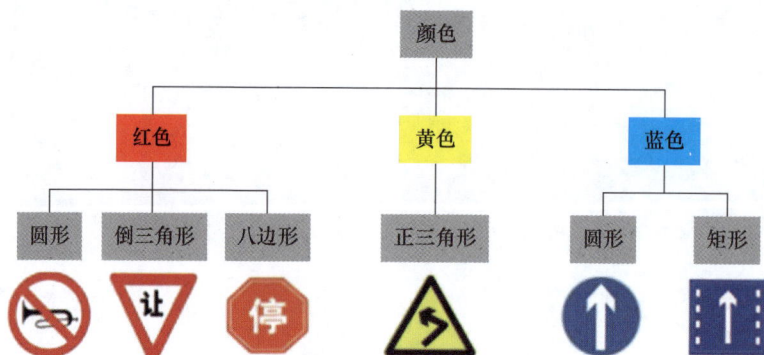

附图1　道路交通标志的颜色和形状

（2）道路交通标志的类型与特点。

1）警告标志。警告标志是警告车辆驾驶人、行人前方有危险的标志，提示道路使用者需谨慎行动。该标志的形状为等边三角形 或矩形 ，三角形的顶角朝上 。其颜色为黄底、黑边、黑图形 。特殊的是，"注意信号灯"的图形为红、黄、绿、黑四色，"叉形符号"为 、"斜杠符号" 为白底红图形。

2）禁令标志。禁令标志表示禁止、限制及相应解除的含义，道路使用者应严格遵守。该标志的形状为圆形  。特殊的是，"停车让行标志"为八角形 ，"减速让行标志"为顶角向下的倒等边三角形  。禁令标志的颜色除个别标志外，均为白底、红圈、红杠、黑图形，图形压杠  。

3）指示标志。指示标志表示指示车辆、行人行进的含义，道路使用者应遵循。该标志的形状有圆形  、长方形  和正方形  三种。其颜色除个别标志外   ，均为蓝底、白图形  。

4）指路标志。指路标志表示道路信息的指引，为驾驶人提供去往目的地所经过的道路、沿途相关城镇、重要公共设施、服务设施、地点、距离和行车方向等信息。该标志的形状，除个别标志外，均为长方形  和正方形  。其颜色除特别说明外，一般道路指路标志为蓝色、白图形、白边框、蓝色衬边  ；高速公路及城市快速路指路标志为绿底、白图形、白边框、绿色衬边  。指路标志分为一般道路指路标志、高速公路及城市快速路指路标志和方向标志三大类。

5）旅游区标志。旅游区标志是为吸引和指引人们从高速公路或其他道路上前往邻近的旅游区，而在通往旅游景点的路口设置的标志，以使旅游者能方便地识别通往旅游区的方向和距离，了解旅游项目的类别。该标志的形状为矩形，颜色为棕底、白字（图形）、白边框、棕色衬边  。旅游区标志分为指引标志和旅游符号标志两大类。

6）其他标志。

作业区标志。作业区标志  用于通告道路交通阻断、绕行等情况。

辅助标志。辅助标志的形状为矩形，其颜色为白底、黑字（图形）、黑边框、白色衬边 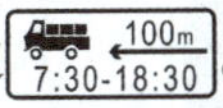 。

2. 容易混淆的交通标志（见附表1）

附表1　　　　　　　　　　　容易混淆的交通标志

	禁止通行标志		禁止驶入标志		注意信号灯标志

	环岛行驶标志		环行交叉标志		注意潮汐车道标志
	左右绕行		左侧绕行标志		右侧绕行标志
	靠右侧道路行驶标志		靠左侧道路行驶标志		单行路（向左或向右）标志
	单行路（直行）标志		直行标志		直行车道标志
	两侧变窄标志		窄桥标志		注意非机动车标志
	注意危险标志		减速慢行标志		非机动车车道标志
	禁止行人进入标志		步行标志		注意儿童标志
	双向交通标志		注意行人标志		人行横道标志
	会车让行标志		会车先行标志		路口优先通行标志

续表

 停	停车让行标志	 让	减速让行标志		机动车 行驶标志
	注意保持 车距标志		禁止机动车 驶入标志		机动车 车道标志
	非机动行驶标志		禁止小型客 车驶入标志		多乘员车辆 专用车道标志
	非机动车车道		禁止非机动车 进入标志		注意前方车辆 排队标志
	易滑标志		过水路面标志		渡口标志
	有人看守的 铁路道口标志		无人看守的 铁路道口标志		铁路道口标志 （叉型符号）
	铁路道口标志 （一道斜杠符号）		铁路道口标志 （二道斜杠符号）		铁路道口标志 （三道斜杠符号）
	禁止停车标志 （禁止临时或 长时间停车）		禁止长时间 停车标志		错车道标志

255

云居寺	旅游区方向	☎	紧急电话		紧急停车带
P	露天停车场	P	室内停车场	T	此路不通标志
P 浪网 LANGWANG	停车区预告	P X 宜兴埠 YIXINGBU 2km	服务区预告	南 口 NANKOU P PARKING AREA	停车场预告
3m	限制宽度标志	3.5m	限制高度标志		反向弯路标志
40	限制速度标志	40	解除限制 速度标志		连续弯路
50	最低限速标志		人行天桥标志		人行地下 通道标志
	基本单元		组合使用		注意合流标志
					注意分流标志

续表

	两侧通行标志		左侧通行标志		右侧通行标志
	禁止鸣喇叭标志		鸣喇叭标志		连续下坡标志
	禁止运输危险物品车辆驶入标志		事故易发路段标志		注意分离式道路标志
	车道数变少标志		避险车道标志		隧道开车灯标志
	立交直行和左转弯行驶		立交直行和右转弯行驶	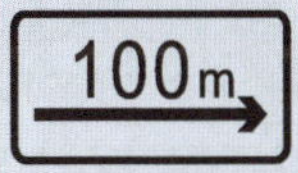	向前 100m
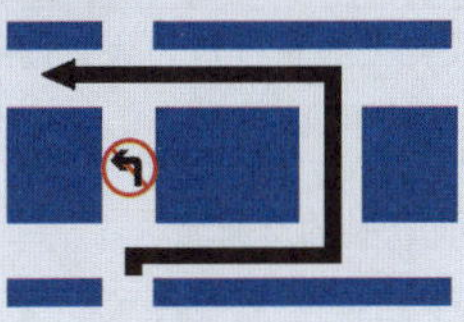		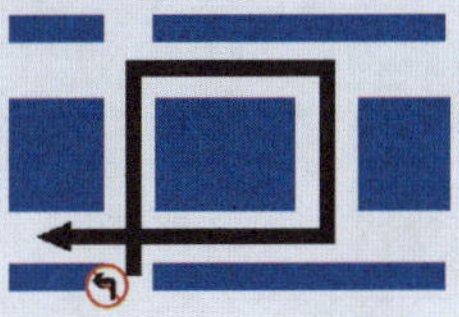		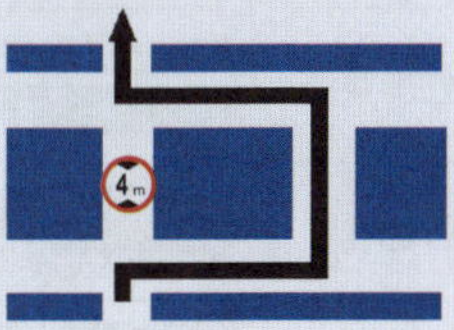	

二、道路交通标线

1. 道路交通标线的类型与特点

（1）道路交通标线的类型。道路交通标线是由施划或安装于道路上的各种线条、箭头、文字、图案及立面标记、实体标记、突起路标和轮廓标等所构成的交通设施。它的作用是向道路使用者传递有关道路交通的规则、警告、指引等信息，可以与标志配合使用，也可以单独使用。

道路交通标线按功能可分为指示标线、禁止标线和警告标线三类；按设置方式可分为纵向标线、横向标线和其他标线三类；按形态可分为线条、字符、突起路标和轮廓标四类。

257

按标划方法可分为白色虚线、白色实线、黄色虚线、黄色实线、双白虚线、双白实线、双黄虚线和双黄实线等；按作用又可分为车行道中心线、车道分界线、停止线、减速让行线、人行横道线、导流线、导向箭头和左转弯导向线等。

道路交通标线的形式、颜色及含义见附表2。

附表2　　　　　　　　道路交通标线的形式、颜色及含义

名称	图　例	含　义
白色虚线		划于路段中时，用以分隔同向行驶的交通流；划于路口时，用以引导车辆行进
白色实线		划于路段中时，用以分隔同向行驶的机动车、机动车和非机动车，或指示车行道的边缘；划于路口时，用作导向车道线或停止线，或用以引导车辆行驶轨迹；划为停车位标线时，指示收费停车位
黄色虚线		划于路段中时，用以分隔对向行驶的交通流或作为公交专用车道线；划于交叉口时，用以告示非机动车禁止驶入的范围或用于连接相邻道路中心线的路口导向线；划于路侧或缘石上时，表示禁止路边长时停放车辆
黄色实线		划于路段中时，用以分隔对向行驶的交通流或作为公交车、校车专用停靠站标线；划于路侧或缘石上时，表示禁止路边停放车辆；划为网格线时，标示禁止停车的区域；划为停车位标线时，表示专属停车位
双白虚线		划于路口，作为减速让行线
双白实线		划于路口，作为停车让行线
白色虚实线		用于指示车辆可临时跨线行驶的车行道边缘，虚线侧允许车辆临时跨越，实线侧禁止车辆跨越
双黄实线		划于路段中，用以分隔对向行驶的交通流
双黄虚线		划于城市道路路段中，用于指示潮汐车道
黄色虚实线		划于路段中时，用以分隔对向行驶的交通流，实线侧禁止车辆越线，虚线侧准许车辆临时越线
橙色虚、实线		用于作业区标线
蓝色虚、实线		作为非机动车专用道标线；划为停车位标线时，指示免费停车位

258

（2）道路交通标线的特点。

1）指示标线。指示标线分为纵向标线、横向标线和其他标线三大类。纵向标线包括可跨越对向车行道分界线、可跨越同向车行道分界线、潮汐车道线、车行道边缘线、左弯待转区线、路口导向线和导向车道线。横向标线包括人行横道线和车距确认线。其他标线包括道路出入口标线、停车位标线、停靠站标线、减速丘标线、导线箭头、路面文字标记和路面图形标记。

2）禁止标线。禁止标线分为纵向禁止标线、横向禁止标线和其他禁止标线三大类。纵向禁止标线包括禁止跨越对向车行道分界线、禁止跨越同向车行道分界线和禁止停车线。横向禁止标线包括停止线、停车让行线和减速让行线。其他禁止标线包括非机动车禁驶区标线、导流线、中心圈、网状线、专用车道线和禁止掉头（转弯）线。

3）警告标线。警告标线有纵向标线、横向标线和其他标线三大类。纵向标线包括路面（车行道）宽度渐变段标线、接近障碍物标线和铁路平交道口标线。横向标线包括减速标线。其他标线包括立面标记和实体标记。

2. 20 种常见的道路交通标线

（1）黄色实线和虚线。黄色实线和黄色虚线是用来区分不同方向车道的标线。黄色实线一般分为两种，有双黄线和单黄线（见附图 2），它们主要功能是区分不同方向的车道，一般在道路的正中央。但是两者功能并不完全相同。双黄线的标定一般用于多车道（如四车道）的路面上，作用更像隔离带。车道较少的路面上则用单黄线。

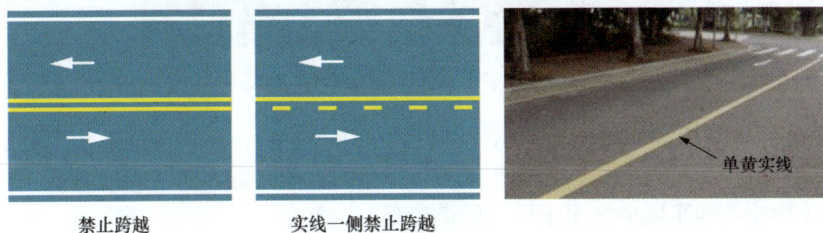

禁止跨越　　　　　　实线一侧禁止跨越　　　　　　单黄实线

附图 2　双黄线和单黄线

1）黄色实线。当黄色实线出现在路段中时，也是分隔对向行驶的车辆，但是不可以借道超车；当黄色实线在路侧或缘石上，禁止车辆在路边停放（暂时停放也不可以），如附图 3 所示。无论是黄色单实线还是双实线，均严格禁止车辆跨越或压线，所以压黄线行驶、超车或者掉头等都属于违法行为。

禁止长时间停车　　　　　　　　禁止停放车辆

附图 3　禁止车辆在路边停放

2）黄色虚线。黄色虚线在路段中间出现时，是分隔对向行驶的车辆，在保证安全的情况下，允许越线、借道超车，如附图4所示。

附图4　黄色虚线和黄色双虚线

中心黄色双虚线如附图5所示，它是根据实际情况引申出来的标线，其属于黄色双实线当中的一段，通常设置在路口位置，车辆可以在确认安全的情况下从此处越线转入路口。这种设置一般出现在车流量较少的路段。

附图5　中心黄色双虚线

3）黄色虚实线。如附图6所示，黄色虚实线一般画在路段中间，用来分隔对向行驶的交通流；在黄色实线一侧的车辆不可以借对面车道超车等；黄色虚线一侧的车辆，在不影响其他车辆的情况下可以借道超车。

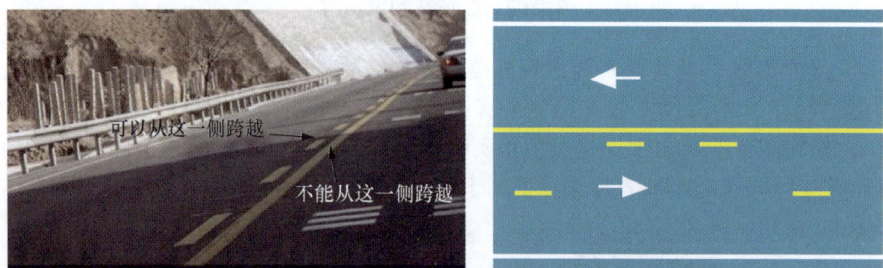

附图6　黄色虚实线

在匝道、桥梁前后并入主路的地方常常会出现白色或黄色的虚实线，虚线一侧的车辆允许临时越线超车或掉头转弯，而实线一侧的车辆则不能允许压线，否则属违法行为。

（2）白色实线和虚线。白色实线和白色虚线是道路上最常见的标线。白色虚线的作用是分隔同方向行驶的不同车道，在虚线路段可以进行越线变道。而白色实线，例如桥面道路时，是不允许越线或超车的，白色实线通常在交叉路口交通信号灯前，开车压线可能被拍处罚。

1）白色虚线（见附图7）一般画于路段中，用来分隔同向车道，作为行车安全距离识别线，车辆是可以改变车道，或借道超车的。

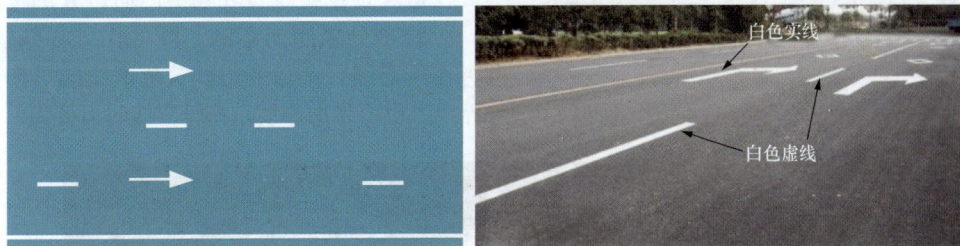

附图7　白色虚线

2）白色实线（见附图8）是分隔同向车道的，通常出现在路段中和交叉路口的信号灯前。车辆不可改变车道。

注意： 白色虚线，表示在保证安全的原则下，车辆在超车和向左转弯时，可以越线行驶。如果是实线则表示这个位置不能越线行驶，实线也经常在交叉路口作为虚线的延长线。

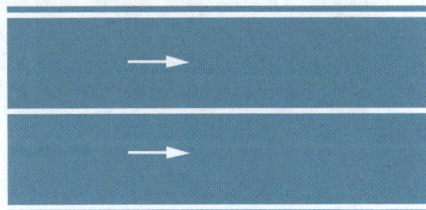

附图8　白色实线

黄色虚线，表示可以在适当的时候进行超车或者掉头转弯等动作。

双白虚线，当双白虚线画于路口时（见附图9），代表着车辆减速让行。

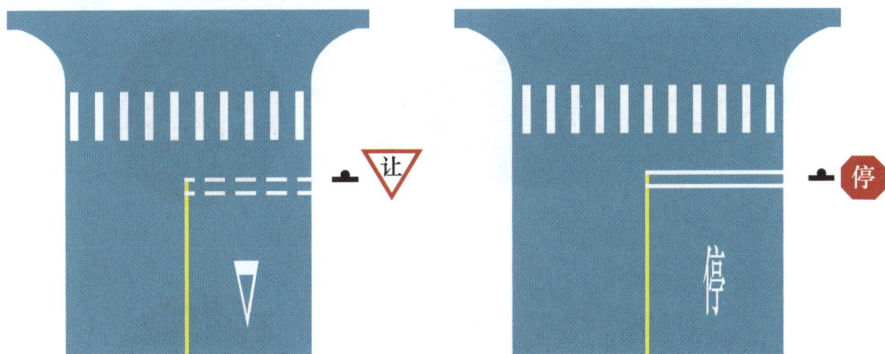

附图9　双白虚线

双白实线（见附图10），画于路口时代表着应停车让行。画于路中时，代表不可以变道和压线。

附图 10　双白实线

（3）车道分界线。车道分界线（见附图 11），是用来分隔同向行驶的交通流的交通标线，为白色虚、实线或黄色虚、实线。白色虚线是分隔同向车的，在安全的情况下可以变道、超车。白色实线也是分隔同向车的，不可变道。黄色实线是分隔不同向行驶的车的，有时是分隔同向车的，既可作分界线，也可作中心线，不可变道。黄色虚线既可作分界线，也可作中心线，作分界线时可变道。

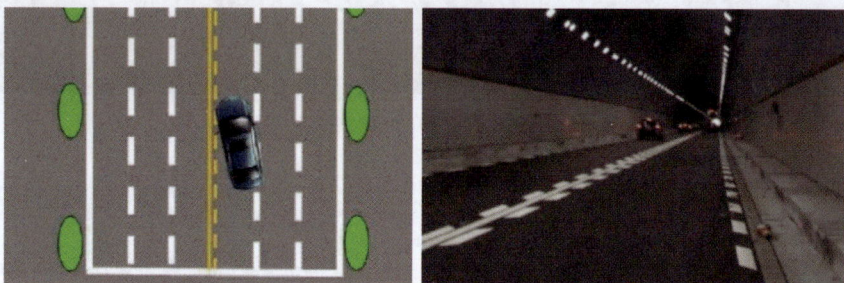

附图 11　车道分界线

（4）禁止停车线。禁止停车线（见附图 12、附图 13）是一条在路肩白色或黄色的线，表示在此路段禁止停车。虚线表示禁止长时间停车，实线表示禁止停车。一般交通比较繁忙的道路两边会画有这样的标线。

这两个标线区别在于禁止长时停放的车辆线为黄白相间的虚线，而禁止临时或长时停放车辆线为一根黄实线。

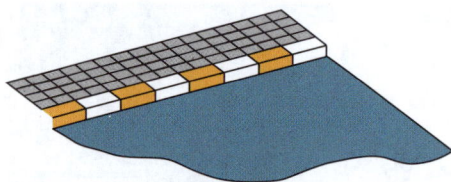

附图 12　禁止路边长时停放车辆线

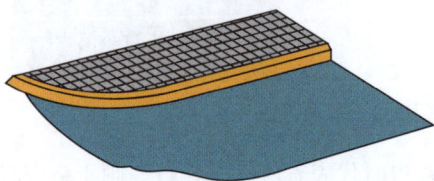

附图 13　禁止路边临时或长时停放车辆线

（5）减速（停车）让行标线。这种倒三角形是一个避让标志，前面有双虚线，作用是提醒司机需要在前方路口减速慢行，礼让路口行人或主干道上的车辆先行。实线是停车让行线，虚线是减速让行线，如附图14所示。

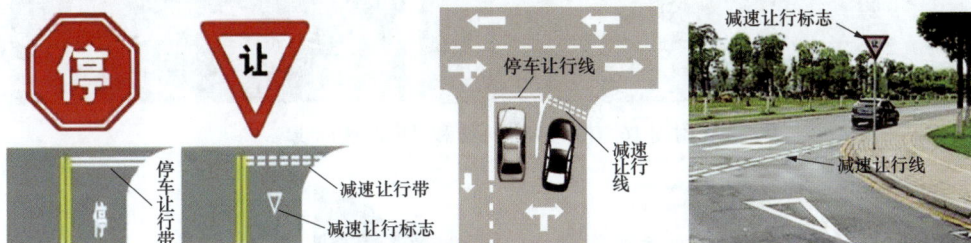

附图 14　减速（停车）让行标线

两者的区别：让行标线的道路一边会设置标志牌，"停"表示停止，"让"表示减速；其次路口一个是实线一个是虚线。停车让行一般出现在视线比较差的路段，须停车观察后才能通行。减速让行标线一般会出现在路口视线较好路段，驾驶人可以看到路边的行人和车辆，如果遇到车辆和行人穿越须让行，如果没有行人通过，则可减速通行。

（6）减速提示线。减速提示线通常出现在学校门口或路口等地的路面上，这些提醒车辆减速的标线或标识，样式很丰富，在行车过程中需要多留意。看到白色菱形图案（见附图15），是人行横道预告标识，代表着前方已经要接近人行横道了，提醒车辆减速慢行，并要注意横过马路的行人。

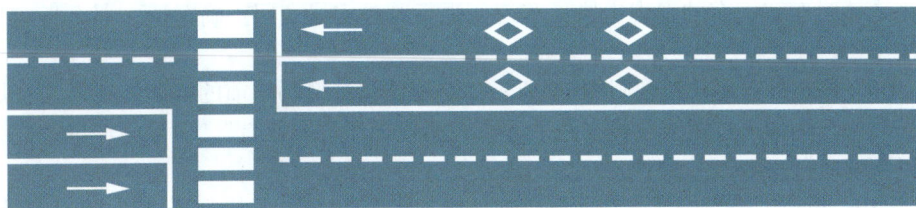

附图 15　人行横道预告标识

减速标线可分为横向减速标线和纵向减速标线，如附图16所示。目的是提醒驾驶员减速行驶。车道横向减速标线为一组平行的白色虚线，一般是设置在隧道、收费站临近处，出口匝道或其他要求车辆减速路段。

横向减速就是平时常说的减速带，通过这样的标识提醒驾驶员需要减速。车行道纵向减速标线为一组平行于车行道分界线的菱形块虚线。通常设在上下桥位、转弯位，它的主要作用是通过车道视觉上变窄形成压迫感，使驾驶员在需要减速的弯道、坡道等位置自动减速。

（7）导流线。导流线（见附图17）也是出现在路口、匝道或掉头车道的指示标线，引导车辆按规定的线路行驶。在高速公路两条路的分岔口常常有这种白色的 V

附图16　横向减速标线和纵向减速标线

附图17　导流线

形线或斜纹线区域，这是提醒高速行驶的车辆进入相应的直行车道或出口车道而设置的标线，表示每个司机必须按规定的路线绕过导流线行驶。导流线覆盖的地面是不能随意压线或越线行驶的，更不能在区域内停车。

导流线主要用于过宽、不规则或行驶条件比较复杂的交叉路口、立体交叉的匝道口或其他特殊地点。

（8）导向指示线。导向指示线是最简单的道路标线，如附图18所示。很多司机都走错过车道，有的发现走错了车道便强行跨越实线变回正确车道，那么肯定是违法了。

（9）停止线。停止线如附图19所示，是在路口处斑马线前的横向实线。当红灯亮起时，车辆如未过此线应停在线后等待，否则属于"闯红灯"，但是已经越过此线可以继续通行。

（10）黄色网格禁停线。路面黄色网状线如附图20所示，表示严格禁止一切车辆长时或临时停车，防止交通阻塞。当黄色网状线前方有车辆停驶时，后车不得压线停

附图18　导向指示线

附图19　停止线

车，必须在黄色网状线外等候，直到确认黄色网状线前方有足够空间停驶本车时，方可驶过黄色网状线。

注意：不论停车或是等候交通信号灯都属于违法行为。

（11）左转弯待转区线。为了提高通过量，常常在车道较多，路面情况复杂的交通路口，设立左转弯待转区，如附图21所示。左转弯待转区线为白色虚线，用来指示左转弯车辆在直行车道绿灯亮起后，进入左转弯待转区等候。需要注意的是，如果在直行和左转灯都是红灯时进入待转区，也将按闯红灯处罚。

附图20 黄色网格禁停线

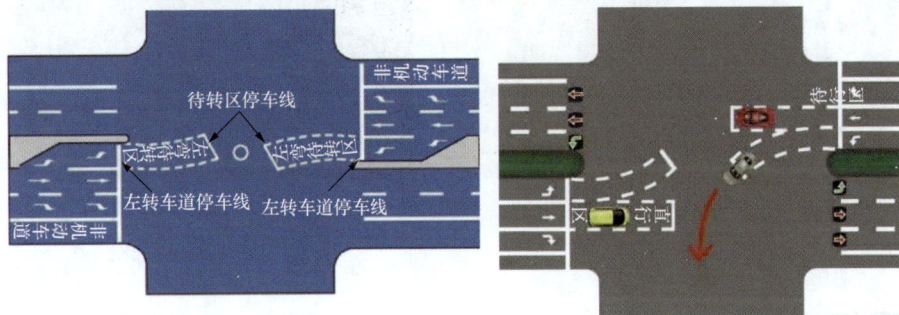

附图21 左转弯待转区线

（12）可变车道标志。可变车道如附图22所示，是指车道内侧画了多条斜线。它是能随时根据交通流量更改指示方向的车道。可变车道是由路面车道和交通LED指示屏两部分组成的，交警部门将根据路段内的车流量变化设置可变交通指示标志，驾驶人在驶入可变车道时需按照标志指示通行。

（13）数字标识。数字标识如附图23所示，是对车道车速的要求。其中白色数字表示最低时速，黄色的数字表示最高时速。这种限速标志一般出现在城市快速路或高速公路路面上。

两者有颜色上的区别，一般黄色的标志都有警告的含义，用来提醒驾驶人不要超速行驶。

（14）障碍物线。障碍物线如附图24所示，这种标线的含义是注意前方路况，提示前方有车停靠或存在障碍物。这种锯齿状标线也有用来提醒非机动车避让临时停靠点内停放的机动车。

（15）公交站标线。公交站标线如附图25所示，公交车站前后30m范围内都是不允许停车的。

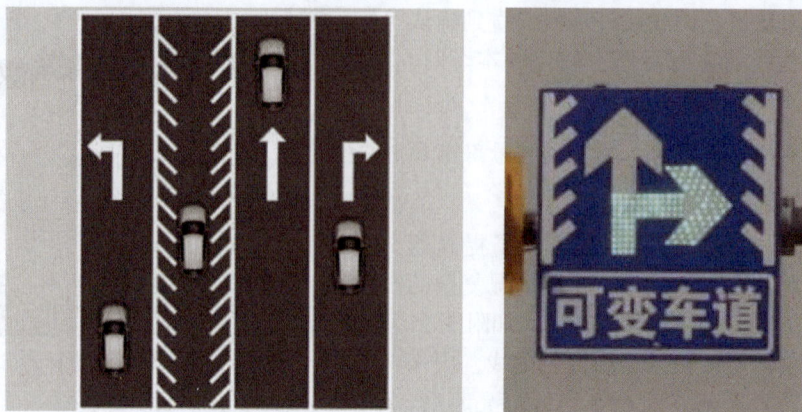

附图 22　可变车道标志

最低时速　　　　　　最高时速

附图 23　数字标识

附图 24　障碍物线

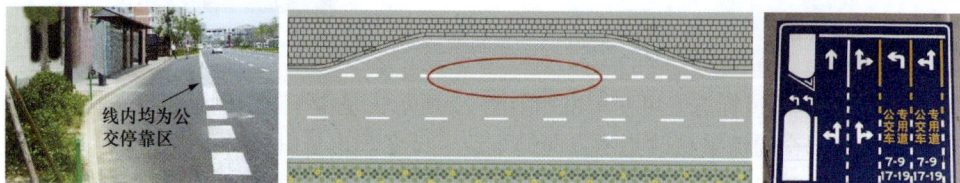

线内均为公交停靠区

附图 25　公交站标线

（16）专用车道线。专用车道如附图 26 所示，指的是规定只允许某种车辆行驶或只限某种用途使用的车道，其他车辆、行人不得进入。专用车道可以分为人行道、非机动车道、公交专用道，机动车道。专用车辆中通常有黄色和白色标线。黄色标线又分实线和虚线两种。

（17）车距确认线。高速公路车距确认标线作用是，见此标线时，驾驶人应与前车保持行车安全距离。高速公路车距确认标线如附图 27 所示，为白色平行粗实线，与车距确认标志配合使用，设在常发生超车、易肇事或其他有需要路段。

（18）错视觉标线。错视觉标线如附图 28 所示，一般出现在隧道口前，作用是提醒驾驶员在进、出隧道口时，一定要放慢速度。因为隧道内跟隧道外的光线不一样，

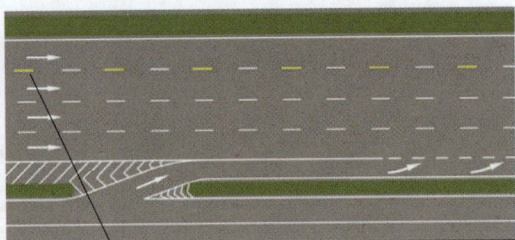

附图 26　专用车道线

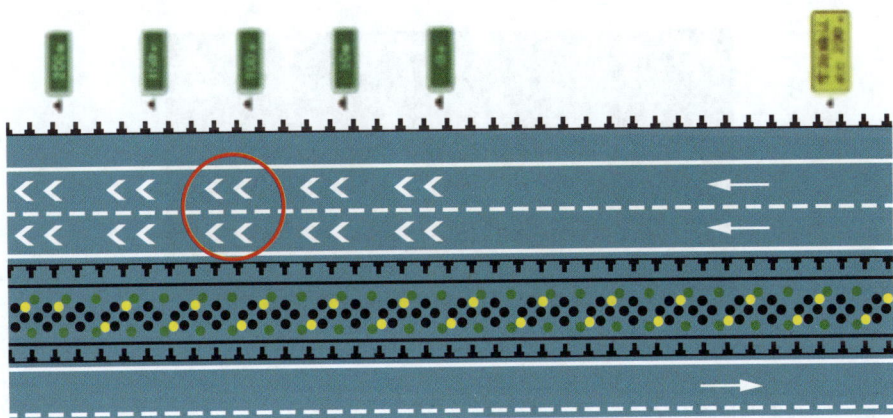

附图 27　高速公路车距确认线

人们的眼睛并非一下子就能接受光线落差。驾驶人必须慢慢行驶，让眼睛有个适应时间，才能防止出现意外。

（19）振荡标线。振荡标线（也叫噪声标线）如附图 29 所示，也属于横向减速标线，很像减速带。振荡标线是提示驾驶人需要按车道且必须减速行驶，以提高行车的安全性。由于线上有凸起，汽车开过会有"咯噔咯噔"的声音，对驾驶员有很好的警示和提醒作用，所以也叫噪声标线。

附图 28　错视觉标线

高速路上的有些路段的路面上有些凹凸不平的白色标线，一来是可以达到减速的效果，二来就是提醒司机们前方要转弯了，而且外围还有一条黄线标识区域，禁止后方车辆跨越黄线超车。

此外，振荡标线还多设置在接近收费站处、匝道周围。

（20）立体彩色禁止超车错觉标线。立体彩色禁止超车错觉标线如附图 30 所示，其作用是禁止超车。

267

附图 29　振荡标线

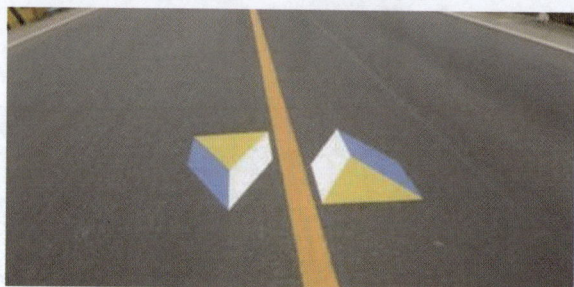

附图 30　立体彩色禁止超车错觉标线

三、道路交通警察指挥手势信号

交通手势信号有：停止信号、直行信号、左转弯信号、左转弯待转信号、右转弯信号、变道信号、减速慢行信号和示意车辆靠边停车信号 8 种。

1. 停止信号

左臂向前上方直伸，掌心向前，不准前方车辆通行，如附图 31 所示。

2. 直行信号

左臂向左平伸，掌心向前；右臂向右平伸，掌心向前，向左摆动，准许右方直行的车辆通行，如附图 32 所示。

3. 左转弯信号

右臂向前平伸，掌心向前；左臂与手掌平直向右前方摆动，掌心向右，准许车辆左转弯，在不妨碍被放行车辆通行的情况下可以掉头，如附图 33 所示。

4. 左转弯待转信号

左臂向左下方平伸，掌心向下；左臂与手掌平直向下方摆动，准许左方左转弯的车辆进入路口，沿左转弯行驶方向靠近路口中心，等候左转弯信号。如附图 34 所示。

5. 右转弯信号

左臂向前平伸，掌心向前；右臂与手掌平直向左前方摆动，手掌向左，准许右方的车辆右转弯，如附图 35 所示。

附图 31　停止信号

附图 32　直行信号

附图 33　左转弯信号

附图 34　左转弯待转信号

附图 35　右转弯信号

6. 变道信号

右臂向前平伸，掌心向左；右臂向左水平摆动，车辆应当腾空指定的车道，减速慢行，如附图36所示。

附图36　变道信号

7. 减速慢行信号

右臂向右前方平伸，掌心向下；右臂与手掌平直向下方摆动，车辆应当减速慢行，如附图37所示。

附图37　减速慢行信号

8. 示意车辆靠边停车信号

左臂向前上方平伸，掌心向前；右臂向前下方平伸，掌心向左；右臂向左水平摆动，车辆应当靠边停车，如附图38所示。

附图38　示意车辆靠边停车信号

270

特别提醒

巧记交通手势信号

（1）无论你在电脑做题还是看书时，遇到交警手势信号的时候，不管图中出现几个交警，你只看第一个交警和最后一个交警（或者倒数第二个交警手势）所做的动作即可，因为看多了容易混淆。

（2）停止信号与示意车辆靠边停车信号。交警的左手动作是相同的，右手无任何动作的时候就是停止信号，右手只要出现向左水平摆动的动作就是示意车辆靠边停车。

（3）左转弯信号与右转弯信号。交警摆正的"K"字形姿势，朝驾驶员（学员）的左臂方向就是左转弯，朝驾驶员（学员）的右臂方向就是右转弯。

（4）左转弯待转信号与减速慢行信号。左转弯待转是交警左臂朝左下方平伸并摆动，减速慢行则是交警的右臂与肩平齐直伸后向右下方摆动。

（5）直行信号与变道信号。直行信号是交警的左右臂同时与肩平伸，右臂呈摆动动作；变道信号中交警的左臂无任何动作，仅仅是右臂在与肩平齐方向平伸摆动。